심화 1·2·3급 하

큰★별쌤
최태성의

강의
한국사
능력검정시험

심화 1·2·3급 하

큰★별쌤
최태성의

강의
한국사
능력검정시험

최태성 지음

생각
정원

한 해 응시자 50만 명. 대입 수능 응시자 숫자냐고요? 대입 수능 응시자도 50만 명이 넘지 않습니다. 도대체 수능보다 더 많은 응시자가 보는 시험은 무엇일까요?

바로 한국사능력검정시험입니다. 대한민국 정부에서 인정하는 몇 안 되는 귀한 자격증을 취득할 수 있는 한국사능력검정시험은, 이제 전 국민의 시험이 되었습니다. 취업 때문이 아니라 취미로 보는 역사 마니아 분들이 있을 정도로요.

도대체 왜? 우선 대한민국에서 '공(公)' 자가 들어가는 공공 기관에서 일하고자 할 때 한국사능력검정시험 자격증은 거의 필수입니다. 공무원, 공사, 공교육 등에서 말이죠. 그래서 다수의 청춘들이 한국사능력검정시험에 도전합니다. 자격증도 따고, 취업도 하고, 상식도 공부하고. 또 1년에 여섯 번이나 볼 수 있는 시험(기본은 네 번)이라, 한 번의 시험에 인생을 거는 위험도 없습니다. 역사를 알아가는 여정으로 즐기면서 동반자로 삼기에 참 좋은 시험입니다.

그 한국사능력검정시험에서, 수험생들이 가장 많은 도움을 받고 있는 강의가, 바로 유튜브 최태성 1TV에서 누구나 무료로 볼 수 있는 '큰★별쌤 최태성의 한국사능력검정시험'이죠. 쑥스럽기는 하지만, 인터넷 서점에서 한능검(이름이 좀 기니까 줄여서 부를게요) 관련 서적을 검색해보니 1위에서 10위 사이에 큰★별쌤 책이 쫙~! 제가 누군가에게 작은 도움을 드리고 있다는 생각이 드니 참 좋았고, 그래서 조금 더 도움을 드리고 싶었습니다. 이 책이 나오게 된 이유입니다. 요즘은 영상을 통해 지식을 습득하는 경우가 대부분이라 군이 이런 책이 필요할까 싶을 텐데요, 저는 텍스트가 주는 힘은 영상이 주는 힘보다 강하다고 믿는 사람입니다. 영상은 빠르게 획 지나가서 좀처럼 생각할 여유를 주지 않죠. 그러나 텍스트는 행간과 행간을 통해 자신과 소통할 수 있는 시간을 줍니다. 특히 한능검을 준비하는 분들에게 '꼼꼼함'이 중요할 텐데, 꼼꼼하게 공부하기엔 텍스트가 훨씬 효과적입니다. 이 책은 그런 '꼼꼼함'을 지향하는 분들에게 큰 도움을 드릴 것이라고 확신합니다.

이 책의 내용은 기본적으로 유튜브 최태성 1TV 한능검 강의를 옮긴 것입니다. 물론 100퍼센트 똑같지는 않습니다. 강의를 통해 말하고 들을 때는 아무 문제가 없는데 그 내용을 텍스트로 옮겨놓는 순간, 곳곳에서 문법 파괴의 모습을 발견합니다. 그래서 영상 속 강의 내용을 텍스트로 정리하는 작업은 엄청 큰 정성이 들어가야 합니다. 문맥을 잘 맞추고 논리성도 잘 살려서 책으로 옮겨놓았으니, 영상을 보면서 이해가 안 되는 부분들은 책과 함께 본다면 훨씬 이해가 쉬울 겁니다.

이 책은 이렇게 개념을 정리할 때 보셔도 좋은데, 다른 팁을 하나 드리도록 하겠습니다. 기출문제를 풀다가 틀리는 문항들이 나올 겁니다. 그럼 그 부분은 놓친 개념이 되는 겁니다. 그 개념을 이 책에서 찾아 형광펜으로 그어두세요. 이것들이 쌓이면 한눈에 볼 수 있는 훌륭한 오답 노트가 될 겁니다. 나중에 시험 보기 직전, 자신의 약점들을 찾아보려 할 때 시간을 최대한 줄이며 일목요연하게 점검할 수 있는 장점이 될 겁니다.

아무쪼록 이 책이 한능검 자격증을 획득하는 데 도움이 되길 바랍니다. 아니, 이미 검증된 강의 내용을 책으로 옮겼기에 분명히 도움이 될 겁니다. 그리고 한 가지 바람이 있다면 한능검 자격증을 따는 것도 중요하지만, 이 책을 읽어가면서 가끔이라도 자신의 삶을 돌아볼 수 있는 기회가 되길 바랍니다. 역사는 사실을 암기해서 시험 문제를 푸는 과목이 아니라, '사람을 만나는 인문학'이기 때문입니다. 과거의 사람을 만나면서 지금 내가 어떻게 살지 고민하는 지점이 되어야, 비로소 역사를 공부했다고 할 수 있기 때문입니다.

마지막으로 이 책을 만들며 많이 애써주신 관계자 분들께 감사의 말씀을 올립니다. 제 이름으로 나가지만 사실은 더 많은 분들이 여러분에게 도움을 드리기 위해 애쓰셨다는 사실을 기억해주세요.

저는 전국을 다니며 강연을 갑니다. 그때 이 책과 합격증을 가지고 오세요. 제가 사인해드릴게요. 우리 그 시간까지 달려봅시다. 힘내세요. All is well!!!

큰★별쌤 최태성 올림

차례

V

한국사의 여러 분야를 공부하기 전에, 짚어야 할 것은 무엇일까요?
바로 왕입니다. 어떤 왕이 어느 시대의 왕이고 무슨 일을 했는지,
왕의 재임 중에 무슨 일들이 벌어졌는지 반드시 기억해야 합니다.
그리고 과거의 사람들이 왜 그 일들을 했는지 묻고 이해하면서
지금의 우리, 지금의 나와 연결점을 만들어가는 공부를 해야 합니다.
집중해서 살펴보고 다시 큰 숲을 봐야 하는 파트, 조선 후기입니다.

조선, 전란의 극복과 변화의 바람

22강

조선 후기
정치

붕당 정치의 전개

이제 조선 후기로 왔습니다. 조선 전기와 후기의 분기점은 1592년 임진왜란이라는 것, 기억하시죠? 조선 후기 역시 정치부터 살펴볼 텐데요, 시대는 변하는데 정치가 그 변화를 따라잡지 못하는 모습이 보입니다. 그럼에도 불구하고 조선은 굴러갑니다. 지금부터 들어가보시죠.

: 붕당 정치는 어떻게 전개됐을까요? :

16세기의 주도 세력은 바로 사림이에요. 사림들이 권력을 장악하는데, 이들은 워낙 수가 많아요. 수는 많은데 자리가 부족하니, 자리를 차지하기 위해서 서로 무리를 짓게 돼요. 그래서 붕당이 형성된다고 설명했었죠. 사림이 권력을 거의 장악했던 시점은 선조 시기로, 이때부터 붕당 정치가 형성됐다고 보시면 되겠습니다.

붕당 정치는 이미 배웠습니다. 사림이 동인과 서인으로 나뉜 계기는 무엇이죠? 하나는 척신 잔재의 청산입니다. 소윤과 대윤 간의 갈등으로 을사사화가 일어난 뒤, 척신 세력을 어떻게 처리할 것인가를 두고 강경파 동인과 온건파 서인으로 입장이 갈렸어요. 그러다 김효원과 심의겸이 인사권을 쥔 이조 전랑 자리를 두고 다투다가 결국 동인과 서인으로 나뉜다고 했습니다.

동인은 다시 북인과 남인으로 나뉘어요. 그 계기는 **기축옥사**란 사건인데, **정여립**과 **정철**이란 인물이 연관돼 있습니다. 정여립은 원래 서인 쪽이었는데, 동인으로 당을 옮겨요. 서인 쪽에서 정여립을 좋게 볼 리 없죠. 당을 바꾼 배신자니까요. 트집 잡을 건수를 노리고 있는데, 정여립이 고향에 가더니 마을 사람들을 모아 무술 연습을 시킵니다. 심신 수행을 위한 무술 연습을 했던 것 같

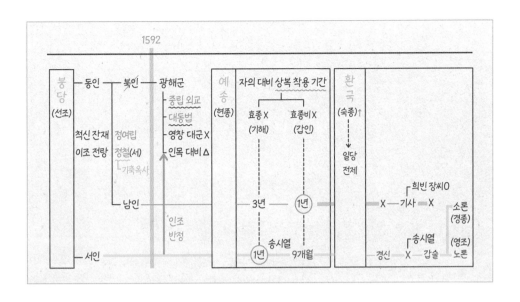

은데, 서인이 이걸 역모로 겁니다. 정여립이 역모를 꿈꾸며 무술을 연마하고 있다고요. 그러면서 정여립과 동인을 몰아붙이기 시작하는데, 꼬투리 하나로 아주 끝장을 냅니다. 이 공격의 선봉장이 정철이에요. 가사 문학의 대가, 〈관동별곡〉과 〈사미인곡〉을 쓴 그 정철입니다. 아름다운 작품을 썼지만, 역사 속에서 정철은 손에 피를 철철 묻혔던 겁니다.

정철이 기축옥사를 통해 제거했던 동인의 수는 무오·갑자·기묘·을사사화로 죽어나간 선비들의 수를 합한 것보다 많을 정도입니다. 아주 비정한 모습입니다.

기축옥사로 서인이 권력을 장악한 것은 선조 때예요. 그런데 선조는 좀 독특한 분이잖아요. 자기 우월감이 있으셔서 누군가 자기보다 인기가 좋고 존경을 받으면 싫어해요. 이순신, 광해군이 그것 때문에 곤욕을 치렀죠. 이 선조에게 정철이 건저의를 올립니다. 건저는 세자 책봉을 뜻해요. 세자 책봉을 하자는 의견을 올린 거예요. 너무 당연하고 이상할 것 없는 일인데, 선조는 기분이 상합니다. "뭐야, 나 아직 젊은데 그만두란 얘기야? 기분 나쁜데?" 하면서 정철을 대표로 한 서인을 몰락시키게 됩니다. 그리고 이 서인들을 어떻게 처리할 것인지에 대한 입장에 따라, 동인이 북인과 남인으로 나뉘게 됩니다. 북인은 서인을 완벽히 없애버리자고 주장했고, 남인은 정치는 그

건저의
왕위 계승자를 두고 의논하는 일을 말합니다. 왕세자 책봉 문제를 둘러싸고 동인과 서인 사이에 일어난 정치 문제로 건저 문제, 건저의 사건이라고도 해요.
▶ 建 세우다 건
▶ 儲 태자 저
▶ 議 의논하다 의

정철 신도비(충북 진천)

17

광해군 묘(경기 남양주)

렇게 하는 게 아니라며 비교적 온건한 입장을 가졌죠.

이후 임진왜란이 터지면서 북인 쪽이 광해군과 연결됩니다. 그리고 광해군이 왕위에 오른 뒤 펼쳤던 중립 외교, 대동법 시행 등을 함께하게 됩니다. 중립 외교는 명과 후금 사이에서 중립을 지켜야 한다는 외교 정책이고, 대동법은 공납의 폐단을 시정하기 위해 특산물 대신 쌀로 내게 하는 경제 정책이에요. 광해군 시대의 외교와 경제를 빛나게 해주는 역할을 북인이 했죠.

그런데 당시 사람들에게는 중립 외교와 대동법이 좋게 느껴지지 않았어요. 중립 외교는 임진왜란 때 도와준 명나라를 배신하는 거라며 신하들이 반대했어요. 일부가 아니라 대다수 신하들이 명나라 깃발을 흔들면서 재조지은(再造之恩)을 잊지 말아야 한다고 주장했죠. 대동법은 방납의 폐단을 해결하고, 땅이 많은 지주들이 세금을 더 많이 내도록 한 제도잖아요. 당시 신하들은 많이 가진 사람들일 거 아니에요? 기득권자들일 거 아닙니까? 당연히 싫어해요.

게다가 광해군의 도덕성도 문제가 됩니다. 광해군은 사실 선조의 적자, 그러니까 중전의 아들이 아니에요. 그래서 자기 자리에 대한 콤플렉스가 있었어요. 그런데 이게 웬일입니까? 선조가 어린 중전을 맞이해서 아이를 낳아요. 바로 영창 대군입니다. 원래대로 따지면 영창 대군이 왕위 계승 서열 1번이 되

18

는 거예요. 광해군이 스트레스를 받을 수밖에 없습니다. 결국 광해군은 영창 대군을 죽여요. 이복동생을 죽인 거죠. 그리고 영창 대군의 어머니인 인목 대비를 폐위시켜요. 광해군에게는 계모이지만, 어쨌든 어머니는 어머니예요. 효를 중시하는 조선에서는 어머니를 유폐한다는 건 있을 수 없는 일이에요. 후폭풍이 일어나는데 그 중심은 서인

영창 대군 묘(경기 안성)

들입니다. 서인들이 인조반정을 일으켜 광해군과 북인 정권을 무너뜨리죠. 이후 서인과 남인 두 세력에 의해서 정국이 유지됩니다.

예송~환국

인조반정을 계기로 붕당은 서인과 남인, 두 세력이 남습니다. 본격적인 붕당 정치가 시작되죠. 광해군의 중립 외교에 불만을 가졌던 서인은 명나라에 줄을 댑니다. 결국 후금이 쳐들어오고, 후금이 청나라로 이름을 바꾼 뒤 또 쳐들어오는 호란을 겪게 됩니다. 호란 때 청나라에 끌려갔던 인조의 둘째 아들 봉림 대군이 왕위에 올라 효종이 됩니다. 문제는 효종이 죽으면서부터 발생합니다. 서인과 남인 사이에 예송이 벌어진 것이죠. 이번에는 붕당의 정쟁이 극심했던 예송부터 붕당의 정쟁이 무너지고 일당 독식으로 가는 환국까지 알아보겠습니다.

: 예송부터 살펴볼게요 :

예송은 현종 때 일어납니다. 예송을 쉽게 얘기하면 상복을 언제까지 입느냐에 대한 논쟁이에요. 효종의 아버지는 인조입니다. 인조반정을 통해서 왕위에 오른 인조는 첫 번째 왕비를 잃고 어린 나이의 두 번째 왕비를 맞이합니다. 두 번째 왕비가 자의 대비인데, 인조의 부인이니 효종에게는 계모가 되죠. 그런데 자의 대비가 효종보다 나이가 더 어려요. 결국 효종이 먼저 죽자 인조의 부인이자 효종의 계모인 자의 대비의 상복 착용 기간이 문제가 된 거예요.

예법에 따르면 원래 장남이 죽었을 때 어머니는 상복을 3년 입게 되어 있어요. 장남이 아닌 아들이 죽으면 1년만 입고요. 당시에는 장남과 그 외 아들에 대한 차이나 차별이 엄청 났어요. 효종이 어머니보다 먼저 죽은 것도 문제였지만, 효종이 장남이 아니라는 것도 문제가 됐어요. 장남은 소현 세자인데 청나라에 갔다 와서 죽었기 때문에 둘째 봉림 대군이 왕위에 올랐던 것이지요. 효

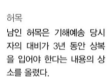

허목
남인 허목은 기해예송 당시 자의 대비가 3년 동안 상복을 입어야 한다는 내용의 상소를 올렸다.

종의 사망과 관련된 예송은 기해년에 일어났다고 해서 기해예송이라고 해요.

　기해예송에서 남인과 서인의 주장을 살펴볼까요? 남인은 "효종은 둘째이지만 왕이다. 한 나라의 왕을 첫째, 둘째로 나누는 건 의미 없다"면서 장남에 준해서 상복을 입어야 한다고 주장해요. 즉 3년을 입어야 한다는 것이죠. 반면 서인은 "둘째는 둘째다. 원칙대로 가는 게 맞다"면서 1년을 주장합니다. 그런데 이때 왕은 현종이에요. 현종은 자신이 왕위에 오르자마자 벌어진 논쟁에 정신을 못 차립니다. 그래서 이럴 때는 원칙대로 하는 게 맞다며 서인의 편을 들어줍니다. 기해예송에서 서인이 승리한 거예요.

　이렇게 예송이 끝날 줄 알았는데, 효종의 아내 효종비가 죽습니다. 시어머니인 자의 대비는 아직 살아계시고요. 자의 대비가 워낙 젊으니 또 이런 일이 생긴 거죠. 이제 시어머니가 상복을 얼마나 입어야 되느냐에 대한 예송이 벌어집니다. 장남의 아내가 죽은 경우에는 1년, 장남이 아닌 아들의 아내가 죽은 경우에는 9개월을 입게 돼 있어요. 남인과 서인의 입장은 기해예송 때와 같았어요. 남인은 "효종비는 왕의 부인이니까 장남의 부인 대우를 해줘야 한다"면서 1년을 주장하고, 서인은 또 "원칙대로 하는 것이 맞다"면서 9개월을 주장해요. 이 논쟁은 갑인년에 일어나서 갑인예송이라고 합니다.

　갑인예송의 승자는 남인이 됐어요. 현종이 남인의 손을 들어준 거죠. 기해예송 때는 현종이 즉위하자마자 벌어진 일이라 자신의 주장을 확실히 펴지 못했던 것 같아요. 그런데 갑인예송 때는 현종 입장에서 서인이 괘씸한 거예요. 왕이나 사대부나 똑같은 원칙을 적용해야 한다고 주장하니까요. 반면 남인은 왕은 특별한 존재이니까 일반적인 규정을 들이대서는 안 된다고 해요. 왕 입장에서는 누구 의견이 더 좋을까요? 당연히 남인이죠. 그래서 남인이 최종적으로 예송의 승자가 된 겁니다.

　예송의 기록을 보면, 남인과 서인은 이 논쟁에 사활을 걸었어요. 상복을 3년 입느냐 1년 입느냐, 1년 입느냐 9개월 입느냐를 두고 정권이 왔다 갔다 했죠. 상복을 몇 년 입는가가 그렇게 중요한 걸까요? 마음을 다하는 정도로 편하게 하면

송시열
서인의 영수 송시열은 허목의 상소를 반박하여 자의 대비가 1년 동안 상복을 입어야 한다는 상소를 올렸다.

될 것을요. 300년 뒤를 살고 있는 우리가 볼 때는 그렇다는 겁니다. 하지만 당시 남인과 서인은 뜨거웠어요. 그 속에 있을 때는 모르는 겁니다. 여러분도 잘 생각해두세요. 지금 여러분이 뜨겁게 생각하고, 누군가와 뜨겁게 부딪칠 때, 혹시 이 뜨거움이 100년이 지나도 인정받을 수 있는 것인지 말이에요. 내 생각은 맞고 네 생각은 틀리다고 대결만 하는 사회는 건강하지 않아요. 타인에 대한 존중과 배려가 줄어들기 때문이에요. 예송을 통해 이런 부분을 고민해보는 시간을 만들어보셨으면 좋겠습니다.

: 다음은 환국 정쟁입니다 :

예송의 최종 승자가 된 남인은 순조롭게 권력을 장악해가는 듯합니다. 그런데 숙종 때, 환국 정쟁이 시작됩니다. 환국은 일당 전제의 모습을 띠는데, 이는 한 당이 모든 권력을 장악하는 것이죠. 예송 때는 비록 서인과 남인이 권력 투쟁을 해서 서인이 먼저, 남인이 뒤에 권력을 잡긴 했지만, 어느 쪽이 권력을 잡든 상대방을 완전히 몰아내지는 않았어요. 그런데 환국 단계에 오면, 네가 죽어야 내가 사는 형국이 돼요. 숙종이 권력 몰아주기를 하면서 왕권을 무한대로 올리려 했기 때문이에요. 환국으로 왕권 강화를 도모했다고 보시면 되겠습니다.

숙종은 열네 살 때 왕위에 올라요. 요즘으로 치면 중학생 때 왕이 된 겁니다. 조선 왕조 왕들은 채 서른 명이 안 되는데, 그중 정통성이 있는 왕 중에 한 명이 숙종이에요. 정통성이란 후궁의 자식이 아니라 정비의 자식이란 얘기예요. 완벽하게 엘리트 코스를 밟은 왕은 정통성이 있으니 함부로 건드릴 수가 없어요.

게다가 숙종은 카리스마가 있었어요. 대표적인 일화를 하나 들려드릴게요. 왕이 죽으면 왕에 대한 평가를 해요. 숙종 앞의 왕은 현종인데, 현종은 사실 한 일이 거의 없어요. 재위 중 가장 대표적인 사건이 예송이었죠. 예송을 이끌었던 서인 세력의 대표는 송시열이에요. 왕 입장에서 서인은 괘씸하게 보인다고 했죠? 신하들이 현종 때의 예송에 대해 쭉 써왔는데, 송시열이 잘못한 것에 대해서는 별로 안 적혀 있는 거예요. 당시 송시열은 직접 정치를 하지 않았어요. 자신을 따르는 제자들을 통해 영향력을 행사합니다. 그래서 송시열이 조정의 여론을 장악할 수 있었던 거예요. 그런 실세를 비판하기는 쉽지 않죠. 숙종은 송시열에 대한 비판이 없는 것을 보고 다시 명령을 내립니다. 하지만 어떻게 감히 송시열을 비판할 수 있나요? 신하들은 다시 에둘러 써서 숙종에게 내밀죠. 숙종은 불같이 화를 냅니다. "정확히 들으라. 이 문서에 송시열이 잘못했다는 내용을 반드시 적어라." 겨우 중학생 나이에 왕이 된 숙종이 대유학자인 송시열의 잘못을 적어오라고 신하들에게 호령을 내리는 거죠. 결국 송시열은 숙종 때에 사약을 받게 됩니다. 숙종은 이렇게 무서운 인물이에요.

숙종은 이번에는 남인, 다음에는 서인으로 한편에 권력을 몰아주면서 조선 시대 가장 강력한 왕권을 구가합니다. 이런 상황이니 서인과 남인은 살아남기 위해 숙종의 눈치를 살필 수밖에 없어요. 이게 환국 정쟁이에요. 환국의 '환'은 '바꿀 환(換)' 자예요. 국면을 확 바꿔버린다는 거죠. 부드럽게 바꾸는 것이 아니라 싹, 확 바꿔버리는 모습이 숙종 때 자주 나타나요.

환국 정쟁을 좀 들여다볼게요. 남인은 예송을 통해 권력을 장악하는데, 너무 기고만장한 탓인지 서인에 의해 역모를 꾸몄다는 모함을 받게 됩니다. 결

큰★별쌤의 왕 이야기

사랑에도 붕당에도 변덕스러웠던 왕, 숙종

숙종은 어린 나이에 왕위에 올랐다고 했죠? 카리스마 있게 집권을 시작한 숙종은 20대에 사랑에 빠집니다. 연정의 대상은 바로 그 유명한 희빈 장씨입니다. 그가 왕자를 출산하자 숙종은 기쁨에 겨워 갓난아기를 즉각 세자로 책봉해요. 그러자 서인의 거두인 송시열이 반대 상소를 올립니다. 중전이 아직 젊으니 중전이 아기를 낳을 때까지 기다려야 한다고요. 이에 숙종이 발끈해요. 안 그래도 송시열이 조정 여론을 장악해서 사소한 것마다 꼬투리를 잡는 것이 짜증났는데, 희빈 장씨가 가녀린 눈물을 몇 방울 떨어뜨립니다. 결국 숙종은 송시열에게 사약을 내려요. 이로써 조정은 남인 천하가 됩니다. 이 사건이 기사환국이죠. 곧 희빈 장씨는 왕비가 되고 인현 왕후는 폐출됩니다. 그런데 얼마 안 가 숙종은 희빈 장씨에게 질려버립니다. 대신 무수리 최씨에게 반해요. 그래서 후궁으로 들이고는 매일 밤 최씨의 처소만 찾습니다. 남인은 몹시 당황해요. 그래서 계략을 세우죠. 서인이 역모를 도모한다고 고발한 거예요. 숙종은 처음에는 남인의 편을 들어주다가 갑자기 마음을 바꿔 서인의 편을 들고 남인에게 사약을 내립니다. 이게 갑술환국이에요. 그리고 숙종은 인현 왕후를 왕비로 복귀시키고 희빈 장씨는 빈으로 강등시켜요. 그 후 인현 왕후가 죽자 숙종은 희빈 장씨에게 인현 왕후를 저주해서 죽였다는 죄를 물어 사약을 내립니다. 이로써 남인은 완전히 몰락해요. 사랑에도 변덕스럽고 붕당 간의 다툼에도 변덕스러웠던 왕, 숙종입니다.

국 남인은 실권을 잃게 되고 서인이 권력을 장악합니다. 이것이 경신환국입니다. 이후 남인이 기사회생을 하게 된 계기는 송시열이 희빈 장씨 아들의 원자 책봉을 반대했기 때문입니다. 숙종은 이에 크게 노했고, 서인의 영수인 송시열을 처형하고 인현 왕후를 폐위시킨 후 희빈 장씨를 왕후 자리에 올립니다. 이를 기사환국이라고 하죠. 당시 희빈 장씨는 남인과 연결되어 있었기에 남인이 권력을 차지하게 됩니다. 기사환국 이후 서인 세력은 인현 왕후 복위 운동을 전개합니다. 남인은 이에 반대했으나 결국 인현 왕후가 복위되고, 희빈 장씨는 내쫓기게 되었습니다. 이로 인해 남인은 세력을 잃고 서인이 득세하게 됩니다. 이렇게 갑술환국으로 남인은 완전히 축출되고 역사 속에서 사라집니다. 실제적으로 어떤 역할도 못하는 모습으로 소멸되다시피 한 것이죠.

　세 차례에 걸쳐 일어난 환국의 최종 승자는 서인이 됐어요. 붕당의 동인, 서인 중에 서인만 남은 겁니다. 그러니까 환국 이후 역사를 주도하는 세력은 사실 서인 계열이라고 보시면 돼요.

　서인은 경신환국 당시 남인에 대한 처벌을 두고 소론과 노론으로 나뉘었습니다. 소론은 소장파, 노론은 노장파란 느낌이 들지 않나요? 어쨌든 소론은 희빈 장씨의 아들 경종을, 노론은 무수리 최씨의 아들 영조를 지지해요. 결국 경종이 왕위에 올라 소론이 이기는 듯하지만 경종이 좀 일찍 죽습니다. 경종은 게장과 감을 먹고 죽었다는데, 이를 권한 인물이 연잉군, 즉 영조였다고 해서 영조가 왕위에 오를 때 아킬레스건이 되죠. 그래서 영조 때 이인좌의 난이 일어나기도 했고요. 어쨌든 경종이 일찍 죽는 바람에 영조가 왕위에 오르고, 노론이 그 이후 시대를 지배하게 됩니다.

　영조는 숙종 때의 환국 정쟁 시기를 좋지 않게 봅니다. 정치를 이렇게 해서는 안 되겠다 해서 탕평 정치를 펼치죠. 탕평 정치는 정조 때까지 이어지고요. 영·정조 시기 예송과 환국 정쟁으로 인한 붕당 간의 치열한 갈등을 어떻게 해결해가는지, 다음 장에서 두 왕의 활약을 통해 살펴보도록 하겠습니다.

탕평, 세도 정치

홍역을 겪었던 환국 정쟁 문제를 해결하기 위해서 이제 탕평 정치가 시작됩니다. 영조와 정조 때인데요, 영조 치세 하에 있었던 가장 충격적인 사건은 사도 세자와 관련된 일이겠죠. 영조는 아들인 사도 세자를 뒤주에 가둬 일주일 동안 음식도 주지 않고 물도 안 먹여서 죽게 했어요. 무서운 아버지입니다. 영조는 정치인으로서, 왕인 자신과 사도 세자의 아버지인 자신을 분리해서 생각한 것 같아요. 영조가 봤을 때 사도 세자는 도저히 정치를 이끌어갈 수 없겠다는 판단이 든 거죠. 그래서 사도 세자를 죽인 게 아니었을까요? 어쨌든 그 과정에서 영조를 지지하며 호위 무사 노릇을 했던 노론은 정조가 왕위에 오르는 것을 싫어합니다. 당연하죠. 사도 세자를 죽인 혐의를 받고 있는 당인데, 사도 세자의 아들인 정조가 왕위에 오르면 어떤 일이 벌어질지 모르니까요. 자, 어떤 일들이 펼쳐지는지 봅시다.

: 먼저 탕평 정치부터 볼게요 :

영조는 조선 왕조 왕 중에서 가장 오래 사신 분이에요. 82세까지 살았는데, 지금 나이로 환산한다면 거의 120세까지 산 거죠. 그러다 보니 신하들과의 나이 차이가 한두 바퀴쯤 나요. 그래서《조선왕조실록》을 보면 영조는 신하들과 이야기할 때 "내가 네 아비를 잘 아는데…" 하고 시작해요. 장유유서가 있는 나라에서 그것도 왕이 이렇게 나오면, 신하들은 꼼짝 못 할 거예요. 원래 조선의 시스템에서는 나이 많은 신하가 나이 어린 왕을 가르쳐요. 그런데 영조는 신하들보다 나이가 많아요. 시스템을 벗어난 아주 특이한 왕인 거죠. 영조 시대는 왕의 카리스마가 강력했던 시기였어요. 카리스마는 어쩌면 아버지 숙종을 닮은 것인지도 모르겠네요.

영조의 탕평 정치를 살펴볼게요. 탕평 정치는 영조와 정조가 똑같이 펼쳤지만 방법은 좀 달라요. 먼저 두 왕의 탕평 정치의 방법이 어떻게 다른지 보고, 영조와 정조 시기 정치·경제·사회·문화 부분의 업적도 각각 보겠습니다.

영조 어진

영조는 "너희들 똑바로 들어. 이제부터는 파 나누지 마. 당 나누지 마. 당은 하나야" 하고 성균관에 딱 비석

신의가 있고 아첨하지 않는 것은 군자의 마음이요, 아첨하고 신의가 없는 것은 소인의 사사로운 마음이다.

탕평비(서울 종로구)

을 세워요. 그것이 바로 탕평비예요. 영조가 표방하는 탕평책을 명문화해서 신하들에게 으름장을 놓죠.

영조는 탕평의 방법으로 **완론 탕평**을 내놓습니다. 완론 탕평은 붕당 자체를 인정하지 않아요. 특정 붕당에 치우치지 않고 골고루 섞어서 정치를 펼쳐나가는 방법인 것이죠. 반면 정조는 **준론 탕평**을 합니다. 왕이 중재 역할을 해서 명확하게 시시비비를 가리는 거예요. 정조는 붕당을 인정하고, 붕당들의 얘기를 들어요. 그리고 나서 어느 붕당의 얘기가 맞는지 심판하는 역할을 하는 겁니다. 왜냐하면 정조는 너무 똑똑하거든요.

정조는 한번 공부하면 잊어버리지를 않아요. 어느 문장이 어느 책 몇 쪽 몇 번째 줄에 있는지까지 기억해요. 영조는 "내가 자네 아버지를 잘 아는데…" 하고 이야기를 시작한다고 했죠? 정조가 신하들과 얘기할 때 자주 쓰는 문구는 이거예요. "공부 좀 하시게." 정조가 보기에 신하들의 소양은 바닥이에요. 그래서 맨날 신하들에게 공부 좀 하라고 말했던 거죠. 신하들은 정신 똑바로 차리지 않으면 정조에게 바로 지적을 당하게 되는 겁니다. 정조의 유학적 소양이 신하들을 완전히 압도하고 있었던 거죠. 그래서 정조는 논란이 있을 때마다 또박또박 정리를 해주는 준론 탕평을 펼칠 수 있었죠.

: 영조 시기의 정치·경제·사회·문화 :

영조와 정조의 탕평 정치의 방법을 배웠으니 이제 두 왕 시기의 정치·경제·사회·문화 부분을 살펴봅시다. 우선 영조 시기부터 출발합니다.

먼저 정치 부분을 볼게요. 영조는 기본적으로 **산림을 인정하지 않았어요.** 산림은 관직에 나가지 않지만 학문적 권위를 널리 떨친 유학자를 말해요. 송시열 같은 사람이 산림인데, 쉽게 말하면 각 붕당의 어르신이에요. 그런데 영조는 나이가 많다 보니, 그 어르신들의 말을 들어주지 않고 무시했습니다.

그리고 **서원을 정리**합니다. 서원은 원래 인재 양성의 요람이었는데, 이때쯤에는 붕당의 근거지로 변질되어서 오히려 역기능을 했어요. 그래서 서원을 정리한 겁니다. 이후 100여 년 뒤에 또 한 번 서원을 정리하는 인물이 나타납니다. 흥선 대원군이에요. 이에 대해서는 나중에 다시 얘기할 텐데, 우선 서원 정리를 한 사람이 영조, 훗날 흥선 대원군이라는 것만 기억해두시면 되겠습니다.

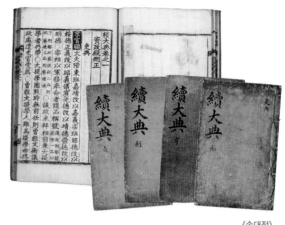

《속대전》

영조는 또한 이조 전랑의 권한을 약화시킵니다. 이조 전랑의 인사권을 놓고 붕당이 나뉘고 붕당끼리의 싸움이 났던 거니까요. 그리고 개혁을 주도하기 위해서 《경국대전》의 속편이라 할 수 있는 《속대전》을 발행합니다.

경제 부분에서는 **균역법**을 시행합니다. 조선 전기에 군대를 안 가는 방법이 뭐였죠? 네, 포를 내면 됐어요. 1년에 두 필 정도 내면 군대를 안 갔는데, 균역법을 시행해서 **1년에 한 필**만 내게 했어요. 세금의 50퍼센트를 깎아준 겁니다. 감세 정책으로 백성들이 좀더 잘살 수 있도록 도와준 거죠.

사회 부분에서는 **청계천 준설** 작업을 합니다. 지금 서울에 있는 그 청계천이에요. 여러분, 앞으로는 청계천에 가면 영조를 떠올리셔야 합니다. 청계천 물길을 맨 처음으로 정리했던 왕이 영조입니다. 그다음에 **신문고**를 부활시킵니

《동국문헌비고》

다. 신문고는 태종 이방원 때 출발했는데 유명무실해진 상태였어요. 이것을 다시 재설치합니다. 또 **사형수 삼심제**를 제정합니다. 사람 목숨을 빼앗는 것은 신중히 해야 된다면서 세 번에 걸쳐 처벌을 결정했죠.

문화 부분에서는 국가적 사업으로 백과사전 편찬 작업을 단행합니다. 바로 **《동국문헌비고》**예요. 조선의 각종 제도와 문물을 정리한 책인데, 어마어마하게 방대한 작업이어서 정조 때까지 이어집니다.

: 정조 시기의 정치 · 경제 · 사회 · 문화 :

영조는 정말 정치를 잘하는 왕이었어요. 이런 영조의 손자로서 왕위에 오르는 정조가 부담스러울 법한데, 정조 역시 무척 잘해냅니다. 똑똑한 왕이니까 카리스마를 발휘할 수 있었죠. 정조는 정치 · 경제 · 사회 · 문화에서 어떤 업적을 남겼을까요?

먼저 정치 부분입니다. 정조는 노론과 대립 관계였다고 했죠? 즉위하면서 딱 이렇게 말합니다. "나는 사도 세자의 아들이다." 너희들이 우리 아버지 죽인 것을 내가 잘 알고 있으니까 정신 똑바로 차리라는, 노론에 대한 선전포고였죠.

정조는 자신의 왕권을 강화해줄 신진 세력을 양성합니다. 정조가 제일 잘 썼던 말이 뭐라고 했죠? "공부 좀 해라"였죠. 정조는 **규장각**을 세웁니다. 그러고는 규장각에 신하들을 데려다놓고 자신이 직접 가르칩니다. 원래는 홍문관 경연을 통해 신하들이 왕을 가르치잖아요. 완전히 거꾸로 된 거죠. 조선 역사에서 영조와 정조는 정말 특별한 케이스들입니다. 왕이 신하를 규장각에 데려와서 가르치는 걸 **초계문신제**라고 합니다. 쉽게 말하면 신하를 데려와서 계도한다는 거예요. 자신이 똑똑하니 가능한 일이었죠.

규장각(창덕궁 주합루)

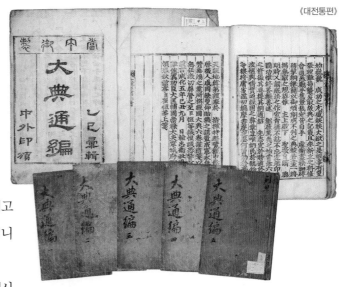
《대전통편》

정조는 군사력도 키웁니다. 왕권을 지키려면 힘이 필요했으니까요. 그래서 친위 부대로 **장용영**을 설치합니다. 할아버지 영조에 이어 법전도 만듭니다. 《**대전통편**》입니다. 여러분, 법전은 꼭 왕의 이름과 함께 외워두셔야 합니다. 한번 되새겨볼까요? 성종 때 《경국대전》, 영조 때 《속대전》, 정조 때 《대전통편》, 그리고 뒤에 나올 흥선 대원군 때 《대전회통》입니다. 이 네 가지는 꼭 기억해두세요.

다음 경제를 보겠습니다. 정조 하면 역시 뭐니 뭐니 해도 **신해통공**입니다. 신해년에 모두 통하게 한다는 뜻이죠. 이전까지 **시전 상인**은 종로에서 독점적 판매권을 갖고 있었어요. 예를 들어 노점상들을 '어지러울 난(亂)' 자를 써서 난전이라고 하죠. 시전 상인은 난전을 금할 수 있는 권리, **금난전권**이라는 특권을 가졌던 거죠. 정조는 이 특권을 없애버려요. 그리고는 말 그대로 신해년의 통공(通共), 누구에게나 장사할 수 있는 권리를 줍니다. 정조가 추구한 사회가 반칙과 특권이 없는 사회란 걸 보여주죠.

사회 부분에서는 사족이 지방 농민을 통제하던 수단인 향약을 수령이 관장하도록 합니다. 수령은 왕의 오른팔이잖아요. 수령이 향약을 관장하면서 지방에 대한 통제력을 높인 겁니다. 영조는 서원을 정리하고, 정조는 향약을 수령의 권한으로 만들어서 사족을 약화시킨 거라고 보시면 되겠습니다.

문화 부분에서는 《**동국문헌비고**》를 계속 작업해나가고요. 대외 관계를 정리한 《**동문휘고**》라는 책도 펴냅니다. 문화 부분에서 정조의 업적으로 빼놓을 수 없는 것은 **수원 화성**의 건설입니다. 수원 화성은 정조가 자신의 아버지 사도 세자의 명예를 회복시키기 위해 취한 조치이자, 자신의 새로운 꿈을 펼치기 위해 내놓은 도시 설계였어요. 수원 화성은 조선 후기 문화를 다룰 때 자세히 보도록 하겠습니다.

영조와 정조는 각기 다른 카리스마로 조선의 중흥기를 만들어냅니다. 그런데 정조가 갑자기 죽어요. 정확히 1800년에 죽습니다. 정조는 모든 것을 혼

시전 상인

시장 거리의 큰 가게를 시전이라고 하는데, 여기서 장사하는 사람들을 시전 상인이라고 합니다. 시전 상인들에게는 허가받지 않은 상인들을 단속할 수 있는 금난전권도 주어졌어요. 시전 상인 외에는 한양(서울)에서 장사할 수도, 특정한 물품을 취급할 수도 없었답니다.

▸**市** 저자 시
▸**廛** 가게 전
▸**商** 장사 상
▸**人** 사람 인

수원 화성(장안문)

자 다 해낸 왕이에요. 너무 똑똑했으니까요. 능력 있는 한 사람에게 의존해서 개혁이 이뤄지다 보니 시스템이 갖춰지지 않은 거예요. 이 상태에서 정조가 죽자 정조만큼 역할을 할 사람이 없어요. 한계가 생기는 겁니다. 정조 이후 어떤 일이 생기는지 지금부터 배워보겠습니다.

질문 있어요!

Q 양난 이후 국가 재정이 힘들어지니 납속책을 시행했고, 이때 많은 사람이 공명첩을 사서 양반이 됐다고 알고 있습니다. 그런데 이렇게 공명첩을 사는 행위가 매관매직인가요? 납속책이 시행됐던 시기는 세도 정치 시기와 맞물리나요?

A 납속책은 나라의 재정이 넉넉지 않을 때 시행되었던 제도죠. 공명첩은 임란 이후 납속을 한 이들에게 대가로 주면서 시작되었어요. 면역과 면천의 혜택이 있는 공명첩은 실제 신분 상승을 가져왔지만, 관직을 주는 공명첩은 실제 관직을 주는 것이 아니라 대부분 허직, 명예직을 주었던 것이죠.

: 정조 사후, 세도 정치가 전개됩니다 :

1800년에 정조가 죽은 뒤, 조선 왕조는 순조, 헌종, 철종으로 이어집니다. 이 시기의 정치를 **세도 정치**라고 합니다. 세도 정치는 소수 가문에 의해 권력이 좌지우지되는 모습들을 보입니다. 대표적인 가문으로는 바로 안동 김씨와 풍양 조씨를 들 수 있습니다. 이들이 권력을 좌지우지해요. 임진왜란 이후 권력이 비대화된 **비변사**와 **5군영**을 장악하고서요. 한마디로 한 손에 정치, 한 손에 군사를 쥐고 권력을 주무르는 거죠.

세도 정치의 대표적인 부작용은 **매관매직**입니다. 돈을 받고 관직을 파는 거죠. 이런 일이 일상이 되면 문제가 큽니다. 돈을 주고 관직을 얻었으니, 어디선가 다시 돈을 뽑아야 할 것 아닙니까? 이들은 농민들을 쥐어짜게 되죠.

매관매직의 폐해는 삼정의 문란으로 이어집니다. 삼정은 토지세와 관련된 **전정**, 역과 관련된 **군정**, 빈민 구휼과 관련된 **환곡**이에요. 환곡은 봄에 곡식을 빌려주고 가을에 갚도록 하는 것인데, 이것이 세도 정치 시기에 빌려준 곡식에 비해 높은 이자를 받는 고리대의 모습을 보이며 엄청난 문제가 발생하게 됩니다. 그러면서 농민 봉기가 들불처럼 일어납니다. 가히 농민 봉기의 시대라 할 만하죠.

19세기 조선은 썩을 대로 썩어서 조선 왕조 500년이 이렇게 끝나는구나 싶어요. 이렇게 망조가 들기 바로 직전 왕이 정조였다는 것은 우리에게 시사하는 바가 큽니다. 똑똑한 한 사람의 빈자리가 너무 컸어요. 그런 분이 있었던 시대가 가니, 오히려 그것이 부작용이 됐던 겁니다. 그래서 시스템을 구축하는 것이 중요해요. 한 사람이 빠지더라도 시스템은 굴러가도록 만들어야 한다는 것을 역사가 보여주는 겁니다. 조선 후기 정치에서 우리가 배울 것이 바로 그것입니다.

큰★별쌤의
한번에 핵심 정리

1 붕당 정치의 전개

선조	• 척신 잔재의 청산과 이조 전랑 임명 문제를 두고 붕당이 대립하면서 동인과 서인 형성 → 정철을 중심으로 한 서인이 정여립을 역모로 몰아 동인 숙청(기축옥사) → 정철의 건저의에 대한 선조의 분노로 서인 몰락 → 서인 처리 문제를 두고 동인이 북인과 남인으로 나뉨
광해군	• 왜란 이후 북인과 손을 잡고 중립 외교, 대동법 시행
인조	• 서인이 인조반정을 일으켜 광해군과 북인 정권 무너뜨림 → 이후 서인과 남인에 의해 정국 유지

2 예송~환국 정쟁

(1) 예송(현종)

개요		• 효종, 효종비 사망 → 인조의 계비인 자의 대비의 상복 착용 기간을 두고 남인과 서인이 대립
기해 예송	발단	• 효종 사망
	전개	• 남인: 장남에 준하는 3년 주장 • 서인: 차남에 준하는 1년 주장
	결과	• 서인 승리
갑인 예송	발단	• 효종비 사망
	전개	• 남인: 1년 주장 • 서인: 9개월 주장
	결과	• 남인 승리

(2) 환국 정쟁(숙종)

개요	• 숙종이 즉위 → 환국(일당 전제)으로 왕권 강화 → 조선 시대 가장 강력한 왕권 구가
경신환국	• 남인이 권력을 잃고 서인이 득세함
기사환국	• 남인(+희빈 장씨)의 기사회생, 서인 축출(인현 왕후 폐위)
갑술환국	• 남인이 실권하면서 희빈 장씨 폐위 → 희빈 장씨가 사약을 받고 죽음
결과	• 남인 몰락, 서인이 정권 장악 → 소론이 지지한 경종이 즉위하나 일찍 사망하고, 노론이 지지하던 영조가 즉위함

3 탕평 정치, 세도 정치

(1) 영조의 탕평 정치

방법	• 탕평비 건립 : 영조가 표방하는 탕평책을 명문화 • 완론 탕평 : 붕당 자체를 인정하지 않음
정치	• 산림을 인정하지 않음 • 붕당의 근거지로 변질된 서원 정리(→ 이후 흥선 대원군이 서원 또 한 번 정리) • 이조 전랑의 권한 약화 • 법전 《속대전》 발행 : 《경국대전》(성종)의 속편 격
경제	• 균역법 시행 : 1년에 군포 1필 징수(감세 정책)
사회	• 청계천 준설, 신문고(태종 때 출발) 부활, 사형수 삼심제 실시
문화	• 백과사전 《동국문헌비고》 편찬 작업 단행

(2) 정조의 탕평 정치

방법	• 준론 탕평 : 붕당을 인정하는 대신, 왕이 시시비비를 가리며 심판 역할
정치	• 규장각 설치 → 초계문신제 실시 : 왕권 강화를 위한 신진 세력 양성 • 장용영 설치 : 친위 부대, 왕권을 지키기 위해 군사력 강화 목적 • 법전 《대전통편》 편찬
경제	• 신해통공 : 시전 상인의 금난전권 폐지
사회	• 수령의 권한 강화 : 수령이 향약을 직접 관장
문화	• 《동국문헌비고》 편찬 계속, 대외 관계를 정리한 《동문휘고》 편찬 • 수원 화성 축조

(3) 세도 정치

배경		• 정조 사후, 순종 - 현종 - 철종 즉위 → 세도 정치 전개 • 소수 가문(안동 김씨, 풍양 조씨)이 비변사와 5군영을 장악 → 권력 독점
부작용	매관매직	• 관직을 돈으로 사고팔게 되면서, 백성 수탈 횡행
	삼정 문란	• 매관매직의 폐해로, 전정(토지세), 군정(역), 환곡(곡식 대여)에서 엄청난 문제 발생 → 농민 봉기 다수 발생

23강

조선 후기

조직, 외교

조직

지금부터는 임진왜란을 기점으로 바뀐 정치·군사 조직에 대해 살펴보겠습니다. 앞에서 배운 내용과 상당 부분이 겹치기 때문에 간략하게만 살펴보겠습니다. 복습한다 생각하시고 앞의 내용을 떠올리며 읽어보시면 되겠습니다.

: 정치 조직의 변화부터 보겠습니다 :

조선 후기의 시작은 임진왜란이 기점이라고 했죠? 임진왜란을 배우면서 공부했던 조직의 변화를 다시 보겠습니다. 먼저 가장 중요한 중앙 조직인 비변사부터 보겠습니다.

비변사는 변방을 대비하기 위해서 만든 기구입니다. 군사적으로 중요한 기구죠. 비변사는 3포 왜란 때 임시 기구로 설치됐습니다. 15세기 세종 때 일본에 부산포, 제포, 염포의 3포를 개항해줬는데, 16세기 초에 일본이 여기에서 난리를 치죠. 그게 3포 왜란입니다. 중종 때의 일이었죠. 이후 명종 때 을묘왜변이 일어납니다. 을묘왜변은 3포 왜란과 비교하면 좀 큰 사건이었어요. 그래서 을묘왜변 같은 일이 다시 일어나지 않도록 대비해야겠다고 해서 임시 기구였던 비변사를 상설 기구로 바꿨습니다.

비변사의 권한은 1592년에 일어난 임진왜란을 거치면서 더욱 강화됩니다. 원래 운영되었던 의정부·6조의 역할과 기능은 축소되고요. 비변사의 권력은 점점 커져서 세도 정치 때 절정에 이릅니다. 반면 왕권은 약화되었죠.

《비변사등록》
비변사에서 매일의 업무 내용을 기록한 책.

이 문제를 해결하기 위해 흥선 대원군이 비변사를 폐지하게 됩니다. 비변사의 성쇠는 시험에 잘 나오니 그 흐름을 기억해두세요.

: 다음은 군사 조직의 변화입니다 :

군사 조직을 볼까요? 조선 전기에 중앙군은 동서남북과 가운데의 5위 체제였어요. 5위 체제는 기본적으로 의무병을 기반으로 해요. 병농 일치, 곧 농민이 병사를 했죠. 임진왜란을 거치면서 5위 체제는 **5군영 체제**로 바뀝니다.

5군영은 훈련도감, 어영청, 총융청, 수어청, 금위영 순서로 쭈르르 다섯 개가 만들어져요. 가장 먼저 만들어진 훈련도감부터 보시죠. 선조 때 임진왜란 중에 만들어진 **훈련도감**은 포수·사수·살수의 **삼수병**으로 구성돼요. 임진왜란 때 조선에 가장 큰 피해를 입혔던 게 조총이잖아요. 그래서 조총 부대를 만들어 포수를 둔 거죠. 사수는 활을 쏘는 것, 살수는 창을 쓰는 것이고요. 삼수병 중에는 포수가 가장 중요했습니다. 삼수병을 유지하기 위해서 거둬들인 세금도 있어요. 바로 삼수미예요. 삼수병에서 중요한 포인트는 이들이 모병이라는 점입니다. 중앙군 5위는 의무병이에요. 조세·공납·역 중 역에 의해 군대에 갔죠. 5군영은 자원해서 군대에 온 **직업 군인**이에요. 모병책에 의해 급료를 받고 항상 전투에 대비하는 상비군이죠. 5군영의 군인은 급료 상비군이라는 것을 반드시 기억하세요.

어영청, 총융청, 수어청은 인조 때 호란을 전후해서 만들어지고, **금위영**은 숙종 때 만들어지면서 5군영 체제가 완비됩니다.

지방군도 보겠습니다. 조선 전기의 지방군은 영진군 체제였습니다. 임진왜란을 거치면서 속오군 체제로 바뀌죠. 속오군은 양반부터 노비까지 모두 포함하는 부대였습니다. 일종의 예비군 형태죠. 하지만 실제로 양반은 군대를 가지 않았다는 것, 기억하시죠?

제주 속오군적부
정군이 아닌 예비군 조직인 속오군의 신상에 대해 상세히 기록한 제주의 군적부로, 조선 후기 속오법(束伍法)에 따라 편성한 지방 군대를 속오군이라 한다.

속오군 체제로 많은 사람들을 예비군 형태로 포함시킨 데는 이유가 있어요. 수비 체제로 전환되었기 때문인데요. 원래 조선의 지방군은 진관 체제였어요. 진관 체제를 쉽게 설명하면, 축구의 지역 방어 전술 같은 거예요. 자기가 맡고 있는 지역은 각자 자기가 컨트롤하는 거죠. 이 지역 방어 시스템은 임진왜란 직전에 슬슬 바뀝니다. 제승방략 체제

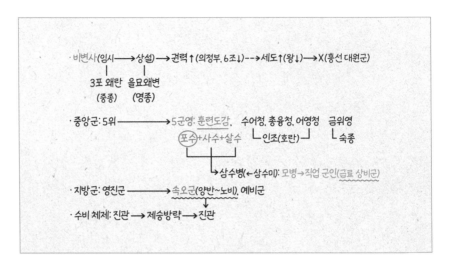

라는 건데, 전쟁이 나면 한곳에 다 모여 중앙에서 파견된 장수의 명에 따라 같이 싸우는 거예요. 그런데 이게 임진왜란 때 완전히 깨집니다. 일단 중앙에서 장수가 내려올 때까지 기다려야 하는데, 일본군이 팍 올라옵니다. 게다가 한 곳이 뚫리면 후방이 없어요. 그곳에 다 모여 있으니까요. 신립 장군의 탄금대 전투를 기억해보세요. 탄금대 전투에서 패하면서 충주가 뚫리니까 일본군이 바로 서울까지 올라와버렸잖아요. 이게 제승방략 체제의 문제점이에요. 그래서 다시 지역 방어 시스템인 진관 체제로 바꾼 거죠.

진관 체제는 지역마다 군인들이 많이 있어야 운영이 돼요. 그래서 속오군 시스템으로 양반부터 노비까지 전부 다 모은 겁니다. 진관 체제로 가기 위해서 지방군을 속오군으로 바꾸게 된 것입니다.

조선 후기의 정치 조직은 비변사의 권력 강화, 군사 조직은 중앙군 5군영, 지방군 속오군으로 변화했다는 것을 핵심으로 기억하시면 되겠습니다.

외교(여진)

조선 전기에 여진과 일본은 조선과 교린 관계에 있었어요. 하지만 임진왜란 이후 관계에 커다란 변화가 일어납니다. 임진왜란은 동북아시아의 정세를 바꾼 전쟁이었거든요. 조선 후기의 외교는 먼저 여진과의 관계부터 살펴보겠습니다.

: 북벌론이 등장합니다 :

임진왜란 이후 여진은 세력을 규합하여 후금이라는 나라를 건국합니다. 북쪽의 후금이 계속 세력을 키우자 광해군은 중립 외교를 펼칩니다. 중립 외교를 보여주는 대표적인 사건은 강홍립의 투항입니다. 명나라의 요청으로 출정했다가 후금에 투항한 일이죠. 이후 광해군은 재조지은을 다하지 못했다고 해서 인조반정으로 쫓겨나고 인조가 왕위에 오릅니다.

인조 정부의 주축은 서인이에요. 인조는 오로지 명나라와 친하게 지내고 후금 따위는 필요없다고 배척하는 친명배금 정책을 씁니다. 그래서 결국 후금과 붙은 게 정묘호란이죠. 정묘호란 때 활약했던 대표적인 인물은 정봉수와 이립이에요. 정봉수는 용골산성에서 활약했고, 이립은 의병을 일으켜 후금을 막아내려 했죠. 후금은 조선에 거칠게 밀고 들어왔다가 형제 관계를 맺는다는 약속을 받고는 돌아가요. 하지만 조선 정부는 이 약속을 지키지 않고 친명배금 정책을 유지했어요. 그래서 후금이 국호를 청으로 바꾸고 다시 조선을 침입한 것이 바로 병자호란이었죠. 병자호란과 관련해서 기억해야 할 인물은 최명길과 김상헌이라고 설명드렸던 것, 기억하시죠? 여하튼 이때 인조 정부는 남한산성에서 47일간의 항쟁 끝에 결국 삼전도로 나와서 아주 굴욕적으로 항복을 했죠.

김상헌 신도비
(경기 남양주)

최명길 비각과 신도비(충북 청주)

청나라에 끌려갔던 봉림 대군은 돌아와 효종이 돼요. 효종은 아버지를 무릎 꿇린 오랑캐들을 가만둘 수 없었습니다. 북벌론을 펴게 되는 것이죠. 효종과 함께 북벌론을 펼쳤던 대표적인 인물은 송시열, 윤휴입니다.

청나라와 벌인 두 차례 호란에서 다 졌는데, 그 청나라를 치자니 좀 이상하지 않아요? 북벌을 주장한 이들의 속내를 좀 봐야겠죠. 청나라를 치려면 군대를 강화해야 해요. 이들은 군대 강화로 자신들의 세력을 강화하려는 의도가 있었어요. 자기 세력을 강화할 명분을 북벌에서 찾은 거예요. 왜 이렇게 보느냐고요? 북벌이면 청나라를 좀 멀리해야 하잖아요. 조선은 청나라가 러시아를 같이 치자고 파병을 요청하자 그에 응합니다. 이제까지 오랑캐라 여겼던 청을 도와 **나선 정벌**에 나선 거예요. 북벌은 정치적 구호에 불과했던 겁니다.

어쨌든 나선 정벌을 위해 조총 부대가 출동합니다. 조선은 임진왜란 이후 포수를 의욕적으로 양성했잖아요. 조총 부대가 뛰어난 사격 솜씨로 큰 승리를 하고 개선합니다. 그런데 그 누구도 환호하지 않아요. 오랑캐를 도운 군대라고요. 친명배금이라는 이념에 휩싸여 자신들이 군대를 보내놓고 오히려 손가락질을 한 겁니다. 그런데 이 이율배반적인 행태를 비판하는 사람이 없어요. 친명배금 정책이 잘못됐다고 말하면 낙인이 찍혔던 거죠. 인조와 효종 시대는 이렇게 꽉 막혀 있었고, 의견이 다르면 내쳐지는 이분법적 시대였어요.

: 간도 문제에 대해서도 살펴볼게요 :

숙종은 '역사 바로 세우기 왕'이라 보시면 돼요. 숙종은 앞 시기에 있었던 문제들을 정리해나갑니다.

청과의 영토 분쟁을 해결할 필요가 있다고 해서 백두산정계비를 세워요. 백두산정계비에는 '서위압록', '동위토문'이라고 쓰여 있어요. 청나라와 조선의 경계는 서쪽으로는 압록강, 동쪽으로는 토문강으로 정한 거죠. 압록강은 알겠는데, 토문강은 뭐냐고요? 중국은 토문강을 두만강이라고 보는데, 우리는 두만강과 토문강이 다른 강이라고 보고 있어요. 토문강은 백두산 북쪽으로 흐르는 강 이름이거든요. 간도 문제가 이 백두산정계비 문구에서 시작된 거예

간도와 백두산정계비

백두산정계비

요. 토문강을 경계로 하면 지금 우리의 한반도 끝자락이 더 위로 올라가 우리 영토가 넓어지는 거예요. 간도 문제는 나중에 다시 설명하도록 하겠습니다.

정조 때가 되면 북학론이 대두합니다. 북벌과 정반대로 청나라의 학문을 배우자는 게 북학론이죠. 친명배금의 시대 이후 100년 정도가 지나고 나서야 청나라를 바로 보게 된 겁니다. 북학론을 주장하는 북학파의 대표적인 인물은 박지원, 박제가입니다. 이성적으로 보는 눈을 갖는 데 100년이라는 시간이 걸린 거죠.

대한 제국 시기가 되면, 간도 문제가 불거집니다. 백두산정계비로 정한 경계인 토문강과 두만강은 다른 강이잖아요. 고종 황제는 간도 문제를 해결하기 위해 이범윤을 간도 관리사로 임명해서 파견합니다. 이 지역에 한국인들이 많이 살고 있으니 간도 관리사가 가서 세금을 걷으며 관리하는 거죠. 세금을 걷는다는 건 그 땅이 우리 영토라는 것을 의미해요.

그런데 이게 웬일이죠? 1909년에 간도 협약이 체결됩니다. 우리나라와 청나라 사이의 영토와 관련된 협약인데, 청나라와 일본이 체결해요. 당시 우리나라는 1905년 을사늑약으로 외교권을 강탈당한 상태였기 때문이에요. 그래서 이 협상 테이블에 앉을 수가 없었죠. 간도 협약으로 청나라는 간도를 챙기고, 일본은 만주 지역의 철도 부설권을 챙겼어요. 나라가 힘이 없으니 간도에 대한 권리를 행사하지 못했던 것이죠.

여진과의 관계는 청·일 전쟁 결과 체결되는 시모노세키 조약을 통해 완전히 정리가 돼요. 이 부분은 근현대 편에서 다시 보기로 하겠습니다.

외교(일본)

 23-3

이제 일본과의 관계를 살펴보겠습니다. 임진왜란이 있었으니 일본과는 철천지원수가 되었죠. 하지만 국가 대 국가의 관계에는 영원한 동맹도 없고 영원한 적도 없다잖아요. 그 말처럼 17세기에 이르러 일본과의 관계가 다시 복원됩니다. 어떤 과정을 거치는지 보시죠.

: 기유약조와 통신사 :

임진왜란을 주도한 사람은 도요토미 히데요시예요. 이후 일본에서는 도요토미 히데요시가 죽고 나서 도쿠가와 이에야스가 에도 막부를 엽니다. 도쿠가와 이에야스는 임진왜란에 참여하지 않았어요. 도요토미 히데요시와 라이벌 관계였거든요. 도쿠가와 이에야스는 자신은 임진왜란에 참여하지 않았다며 다시 조선과 사이좋게 지내고 싶다고 화해 요청을 합니다. 그러면서 조선과 일본의 끊어졌던 외교 관계가 복원됩니다. 광해군 때인 1609년 기유년에 기유약조를 맺은 것이죠.

기유약조를 맺은 뒤, 일본과의 외교 관계가 복원되면서 조선은 통신사를 일본에 다시 보내요. 통신사는 그 이전에도 보냈던 것인데, 전쟁으로 중단됐다가 다시 재개한 겁니다.

통신사의 역할은 두 가지로 기억해두시면 되겠습니다. 하나는 일본에 문화를 전파해주는 역할이에요. 동아시아에서 문화 전파의 양상은 보통 중국, 다음이 조선, 그다음이 일본으로 이어지잖아요. 조선이 일본에 통신사를 보내 선진 문물을 전파해준 것이지요. 또 하나는 일본 에도 막부의 권위를 인정해주는 역할입니다.

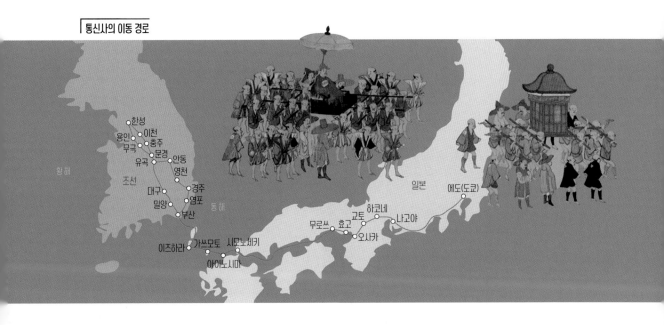

통신사는 뒤에 나오는 수신사와 비교해서 알아두셔야 해요. 수신사는 개항 이후 활동한 사절단이에요. 수신사는 일본에 들어온 서양 문물을 조선에 들여 오는 역할을 했어요. 문화 전파의 흐름이 거꾸로 된 거예요. 통신사는 우리가 선진 문물을 전달한 것, 수신사는 서구 문물을 받아온 것으로 보시면 됩니다.

: 숙종 때 독도 문제가 시작됩니다 :

임진왜란 이후 기유약조를 맺고 통신사를 보내며 일본과의 관계는 다시 회복됐어요. 그런데 숙종 때 큰일이 일어납니다. 바로 독도 문제가 나온 거죠.

사실 조선은 초기부터 울릉도와 독도를 비워놓았어요. 그걸 공도 정책이라고 해요. 왜냐하면 울릉도와 독도에 자꾸 왜구가 들어오니까 주민들을 보호하기 어려웠던 거예요. 그래서 섬을 비워뒀는데, 숙종 때 울릉도에 일본인들이 들어와 자기네 땅이라고 우겨요. 독도가 아니라 울릉도 말이에요. 심지어 이런 일도 있었어요. 울릉도에 물고기를 잡으러 간 조선 사람을 일본 사람들이 잡아갔다가 돌려보내면서 "다시는 조선 사람이 여기에 들어오지 못하게 하시오. 우리가 선의를 베풀어서 돌려보내주는 것이오"라고 편지를 보내요. 울릉도는 우리 땅인데, 자기 땅인 듯 얘기하는 거죠.

이때 나선 사람이 안용복이에요. 안용복은 어촌에서 고기를 잡는 어부였어요. 안용복이 보니까 울릉도와 독도에 일본인이 마구 들어와 나무를 베고 바

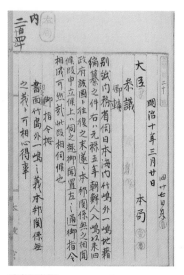

태정관 지령문
1877년 일본 메이지 시대 최고 행정 기관인 태정관은 '울릉도와 독도는 일본과 관계없는 곳이다'라는 내용의 지령을 시네마현에 보낸 바 있다.

다표범이나 고기도 마구 잡아가는 겁니다. 그래서 일본으로 건너가 결국은 울릉도와 독도가 우리 땅이라는 확약을 받아와요. 안용복은 울릉도와 독도가 우리 영토임을 인정받는 역할을 한 것이죠. 지금 우리가 독도를 우리 땅이라고 하는 데 중요한 역사적 근거로 활용되는 것이 바로 안용복이 받아온 확약이에요.

대한 제국 시대로 오면, 1900년에 대한 제국 칙령 제41호로 독도는 우리 땅으로 선포가 돼요. "이제 건들지 마!" 하고 선포한 건데, 이후 일본이 러·일 전쟁을 일으키면서 독도를 일본 시네마현에 강제 편입시키는 만행을 저지릅니다. 독도를 일본 영토로 편입시킨 것은 우리나라를 식민지로 만들려고 하는 최초의 액션이었어요. 그러고 나서 5년 뒤인 1910년에 우리나라가 완전히 식민지 영토로 넘어가죠. 그 첫 출발이 독도였다고 보시면 돼요.

한눈에 보는 독도의 역사

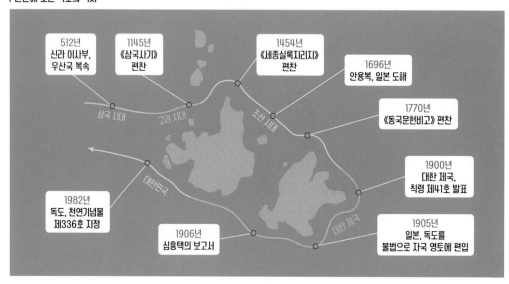

512년
신라 이사부,
우산국 복속

1145년
《삼국사기》
편찬

1454년
《세종실록지리지》
편찬

1696년
안용복, 일본 도해

1770년
《동국문헌비고》 편찬

1900년
대한 제국,
칙령 제41호 발표

1905년
일본, 독도를
불법으로 자국 영토에 편입

1906년
심흥택의 보고서

1982년
독도, 천연기념물
제336호 지정

삼국 시대

고려 시대

조선 시대

대한민국

대한 제국

역사는 기억 전쟁이에요. 조선 초기에 공도 정책을 펴면서 우리는 잠시 울릉도와 독도를 외롭게 두었어요. 그래서 일본이 울릉도를 자기 땅이라고 우길 여지를 줬죠. 우리가 그것을 잊고 살면, 어느새 기억에서 밀려 지워져요. 그래서 일본도, 우리도 서로 기억하려고 하는 거예요. 기억을 해야 그게 우리의 역사가 돼요. 그걸 울릉도와 독도가 보여주는 겁니다.

조선 후기의 외교 관계를 이제 다 살펴봤습니다. 여진과 일본과의 관계는 우리에게 참 많은 것을 가르쳐줍니다. 친명배금의 이념에 갇혔던 모습에서는 이성적 판단의 중요성을, 간도와 독도 문제에서는 역사적 기억의 중요성을 느끼게 되지요. 우리는 역사의 거울 앞에서 항상 그 순간, 자기 자신을 바로 볼 줄 알아야 합니다. 우리가 역사를 공부하는 이유입니다.

큰★별쌤의
한번에 핵심 정리

1 조선 후기 조직의 변화

비변사

임진왜란 이전	• 3포 왜란(중종) 때 임시 기구로 설치 • 을묘왜변(명종)이 일어나면서 상설 기구로 변화
임진왜란 이후	• 왜란을 거치며 비변사의 권한 강화 → 의정부·6조의 역할과 기능 축소 • 세도 정치 때 권력이 절정에 달함 → 왕권 약화 • 흥선 대원군 때 폐지

중앙군

임진왜란 이전	• 5위: 의무병 기반, 병농 일치제

임진왜란 이후	• 5군영 체제로 변화: 훈련도감, 어영청, 총융청, 수어청, 금위영
	  - 훈련도감: 포수·사수·살수의 삼수병 구성(직업 군인)
	  - 어영청, 총융청, 수어청: 인조 때 호란을 전후해서 만들어짐
	  - 금위영: 숙종 때 만들어짐. 이로써 5군영 체제 완비

지방군

임진왜란 이전	• 영진군
임진왜란 이후	• 속오군: 양반에서 노비까지 모두 모이는 일종의 예비군

방어 체제

변화 흐름	• 진관 체제(15세기) → 제승방략 체제(16세기) → 진관 체제 복구, 속오군 체제(임진왜란 이후)

2 외교(여진)

(1) 북벌론의 등장

광해군	• 중립 외교 전개(강홍립 투항) → 인조반정(서인)

인조	• 서인이 주축이 되어 친명배금 정책 전개
	  - 정묘호란 발생: 정봉수(용골산성), 이립(의병)
	  - 병자호란 발생: 최명길, 김상헌

효종	• 청을 처벌하자는 북벌론 전개(송시열, 윤휴) → 군대 강화를 통해 자신들의 세력을 강화하려는 의도 • 나선 정벌: 러시아를 함께 치자는 청나라의 파병 요청 → 조총 부대의 활약으로 큰 승리

⑵ 간도 문제

숙종	• 백두산정계비: 비석에 '서위압록', '동위토문'이라고 새김 → 청나라와 조선의 경계는 서쪽으로는 압록강, 동쪽으로는 토문강이라 정함 → 토문강에 대한 해석에서 간도 문제 발생
대한 제국 시기	• 이범윤을 간도 관리사로 임명해 파견 → 1909년 청나라와 일본이 간도 협약 체결(대한 제국은 1905년 을사늑약으로 외교권을 강탈당한 상태로, 협상에 참여하지 못함) → 간도 협약으로 청나라는 간도를, 일본은 만주 지역의 철도 부설권을 취득함

3 외교(일본)

광해군	• 임진왜란 이후 도쿠가와 이에야스가 에도 막부를 엶 → 도쿠가와 이에야스의 화해 요청으로, 1609년 기유약조 체결 → 끊어졌던 외교가 재개됨
인조	• 통신사 파견 재개 - 중국에서 들여온 선진 문물을 일본에 전파(중국 → 조선 → 일본) - 에도 막부의 권위를 인정해주는 역할 • 개항 이후에는 수신사가 활동 - 일본에 들어온 서양 문물을 조선에 들여오는 역할(서양 → 일본 → 조선)
숙종	• 독도 문제 대두 - 조선은 초기부터 잦은 왜구의 침입으로 주민을 보호하기 어려워, 울릉도와 독도를 비워둠 (공도 정책) → 일본인들이 울릉도에 들어와 자기네 땅이라고 주장 - 안용복이 일본으로 건너가 울릉도와 독도가 조선 영토라는 확약을 받아옴 → 지금 우리가 독도를 우리 땅이라고 하는 중요한 역사적 근거
대한 제국 시기	• 1900년 울릉도와 독도의 영유권을 명확히 하는 '대한 제국 칙령 제41호' 선포 → 일본이 러·일 전쟁을 일으키면서 독도를 일본 시네마현에 강제 편입

24강

조선 후기

경제

수취 체제

이제 조선 후기 경제를 살펴볼 차례입니다. 뭐니 뭐니 해도 대동법이 중요하죠. 대동법 하면 여러분은 광해군을 떠올리실 겁니다. 그런데《조선왕조실록》을 보면 광해군은 대동법을 적극적으로 지지하지 않아요. 대동법을 실시하기 위해 평생을 바친 사람은 김육이에요. 대동법을 전국적으로 확대해달라고 유언 상소까지 냈던 사람이죠. 대동법을 위해 인생을 던졌고, 결국 그의 꿈은 이뤄지죠. 인생은 여러 번 사는 게 아니잖아요. 딱 한 번 사는 인생, 김육처럼 의미 있는 일을 찾아 사는 것도 괜찮은 인생이지 않을까요? 김육의 일생을 생각해보면서 수취 체제부터 배워보도록 하겠습니다.

: 조선 후기 조세 제도는 어땠을까요? :

조선 전기에 백성들이 국가에 토지세를 내는 방법이 규정된 법은 **과전법**입니다. 과전법은 1결당 최고가 30두 정도였죠. 1결은 대략 운동장 크기의 (300두 정도의 곡식이 생산되는) 땅이고, 30두는 쌀 세 가마에서 두 가마 정도입니다.

과전법은 세종 때 세금 구간을 좀더 정밀하게 정한 **공법**으로 바뀝니다. 공법은 전분 6등법과 연분 9등법에 의해서 1결당 4두에서 20두까지 내게 했습니다. 쉽게 얘기하면 과전법보다 좀더 세금을 깎아준 거라고 보시면 돼요. 세금 계산법을 다변화하고 백성들이 국가에 낼 세금을 감액해준 것이 공법이었습니다.

공법으로 세금을 거두다가 양난 이후 **인조 때 영정법**이 정해집니다. 공법은 좀 복잡했어요. 전분 6등법, 연분 9등법이니까 6×9=54, 경우의 수가 54개 나온단 말이에요. 그래서 시간이 흘러가면서 관행적으로 최저 세율 4두를 적용하는 것으로 자리를 잡아요. 조선 후기에 이것을 영원히 정해버린 것이 영정법이에요. 1결당 4두에서 6두 정도로 딱 정해버렸죠. 세금을 더 편하게 징수할 수 있는 방법이 정해졌다고 보시면 됩니다.

: 공납은 어떻게 변했는지 보시죠 :

공납은 그 지역의 특산물을 내는 제도예요. 그런데 특산물을 내는 건 어려워요. 그해 제주도에 귤이 얼마나 날지 모르고, 또한 특산물이 지역에 꼭 맞게 배정된 것도 아니었다고 설명드렸던 것, 기억하시죠? 그래서 특산물 공납을 대행해주는 방납업자가 등장했다고 했어요. 이후 방납업자와 지방관이 결탁해서 부정과 비리를 저질렀다는 것도 이야기했고요. **방납의 폐단**이 심각해지자 이를 해결하기 위해 양난 이후 만들어진 것이 바로 **대동법**입니다.

대동법 시행과 관련된 인물은 누구죠? 네, 광해군입니다. 광해군은 대동법이 처음 시행됐을 때의 왕이고, 실제 대동법을 밀어붙였던 인물은 이원익이에요. 대동법은 처음엔 경기도에서만 시행되었는데, 그러다 전국으로 확산되는 데 결정적인 공을 세운 인물이 김육이에요. 생전에 충청도까지 확산시켰고, 사후에는 전라도까지 확산시키는 데 영향을 미쳤죠. 조선 시대 3대 개혁가로 누구를 손꼽는다고 했죠? 중종 때 기묘사화의 주인공이 된 조광조,

김육

조선 후기의 흥선 대원군, 그리고 바로 대동법의 남자 김육이에요. 김육을 꼭 기억해두세요.

대동법의 내용을 한번 볼게요. 원래 특산물을 걷는 공납은 대동법 실시로 토지 1결당 12두의 곡식을 걷습니다. 조세의 경우 영정법에 따라 1결당 4두에서 6두잖아요. 그런데 공납이 1결당 12두 라는 건, 특산물을 내는

대동법 시행 기념비각(경기 평택)
효종 2년, 충청 감사로 있던 김육이 대동법을 시행토록 상소를 하여 확산되었다.

51

제도가 농민에게 얼마나 고통을 주었는지를 보여줘요. 공납은 쌀 대신 동전이나 포로도 낼 수 있었어요. 하지만 핵심은 쌀을 낸다는 것이죠.

특산물은 원래 집집마다 내도록 되어 있었어요. 그런데 대동법은 1결당 12두를 내게 하는 거잖아요. 집집마다 매겨졌던 세금이 토지를 기준으로 바뀌는 겁니다. 세금이 토지 1결당 매겨지니까 토지를 많이 가진 사람은 세금을 더 많이 내게 되는 거지요. 반대로 토지가 없으면 원칙적으로는 내지 않아도 된다는 얘기죠. 그렇다면 대동법은 감세일까요, 증세일까요? 네, 땅을 많이 가진 부자들에게는 증세, 적게 가진 가난한 이들에게는 감세예요. 당시 땅을 가진 부자들, 지주 양반은 기득권 세력이에요. 이들이 조정에서 정책을 논하고 시행하는 데 영향력을 가져요. 그래서 대동법이 경기도에서 전국으로 확대 시행되는 데 100년이 걸리고, 이를 위해 김육이 평생을 싸운 거지요.

대동법으로 1결당 12두의 쌀을 걷는 곳은 선혜청이에요. 그런데 임금이 쌀만 먹을 수는 없잖아요. 대동법이 시행되기 전에는 공납으로 받은 특산물을 모아 임금께 올렸단 말이죠. 선혜청은 1결당 12두씩 받은 쌀로 임금에게 필요한 물건을 사요. 쌀은 곧 돈이니까요. 이때 등장하는 상인이 바로 공인입니다. 말 그대로 국가가 인정해준 관허 상인이 되겠습니다. 공인은 선혜청에서 쌀이나 돈을 받아 왕실과 관청에서 필요로 하는 물건을 사오는 역할을 합니다.

공인의 등장은 매우 중요합니다. 공인은 보통 상인과 달라요. 국가에서 필요로 하는 물건을 사들이는 거니까 그 양이 엄청납니다. 이 수요를 맞추기 위해 물건이 엄청나게 만들어지고, 돈이 풀립니다. 공인이 등장한 결과 상품 화폐 경제가 발달해요. 즉 물건을 내가 쓰기 위해 만드는 자급자족 경제에서, 다른 사람에게 돈을 받고 팔기 위해서 만드는 시스템으로 변화한 거죠.

대동법이 가져온 변화는 정말 큽니다. 조선 후기의 중요한 키워드는 바로 변화예요. 우리가 지금 살고 있는 시스템, 이 체제로 향하는 변화죠. 이건 굉장히 중요해요. 식민지 근대화론을 펼치는 식민사학자들은 우리 역사가 정체되고 발전하지 않아서 일제 강점기를 거치면서 근대화되었다고 주장합니다. 우리는 자본주의로 갈 힘이 없어서 근대화로 가지 못했다는 거죠. 하지만 여러분, 조선 후기 공인의 등장을 통해 보셨죠? 우리나라에도 상품 화폐 경제의 싹이 자라났어요. 오히려 일본이 우리를 식민지로 만들면서 그 싹이 자라지 못

선혜청

대동법이 (선혜지법이란 이름으로) 경기도에 처음 시행되며 설치된 관청입니다. 조선 후기까지 존속하다가 갑오개혁 때 대동법의 폐지와 함께 사라졌어요.

▶ 宣 베풀다 선
▶ 惠 은혜 혜
▶ 廳 관청 청

하도록 토대를 왜곡시킨 거죠. 우리가 근대화로 갈 수 있었던 상품 화폐 경제의 발달은 분명히 있었어요. 대동법을 통해서요! 이 대동법이 가져온 변화들, 그 역사적 의의를 기억해놓으시면 되겠습니다.

: 마지막으로 역의 변화입니다 :

역에는 군대 가는 군역과 노동하는 요역이 있어요. 그런데 조선 전기 200년 동안 전쟁이 없다 보니 시간이 흐르면서 군역의 요역화 현상이 벌어지죠. 군대 가기 싫다며 다른 사람을 대신 세우는 **대립**, 포를 내면 군대 가는 걸 면해주는 **방군 수포**가 나타납니다. 그러다 방군 수포가 횡행하면서 지방관의 비리 문제가 발생하게 됩니다.

조선 후기 영조가 이 문제를 해결하기 위해 **균역법**을 시행합니다. 방군 수포는 1년에 두 필을 내는 거예요. 방군 수포를 합법화한 군적수포제도 마찬가지였고요. 균역법은 이것을 1년에 한 필로 정합니다. 무려 50퍼센트나 깎아준 거예요.

군적

그런데 세금이란 다 쓸 데가 정해져 있잖아요. 세금을 반이나 깎아주니 펑크가 납니다. 그래서 이 펑크를 메울 제도들이 마련돼요. 첫 번째로 **어장세 · 염세 · 선박세**를 국고로 환수해요. 대부분 왕족이나 궁방에 지급된 세금이었어요. 그러나 이 세금을 사용하지 않고 국고로 돌려 부족한 재정을 마련한 거죠.

두 번째로 **선무군관포**를 걷어요. 조선 후기가 되면 농사를 통해 돈을 버는 사람들이 등장해요. 돈이 좀 있으면 명예도 갖고 싶어하는 심리가 있잖아요. 그들에게 선무군관이라는 명예직을 주고 세금을 더 내게 해요. 선무군관이 되면 내는 포라 해서 선무군관포죠.

세 번째는 **결작**입니다. 어장세 · 염세 · 선박세도 물리고 선무군관포도 매겼지만 세금이 여전히 모자랐어요. 그래서 아예 그냥 토지에다가 세금을 매긴 거예요. 결작은 1결당 2두씩 내게 했습니다. 이렇게 세 가지 방법으로 세금이 모자란 부분을 해결했습니다.

지금까지 조선 후기의 수취 제도를 살펴봤는데요, 여기에는 공통점이 있습니다. 뭘까요? 영정법도 결, 대동법도 결, 모두 결이 기준이라는 거예요. 균역법은 옷감, 곡식으로 세금을 수취했지만 결작의 기준이 결, 즉 토지였죠. 결국 세금이 토지에 집중되고 있는 겁니다. 조선 후기의 수취 제도가 토지에 집중되고 있다고 해서 이걸 조세의 전세화 현상이라고 합니다. 그리고 토지에서 나온 쌀로 세금을 거두잖아요. 쌀은 곧 돈이에요. 조세의 금납화가 되는 겁니다. 조선 후기의 수취 체제는 조세의 전세화와 금납화란 특징을 보여주고 있습니다.

조선 후기에 세금을 돈으로 내고, 세금이 토지에 집중되는 데는 이유가 있어요. 그 이유는 다음 장에서 배우도록 하겠습니다.

농업

조선 후기의 수취 제도가 조세의 전세화와 금납화란 특징을 띠게 된 이유는 바로 농업에 있어요. 농업 기술이 혁신되면서 농업 국가인 조선에 엄청난 변화를 가져왔어요. 이번에는 조선 후기의 수취 제도 뿐만 아니라 사회 전반에 변화를 가져온 농업에 대해 살펴보도록 하겠습니다.

: 밭농사와 논농사부터 보겠습니다 :

조선 전기에 밭농사는 2년 3작이 일반화됐습니다. 그러다 조선 후기가 되면 돈을 벌기 위한 농작물을 심습니다. 조선 후기가 되면 사람들의 마인드가 돈에 좀 집중을 해요. 그동안 조선은 성리학의 나라로 체면 없이 돈을 버는 것을 별로 안 좋아했어요. 그게 달라지는 겁니다. 조선도 이미 자본주의로 갈 수 있는 시스템과 의식을 갖춰가고 있었다는 이야기입니다.

조선 후기 농민들은 자급자족을 위해서가 아니라 돈을 벌기 위한 상품 작물들을 재배합니다. 담배, 인삼, 면화 등이지요. 담배는 임진왜란 이후 들여온 작물이에요. 정조가 아주 좋아해서 백성들에게 담배를 피울 수 있게 하라는 명을 내리기까지 했어요. 담배 작물이 인기를 끌었습니다.

논농사에서 기억할 것은 직파법과 모내기법(이앙법)이에요. 직파법은 씨앗을 땅에 직접 뿌리는 파종 방법이죠. 사실 고려 말부터 모내기법이 있었고 농민들도 이것을 알았어요. 하지만 남부 일부 지역에서만 시행되고 전국으로 일반화되진 않았었는데, 조선 후기에 모내기

《단원 풍속도첩》〈담배 썰기〉
김홍도의 25화첩 중 하나로, 이 그림 속에는 담뱃잎을 작두로 써는 사람, 부채로 더위를 쫓으며 책을 읽어주는 사람, 쌈지를 마는 사람 등이 있다. 조선 후기 서민들의 생활상을 엿볼 수 있다.

법이 일반화되고 전국으로 확산돼요.

질문 있어요!

Q 모내기법은 가뭄에 약해 직파법이 시행됐다고 하는데, 조선 후기부터는 모내기법을 할 수 있었던 이유가 무엇일까요?

A 그만큼 물을 다루는 기술이 발전했고, 씨앗을 다루는 기술도 발전한 것이죠. 농법의 성장으로 수확량이 증가하고 다양한 작물이 재배되었으나 모든 농민들이 이를 누리고 살았던 것은 아닙니다. 재력이 있는 농민이라면 가뭄이나 홍수 등의 자연 재해에 대비가 가능했겠지만, 그렇지 않은 경우도 있었겠죠. 환경에 영향을 받지 않고 잘 자라는 작물을 재배한다면 흉작에도 배를 곯을 위험성이 적기 때문에, 농업과 상업이 발달된 조선 후기에도 구황작물이 재배되었습니다.

모내기법에는 굉장히 중요한 역사적 의의가 있어요. 모내기법 확산에 따라 일단 이모작이 가능해집니다. 벼를 심고 그 다음에는 보리를 심어서 1년에 두 번 농사를 지을 수 있는 이모작이 가능해져요.

벼농사 짓는 사람들이 제일 힘들어하는 건 피, 잡초와의 전쟁이에요. 피라는 잡초가 벼와 정말 똑같이 생겨서 볍씨가 열리기 전까지는 이게 벼인지 피인지 구분이 안 갈 정도예요. 그런데 피를 뽑지 않으면 피가 영양분을 다 빨아먹기 때문에 벼에 볍씨가 많이 안 열려요. 생산량이 확 떨어지죠. 무슨 일이 있든 피를 뽑아야 되는데, 피와 벼가 구분이 안 가니 너무 힘든 겁니다. 그런데 모내기법은 줄을 맞춰서 벼를 심어요. 모판에서 자란 것들을 줄 맞춰 옮겨 심는 게 모내기법이거든요. 그러면 줄 밖에 있는 건 다 피예요. 여름에 피가 많이 자라도 줄 밖에 있는 것만 쏙 빼버리면 되니 간단하죠.

노동량이 감소되는 겁니다. 노동량 감소는 농민층 분화를 촉진했어요. 다섯 명이 아니라 한 명이 광작을 하는 게 가능해요. 모내기법을 하면 한 사람이 굉장히 넓은 토지를 경작할 수 있는 거예요.

모내기법은 세상을 바꾼 기술이라고 해도 과언이 아니에요. 모내기법이 시행되면서 생산량은 비약적으로 증가하고, 노동량은 감소해요. 생산량이 증가했다는 건 같은 토지에서 나오는 쌀의 양이 많아졌다는 거예요. 여러분, 뭔가 퍼즐 하나를 맞춘 것 같지 않으세요? 조선 후기 수취 제도인 영정법, 대동법, 균역법은 세금을 주로 토지에 매긴다고 했잖아요. 그만큼 토지에서 쌀이 나와야 된다는 얘기죠. 모내기법이 전국적으로 확산되면서 생산량이 비약적으로 증가하니 정부에서 세금을 토지에 집중해서 물리고 있는 거예요. 이전까지는 토지의 생산량이 높지 않았기 때문에 세금을 물리기 어려웠어요. 이제 생산량이 증가한 만큼 세금을 토지에만 물리는 경향이 나타나게 되는 겁니다.

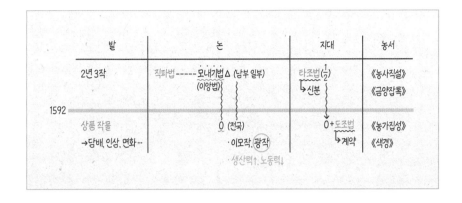

: 지대와 농서도 살펴볼게요 :

지대는 백성이 국가에 내는 세금이 아니라 땅 없는 소작농이 지주에게 내는 세금이에요. 조선 전기만 해도 타조법이 있었죠. 1년간 농사짓고 타작할 때 수확물의 2분의 1을 지대로 냈죠. 100가마가 나오면 지대로 50가마를 지주에게 주는 겁니다.

조선 후기에는 **도조법**이라는 게 생겨요. 쉽게 얘기하면 농사짓기 전에 소작농이 지주와 '딜'을 하는 거예요. 작년에 100가마가 나와서 50대 50으로 나눴는데, 올해는 농사짓기 전에 소작농이 이렇게 얘기하는 거예요 "제가 지주 당신에게 60가마를 드리리다." 지주가 좋아할까요, 싫어할까요? 당연히 좋아합니다. 작년에 50가마를 받았는데, 올해 60가마를 주겠다고 미리 계약하자니 그냥 가만히 앉아 있어도 되는 거죠. 이유를 알아볼까요? 타조법에서는 수확량이 많을수록 지주의 몫이 많아져요. 농사짓고 나서 2분의 1이니까요. 그러면 지주는 소작농을 달달 볶아야 돼요. "빨리 일어나, 이놈아. 어여, 일해." 지주와 소작농의 관계는 주로 양반과 상민의 관계일 테니, 지주가 소작농을 신분제에 의해 닦달하는 게 가능하죠. 도조법이 시행되는 조선 후기에는 양반 지주가 소작농을 닦달할 필요가 없어요. 이미 60가마를 내는 것으로 계약했으니까요. 지주 입장에서는 소작농이 망하든 말든 60가마만 받으면 돼요. 신분으로 소작농을 압박할 필요가 없는 거예요.

도조법에서 중요한 것은 바로 이 계약이에요. 신분이 아니라 계약에 의해서 운용됐다는 거죠. 신분으로 묶여 있었던 조선 사회가 이제 서서히 해체되기 시작해요. 지금 우리가 사는 이 사회를 만들어갈 준비를 하고 있었다는 이야

도조법
풍흉이나 수확량에 관계없이 일정한 소작료를 미리 정하는 제도입니다. 수확량의 절반을 세금으로 바치는 조선 전기의 타조법과 달리, 도조법은 소작인에게 유리한 제도였어요.

▸ **賭** 도박 도
▸ **租** 조세 조
▸ **法** 법 법

기예요. 이 역시 식민지 근대화론의 허구 논리를 반박하는 겁니다.

마지막으로 농서를 볼까요? 조선 전기의 농서는 세종 때 나온 《농사직설》, 성종 때 나온 《금양잡록》이 있고요, 후기에는 모내기법 등을 굉장히 자세하게 수록하고 있는 《농가집성》이 나옵니다. 또 상품 작물을 재배하기 위해서 다양한 작물의 경작 방법을 알려주는 《색경》이 나옵니다.

조선 후기 농업의 핵심은 모내기법의 전국 확산이에요. 그러면서 조선 경제 시스템을 마구 흔들어놓지요. 어떤 모습으로 뒤흔드는지 다음 장에서 이어 살펴보겠습니다.

상업

모내기법이 전국으로 확산되고 생산량이 비약적으로 증가하니 먹고 남는 게 많이 생겨요. 그러면 남는 것으로 뭘 할까요? 자신에게 없는 것을 사겠죠. 교환 행위가 활발해지는 거예요. 그래서 조선 후기에 상업이 발달할 수밖에 없는 겁니다.

: 조선 전기의 상업을 먼저 볼게요 :

상업과 관련해서는 일단 상인들을 좀 나눠서 보도록 하겠습니다. 관허 상인은 국가의 허락을 받은 상인들이죠. 다음으로 자기가 개인적으로 상업을 하는 사람들인 **사상**이 있습니다. 관허 상인은 조선 전·후기에 다 있었고, 사상은 조선 후기에 본격적으로 활동합니다. 이런 상인들을 중심으로 상업의 변화를 살펴볼 텐데요. 먼저 조선 전기 상업의 모습부터 보겠습니다.

조선 전기의 경제 정책은 중농억상이에요. 성리학자들은 명분과 염치를 중요시하잖아요. 물건을 팔려면 약간의 거짓말이 필요해요. 대표적인 거짓말을 들어볼까요? "아이, 그냥 가져가요." "이거 손해 보는 건데 그냥 드리리다." 손해를 보면서 장사를 하는 사람은 없어요. 그런데도 이렇게 이야기하는 거죠. 성리학자들은 이런 거 되게 싫어해요. 군자의 모습이 아니라는 것이죠. 이런 거짓말을 하면서 돈을 버는 것은 옳지 않고, 정직하게 노동해서 노동력이 투여된 만큼만 거둬들이는 농업이 옳다고 봐요. 성리학자들은 신분을 나눌 때 사농공상의 순서를 적용했어요. 즉 양반 - 농민 - 수공업자 - 상인으로, 상인이 맨 마지막 서열이었죠. 물건 파는 사람을 선비, 농민보다 훨씬 낮게 본 겁니다. 그러니까 조선 전기에는 상업이 발달할 리가 없었죠. 대신 조선 전기에는 국가가 필요로 하는 것들을 해결해주는 상인들만 활동하게 되는데, 대표적으로 **시전 상인**과 **보부상**이 있어요.

시전 상인은 가게당 한 가지 물품에 대한 독점 판매권을 지니고 있는데, 시전 상인 중에서 국가로부터 비단, 생선 등을 파는 특허를 받은 여섯 시전을 육의전이라고 해요. 육의전은 종로에 있었지요. 보부상은 **지방 장시**를 오가면서 물건을 파는 상인이에요. 봇짐장수인 보상과 등짐장수인 부상을 합쳐 이르는 말이죠. 봇짐, 등짐이라고 하니까 아무나 할 수 있을 것 같지만, 보부상이 되려면 국가의 허락을 받아야 했어요. 상업을 하려면 국가의 허락을 받아야 됐던 겁니다. 개항 이후 보부상은 혜상공국에 소속되어 보호를 받게 돼요. 또 보부상들이 어용 단체인 황국 협회를 만들기도 하지요. 황국 협회는 독립 협회를 해산시키는 데 앞장섰던 단체예요. 국가에 소속돼 국가에 충성하면서 국가를 위해 모든 걸 다하는 모습이 나타났던 거예요. 이건 나중에 다시 설명하겠습니다.

사상은 정부 허가 없이 사사로이 상업하는 상인이에요. 조선 전기에는 사상이 없어요. 정부에서 상업, 상인을 싫어하니까 활발하게 활동할 수가 없었던 거죠. 또 상업이 많이 발달하지 않아, 화폐도 제대로 통용되지 않아요. 화폐는 편리한 교환을 위해서 쓰는 거잖아요. 교환이 활발하지 않으면 화폐를 쓸 이유도 없는 겁니다. **조선통보**라는 동전과 **저화**라는 지폐가 있었지만 사용된 예가 극히 적었어요. 고려도 성종, 숙종 때 화폐를 만들었지만 유통이 활발하지 않았어요. 이유는 같습니다.

《단원 풍속도첩》〈장터길〉
장터에서 물건을 모두 팔고 돌아가는 길인 듯 말을 탄 행장이 가볍고 표정이 즐거워 보인다. 김홍도의 그림으로 조선 후기 당대 상인들의 모습을 알 수 있다.

: 조선 후기, 상업은 많이 변합니다 :

조선 후기의 상업은 크게 발전했어요. 조선 후기의 관허 상인은 바로 공인입니다. 대동법을 통해서 등장한 상인이죠. 대동법으로 거둔 쌀로 국가가 필요로 하는 물건들을 샀습니다.

다음으로 시전 상인입니다. 시전 상인은 난전을 금할 수 있는 권리인 금난전권이라는 특권을 가지고 있었는데 정조 때 신해통공으로 인해 폐지됩니다. 보부상도 보겠습니다. 보부상은 장시와 장시를 연결하면서 전국적 유통망을 갖게 됩니다.

이어서 사상을 보겠습니다. 사상은 조선 후기 경제의 가장 큰 특징 중 하나입니다. 사상에는 어떤 종류가 있는지 볼까요?

먼저 거상입니다. 이름대로 대상인이죠. 의주에는 **만상**, 평양에는 **유상**, 개성에는 **송상**, 부산에

조선 후기 상업과 무역 활동

- □ 국내 상인
- ● 주요 장시
- ● 무역 도시
- — 해상 교역로
- — 육상 교역로

백두산

경원
회령
경원 개시
회령 개시

봉황성
책문 후시

의주
의주 만상
박천(진두장)

중강 개시·후시

평양
평양 유상
황주(읍내장)
덕원(원산장)

동해

토산(비천장)

개성 송상 (인삼)
개성
한성
광주 (송파장)
시전 상인
평창 (대화장)

경강상인 (=선상)
안성(읍내장)

황해

은진(강경장)
전주(읍내장)
남원(읍내장)
대구(약령시)

왜관 개시·후시
동래

창원 (마산포장)
동래 내상

해남

는 동래 **내상**이 있었고, 서울 한강 유역은 **경강상인**이 차지했어요. 이들 중 가장 대표적인 거상은 개성 송상입니다. 개성 송상은 돈 버는 법을 알고 있는 사람들이에요. 돈에 대한 감각이 뛰어나서 자기들끼리 돈 계산하는 법도 만들고 전국에 지점망까지 만들어요. 프랜차이즈처럼 전국에 만든 지점망을 **송방**이라고 해요. 개성 송상은 송방을 만들어서 활동했다는 점을 기억해두세요.

거상은 엄청난 돈을 갖고 물건을 사고파는데, 이게 혼자 할 수 있는 일이 아니에요. 그걸 중개해주는 사람들, 상인들을 먹여주고 재워주는 숙박을 제공하는 사람들이 생깁니다. 중개업을 하는 사람을 **객주**, 숙박업을 하는 사람을 **여각**이라고 해요. 객주와 여각은 사실 중간 상인들이라고 보면 되겠죠.

마지막으로 살펴볼 난전 상인은 영세 상인이에요. 돗자리를 펼쳐놓고 물건을 팔죠. 이들 중 상당수는 물건을 직접 만들어서 팔았어요.

조선 후기에는 이처럼 사상들이 활발하게 활동하는데, 관허 상인 가운데 공인과 시전 상인, 사상 가운데 거상들을 묶어 독점적 도매상인 **도고**라고 불렀

도고
물건을 도거리로 혼자 맡아서 파는 일, 혹은 그런 개인을 뜻합니다. 도고에는 일반 민간인의 도고가 있는 한편, 정부의 인정을 받은 전매권으로 독점 조직을 운영하는 시전 상인의 도고가 있었어요.

▶ 都 도읍 도
▶ 賈 장사 고

습니다. 이 사람들은 돈이 어마어마하게 많아서 물건을 싹쓸이합니다. 박지원의 한문 소설 〈허생전〉이 이 모습을 잘 보여줘요. 〈허생전〉을 한번 볼까요?

허생이라는 몰락한 양반 선비가 부인의 구박을 받죠. 돈도 못 벌어오고 책이나 보는 선비를 어디다 써먹겠습니까? 자본주의의 싹이 나오는 조선 후기 사람들의 인식을 보여주죠. 이제 허생은 아내의 등쌀에 못 이겨서 돈을 벌러 가요. 부잣집에 가서 "내가 돈을 한번 불려볼 테니 나를 믿고 돈을 맡겨라" 하고 돈을 빌려요. 그리고 나서 당시 장에 나와 있던 과일들을 싹쓸이합니다. 싹쓸이해서 창고에 그득그득 다 담아놔요. 어떤 일이 벌어졌을까요? 조선 시대니까 제사를 지내야 되잖아요. 그런데 과일이 없으니 난리가 나는 겁니다. 그때 허생이 과일을 비싸게 내놓는 거예요. 이게 바로 〈허생전〉에서 아주 전형적으로 보여준 독점적 도매상의 모습입니다. 그 당시에도 도고가 문제가 되었기 때문에 소설에도 나온 거예요.

관허 상인과 사상이 활동한 지역은 지도를 통해 눈에 익혀두셔야 합니다. 조선 후기에는 개시 무역과 후시 무역이란 게 있습니다. **후시 무역**은 사무역, **개시 무역**은 공무역이에요. 무역을 하는 대표적인 지역은 우리나라 국경선과 관련이 있습니다. 경원 개시, 회령 개시 등이 대표적이거든요. 중강에서 개시 무역을 하는 중강 개시가 의주에 있고요. 의주에서 좀 떨어진 곳에 사무역인 책문 후시가 있습니다. 남쪽 부산 동래에는 개시와 후시가 다 있었고요. 개시 무역은 국가 대 국가의 공식적인 사절단과 하는 무역이고, 후시 무역은 민간인들끼리 말 그대로 뒤쪽에서 하는 무역이라고 보시면 됩니다. 특히 경원 개시, 회령 개시에는 공통점이 있어요. 경원과 회령은 세종 때 개척된 4군 6진의 6진들이에요. 이것도 기억해놓으시면 되겠습니다.

개성 송상은 의주 만상과 동래 내상 사이의 중계 무역을 담당해요. 의주 만상은 주로 중국과 교역하는 상인들이고, 동래 내상은 일본과 주로 교역하는 사람들이잖아요. 개성 하면 뭐가 떠올라요? 네, 인삼이죠. 인삼으로 상행위를 해서 진짜 돈을 많이 벌어요. 개성 송상은 정말 돈을 '억수로' 번다

질문 있어요!

Q 개성 송상이 의주 만상과 동래 내상 사이에서 인삼으로 중계 무역을 하면서 돈을 많이 벌었다고 하는데, 중계 무역이 무엇인가요? 중계 무역과 중개 무역의 차이를 알고 싶습니다.

A 중계 무역은 구입한 물건에 이윤을 붙여 되파는 것을 말해요. 중개 무역은 두 나라 사이의 거래를 주선하고 양쪽에서 수수료를 받는 형태고요. 쉽게 말하자면 부동산 중개업 아시죠? 결론은, 송상은 만상과 내상 간 중계 무역을 통해 이익을 남겼다는 것입니다.

고 보시면 됩니다. 전국에 유통망인 송방을 만들었죠.

경강상인은 배로 움직입니다. 강을 따라 움직이니까요. 이런 상인들을 선상이라고 해요. 배 위에 선상, 객주, 여각이 바글바글한 모습이 떠오르시죠.

장시도 마찬가지입니다. 장시는 지금의 서울 잠실에 송파장, 덕원에 원산장, 은진에 강경장이 생기면서 유행해요. 장시에는 보부상들이 왔다 갔다 하면서 큰 활동을 합니다.

그런데 상인들이 활동하는 데 뭐가 필요할까요? 공인은 쌀로 물건을 사들인다고 했잖아요. 그 무거운 쌀을 가져가서 물건을 샀을까요? 아뇨, 무거운 걸 어떻게 갖다줍니까. 자연스럽게 화폐가 필요하게 되죠. 교환이 활발해지니까 화폐가 필요해진 거죠. 대표적인 화폐는 숙종 때 만든 **상평통보**입니다. 이전과 달리 교환 경제를 위해 활발히 사용된 화폐지요.

상평통보

상평통보가 나오니 좋습니다. 이전에는 부자들이 창고에 쌀을 쌓아뒀잖아요. 쌀은 쥐들이 갉아먹고 시간이 흘러 누렇게 됐죠. 화폐는 그럴 일이 없어요. 화폐가 사람들 사이에서 인정을 받는 거지요. 이제 쌀을 쟁여놓지 않고, 화폐를 갖고 있으려 합니다. 그래서 사람들이 쌀을 쌓아두듯 창고에 상평통보를 쌓아둬요. 그러면서 나타난 현상을 **전황**이라고 해요. 돈을 찍었는데 돈이 말라버렸다는 거죠. 전황으로 어떤 일이 벌어졌을까요? 조선 후기에 조세 금납화가 이뤄진다고 했잖아요. 세금을 돈으로 낸다고요. 그런데 돈이 없으니, 빨리 쌀을 싸게 내놓아서 돈을 확보하는 거예요. 내가 갖고 있는 현물을 싼 가격에 내놓고 돈을 확보하려고 하니, 화폐 가치는 올라가고 물가는 떨어지는 현상이 나타나요. 디플레이션이 일어난 거죠. 화폐의 가치가 인정받으면서 벌어진 일입니다.

여러분은 지금 자본주의의 싹이 나오는 모습을 보고 있어요. 쑥쑥 빠르게 자라는 건 아니지만 삐죽삐죽 솟고 있는 모습이 나타나는 게 조선 후기입니다. 좀 다이내믹하죠. 조선 후기, 지금 우리가 살고 있는 모습으로의 변화는 계속됩니다.

수공업, 광업

조선 후기로 오면 수공업과 광업 역시 이전 시대와는 다른 발전 양상을 보여줘요. 국가에 묶여 있던 형태에서 벗어나 민영화가 진행되는 거죠. 그런데 이런 변화는 농업 분야에서 모내기법이 전국적으로 확산되는 것과 연결이 되어 있습니다. 한번 보시죠.

: 조선 전기의 수공업 · 광업 :

나라가 주도하여 국가에 필요한 물건을 만들게 하는 것을 관영 수공업이라고 해요. 백성들이 내는 세금은 세 가지 종류가 있잖아요. 조세, 공납, 역이죠. 물건을 만드는 사람들은 자신의 역을 물건 만드는 걸로 대체해요. 그럼 그들의 리스트가 필요하겠죠. 공장들의 리스트를 공장안이라고 합니다. 공장안은 물건 만드는 장인들의 리스트인 거예요. 그들은 자신의 역을 국가에서 필요로 하는 물건을 만들어주는 걸로 대신합니다. 광업도 마찬가지예요. 광업도 관영입니다. 국가에서 필요로 하는 만큼 광산을 채굴하죠.

16세기가 되면서 역 체계가 해이해지잖아요. 사람들이 군대에 안 가려고 하면서 대립제, 군적수포제 등 군역의 요역화 현상이 벌

《단원 풍속도첩》〈대장간〉
풀무에 바람 넣는 아이, 낫을 가는 총각, 집게로 쇳덩이를 잡은 사람과 그 앞에서 망치질하는 사람 등 김홍도의 그림을 통해 당대 수공업자들의 일이 분업화되고 전문화되었음을 알 수 있다.

어지죠. 내 노동력을 제공하는 대신 포를 내고 빠지는 일이 다반사가 된단 말이죠. 그러다 양난 이후 굉장히 큰 변화가 나타납니다.

: 조선 후기의 수공업·광업 :

조선 후기에 모내기법이 전국에 확산됐죠. 모내기법이 확산되면서 생산량은 비약적으로 증가했고요. 생산량이 비약적으로 증가하니까 교환이 활성화되고, 상인들이 활발히 활동하죠. 그런데 상인들이 활발히 활동하면 뭐 하나요. 물건이 있어야 교환을 할 수 있잖아요. 당연히 조선 후기에는 팔기 위해 물건을 만드는 민영 수공업자들이 등장하게 됩니다.

민영 수공업자들은 **선대제**로 물건을 만들어요. 선대제의 '선'은 '미리 선(先)' 자예요. 돈을 미리 지불한다는 얘기죠. 돈이 많은 공인, 거상이 필요한 물건을 사기 위해서 미리 돈을 주고 민영 수공업자한테 만들게 한 거예요.

선대제 시스템 속에서는 수공업자가 상인에 종속되어 있어요. 가격 결정권을 상인들이 갖고 있으니까요. 그런데 점점 이 관계가 변하기 시작합니다. 물건을 많이 만든 노하우로 상인과는 별개로 독자적으로 움직이는 **독립 수공업**이라는 형태가 나타나고, 수공업자가 자기 자본으로 물건을 만들어서 직접 가격도 결정하며 판매하기 시작해요. 상업이 활성화됨에 따라 조선 후기에 마치 삼성전자의 효시 같은 기업 형태가 나오는 거예요.

광업도 관련이 있어요. 물건을 만들려면 재료가 필요하잖아요. 관영 광업도 부역제의 해이 속에서 느슨해지면서 민영 광산이 활성화됩니다. 그중 은광이 많았죠. 당시 은이 아주 폭발적으로 인기를 끌었거든요. 중국과 거래할 때 교환 수단으로 은이 쓰였기 때문이에요.

은광 개발은 **설점수세**로 이뤄졌어요. 광산을 설치하고, 광산에서 돈을 벌어 세금으로 내는 제도예요. 은광이 워낙 인기가 많다 보니까 농민들이 농사를

Q 조선 후기에 모내기법의 보편화로 생산량이 늘고 상행위가 활발해지면서 수공업이 발달해 민영 수공업이 생긴 건 이해를 했는데요, 선대제 수공업과 독립 수공업의 관계가 잘 이해되지 않습니다. 선대제 수공업을 선 주문, 후 제작이라고 이해해도 무방할까요?

A 민영 수공업은 말 그대로 관영이 아닌 민간에서 운영하는 수공업이에요. 민영 수공업의 운영 방법에는 상인에게 미리 돈을 받고 제품을 생산해서 납품하는 선대제 수공업과 그와 상관없이 독자적으로 물건을 생산하고 매매하는 독립 수공업이 있었습니다. 즉 선대제 수공업은 수공업자들이 상인들에게 주문과 동시에 비용을 먼저 받고, 생산한 물건을 상인들에게 납품하는 방식의 수공업인 거죠. 선대제 수공업자들은 자본이 없었기 때문에 독자적 생산을 할 수가 없었어요. 그래서 자본을 상인에게 의지했고, 상인과의 관계 역시 어느 정도 예속적이었습니다. 이후 등장하는 독립 수공업은 선대제 수공업을 통해 자본을 축적한 수공업자들이 생산과 판매를 동시에 하게 된 것을 말합니다.

설점수세
개인에게 금·은·동·납 등의 광산 채굴을 허가하고, 대신 세금을 징수하는 운영 정책입니다.
▶ 設 베풀다 설
▶ 店 가게 점
▶ 收 거두다 수
▶ 稅 세금 세

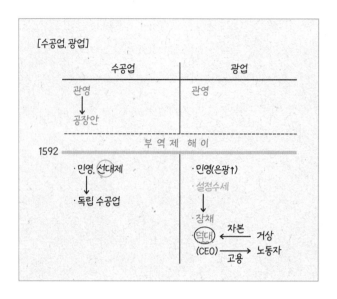

안 짓고 광업을 하려고 합니다. 조선은 농업의 나라인데, 그러면 문제가 심각해지잖아요. 그래서 이걸 금지해요. 하지만 이미 한번 돈맛을 봤는데, 금지한다고 금지가 되겠습니까. 결국 시간이 흘러가서 잠채가 성행하게 됩니다. 잠수하듯 몰래 채굴하는 거죠.

광업에서는 알아두어야 할 중요한 개념이 있어요. 바로 덕대라는 개념이에요. 덕대는 쉽게 얘기하면 지금의 전문 경영인과 같아요. 거상처럼 돈 많은 사람들이 생겨나니, 이들에게 투자하라고 하는 거예요. 자본을 투자받아서 광산 경영을 하는 거죠. 광산 경영을 하려면 뭐가 필요해요? 채굴하는 노동자가 필요하죠. 그 노동자들을 고용하는 겁니다. 덕대는 자본을 끌어들이고 노동자를 고용해 광산을 경영하는 사람이라고 보시면 됩니다.

조선은 농업의 나라, 농민의 나라인데, 당시 노동자가 있었을까요? 네, 있었어요. 모내기법이 생산량을 비약적으로 증가시키고, 노동량을 절감시켰다고 했죠? 다섯 명이 할 일을 한 명이 하니, 나머지 네 명은 토지에서 떨어져 나옵니다. 그 사람들이 이제 자기 노동력을 파는 노동자로 등장합니다. 덕대가 이 노동자들을 고용해서 광산 경영을 하는 것이죠.

자본주의의 양대 축은 자본과 노동이에요. 조선 후기에 자본과 노동이라는 축이 나타난 것이니 자본주의의 싹이 트고 있다고 할 수 있겠죠? 그래서 식민지 근대화론은 허구라는 겁니다. 오히려 일제 강점기가 없었다면 우리는 조선 후기에 싹튼 자본주의의 싹을 좀더 건강하게 키워낼 수도 있지 않았을까요?

조선 후기의 수공업과 광업의 변화에서도 지금 우리가 살고 있는 이 모습으로 향하고 있는 변화의 증거들을 기억해두셔야 합니다. 도고, 선대제, 덕대입니다. 모두 자본주의적 성격을 띠고 있죠. 조선 후기의 경제는 시험에 꼭 나오는 파트예요. 여러분, 잘 기억해두시면 되겠습니다.

큰★별쌤의
한번에 핵심 정리

1 조선 후기의 수취 체제

조세 (영정법)	• 인조 때 영정법으로 변화 • 토지 1결당 쌀 4~6두로 고정
공납 (대동법)	• 특산물을 걷는 공납이 방납의 폐단으로 농민 부담 증가(전기) → 대동법 시행(후기) • 광해군 때 이원익의 주도로 경기도 지역에서 실시 → 김육의 노력으로 확대 실시 • 토지 1결당 쌀 12두 징수, 지역에 따라 동전 · 포 등으로도 징수 → 쌀을 거두는 관청인 선혜청 설치 → 선혜청에서 쌀을 받아 왕실, 관청에 필요한 물건을 사오는 공인 등장 → 상품 화폐 경제의 발달
역 (균역법)	• 조선 전기 군역의 요역화 현상으로 대립과 방군 수포(1년 2필) 횡행 → 영조 때 1년에 1필만 부과하는 균역법 시행(감세) • 부족해진 재정을 메우기 위해 어장세 · 염세 · 선박세 신설, 선무군관포 징수, 결작(1결당 2두) 징수

2 농업

밭농사	• 2년 3작 일반화(전기) → 담배, 인삼, 면화 등 상품 작물 재배(후기)
논농사	• 직파법 중심, 모내기법(이앙법)은 남부 일부 지역에서만 시행(전기) → 모내기법 전국 확산(후기) • 모내기법 확산에 따라 이모작과 광작이 가능해짐 → 생산력↑, 노동력↓
지대	• 수확물의 1/2을 지대로 내는 타조법(전기) → 도조법 시행(후기) - 도조법은 신분이 아니라 계약에 의해 운용
농서	•《농사직설》,《금양잡록》(전기) →《농가집성》,《색경》(후기)

3 상업

관허 상인	공인	• 후기에 대동법을 통해서 등장한 상인
	시전 상인	• 전기: 시전 상인은 가게당 한 가지 물품에 대한 독점 판매권 소유 → 이들 중 육의전은 종 로에 위치함 • 후기: 육의전을 제외한 시전 상인의 금난전권을 폐지하고 신해통공 전개(정조)
	보부상	• 전기: 지방 장시를 오가며 활동 • 후기: 장시와 장시를 연결하며 전국적 유통망 확립 • 개항 이후: 혜상공국에 소속, 황국 협회 조직

사상	• 거상: 개성 송상, 의주 만상, 평양 유상, 동래 내상(부산), 경강상인(서울 한강 유역) 등이 대표적. 개성 송상은 전국에 지점망인 송방 설치 • 객주(중개업)와 여각(숙박업): 중간 상인 • 난전: 영세 상인 • 관허 상인 가운데 공인과 시전 상인, 사상 가운데 거상을 묶어 독점적 도매상인 도고라 칭함
무역	• 개시 무역(공무역)과 후시 무역(사무역) 전개 • 개시 무역: 국가 대 국가의 공식 사절단과 하는 무역. 경원 개시, 회령 개시가 대표적이며 중강 개시(의주)도 있음 • 후시 무역: 민간인들끼리 하는 무역. 책문 후시 --- • 개성 송상은 의주 만상(중국과 교역)과 동래 내상(일본과 교역) 사이에서 중계 무역 담당. 인삼으로 상행위 • 경강상인(선상)은 배로 움직이며 교역 • 장시: 송파장, 원산장, 강경장 등에서 보부상들이 오가며 교역 활동
화폐	• 조선 전기에 조선통보와 저화라는 화폐가 있었으나 거의 사용되지 않음 • 조선 후기 숙종 때 상평통보를 널리 사용 → 사람들이 화폐를 쌓아두면서 유통 화폐가 부족한 전황 발생 → 화폐 가치가 올라가고 물가는 떨어지는 디플레이션 발생

4 수공업, 광업

수공업	• 전기에는 관영 수공업 → 공장안(물건을 만드는 장인들의 리스트) 작성
	• 후기, 모내기법과 대동법으로 민영 수공업 발달
	  - 선대제 성행: 공인, 거상이 필요한 물건 제작을 위해 수공업자에게 미리 자금 지불
	  - 독립 수공업 발달: 자기 자본으로 물건을 만들고, 직접 가격도 정해서 판매

광업	• 전기에는 관영 광업 성행
	• 후기, 부역제의 해이 속에서 민영 광업(은광) 활성화
	  - 설점수세: 광산을 설치하고 광산에서 돈을 벌어 세금으로 내는 제도 → 몰래 채굴하는 잠채 성행
	  - 덕대: 전문 경영인인 덕대는 거상으로부터 자본을 투자받아, 노동자를 고용해 광산 경영

25강

조선 후기

사회

신분제의 동요

19세기 조선 사회는 시대 구분을 해서 봐야 해요. 조선 전기의 양반, 중인, 상민, 천민의 신분 구분이 조선 후기에는 점점 모호해지거든요. 그 계기가 뭘까요? 앞에서 임진왜란이 발발한 1592년을 기점으로 조선 후기가 시작된다고 했는데, 호란과 왜란의 양난이 신분제에 어떤 영향을 미쳤는지부터 살펴보겠습니다.

: 신분제의 변동부터 볼게요 :

양난은 기본적으로 전쟁이에요. 전쟁이 벌어지는 와중에 양안, 호적 등이 불타거나 없어져요. 토지를 누가 얼마나 갖고 있는지, 사람이 몇 명 있는지 알아야 세금을 걷는데, 자료가 없으니 황당한 거죠. 당연히 국가 재정은 추락할 수밖에 없습니다. 이걸 어떻게 해결하려고 했냐면 정부에서 세금이 너무 부족하니까 납속책을 시행해요. '속'은 '곡식 속(粟)' 자예요. 곡물을 납부하면 임명장을 주는 거예요. 대표적인 게 바로 공명첩이라는 겁니다. 공명첩의 '공'은 '빌 공(空)' 자예요. 이름이 비어 있는 첩, 임명장이에요. 납속책을 통해서 양반 직을 파는 겁니다.

조선 사회는 원래 양반, 중인, 상민, 천민으로 움직이고 있었잖아요. 이제 돈만 주면 양반 직을 주는 거예요. 양반 직이 실제로 양반의 지위를 행사하는 실직은 아니고 명예직이라고 보시면 돼요. 어쨌건 간에 공명첩을 받아서 양반이 되면 양반의 특권을 누리게 돼요. 비록 명예직이라 해도 양반은 군역에서 면제되니까 실제로 도움이 됐어요. 돈이 좀 있었던 상민이라면 공명첩이 매력적인 거예요. 이러면서 결국 조선 후기의 양반 수는 기하급수적으로 늘어나고, 상민과 노비 수는

공명첩

《단원 풍속도첩》〈자리짜기〉
양반도 삼대 동안 벼슬을 하지 못하면 몰락 양반으로 취급받던 시기, 그들의 생업 장면을 그려낸 김홍도의 작품이다. 솜에서 실을 뽑는 엄마, 사방관을 쓴 채 자리짜기에 집중하는 아빠, 그리고 뒤쪽에서 공부하는 아들의 모습이 몰락 양반이지만 그렇게 힘들어 보이지만은 않게 그려져 있다.

감소하게 돼요. 신분 사회가 해체되고 평등 사회로 가고 있었던 거예요.

상민들은 돈이 어디서 나서 양반 직을 샀을까요? 이모작과 모내기법으로 돈을 벌고, 광작 경영을 하는 사람들이 등장했다고 했잖아요. 그런 사람들이 돈으로 명예를 사는 거예요. 조선 후기에 양반, 중인, 상민, 천민이 어떻게 해체되는지 한번 살펴보겠습니다.

먼저 양반입니다. 양난 이후의 정치 형태를 읊어볼까요? 현종 때 상복 예법에 대한 논쟁인 예송이 있었고, 숙종 때 환국 정쟁이 있었죠. 하룻밤 사이에 권력에서 그냥 쫓겨나는 사람들이 보였죠. 이런 정치 환경 속에서 양반들도 분화해요. 한 번 양반은 영원한 양반, 이런 거 없어요. 환국 정쟁 속에서 여전히 권력을 쥐고 있었던 양반을 **권반**이라고 해요. 그리고 정치 투쟁에서 밀려나 향촌에 와 있었던 사람을 **향반**이라고 해요. 그중에서도 완전히 몰락한 사람은 **잔반**이라고 해요. 조선 후기에 양반은 권반, 향반, 잔반으로 나뉜다고 보시면 되겠습니다.

중인에는 첩의 자식인 서얼과 기술직 중인이 있어요. 서얼은 "우리도 양반의 피가 흐르오. 이제 우리를 더 이상 차별하지 마시오"라면서 신분 상승 상소를 올려요. 이 상소가 후기에 오면 꽤 먹혀요. 정조 때 서얼 등용이 이뤄지거든요. 정조가 세웠던 인재 양성 기관인 규장각의 검서관으로 많이 등용이 돼요. 대표적인 인물들은 박제가와 유득공이에요. 이들은 모두 실학자들로 이 중 박제가는 소비론을 주장하기도 하죠. 이런 식으로 신분 상승의 길이 열리는 모습들이 있었습니다.

기술직 중인도 서얼처럼 소청을 해요. 소청은 상소라고 보시면 돼요. 그런데 기술직 중인들의 소청은 받아들여지지 않습니다. 하지만 기술직 중인들은 돈 많은 사람들이거든요. 양반들처럼 체면이나 염치에 구애받지 않고 그냥 돈만 벌면 되는 거예요. 특히 이 중에서 통역관들, 역관들은 청나라에 오고 가면서 물건을 사고팔아 돈을 무지하게 벌어요. 이들은 양반만 아닐 뿐이지, 양반보다 더 잘살았어요. 그러니까 그들도 양반처럼 살아보겠다면서 양반처럼 동아리를 만듭니다. 바로 **시사**라는 거예요 시도 짓고 그림도 그리는 건데, 이건 여유가 있어야 하는 거잖아요.

기술직 중인들이 스스로 시사를 조직해 즐기는 과정에서 나온 문학을 위항 문학이라고 합니다. 위항은 꼬불꼬불한 작은 골목길을 뜻하는데, 양반이 아닌 민간의 모습을 나타내죠. 당시 중인 이하의 사람들을 위항인이라 불렀는데, 위항 문학은 이들이 즐기는 문학이라는 의미입니다.

자, 그리고 상민을 볼게요. 모내기법의 결과, 상민은 임노동자와 광작 경영을 하는 농민층으로 분화됩니다. 광작 경영이 가능했던 사람들은 부농이 되고, 광작 경영을 하지 못하는 사람들은 토지에서 떨어져 나와 임노동자가 되죠. 그래서 광산으로도 가서 덕대 밑에서 돈 받으면서 노동하는 거죠.

부농들은 당시 시장에 나온 족보를 삽니다. 몰락한 양반, 잔반이 먹고살기 위해 내놓은 족보죠. 부농은 이들의 족보를 사서 역할을 바꾸는 겁니다. 내가 이제 그 집안의 구성원이 되는 거죠. 부농들은 족보를 매입하거나 심지어 위조까지 합니다. 게다가 납속책을 통해 부농들은 양반이 되었어요. 조선 시대 오리지널 양반 수는 전체 인구의 7퍼센트도 안 됐다고 했잖아요. 그런데 이때 양반 수가 60~70퍼센트를 넘는 지역도 있었다고 해요. 북한에서는 이것을 전 인민의 양반화라고 한답니다.

그다음에 천민을 볼게요. 천민 중에는 노비가 제일 많잖아요. 노비들이 너무 살기가 힘드니까 도망을 가버리는 모습들이 나타나요. 상민이 납속책을 통해서 신분 점프를 했죠. 천민도 도망친 뒤 상민으로 점프하는 경우도 있었어요. 이렇게 해서 양반 수는 증가하고 상민과 노비 수는 감소한 거예요.

그럼 여기서 세금을 내는 층은 누굴까요? 세금은 원래 주로 농민이 냈는데, 부자가 된 농민은 양반이 되어서 세금을 안 내요. 군대를 면제받으니까 포를

〈금란계첩〉
화첩 형식의 계회도(모임을 그린 그림)로, 이 무렵 계회나 글짓기 모임 등이 중인들을 중심으로 유행하기 시작했음을 알 수 있다.

낼 일이 없는 거죠. 그럼 국가 재정이 안 좋아지겠죠. 그래서 천민들을 아예 양인화시키는 정책이 나옵니다.

양인화 정책의 첫 번째는 노비종모법이에요. 그전까지는 일천즉천으로, 아빠나 엄마 중에 한쪽이 천민이면 자식은 무조건 천민이 됐어요. 노비종모법은 어머니의 신분만 따르도록 제한한 거예요. 예를 들면, 엄마가 양인이고 아빠가 천민이면 자식은 종모, 엄마 쪽을 따라 양인이 되는 거예요. 이렇게 해서 세금을 낼 양인의 수를 늘리는 정책이죠.

두 번째는 공노비 해방이에요. 아예 노비를 풀어주는 거죠. 이건 정조의 아들 순조 때 행해집니다. 사실 정조가 준비하던 것인데 갑자기 죽는 바람에, 순조가 실시하게 됐죠.

이처럼 신분제는 조선 후기에 엄청나게 변화하는데, 그중에서 놓치지 말아야 할 게 있어요. 향촌에서 벌어지는 일인데요. 향촌에는 "나 양반입네" 하는 향반들이 여전히 있습니다. 이들은 중앙 권력에서 멀어졌지만 여전히 양반은 양반이죠. 그런데 여기에 또 양반이라고 등장하는 사람들이 있어요. 누굴까요? 네, 양반으로 신분 상승한 상민이죠.

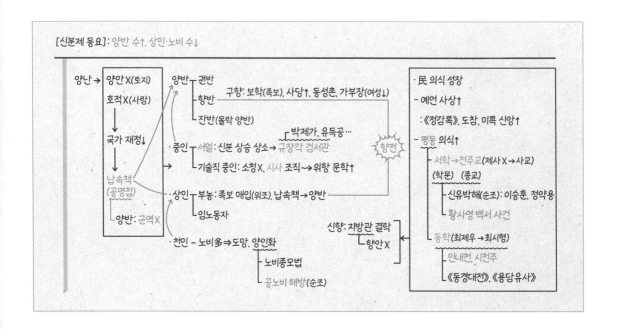

[신분제 동요]: 양반 수↑, 상민·노비 수↓

이들을 구분하기 위해서 향촌에 원래 있던 향반을 구향, 상민에서 신분 상승한 양반을 신향이라고 해요. 구향이 신향을 어떻게 봤을까요? "아이, 저런 상것들. 돈 좀 있다고, 쯧쯧." 이럴 거 아니에요. 실제로 그런 사료들이 많기도 하고요. 양반도 아닌 것들이 돈으로 그냥 퍼 바르면서 양반인 척한다 이거죠. 얼마나 꼴 보기 싫겠어요. 반면에 신향은 "나 납속책 있어. 나 양반이야" 하는 거죠. 박지원의 한문 소설 중에 〈양반전〉이 있어요. 〈양반전〉을 보면 상민 출신이 양반이 되려고 연습하는 장면이 나옵니다. 걸을 때는 어떻게 걸어야 되며 절할 땐 어떻게 절해야 하는지 연습하는 거죠.

구향이 신향과의 차이를 보여주기 위해 당시 유행시킨 것이 있어요. 바로 **보학**이에요. 보학은 족보를 연구하는 학문이었어요. 이들은 신향과의 차별화를 위해 족보를 공부하고 자신의 조상을 모시는 사당을 많이 세웁니다. 그리고 자기들끼리 모여서 끼리끼리 살아요. 그걸 바로 동성촌이라고 해요. "우리는 양반, 우리는 하나, 우리는 최씨 집안!" 이런 걸 고집하는 거겠죠. 그러면서 가부장적인 문화가 나타나고, 여성의 지위가 떨어져요. 구향의 입장에서는 절박한 거죠. 까딱하다가는 신향들 때문에 자신들이 향촌에서 떨어져 나갈 것 같으니까요. 그래서 이런 문화들이 나타났다는 얘기입니다.

반면에 신향은 향촌에 나와 있는 수령을 돈을 주고 사요. 지방관과 결탁하는 거예요. 그러고는 향촌에 있는 양반 리스트, 향안을 불태워서 신향의 신분 세탁을 해주는 거예요. 향촌에 양반과 상민이 딱 구분된 양반 리스트가 있는데, 어느 날 갑자기 불이 나는 거죠. "무슨 일이야?" 하면 "지금 이 향촌의 양반들 리스트인 향안이 다 불탔사옵니다." 뭐 이렇게 나오는 거예요. 이러면서 새로운 향안 리스트를 만들고, 신향의 이름이 향안에 올라가요. 이렇게 구향과 신향이 부딪히는 것을 향전이라고 해요.

: 민(民) 의식이 성장합니다 :

조선 후기의 향전도 중요하지만, 향전을 일으킨 사람들의 머릿속을 보는 것도 중요해요. 특히 상민들이 신향이 되어 구향한테 대들 수 있는 배경이 무엇인지 알아보자는 겁니다. 상민에게 영향을 줘서 민(民) 의식을 성장시켜준 것은 무엇이었을까요?

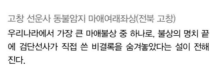
《정감록》

첫 번째는 **예언 사상**을 들 수 있어요. 예언 사상이 많이 나와서 이씨 조선은 이제 무너졌다, 이제 망할 날이 얼마 안 남았다고 해요. 이씨 세상이 무너지고 정씨 세상이 온다는 《정감록》과 같은 **도참**, 미래에 온다는 미륵불을 믿는 **미륵 신앙** 등이 유행하게 되는 거예요. 이러면서 기존 양반들의 권위가 떨어지게 돼요. 왜냐하면 새로운 세상이 도래한다고 하니까요.

두 번째는 평등 의식을 올려준 종교입니다. 먼저 **서학**이 들어와요. 서학은 학문으로 들어왔지만, 사실은 **천주교**를 의미해요. 서양 종교인 천주교가 우리나라로 전래되면서 학문의 형태로 들어오게 된 것이죠. 천주교에서는 제사를 지내지 말라고 해요. 성리학의 나라 조선에서 제사를 지내지 못하게 되면 어떻게 될까요? 부모님에게 효도

고창 선운사 동불암지 마애여래좌상(전북 고창)
우리나라에서 가장 큰 마애불상 중 하나로, 불상의 명치 끝에 검단선사가 직접 쓴 비결록을 숨겨놓았다는 설이 전해진다.

하는 것이 사람의 도리이고, 그걸 하지 못하면 금수만도 못한 것이 돼요. 당연히 천주교는 믿어선 안 되는 아주 사악한 사교로 규정돼요.

당연히 정부와 서학은 대립하게 되었고, 천주교를 믿는 이들이 박해를 받죠. 순조 때 신유년에 일어났던 신유박해에는 이승훈, 정약용이 연루돼요. 유명한 인물들이죠. 정약용은 정조와 함께 정조의 세상을 만들어왔던 인물이에요. 정약용의 집안이 천주교 집안인데, 정조가 죽고 나니 보호막이 없어진 거예요. 그래서 이렇게 박해를 받고 유배를 가게 되죠. 정약용 집안과 연결된 사건이 또 하나 있습니다. 천주교 신자 황사영이 교황에게 천주교를 탄압하는 조선 정부를 벌주라고 하얀 비단에 글씨를 쓴 게 걸렸어요. 바로 황사영 백서 사건이에요. 외국 군대를 끌고 와서 조선 정부를 벌주라는 건데, 나라 팔아먹는 짓이잖아요. 당연히 조선 정부에서 가만둘 수 없었겠죠.

한편, 서학이 확대되는 것에 대한 반발로 동학이 나와요. 이름도 서쪽의 반대인 동쪽으로, 동학이죠. 동학을 창시한 사람은 경주의 몰락 양반이었던 최제우입니다. 그 뒤를 이어서 최시형까지 연결이 됩니다. 최제우는 혹세무민한다고 해서 사형을 당해요.

최제우

동학의 의미를 한번 짚어보겠습니다. 동학의 주장은 인내천, 시천주예요. **인내천**은 **사람이 곧 하늘**이라는 뜻이고, 시천주는 마음속에 한울님을 모신다는 뜻이에요. 천주교도 하느님 앞에서 모두가 평등하다고 하고, 동학도 사람이 곧 하늘이래요. 모두 평등하단 이야기죠. 이건 정면으로 신분제 사회를 부정하는 거예요. 성리학에 의해서 출발했던 조선 왕조 500년의 기본적 틀 자체가 흔들리는 거예요.

서학의 책이 《성경》이라면, 동학의 성경 책은 《동경대전》이에요. 또 동학의 찬송가 책으로는 《용담유사》가 있어요. 동학과 서학은 '신 앞에 모두가 똑같다', '내가 곧 신이다', '누구나 평등하다'고 해요. 이것이 당시 상민과 천민의 의식을 깨우치고, 실천적으로는 향전으로까지 연결됩니다. 이처럼 19세기 사회는 완벽하게 바뀌고 있었어요. 지금의 우리 사회를 향해서 변화되고 있었죠. 우린 신분제가 없잖아요. 그렇죠? 평등 사회잖아요. 이 모습을 향해서 달리고 있는 장면들을 지금 여러분은 확인하고 계신 겁니다.

19세기 농민 봉기

민 의식이 성장하면서 백성들은 들고일어나요. 그래서 19세기는 농민 봉기의 시대가 되는 겁니다. 민란은 사실 이름 없는 아무개들의 저항 몸짓을 비하하는 단어일 수 있어요. 살아보겠다고 몸부림치는 것이니 '난'보다는 봉기가 적합하죠.

: 홍경래의 난부터 보시죠 :

19세기는 농민 봉기의 시대라고 했죠. 대표적인 농민 봉기는 홍경래의 난과 임술 농민 봉기입니다.

먼저 19세기 초반에 있었던 **홍경래의 난**부터 살펴보겠습니다. 농민 봉기는 일단 이걸 주도한 사람이 누구냐를 알아볼 필요가 있어요. 홍경래의 난은 홍경래와 우군칙이라는 인물과 광산 노동자, 농민들이 하나가 되어 1811년에 일으켰어요.

홍경래의 난이 일어난 곳은 서북쪽입니다. 서북쪽은 고려 시대의 강동 6주와도 연결됩니다. 이 난의 주 무대는 **정주성**입니다. 홍경래의 난이 일어난 결정적인 원인은 **서북 지역민들에 대한 차별**이에요. 예를 들면, 서북 지역의 양반이 서울에 왔는데, 서울에 있는 노비가 말을 놓는 식이에요. 노비가 "어디서 왔소?" 하고 양반한테 묻는 거예요. 신분제 사회에서는 있을 수 없는 일이죠. 서북쪽 사람은 양반도 양반 대접을 못 받을 정도로 차별을 받았다는 것이죠. 이것이 이유가 되어서 홍경래의 난이 일어난 겁니다.

홍경래의 난은 결국 진압됩니다. 정주성에서 학살이라 할 만큼 많은 사람들이 죽었어요. 이렇게 홍경래의 난이 19세기 초 순조 때 있었습니다.

: 다음은 임술 농민 봉기입니다 :

임술 농민 봉기는 1862년 진주에서 일어나 전국으로 확산되었어요. 임술 농민 봉기는 19세기 중반에 가장 컸던 봉기예요.

임술 농민 봉기의 주도 인물은 **유계춘**이에요. 당시 진주의 탐관오리였던 백낙신 타도를 외쳤죠. 좀더 자세히 살펴볼까요?

당시는 19세기니까 일단 정치적으로 본다면 세도 정치가 되겠습니다. 매관매직이 성행했죠. 돈 주고 관리가 된 사람들은 투자한 돈만큼 뽑으려고 해요. 이러면서 삼정의 문란으로, 수취 체제가 완전히 무너져버려요. 백성들한테 빨대 꽂고 그냥 쪽쪽 빨아들이는 거죠. 그래서 들고일어난 게 바로 임술 농민 봉기입니다.

임술 농민 봉기가 일어난 것은 철종 때예요. 봉기가 전국으로 확산되자 정부는 대응책들을 마련하게 됩니다. 우선 이 지역에 대한 이야기를 들어보기 위해 안핵사를 파견합니다. 바로 **박규수**가 안핵사였죠. 박규수는 개항기까지 나오는 이름이니 기억해두세요. 평안 감사로서 제너럴셔먼호를 불태웠고, 강

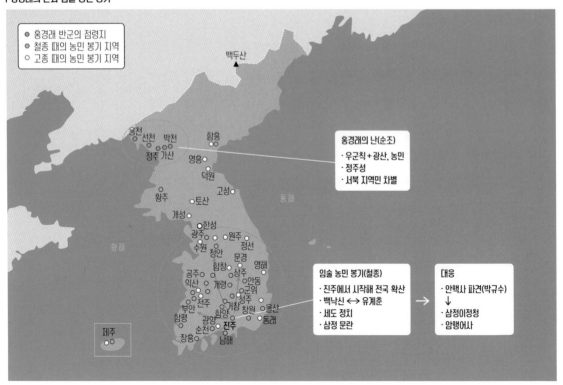

홍경래의 난과 임술 농민 봉기

- ● 홍경래 반군의 점령지
- ● 철종 때의 농민 봉기 지역
- ○ 고종 때의 농민 봉기 지역

홍경래의 난(순조)
· 우군직 + 광산, 농민
· 정주성
· 서북 지역민 차별

임술 농민 봉기(철종)
· 진주에서 시작해 전국 확산
· 백낙신 ↔ 유계춘
· 세도 정치
· 삼정 문란

대응
· 안핵사 파견(박규수)
↓
· 삼정이정청
· 암행어사

화도 조약 즈음에는 통상 개화파로 성장한 인물입니다. 박규수가 안핵사로 가
보니 삼정의 문란이 문제입니다. 조세, 즉 세금 제도를 고쳐야 한다며 **삼정이정
청**을 만들자고 합니다. 그다음에 암행어사들을 파견해요. 탐관오리들을 좀 혼
내주자는 제도들이었죠.

그런데 이 시대 자체가 너무 기울어져 있었어요. 썩을 대로 썩은 모습들이
라서 잘 고쳐지지 않아요. 조선이라는 배가 점점 기울고 있는 겁니다. 성리학
으론 도저히 설명할 수도 없고 유지할 수도 없는 세상이 오고 있는 거지요. 그
런데 마지막은 또 다른 새로움을 향해 달려가고 있는 거예요. 그 새로움은 바
로 지금 우리가 살고 있는 근대의 모습이죠. 앞으로는 근대의 모습을 향해서
경제·사회·문화 등이 전방위적으로 바뀌는 모습을 살펴보겠습니다.

큰★별쌤의
한번에 핵심 정리

1 신분제의 동요

(1) 양난이 신분제에 미친 영향

배경	• 왜란과 호란의 영향으로 양안(토지 대장)과 호적 소실 → 국가 재정 추락 → 납속책 시행, 공명첩 발급
결과	• 이모작과 모내기법으로 돈을 벌고 광작 경영을 하면서 돈을 번 상민들이 양반 직을 사게 되자 양반 수가 증가하고 상민과 노비 수는 감소 → 신분 사회 붕괴

(2) 신분 제도의 변화

양반		• 예송, 환국 정쟁 등을 거치며 양반층이 권반, 향반, 잔반으로 분화 - 권반: 환국 정쟁 속에서 여전히 권력을 쥐고 있었던 양반 - 향반: 정치 투쟁에서 밀려나 향촌에 있었던 양반 - 잔반: 완전히 몰락한 양반
중인	서얼	• 신분 상승 상소 → 정조 때 서얼 등용이 이루어짐, 규장각 검서관으로 많이 등용(박제가, 유득공)
	기술직 중인	• 소청 운동 전개 • 통역관, 역관들은 청나라를 오가며 부 축적. 양반처럼 시를 짓고 그림을 그리는 모임 '시사' 조직 (→ 위항 문학 발달)
상민		• 농민층이 광산을 경영하는 덕대 밑에서 일하는 임노동자와 광작 경영을 하는 부농으로 분화 • 부농은 족보를 매입하거나 위조, 납속책을 통해 양반이 되기도 함
천민		• 노비 대다수가 도망 • 부자가 된 농민이 양반이 되면서 세금 징수 대상이 줄어들자, 천민의 양인화 추진 - 노비종모법: 자녀가 어머니의 신분만 따르도록 제한 - 공노비 해방(순조)

(3) 향촌 질서의 변화

개요	• 구향(원래 존재하던 향반)과 신향(상민에서 신분 상승한 양반)의 대립 → 향전 발생

구향	• 신향과의 차이를 보여주기 위해, 보학(족보 연구) 발달. 자신의 조상을 모시는 사당 다수 설립, 동성끼리 모여 사는 동성촌 형성 → 가부장적 문화가 나타나고 여성의 지위 하락
신향	• 지방관과 결탁하여 새로운 향안에 자신들의 이름을 올림

(4) 민(民) 의식의 성장

예언 사상		• 《정감록》 등의 예언 사상(도참)과 미륵 신앙 유행
종교	개요	• 천주교가 전래되고 동학이 발생하며 평등 의식 고취 → 천주교와 동학 모두 신분제 사회를 정면으로 부정
	천주교	• 서학으로 전래. 제사를 금하는 교리에 따라 사교로 규정됨 → 정부와 서학의 대립 　- 신유박해(순조): 이승훈, 정약용 등 연루 　- 황사영 백서 사건 발생
	동학	• 서학이 확대되는 것에 대한 반발로 등장, 최제우가 창시 • 인내천, 시천주의 사상 • 경전인 《동경대전》, 포교 가사집인 《용담유사》 간행

2 19세기 농민 봉기

홍경래의 난 (순조)		• 서북 지역민들에 대한 차별과 삼정의 문란으로 발발 • 홍경래와 우군칙 주도, 광산 노동자와 농민들의 참여 → 청천강 이북의 여러 고을 점령 • 정주성 전투에 패하면서 실패
임술 농민 봉기 (철종)	개요	• 19세기 중반 세도 정치 시기, 매관매직 성행 → 삼정의 문란 → 백성들이 들고일어난 농민 봉기 발생, 진주에서 일어나 전국으로 확산 • 진주 농민 봉기의 경우, 유계춘이 주도해 진주 탐관오리였던 백낙신 타도 주장
	대응	• 안핵사 파견: 박규수 → 삼정이정청 설치, 암행어사 파견

26강

조선 후기

문화 1

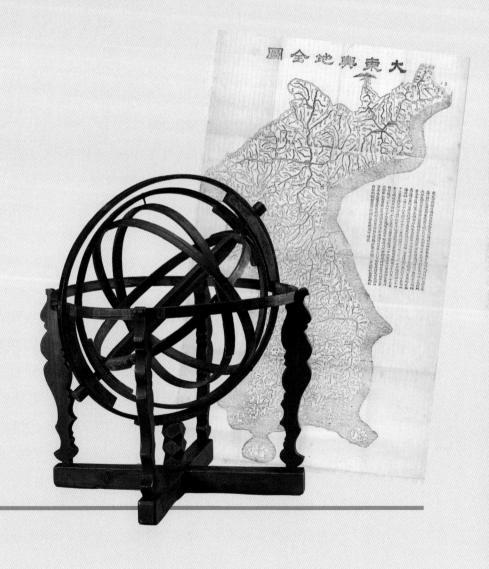

양명학, 실학

조선 전기를 이끌었던 이데올로기는 성리학입니다. 인간의 심성과 우주의 원리를 따지는 학문이죠. 하지만 어찌 보면 신분제의 질서를 합리화시켜서 각자의 분수에 맞게 살라고 하는 수단이기도 해요. 성리학은 조선 후기에 무너져요. 양반 수가 증가하고 상민과 노비 수가 감소하는 모습, 보셨죠? 신분 제가 동요하는 사회를 성리학은 설명해내지 못해요. 대안 학문들이 등장하게 됩니다. 이번 장에서 살 펴보죠.

양명학
- ▶ **陽** 밝다 양
- ▶ **明** 밝다 명
- ▶ **學** 학문 학

실학
- ▶ **實** 실제로 행하다 실
- ▶ **學** 학문 학

: 양명학과 실학이 등장합니다 :

먼저 **양명학**입니다. 성리학이 송나라의 학문이라면, 양명학은 명나라의 학 문이에요. 이름에도 '명' 자가 들어가 있죠. 양명학의 핵심은 **지행합일**이에요. 아는 것과 실천하는 것은 같아야 된다고 주장해요. 성리학은 관념적인 철학이 에요. 예를 들어 사과가 있으면, 사과의 본질이 무엇인가를 끊임없이 연구해 요. 양명학은 사과의 본질이 궁금하면 먹어보라고 해요. 먹어보면 안다고요. 관념적인 사고보다 실천을 통해서 얻는 지식을 굉장히 중요시한다는 거죠.

양명학을 이끈 대표적인 인물은 **정제두**예요. 정제두가 이끄는 학파를 **강화 학파**라고 하는데, 정제두가 강화도에서 양명학을 연구했기 때문입니다.

조선 후기, 성리학의 대안 학문으로 나온 것은 실학이에요. 실학의 핵심은 실사구시입니다. 사과의 본질이 무엇인가를 고민하는 건 먹고사는 문제 해결 에 도움이 안 돼요. 아무 쓸데가 없다는 거예요. 사과를 어떻게 하면 더 잘 키 워서 맛있게 많이 열리게 할 수 있을까를 고민하자는 거죠. 실생활에서 얻을 수 있는 이익을 집중적으로 보는 학문이 바로 실학입니다.

실학은 우리 것에 관심을 굉장히 많이 가져요. 그래서 상당히 민족적이고, 자주적이에요. 실학은 나중에 국학으로 연결돼요. 국학은 다음 장에서 배우게 될 텐데요, 실학의 범주 안에 우리 것을 연구하는 국학이 있다는 것을 알아두세요. 실학이 우리 것을 연구하는 데는 이유가 있어요. 양난 이후, 중국을 지배하고 있는 나라는 청나라예요. 당시 사람들이 봤을 때, 청나라는 오랑캐가 세운 나라예요. 이제 우리가 중국의 법통을 이어받은 또 다른 작은 중국, 소중화라는 의식이 생긴 겁니다. 이건 어찌 보면 자신감이에요. 우리가 비

정제두 묘(인천 강화)

록 중국만큼 큰 나라는 아니지만, 중국만큼 선진화된 나라라는 거니까요. 실학은 그런 자신감 속에서 우리 것을 연구하는 분위기로 나타났음을 기억하시면 되겠습니다.

실학은 크게 두 세력으로 나눌 수 있습니다. 농업을 중시한 학자들이 모인 중농학파와 상업을 중시한 학자들로 구성된 중상학파예요. **중농학파**는 말 그대로 농업을 통해 당시 고통받고 있는 백성들의 삶을 좀 도와주자고 이야기해요. **중상학파**는 상공업 육성을 통해 좀더 윤택하고 풍요롭게 살자고 주장합니다. 중농학파와 중상학파를 하나씩 살펴보도록 할게요.

: 농업 중심의 개혁론을 주장한 중농학파부터 살펴볼게요 :

중농학파는 **경세치용 학파**라고 부릅니다. 세상을 경영하는 데 좀더 실용적인 학문이라는 거죠.

중농학파가 주장하는 핵심은 이거예요. "백성들이 먹고살기 힘들어. 왜? 땅이 없으니까. 그럼 어떻게 해야 돼? 땅을 나누자." 즉 토지 분배를 핵심으로 내세우는 겁니다. 그리고 이 토지 분배를 통해서 자신의 토지를 갖고 경작하는 자영농을 육성하자고 하는 거예요. **토지 분배, 자영농 육성**이 중농학파의 핵심 주장이라고 할 수 있겠습니다. 중농학파가 이 주장을 어떻게 펼쳤는지 그들이 펴낸 책을 통해 알아보죠.

중농학파의 대표적인 인물은 **유형원, 이익, 정약용**입니다. 일단 이들의 저서를 알아두셔야 합니다. 저서 제목은 대개 자신의 호 또는 자신이 머물고 있는 지역 이름을 따서 지어요. 또 자기를 낮춰서, 그냥 어느 마을에 있는 촌로가 쓴 별것 아닌 글이라는 식으로 제목을 붙이죠. 글을 쓴다는 것은 뭔가에 대한

책임을 지는 것인데, 스스로를 낮춰서 "그렇게 대단한 글은 아닙니다" 하면서도 할 말은 다 하죠. 저서 제목에는 이런 특징이 있다는 것도 상식으로 알아두시면 되겠습니다.

유형원의 대표 저서는 《반계수록》입니다. '반계'는 유형원의 호죠. 유형원은 이 책에서 **균전론**을 주장합니다. 균전론, 말 그대로 토지를 똑같이 나누자는 얘깁니다. 여기서 균전론은 토지를 모두 똑같이 n분의 1로 하자는 것이 아니에요. 유형원은 신분의 차이를 인정하고 있어요. 예를 들면 이런 거죠. 100평이 있으면 양반이 40평을 가져요. 중인은 30평, 농민은 20평, 수공업자와 상인은 10평을 주자고 하죠. 양반, 중인, 상민, 천민이 똑같이 n분의 1로 나누는 게 아니라 신분마다 차등을 둔 거예요. 유형원은 이걸 '균(均)'이라고 본 거예요. '균'의 개념을 오해하지 마세요.

균전론을 시행하려면 뭐가 필요할까요? 토지를 몰수해야 가능하죠. 사회주의 혁명, 프롤레타리아 혁명인데 가능하지 않겠죠. 양반들이 법도 만들고 정책도 세우는데, 자기 토지를 나누는 건 불가능하죠. 그래서 이익은 유형원의 균전론에 대한 보완책을 냅니다. 이익은 유형원의 제자예요. 스승님은 이런 생각을 하셨지만, 좀 아니다 해서 **《성호사설》**을 쓰죠. '성호'는 이익의 호이고, '사설'은 나의 작은 이야기란 뜻입니다.

이익은 《성호사설》을 통해 **한전론**을 주장해요. 말 그대로 토지를 제한하는 이론이에요. 한전론에서는 **영업전**이라는 걸 설정해요. 영업전은 영원히 대를

유형원의 반계 서당(전북 부안)

《반계수록》

균전론
▸ 均 고르다 균
▸ 田 밭 전
▸ 論 의견 론

한전론
▸ 限 한하다 한
▸ 田 밭 전
▸ 論 의견 론

현판

이익의 사당(경기 안산)

《성호사설》

이어 내려가는 토지라는 의미예요. 예를 들면 이런 거죠. 어떤 사람의 토지 일부를 영업전으로 설정해서 그 토지는 매매할 수 없게 하는 거예요. 다른 토지는 매매가 가능하지만 영업전으로 설정한 토지는 매매할 수 없다는 거예요. 내가 망해서 땅을 팔더라도 영업전으로 설정된 토지는 갖고 있으니까 일단 먹고사는 것이 해결돼요. 영업전 말고 다른 토지는 서로 주고받으면서 나누자는 이야기예요. 그러면 영업전은 고정되어 있고, 나머지가 서로 돌고 도니까 균전이 될 것 아니냐는 거죠. 유형원의 균전론보다 좀더 현실적이라고 볼 수 있겠습니다.

이익은 또 조선을 망치는 원인으로 여섯 개의 좀, **6좀**을 지적해요. 좀은 쉽게 이야기하면 적폐를 규정한 거예요. 이익은 6좀으로 **양반, 과거제, 노비, 승려, 미신, 게으름**을 들었어요. 6좀에 양반, 과거제, 노비가 있다는 것이 좀 놀랍지 않나요? 이익은 양반인데 스스로 적폐라고 한 거예요. 또 양반끼리 세력을 형성하게 하는 과거제도, 적폐로 봅니다. 다음으로 노비는 양반의 재산이잖아요. 그런데 이 노비들이 너무 많으면 안 된다는 얘기예요. 노비를 재산으로 움직이면 안 된다는 얘기죠. 승려, 미신, 게으름은 이익이 유학자로서 꼽은 것으로 보면 돼요. 유학자가 보기에, 승려가 일하지도 않고 시주를 받으러 다니는 모습이 좋아 보일 리는 없었겠죠. "비나이다 비나이다" 하고 미신에 비는 것도 말이 안 되죠. 유학자는 눈에 보이지 않으면 믿지 않거든요. 게으름은 인간이 갖춰야 할 태도에서 벗어난 것이겠죠. 이익이 규정한 6좀은 당시 조선 후기 사회에서 무엇이 문제였는지 유추할 수 있는 단서라고 보시면 되겠습니다.

《목민심서》

정약용의 여유당(경기 남양주)

다음은 실학에서 놓쳐서는 안 되는 인물, 다산 정약용입니다. 정약용의 저서 하면 떠오르는 것이 많죠. 대표적으로 《경세유표》, 《흠흠심서》, 《목민심서》, 이 책들을 1표 2서라고 칭하기도 해요. **《경세유표》**는 한 나라를 운영하는, 굉장히 큰 개혁안을 담고 있어요. 정약용의 큰 그림이 나옵니다. **《흠흠심서》**는 법이에 요. 누군가에게 판결을 내릴 때 정말 심사숙고해야 한다고 쓰고 있죠. **《목민심서》**는 지방관들이 어떻게 지역을 다스려야 하는가에 대한 책이에요.

정약용이 이 책들을 쓴 곳은 여유당이에요. 여유당이라는 현판을 걸었지 만, 그곳은 유배지예요. 18년 동안 유배를 당하면서 무려 500여 권의 책을 씁 니다. 왜 500여 권이나 되는 책을 썼을까요? 할 일이 없었던 걸까요? 절대 아 니죠. 정약용은 자신의 아들에게 이렇게 말해요. "만약 내가 이렇게 나의 글, 나의 생각들을 정리해놓지 않는다면 후세 사람들은 그저 나를 형조에 기록된 죄인으로 기억할 것이다. 이를 이겨내고자 글을 쓴다." 정약용은 역사가 무엇 인지를 아는 인물이었어요. 역사 앞에서 내가 어떻게 살 것인지를 정하고 정 면으로 부딪쳤던 사람이에요. 여러분, 한국사 교과서에 정약용이 어떻게 기록 되어 있습니까? 죄인 정약용인가요? 아니죠. 조선 후기 실학을 집대성한 대학 자로 기록되어 있습니다. 정약용이 이긴 겁니다. 우리가 그를 형조에 기록된 몇 줄짜리 죄인 정약용이 아니라 대학자 정약용으로 기억하게 됐으니까요. 역 사가 무엇인지를 알았던 정약용의 삶을 잊지 않았으면 좋겠습니다.

정약용의 토지 개혁은 **여전론**이라는 거예요. 여전론의 '여'는 '마을 여(閭)' 자예요. 마을 주민들이 공동으로 토지를 소유하고 공동으로 경작한 뒤, 노동량에 따라서 수확물을 분배하자는 것이 여전론이에요. 역시 사회주의스럽지 않나요? 북한에서 사회주의자 1호로 꼽는 게 정약용이에요. 여전론을 통해 공동 소유, 공동 경작을 주장했으니까요. 사실 자본주의 셈법으로 이해될 수 없는 제도죠. 이건 당시 상황과 연관 지어 생각해야 돼요.

고려 말에는 '바늘 꽂을 땅조차 없다'는 말이 있었어요. 권문세족들이 대농장을 갖고 있다고 했잖아요. 너무나도 많은 토지를 갖고 있으니까 나온 말이죠. 그런데 조선 후기에는 이런 말이 나옵니다. '땅에 꽂을 바늘조차 없다'고요. 고려 말에는 바늘 꽂을 땅조차 없는데, 조선 후기에는 아예 땅에 꽂을 바늘조차 없대요. 다 포기해야 되는 거예요. 이런 상황이 되니 정약용이 얼마나 답답했겠습니까? 조선 후기의 모순을 보면서 이런 토지 제도를 주장하게 된 거죠.

그런데 정약용도 여전론이 조금 무리수라고 생각했던지 나중에 좀 바꿉니다. **정전제**를 도입하자고 해요. 정전제는 기본적으로 사유 재산을 일단 인정하는 듯해요. 토지를 3×3으로 나눠서 생각해보죠. 토지의 한 구역을 '우물 정(井)' 자 모양으로 나눈 뒤 정중앙 땅을 공동으로 경작하고 국가에 세금을 내자는 거예요. 나머지는 각자가 갖고요.

정약용은 양반 지주들에게 집중되어 있는 토지를 나누어서 자영농들을 육성하고, 그 자영농들이 열심히 일해서 세금을 내는 나라, 그런 부강한 나라를 만들자고 해요. 이게 바로 중농학파들의 목표예요. 중농학파의 자영농 육성을 위한 이론과 제도들을 기억하시면 되겠습니다.

: 다음은 상업 중심의 개혁론을 주장한 중상학파입니다 :

이번에는 중농학파와 반대편에 있는 중상학파를 살펴보겠습니다. 중상학파는 **이용후생 학파**라고도 합니다. 이문이 남는 것을 통해서 좀더 좋은 생활을 만들어내자는 것인데, **북학파**라고도 합니다. 북학파의 '북(北)'은 청나라를 의미해요. 병자호란 뒤 효종과 송시열이 주도했던 북벌의 시대가 갔다는 걸 보여주죠. 이제는 오히려 청나라를 배우자고 하는 거니까요.

여전론
▶ **閭** 마을 여
▶ **田** 밭 전
▶ **論** 의견 론

정전제
▶ **井** 우물 정
▶ **田** 밭 전
▶ **制** 규정 제

북학파는 생산력의 증가를 가장 중요하게 생각했어요. 생산력이 증가하면 거기서 나눌 수 있는 것이 많으니 부유하고 풍요로워진다고요. 쉽게 말해 낙수 효과를 얘기하는 거예요. 그래서 북학파는 토지 생산력을 증대시킬 방법들을 고민해요. 또 상공업을 발전시키자고 주장하고 있고요. 북학파니까 청의 문물을 수용하자고 합니다.

《우서》

북학파를 대표하는 학자와 저서들도 알아보죠. 먼저 **유수원**이 있습니다. 《**우서**》라는 저서를 남겼죠. 유수원은 이 책에서 놀라운 주장을 합니다. 바로 사농공상의 차별을 없애자고 한 것이죠. **직업적 평등**을 주장한 거예요. 어떤 직업을 가졌느냐에 따라 신분을 나누지 말고 평등하게 보자는 거죠. 그동안은 양반이 상업을 하는 건 군자가 할 일이 아니었어요. 조선 전기만 해도 중농억상 정책을 펼쳤고, 사농공상으로 신분을 차별했어요. '상'이 맨 마지막이었잖아요. 이제 인식이 달라져요. 양반도 장사를 하고, 상업을 해도 된다는 거예요. 조선 후기에는 사람들에게 돈이 중요해져요. 돈이 중요한 권력이 되고 있으니까요. 자본주의로 가는 모습이 나타나기 때문에 양반들도 돈을 중요시 여겨요. 그래서 이런 모습이 나오는 겁니다.

다음으로 **홍대용**을 볼게요. 홍대용은 《**임하경륜**》, 《**의산문답**》이란 책을 씁니다. 홍대용도 양반 중심의 문벌 제도를 이제 닫아야 된다고 주장해요. 홍대용은 이런 철학자다운 접근뿐만 아니라 과학자적인 모습도 많이 보여요.

홍대용은 하늘의 별자리 같은 것들을 보고 **혼천의**를 만들어요. 그리고 이 혼천의를 통해서 **지전설**을 들고 나와요. "지구는 돈다. 그리고 우주는 무한하다." 즉 무한 우주론을 펴요. 작은 조선에 갇혀 있던 사고를 전 우주로 확장시킨 거예요. 당시 서구의 자연과학이 발달하는 분위기처럼 우리나라에도 그런 분위기가 나타나고 있다는 이야기예요.

혼천의

92

북학파에서 가장 중요한 사람은 **박지원**과 **박제가**예요. 박지원의《열하일기》, 박제가의《북학의》가 중상학파의 하이라이트라고 보시면 됩니다.

《열하일기》의 '열하'는 청나라의 지역이에요. 박지원은 그곳에 갔다 돌아와서 **수레, 선박, 화폐**를 쓰자고 주장해요. 이런 것을 활용해야 된다는 얘기예요. 당시 집권 세력들은 길이 없으니까 수레를 쓸 필요가 없다고 생각했지만 실학자들은 수레를 쓰면 길이 생긴다고 주장했어요. 기가 막힌 발상의 전환입니다. 수레, 선박, 화폐를 쓰자는 박지원의 주장은 의미 있게 받아들일 필요가 있습니다.

박지원의 지도를 받은 박제가 역시 수레, 선박이 필요하다고 얘기해요. 여기서 여러분이 놓치지 않아야 할 게 있어요. 바로 **소비론**이에요. 소비론은 바로 적당히 절약하라는 거예요. 성리학자들에게는 절약과 근검이 미덕이에요. 그런데 박제가는 이것 때문에 조선이 망하는 거라고 이야기해요. 예를 들면 이런 거죠. 주전자가 구멍이 날 때까지 쓰면 주전자 만드는 사람은 뭘 먹고 사냐는 거예요. 완벽히 자본주의적 발상이죠. 적당한 소비가 있어야 경제가 돈다는 얘기예요. 물건을 만들고 판매하고 소비해야 경제가 돈다는 겁니다. 대단하죠? 박제가의 소비론은 시험에 좀 잘 나오니 기억하세요.

자, 이렇게 실학, 중농학파, 중상학파까지 모두 봤습니다. 이 시대의 학문 역시 자본주의를 향해 달려가고 있다는 것을 놓치지 않으시면 되겠습니다.

국학의 발달

실학은 굉장히 민족주의적이고 자주적인 모습을 보인다고 했죠. 그 모습은 국학으로 이어집니다. 국학은 우리 것, 그러니까 우리의 역사, 언어, 풍속, 예술 등을 연구하는 학문이거든요. 19세기 후반에 국학이 어떤 모습으로 나타나는지 살펴보도록 하겠습니다.

: 먼저 주요 역사서입니다 :

국학은 우리 것을 연구하니까 역사가 가장 중요하죠. 역사부터 살펴보도록 할게요. 역사 분야에서 굉장히 많은 저서들이 나오는데, 입에 붙인다고 생각하고 익히시면 돼요. 누구 하면 바로 무슨 책 하고 나오도록요.

안정복은 《**동사강목**》을 써요. 우리 역사에 있는 여러 왕조들의 정통성을 따지는 역사서예요. **한치윤**은 《**해동역사**》를 씁니다. 외국의 문헌들을 인용해서

《동사강목》

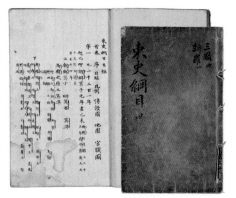

《해동역사》

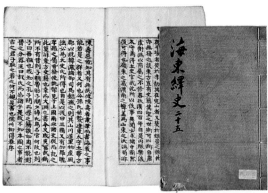

〈세한도〉

역사의 주장과 근거를 명확히 했어요. 《동사강목》과 《해동역사》는 둘 다 '동'
이 들어갔습니다. 동쪽에 있는 나라, 우리나라 역사죠. 고조선부터 고려 시대
까지의 역사를 다뤘다고 기억해놓으시면 되겠습니다.

　추사 **김정희**는 《금석과안록》을 썼어요. 금석문은 비석에 새겨진 글씨예요.
김정희는 북한산비와 황초령비의 비문을 해석하여 진흥왕 순수비임을 밝혀냅
니다. 이건 엄청난 사건이었어요. 이제까지 이 비석이 뭔지 몰랐거든요. 김정
희의 노력에 의해서 밝혀진 겁니다.

　김정희 하면 우리가 떠올리는 건 그의 독특한 글씨죠. 한자의 기본적 틀에
서 벗어난 우리의 정서가 담겨 있는 서체를 보여줍니다. 이걸 **추사체**라고 해
요. 김정희는 제주도로 유배를 간 적이 있어요. 그곳에서 그린 〈세한도〉도 기억
해두셔야 해요. 김정희가 유배를 가고 보니, 잘나갈 때는 그렇게 많이 찾아왔
던 사람들이 아무도 찾아오지 않는 거예요. 제주도의 칼바람을 맞고 있는데,
제자인 이상적이 중국에서 책들을 가져온 거예요. 김정
희로서는 너무 고마운 거죠. 그래서 눈이 오고 날이 추
운 겨울에도 푸르름을 유지하는 나무야말로 진짜 나무
라는 것을 깨달으며 〈세한도〉를 그렸습니다.

　이종휘는 《동사》를 씁니다. '동'이 들어가니 역시 우리
나라 역사서죠. 이종휘는 《동사》에서 고구려에 집중해
요. **유득공**은 《발해고》에서 남북국 시대를 다루고요. 두
책은 우리의 시야를 한반도에 가둬놓는 것이 아니라 만
주로 확대한다는 역사적 의의가 있어요. 지금 우리가 쓰는 남

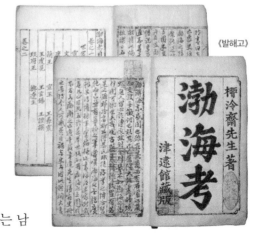

《발해고》

북국이라는 용어를 이때부터 쓴다는 것을 기억해놓으시면 되겠습니다.

이긍익은 《연려실기술》을 씁니다. 조선 시대를 다룬 역사서예요. 국학은 우리 역사와 우리 시간을 기억하려고 해요. 이것이 국학의 모습이라는 것을 알아두시면 되겠습니다.

: 지리서와 지도도 볼게요 :

국학의 분야 중 지리에는 중요한 포인트가 있어요. 조선 전기에는 중앙 집권을 강화하기 위해서 지도와 지리지를 만들었어요. 중앙에서 지방을 통제하기 위해서 그 지역에 어떤 특징이 있는지, 산세가 어떤지, 누가 사는지에 대한 지리지를 만들었죠. 조선 후기에 오면 목적이 달라집니다.

조선 후기에는 상업이 발달하잖아요. 상업을 하러 돌아다니려면 지도가 필요해요. 지도가 없으면 어떻게 될까요? 산을 넘다가 길을 잃고 해가 떨어지면 호랑이 밥이 되는 거예요. 빨리빨리 다니기 위해서가 아니라 생존을 위해서 지도가 필요했던 겁니다. 생존하지 못하면 상업 활동을 할 수가 없죠. 그래서 지리서와 지도를 만드는 이유는 상업적 활용이라는 사실을 반드시 기억해놓으셔야 되겠습니다.

어떤 지리서와 지도가 나왔는지 볼까요? 먼저 지리서부터 한번 살펴보도록 하겠습니다. 역사 지리서로는 **한백겸**의 《동국지리지》, 정약용의 《아방강역고》가 있습니다. 정약용은 우리나라의 레오나르도 다빈치예요. 다방면에 두루 업적을 남깁니다. 《아방강역고》의 '아방(我邦)'은 우리나라예요. 우리나라의 영토를 살펴보는 역사적인 지리서입니다.

인문 지리서는 그 지역에 누가 살고 있으며 풍속은 어떤지를 다뤄요. 대표적인 것은 **이중환**의 《택리지》예요. 《택리지》는 지금도 어느 지역에 답사갈 때 써요. 어느 지역의 역사나 산물 등이 자세히 나와 있어서 이 책을 보고 답사를 가죠.

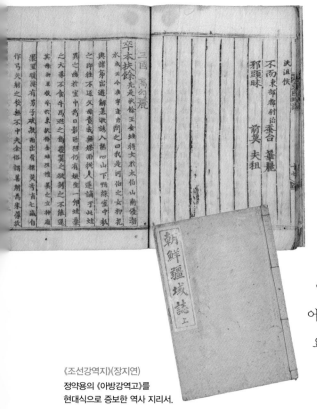

《동국지리지》

《조선강역지》(장지연)
정약용의 《아방강역고》를
현대식으로 증보한 역사 지리서.

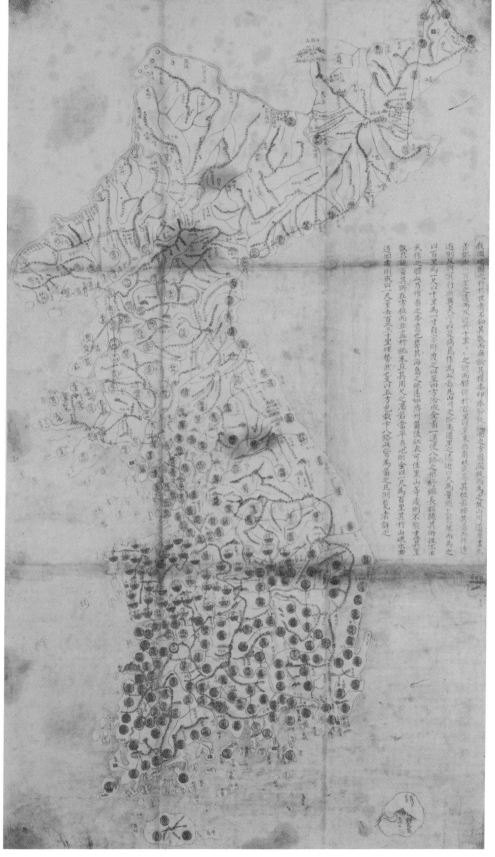

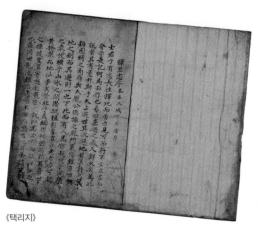

《택리지》

지도에서 기억할 것은 **정상기**의 〈**동국지도**〉예요. 최초로 100리 척을 사용했어요. 축척을 쓴 거라고 보시면 됩니다. 다음은 **김정호**의 〈**대동여 지도**〉입니다. 두말할 것도 없이 중요하죠. 〈대동 여지도〉는 목판으로 찍은 **지도첩**이에요. 목판으 로 찍어낸 지도들을 접으면 한 권의 책이 돼요. 내비게이션이 없었던 그 당시에는 지도가 진짜 너무 귀했을 거예요. 그런데 김정호는 〈대동여지 도〉를 목판으로 찍어서 필요로 하는 사람은 누구 나 가져갈 수 있게 했다는 거잖아요. 한평생 지도를 만들었던 지리학자 김정

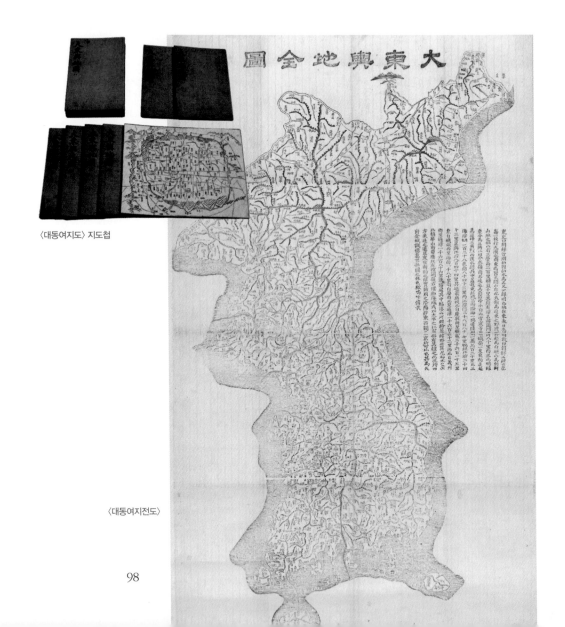

〈대동여지도〉 지도첩

〈대동여지전도〉

호는 지도를 통해 누구에게 도움을 줄 것인지 고민하며 산 사람이 아니었나 생각됩니다.

: 백과사전과 한글 관련 서적 :

세상의 지식들을 모아놓은 백과사전도 등장합니다. 이건 세계사적으로도 비슷한 모습들이에요. 유명한 백과사전들을 보겠습니다.

이수광은 《**지봉유설**》을 썼습니다. '지봉'은 이수광의 호입니다. **이익**의 《**성호사설**》도 백과사전이고요. **서유구**의 《**임원경제지**》도 있습니다. 다음으로 《**동국문헌비고**》도 있어요. 영조 때 출발해서 정조 때까지 쭉 간행되었던 백과사전입니다. 《동국문헌비고》는 영조와 정조 때의 국가적 사업이었어요. 시험에 잘 나오니 기억해두세요.

한글 쪽으로는 **신경준**의 《**훈민정음운해**》가 있어요. 조선 후기에 나온 책인데, 조선 전기로 헷갈리는 분이 많아요. 시험에서도 《훈민정음운해》가 조선 전기인지, 후기인지 알아야 하는 문제가 자주 나오고요. 《훈민정음운해》는 조선 후기에 나왔다는 것을 꼭 기억해두세요.

양명학과 실학부터 국학까지, 조선 후기에 등장한 여러 학문들을 살펴봤는데요. 조선 후기 문화에 어떤 모습이 있을지, 다음 강에서 계속 알아보도록 하겠습니다.

《임원경제지》

1 양명학과 실학의 발달

(1) 양명학의 등장

발전	• 정제두에 의해 체계화. 강화 학파 형성
특징	• 아는 것과 실천하는 것이 같아야 한다는 지행합일 주장. 실천을 통해 얻는 지식 중시

(2) 실학의 발달

발전	• 성리학의 대안 학문으로 등장
특징	• 실사구시가 핵심. 민족적·자주적 성격 → 추후 국학으로 연결 • 소중화 의식(우리가 중국의 법통을 이어받은 또 다른 중국이라는 의식)을 토대로 한 자신감 속에서 우리 것을 연구하는 분위기로 나타남

(3) 농업 중심의 개혁론(중농학파)

정의	• 농업을 중시한 학자들. 경세치용 학파라고도 부름
주장	• 토지 분배 → 자영농 육성
유형원	• 《반계수록》 저술: 균전론 주장 - 신분에 따라 토지 차등 분배
이익	• 《성호사설》 저술: 균전론에 대한 보완책으로 한전론 주장 - 매매가 불가한 '영업전' 설정, 영업전을 제외한 토지만 매매 가능 • 6좀: 양반, 과거제, 노비, 승려, 미신, 게으름을 조선 사회를 어지럽히는 여섯 가지 적폐로 지적
정약용	• 《경세유표》, 《흠흠신서》, 《목민심서》 저술 - 《경세유표》: 한 나라를 운영하는 굉장히 큰 개혁안을 담은 책 - 《흠흠신서》: 재판을 하는 관리들이 참고해야 할 형법서 - 《목민심서》: 지방관들이 어떻게 지역을 다스려야 되는 것인가에 대한 책 • 여전론: 토지를 공동으로 소유하고 경작한 뒤, 노동량에 따라 수확물을 분배하자는 주장 • 정전제: 토지를 우물 정(井) 자 모양으로 나눈 후, 정중앙 땅만 공동 경작 주장

(4) 상업 중심의 개혁론(중상학파)

정의	• 상업을 중시한 학자들. 이용후생 학파, 북학파라고도 함
주장	• 토지 생산력 증대, 상공업 발전, 청 문물 수용 주장
유수원	• 《우서》 저술: 사농공상 차별 폐지 → 직업적 평등 주장
홍대용	• 《임하경륜》, 《의산문답》 저술: 문벌제 폐지 주장 • 혼천의 제작, 지전설·무한 우주론 주장
박지원	• 《열하일기》 저술: 수레와 선박, 화폐 이용 주장
박제가	• 《북학의》 저술 • 수레와 선박 이용 주장, 소비 촉진 주장

2 국학의 발달

역사		• 안정복의 《동사강목》: 고조선부터 고려까지 여러 왕조들의 정통성 서술 • 한치윤의 《해동역사》: 외국 문헌을 인용해 고조선~고려의 역사 서술 • 김정희의 《금석과안록》: 북한산비와 황초령비의 비문을 해석해 진흥왕 순수비임을 밝혀냄. 김정희의 서체인 추사체와 제주도로 유배 가서 그린 〈세한도〉도 유명 • 이종휘의 《동사》: 고구려에 집중해 우리 역사 기록 • 유득공의 《발해고》: 남북국 시대의 역사 기록 → 《동사》와 《발해고》는 만주로 시야를 확대했다는 역사적 의의 • 이긍익의 《연려실기술》: 조선사 서술
지리	특징	• 상업적 활용을 위해 지리서와 지도 제작
	지리서	• 역사: 한백겸의 《동국지리지》, 정약용의 《아방강역고》 • 인문: 이중환의 《택리지》
	지도	• 정상기의 〈동국지도〉: 최초로 100리 척 사용 • 김정호의 〈대동여지도〉: 목판으로 제작한 지도첩
백과사전		• 이수광의 《지봉유설》, 이익의 《성호사설》, 서유구의 《임원경제지》 • 《동국문헌비고》: 영조 때 국가적 사업으로 출발해 정조 때 간행
한글		• 신경준의 《훈민정음운해》

27강

조선 후기

문화 2

조선 후기의 세상은 조선 전기와 많이 달라졌어요. 자본주의의 싹이 나타나고, 지금껏 성리학에 가려져서 보이지 않았던 것들이 새롭게 보이는 시대죠. 조선 후기의 과학 기술은 조선 전기에 비해 어떻게 발전했는지 살펴보도록 하겠습니다.

: 서양 문물의 수용과 천문학의 발달 :

조선 후기의 특징 중 하나는 서구 문물의 영향을 많이 받는다는 거예요. 조선 전기에 〈혼일강리역대국도지도〉라는 세계 지도가 나왔던 것, 기억하시죠? 이 지도에는 중국과 우리나라가 굉장히 크게 그려져 있었어요. 중국과 우리 중심으로 공간을 왜곡한 굉장히 관념적인 지도죠. 그런데 조선 후기에는 우리가 지금 보고 있는 세계 지도처럼 세계를 그대로 담은 지도가 등장해요. 서양 지도의 영향을 받았기 때문이죠. 그 대표적인 지도가 〈곤여만국전도〉예요. 이 지도는 〈혼일강리역대국도지도〉와 확연히 다른 세계관을 보여줘요.

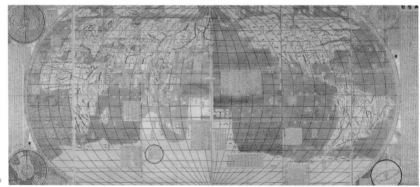

〈곤여만국전도〉

또 서양 문물의 영향을 받은 것은 역법인 시헌력이에요. 대동법의 남자 김육이 서양 역법의 영향을 받아 만들어진 시헌력의 도입을 주도했습니다. 또 조선 후기에는 서구의 문물 속에서 우주관이 많이 바뀌어요. 지구가 돈다는 **지전설**을 주장하는 사람들이 나타납니다. 주로 실학자들인데 김석문, 이익, 홍대용이죠.

조선 후기의 세계 지도와 천문학은 세계사적으로 과학 기술이 발달했고, 우리도 그 영향을 받고 있었다는 것을 보여줍니다. 조선 후기는 중국 중심의 세계관, 양반 중심의 세계관, 그러니까 성리학적 세계관으로는 설명이 안 돼요. 문화적인 면에서도 앞에서 살펴봤던 경제·사회와 마찬가지로 성리학적 세계관으로 설명이 안 되는 모습을 보여주고 있습니다.

: 의학, 한의학이 절정에 달합니다 :

의학에서는 뭐니 뭐니 해도 《**동의보감**》입니다. **허준**이 쓴 의학서죠. 《동의보감》의 저술을 명한 왕은 광해군의 아버지 선조였어요. 선조는 허준에게 두 가지 지침을 줬어요. 첫 번째는 단권으로 내라는 거였어요. 책이 너무 많아서 뭘 봐야 될지 모르겠으니 딱 한 권만 보면 되도록 작업하라는 것이었죠. 두 번째는 쉽게 쓰라는 거였어요. 요즘에도 의사들이 처방전을 일반인이 알아보지 못하게 쓰는데, 옛날에도 그랬나봐요. 허준은 선조의 지침에 따라 여러 한의서를 다 모아서 가장 중요한 것들만 고르고, 누구나 쉽게 읽을 수 있도록 《동의보감》을 만들었어요. 그러고 보면 선조도 일을 많이 했습니다.

의학에서는 허준과 함께 허임도 기억해야 되겠습니다. **허임**은 《**침구경험방**》을 썼어요. 침을 놓는 방법을 쓴 의서죠. 허준과 허임은 같은 시대에 같이 일했어요. 당시 허준이 상당히 높은 지위에 있어서 허임을 관리·감독했는데, 침에서만큼은 허임의 실력을 인정해 침을 놓아야 할 때면 허임에게 맡겼다고 합니다. 약제는 허준, 침은 허임, 이렇게 양대 산맥이었던 거죠.

정약용이 쓴 의학서도 있어요. 《**마과회통**》인데, 홍역과 마마를 다룬 책이에요. 당시에는 천연두를 마마라고 불렀어요. 정약용의 자식이 천연두로 죽자 이걸 해결해봐야겠다고 해서 종두법을 연구한 거죠. 종두법은 나중에 을미개혁에도 반영돼요.

조선 후기를 대표하는 의학서 ——

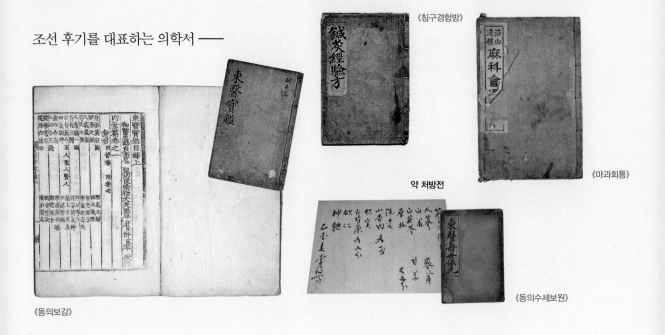

《침구경험방》
《마과회통》
약 처방전
《동의보감》
《동의수세보원》

이제마는 《**동의수세보원**》을 썼습니다. '동'이 들어가면 다 우리나라에 대한 것이에요. 약과 관련된 이야기를 적어놓았습니다. 이제마는 사상 의학을 창시한 인물이에요. 이제마는 이 책에서 사람을 태양인·태음인·소양인·소음인이라는 네 가지 체질로 분류했어요.

당시 의학서들은 지금도 쓰이는 경우가 많아요. 조선 후기는 한의학의 절정기가 아닐까 하는 생각이 듭니다.

: 농서는 복습해보겠습니다 :

농서는 지난 강의에서 거의 다 공부했습니다. 한번 복습해보죠. 먼저 《**농가집성**》입니다. **신속**이란 사람이 모내기법을 자세히 설명한 책입니다. 여기서 모내기법은 이앙법이죠. 조선 후기에는 모내기법이 전국으로 확대되면서 사회가 급변했다고 했죠? 도고, 덕대, 광작 경영, 선상 등 자본주의의 씨앗이 나타나는 배경이 모내기법인데, 이것을 잘 담고 있는 농서가 바로 《농가집성》입니다.

상품 작물과 같은 색다른 농작물을 경작하는 방법을 정리한 《**색경**》도 있습니다. **박세당**의 저서죠. 박세당은 당시 주류 학문에 반기를 든 인물이어서 사문난

《색경》

적으로 공격받았어요. 유학의 근본을 흔들어놓는 나쁜 직이라는 거죠. 박세당의 《색경》에는 상품 작물 재배법이 굉장히 잘 소개되어 있어요. 모내기법과 상품 작물은 조선 후기 농사의 특징인데, 이것을 잘 보여주는 농서가 《색경》이에요. 백과사전적 농서도 있죠. 바로 서유구가 쓴 《임원경제지》입니다.

조선의 과학 기술은 15세기 세종 때 굉장히 발전하다가 양난을 거치면서 주춤해요. 성리학이 과학 기술을 경시했기 때문이지요. 그러다가 조선 후기에 서양의 영향, 실학의 발달 등을 통해 다시 과학 기술이 발달했다는 것을 기억하시면 되겠습니다.

조선 후기에서 정말 놓치지 않아야 할 것을 지금부터 배웁니다. 서민 문화의 발달이죠. 조선 후기 다음 시대는 근대 사회잖아요. 근대 사회의 주인공은 바로 '민'이에요. 대한민국 헌법에서 국가의 주권은 국민에게 있다고 할 때의 그 민입니다. 민이 나라의 중심이 되는 모습이 조선 후기에 나타납니다.

: 민이 중심이 되는 문화가 발달합니다 :

조선 후기에 민이 중심이 되는 문화가 발달하는 배경부터 한번 살펴보겠습니다. 일단 살림살이가 넉넉해진 사람들이 생겼어요. 모내기법의 확산 속에서 돈 좀 번 소작농, 광작이 생겼잖아요. 돈이 좀 생기고 경제적 수준이 올라가면 문화나 사치품을 누리고 싶은 욕망이 생겨요. 이건 어느 시대나 마찬가지예요. 결국, 모내기법이 전국으로 확산되면서 문화 발달까지 영향을 끼친 거죠. 그래서 서민 문화의 발달 배경으로는 상품 화폐 경제의 발달을 들 수 있어요. 또 하나는 서당 교육의 활성화예요. 돈을 번 이들이 자식을 교육시켜요. 자식도 성공시켜서 부를 유지하고 싶은 거죠. 그래서 조선 시대의 조기 교육이라고 할 수 있는 서당 교육이 활성화되는 겁니다.

서민 문화의 특징은 일단 해학과 풍자예요. 해학은 재미, 풍자는 비판이에요. 양반 사회를 비판했죠. 드디어 비판적 시각이 나온 겁니다. 민이 중심이 돼야 하니까 양반 사회를 비판하는 거죠. 이런 특징들이 서민 문화의 어떤 분야에서 나타나는지 이제부터 보도록 하겠습니다.

: 판소리와 탈춤, 문학과 한문학 :

판소리는 즐기는 것이죠.《춘향전》의 〈사랑가〉, 이런 것들을 사람들이 모여서 즐길 만큼 여유로워진 겁니다. 판소리는 창과 사설을 하는 것인데, **신재효**가 정리했습니다.

탈춤은 탈을 쓰고 춤추는 거죠. 산대놀이 같은 걸 보면 탈을 쓴 양반들이 엄청 지질하게 나와요. 양반을 놀리면서 비판하는 거예요. 조선 전기만 해도 감히 쳐다보지도 못했던 양반들이 이제 풍자의 대상, 조롱의 대상으로 전락한 거예요. 사람들이 모여서 지배층에 대해 비판하는 분위기가 만들어진 겁니다. 이런 역동적인 변화가 조선 후기에 나타났어요.

문학은 이제 한글 문학과 한문학을 나눠서 봐야 합니다. 한글 문학 분야에서는 **한글 소설**이 나와 열광적인 인기를 끕니다. 최초의 한글 소설은 《**홍길동전**》입니다. 허

《별춘향전》

《심청전》

균이 썼죠. 그리고 《**춘향전**》,《**심청전**》,《**장화홍련전**》이 있죠. 이 책들은 당시의 베스트셀러였어요. 한글 책이 나왔다 하면 불티나게 팔렸죠. 돈이 좀 넉넉해지니까 이제 책을 읽을 여유가 생긴 거예요.

이때 나온 한글 소설들이 왜 인기를 끌었을까요? 자세히 하나씩 살펴볼까요?《홍길동전》에서 홍길동은 양반이 아닌 서얼이에요. 서얼 홍길동이 출세해서 율도국의 왕이 되죠.《춘향전》에서 춘향은 기생인데, 결국 과거에 합격한 이도령이랑 결혼을 해요.《심청전》에서는 심청이 심봉사를 위해 인당수에 빠졌다가 다시 태어나서 왕비가 돼요. 다 신데렐라 스토리예요. 요즘에도 이런 드라마가 인기를 끌잖아요. 재밌으니까요. 한글 소설들이 인기를 끌자 책의 매매를 중개하는 상인인 **책쾌**가 등장해요. 이들은 책을 유통하는 일종의 배달원 같았죠. 그

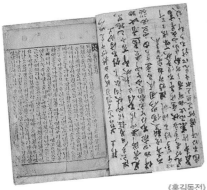

《홍길동전》

다음에 **전기수**도 등장합니다. 전기수는 책 읽어주는 남자예요. 사람들을 모아놓고 책을 쭉 읽어주다가 결정적 순간에 "아, 목이 좀 마르네" 하면서 뚝 끊어요. 드라마를 한창 보는데, 갑자기 60초 광고가 나오는 거랑 똑같아요. 그럼 사람들이 어서 읽어달라며 동전도 던져주고 막걸리도 주는 겁니다. 이 전기수가 폭발적인 인기를 끌었습니다.

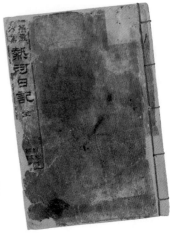

《열하일기》

또 굉장히 파격적인 **사설시조**가 나옵니다. 사설시조는 양반들 중심이었던 정형화된 시의 형식을 탁 풀어버린 시예요. 형식을 파괴하고 자유로운 이야기들을 담아내고 있는 문학입니다.

한문학도 보겠습니다. 한문학의 대표는 역시 실학자 **박지원**입니다. 박지원이 쓴 한문 소설로는 《**양반전**》, 《**허생전**》, 《**호질**》이 있지요. 《양반전》에서는 양반 수가 증가하고 상민과 노비 수는 감소하는 조선 후기 사회의 신분제 동요를 볼 수 있고요, 《허생전》을 통해서는 조선 후기 상품 화폐 경제의 발달로 등장한 독점 도매상인 도고의 모습을 볼 수 있고요, 《호질》에서는 양반 세력의 위선에 대한 비판을 볼 수 있어요. 박지원은 자유로운 영혼이에요. 과거 시험에서 백지 답안지를 내고, 다른 길을 택할 만큼 과감하기도 하고요. 자유로운 영혼, 자유로운 상상력을 가졌으니까 이런 소설들을 쓰는 거예요. 박지원의 책은 굉장히 재밌어요. 책이 나오면 사람들이 난리입니다. 당대에 유명했던 작가라고 보시면 됩니다. 지금도 《열하일기》는 인기가 많아요. 시대를 뛰어넘는 파격적이고 자유로운 면모를 보여요. 그런데 정조는 박지원이 글 같지도 않은 글을 쓴다며 이런 글들을 쓰지 못하게 문체 반정을 일으켜요. 문체를 다시 원위치로 돌려놓겠다는 건데, 이걸 보면 정조는 보수적인 면모도 있어요. 그런데 박지원은 자유로운 영혼이라 관직에 나갈 생각이 없어요. 그저 '아니면 말고' 하고 물러난 거죠.

한문학에 이제는 중인도 등장해요. 통역관 같은 중인은 돈 좀 벌고 배울 만큼 배웠으니 양반들을 따라 하는 시 동아리,

그림 동아리 같은 시사를 조직해서 활동합니다. 그러면서 한문학이 굉장히 발달하게 됩니다.

: 회화와 건축은 어땠을까요? :

이제 조선 후기 회화를 보겠습니다. 실학의 특징은 민족적이고 자주적이라고 했죠? 중국의 정통성이 우리나라에 있다는 소중화 의식도 생겼고요. 15세기의 〈고사관수도〉에 나오는 자연과 사람은 모두 상상이에요. 당시 사대하고 있었던 중국의 자연과 중국의 사람들을 그려냈죠. 소중화 의식이 생기면서 이제 그림에도 우리의 자연과 우리 사람이 등장합니다.

19세기에는 우리 자연이 나오는 풍경화인 진경 산수화가 나타나요. 겸재 **정선**이 대표적이죠. 인왕산을 그린 〈**인왕제색도**〉, 금강산을 그린 〈**금강전도**〉 등이

조선 후기를 대표하는 회화들 ——

조선 후기의 회화는 특히 두드러지게 새로운 경향이 발전하는 시대다. 가장 한국적이며, 가장 민족적이라 할 수 있는 화풍들이 등장한다. 조선 후기의 미술을 꽃피운 진경 산수화, 풍속화, 민화 등을 만나보자.

〈인왕제색도〉

〈금강전도〉

〈아기 업은 여인〉(신윤복)

〈영통동구도〉

〈단원 풍속도첩〉〈춤추는 아이〉(김홍도)

〈까치와 호랑이〉(민화)

있어요. 정선은 이 그림들에서 자연을 그냥 그대로 그려냈어요.

이상 세계의 인물이 아닌 우리 주변에서 볼 수 있는 사람들의 모습을 그린 **풍속화**도 나타납니다. 풍속화의 대가는 단원 **김홍도**죠. 그리고 혜원 **신윤복**도 있고, **강세황**도 있습니다. 강세황의 그림 중에는 영통동 들어가는 입구를 그린 **〈영통동구도〉**가 있어요. 이 그림에는 멀고 가까움의 차이, 원근감이 나타나요. 서양화의 기법인 원근감이 들어가 있는 거죠. 조선 후기 서양의 영향이 그림에도 나타나고 있는 겁니다. 풍속화 화가로는 장승업도 있어요. 예술가적 삶을 살면서 그림을 그린 인물이지요.

서민들은 이제 돈이 좀 있으니 자기 집을 꾸미고 싶어합니다. 뭘로 꾸밀까요? 네, 그림이에요. 그래서 조선 후기에 오면 민화가 유행합니다. 민화의 주인공은 주로 까치나 호랑이예요. 물고기와 나비도 그리는데, 다 의미가 있어요. 다산과 풍요를 기원하는 거죠.

글씨에서는 추사체가 등장합니다. 추사 김정희의 글씨체죠. 김정희가 그린 그림도 있죠? 네, 앞서 봤던 **〈세한도〉**입니다. 조선 후기 회화의 핵심은 우리 자연과 우리 사람을 표현했다는 점이라는 것, 정리해두시면 되겠습니다.

마지막으로 건축을 보겠습니다. 17세기에는 광작 경영으로 돈을 번 양반과 지주가 중심이

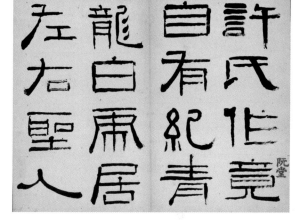

김정희의 서첩

돼서 건축물들을 많이 만들어요. 특히 사찰이 많이 지어집니다. 고려 시대 문벌 귀족과 권문세족이 죽고 나서도 잘살고 싶은 염원에 불화를 그리고, 절을 지어 부처님한테 보험을 들었잖아요. 극락 세계에 갈 수 있게 해달라고요. 조선 후기에도 마찬가지예요. 양반과 지주가 사찰에 기부를 굉장히 많이 합니다. 대표적인 건축물은 **구례 화엄사 각황전, 김제 금산사 미륵전, 보은 법주사 팔상전**입니다. 여러분, 김제 금산사는 후삼국 시대 견훤이 유폐된 곳, 보은 법주사는 현존하는 유일의 조선 목탑이 있는 곳이라는 것도 함께 기억해놓으세요.

18세기가 되면 양반과 지주뿐만 아니라 모내기법을 통해 돈을 좀 번 부농과 독점적 도매상으로 돈을 번 상인이 등장하잖아요. 부농과 상인도 양반들처럼

조선 후기의 건축물을 살펴보다 ──

구례 화엄사 각황전

김제 금산사 미륵전

논산 쌍계사 대웅전

부안 개암사 대웅전

절을 지어요. **논산 쌍계사, 부안 개암사**는 부농과 상인의 후원으로 지어진 절입니다.

　18세기 건축물 중에 대표적인 것은 정조가 지은 **수원 화성**이에요. 수원 화성은 정약용이 거중기를 이용해서 만들었다는 것, 잘 아시죠? 또 정조의 수원 행차 때 강을 건너기 위한 배다리도 정약용이 만들었고요. 수원 화성은 이렇게 정조와 정약용을 연결해서 거중기, 배다리까지 기억하시면 되겠습니다.

보은 법주사 팔상전

《화성성역의궤》에 수록된 〈거중기전도〉

수원 화성(장안문)

한번에 핵심 정리

1 과학 기술의 발달

(1) 서양 문물의 수용

배경	• 중국 중심의 세계관, 양반 중심의 세계관, 즉 성리학적 세계관으로는 설명할 수 없는 모습이 등장
특징	• 〈곤여만국전도〉 등장: 서양 지도의 영향을 받아, 세계를 그대로 담은 지도. 중국과 우리 중심으로 공간을 왜곡했던 조선 전기의 〈혼일강리역대국도지도〉와는 완전히 다른 세계관을 보여줌

(2) 과학 기술의 발달

천문학	• 시헌력: 서양의 역법의 영향을 받아 편찬된 역법(김육 도입 주도) • 지전설: 김석문, 이익, 홍대용 등이 주장
능 의학	• 허준의 《동의보감》: 광해군 때 완성. 당시 중국과 우리나라의 의학서를 연구하여 집대성한 의학 서적 • 허임의 《침구경험방》: 침을 놓는 방법을 쓴 의서 • 정약용의 《마과회통》: 홍역과 마마(천연두)를 다룬 책. 종두법 연구 • 이제마의 《동의수세보원》: 사람의 체질을 연구해 사상 의학 확립 　－ 이 책에서 태양인, 태음인, 소음인, 소양인의 네 가지 체질로 분류
농서	• 신속의 《농가집성》: 모내기법(이앙법) 설명 • 박세당의 《색경》: 상품 작물 재배법 소개. 박세당은 당시 사문난적으로 공격받음 • 서유구의 《임원경제지》: 백과사전적 농서

2 서민 문화의 발달

(1) 민이 중심이 되는 문화의 발달

발전	• 모내기법의 확산 속에 경제적 수준 상승 → 상품 화폐 경제의 발달 → 서민 문화의 발달 • 서당 교육의 활성화 → 서민의 의식 수준 높아짐
특징	• 해학, 풍자(양반 사회 비판)
판소리	• 창+사설, 신재효가 정리
탈춤	• 탈을 쓰고 춤추는 것. 산대놀이 등으로 양반을 풍자

한글 문학	한글 소설	• 《홍길동전》: 허균이 쓴 최초의 한글 소설 • 《춘향전》, 《심청전》 → 한글 소설이 엄청난 인기를 끌면서 책쾌와 전기수 등장
	사설시조	• 양반들 중심이었던 정형화된 시의 형식 파괴, 자유로운 이야기들을 담아낸 문학
한문학		• 박지원의 《양반전》, 《허생전》, 《호질》이 대표적 - 《양반전》: 양반 수가 증가하고 상민과 노비 수는 감소하는 당시 조선 후기 사회의 신분제 동요를 볼 수 있음 - 《허생전》: 조선 후기 상품 화폐 발달로 등장한 독점 도매상인 도고의 모습을 볼 수 있음 - 《호질》: 양반 세력의 위선에 대한 비판을 볼 수 있음 • 중인층은 시사 조직해 활동

(2) 예술의 새 경향

회화	진경 산수화	• 겸재 정선의 〈인왕제색도〉, 〈금강전도〉
	풍속화	• 우리 주변에서 볼 수 있는 사람들의 모습을 그림 • 단원 김홍도, 혜원 신윤복이 대표적(+장승업) • 강세황의 〈영통동구도〉: 서양화 기법인 원근법 사용
	민화	• 주로 까치와 호랑이가 주인공, 물고기와 나비도 그림 → 다산과 풍요 기원
	추사체	• 추사 김정희의 글씨체. 김정희는 〈세한도〉도 그림
건축	17세기	• 양반, 지주가 중심 → 사찰 건축 활발 • 구례 화엄사 각황전, 김제 금산사 미륵전, 보은 법주사 팔상전이 대표적
	18세기	• 부농과 상인 등장: 논산 쌍계사, 부안 개암사가 부농과 상인의 후원으로 건축 • 정조의 수원 화성: 정약용이 거중기로 건축. 수원 행차 때 한강을 건너기 위한 배다리도 제작

VI

전근대는 선사 시대부터 철기 시대, 그리고 고대, 고려, 조선이라는
네 덩어리로 구성된다고 배웠죠? 근현대는 크게 세 덩어리로 나뉘어요.
나라의 문을 연 1876년부터 1910년까지의 개항기,
나라를 뺏긴 1910년부터 1945년까지의 일제 강점기,
광복을 맞이한 1945년 이후부터의 현대사로 나눠볼 수 있습니다.
여기서는 신분제로부터의 해방, 개항기를 추적해봅니다.

개항 과정과 개항기 경제·문화

28강

개항기

흥선 대원군

대내 정책

이제 드디어 근현대사의 시작입니다. 이 시간은 어떤 꿈을 꾸었던 사람들에 관한 이야기입니다. 그들의 꿈이 무엇을 향해 있었고, 무엇을 만들려고 했던 것인지 만나보는 시간이 될 것입니다. 근현대사의 시작은 흥선 대원군입니다. 조선의 3대 개혁가 중 한 명이라고 평가받는 인물이죠. 그럼, 조선의 마지막 개혁가 흥선 대원군에 대해 알아볼게요.

질문 있어요!

Q 철종은 후사가 없어서 고종이 왕이 되었다고 들었는데, 고종의 아버지가 흥선 대원군이면 철종과 흥선 대원군의 관계는 어떻게 되나요?

A 촌수도 복잡하고 정치적 셈법도 작용했어요. 철종은 엄격히는 왕위에 오를 수 없었지만, 말 그대로 왕손이 씨가 말라, 가장 가까운 근친으로 왕위에 올랐던 인물입니다. 그런데 철종 사후에는 그조차 없었죠. 그래서 흥선 대원군의 둘째 아들 고종이 효명세자의 양자로 왕위에 올랐던 겁니다. 원래 흥선 대원군은 인조의 아들의 6대손으로 왕실과 먼 왕친이었으나 아버지 남연군이 정조의 이복형제인 은신군의 양자가 되면서, 왕실과 가까운 근친의 범위에 들어갈 수 있었던 것이죠.

: 조선의 마지막 개혁가, 흥선 대원군입니다 :

잘 알다시피 19세기는 너무 어려운 상황이었잖아요. 기울고 있는 조선호를 다시 일으켜 세우려고 했던 흥선 대원군. 그는 열심히 변화시키고자 했고, 개혁하려고 했습니다. 그리고 이 모든 노력의 목표는 바로 '옛날로 돌아가자'는 것이었습니다. 다시 강력한 왕권이 있는 왕조 시대로 돌아가자는 거였지요. 그러다 보니 미래 지향적이지 않다는 한계가 있었습니다. 열심히 사는 건 좋은 일이지만, 발전을 위해서는 역사의 수레바퀴가 흘러가는 방향을 따라가는 게 훨씬 큰 도움이 되거든요. 역사의 수레바퀴를 거꾸로 돌리려는 시도는 아무리 최선을 다해도 결국 실패하기 마련이고, 제대로 된 평가도 받을 수 없는 법입니다. 흥선 대원군의 궤적을 통해 '과연 무엇을 위해 열심히 살아야 하는가'에 대한 질문을 던져 보시면 좋겠다는 말씀을 드리며, 본격적인 이야기를 시작해 보겠습니다.

흥선 대원군과 관련해서는 대내 정책과 대외 정책으로 나누어 살펴봐야 합니다. 먼저 19세기 대내 상황을 한번 볼 텐데요, 19세기는 소수 가문에 의해 모든 것이 좌지우지되는 세도 정치가 성행했습니다. 세도 정치 시기 관리들은 매관매직을 일삼았죠. 즉 관직을 사고팔았단 말이에요. 그러면서 백성의 고혈을 빨아들였고, 결국 세금 체제가 문란해질 수밖에 없었다고 설명했었어요. 세금 체제라 할 수 있는 **전정·군정·환곡**, 즉 **삼정의 문란**이 나타났는데 이것을 바로잡기 위해 철종 때 박규수의 건의로 **삼정이정청**을 만들었죠. 하지만 탐관오리들을 혼내주려던 이 시도는 안타깝게도 성공하지 못했습니다. 관청을 설치한 지 몇 개월 되지 않아 없어지고 말았죠.

이처럼 세도 정치와 삼정의 문란이 나날이 심해지는 상황 속에서 흥선 대원군은 과연 무엇을 했을까요? 흥선 대원군의 목표는 **왕권 강화와 민생 안정**이었습니다. 소수 가문이 권력을 좌지우지하면서 추락한 왕권을 회복하고자 한 것이죠. 또 삼정의 문란으로 도탄에 빠진 민심을 다독이고 민생을 안정시키고자 했던 거예요. 그래서 흥선 대원군을 조선의 마지막 불꽃이라고 이야기하는 겁니다. 이 두 가지 목표를 위해 그가 무엇을 했는지 하나씩 살펴보도록 하겠습니다.

: 먼저 왕권 강화를 위한 정책부터 보시죠 :

먼저 왕권 강화부터 보겠습니다. 세도 정치 때 권력을 잡은 소수 가문이 비변사를 장악했다고 앞서 배웠어요. 왕권을 강화하려면 이 비변사부터 없애야겠죠. 지금까지 행정도 비변사, 군사도 비변사, 외교도 비변사, 온통 다 비변사가 담당하고 있었거든요. 이렇게 권력이 한곳에 집중되고, 그 권력이 비대해지면 문제가 생길 수밖에 없죠. 그래서 흥선 대원군은 **비변사를 폐지**하고, 권력을 나눕니다. 행정은 원래 담당하던

삼정이정청
삼정의 폐단을 개혁하기 위해 임시로 설치한 관아였으나 성과를 거두지 못한 채 폐지되었습니다.

▸ 三 석 삼
▸ 政 정사 정
▸ 釐 다스리다 리
▸ 整 가지런하다 정
▸ 廳 관청 청

운현궁
흥선 대원군이 살았던 곳. 아들 고종의 즉위로 궁의 칭호를 받았다.

흥선 대원군

의정부로 돌려보내고, 군사는 삼군부로 넘기고요. 이렇게 세도 가문들이 장악하고 있던 비변사를 없애면서 의정부와 삼군부의 기능을 부활시킨 것이, 흥선 대원군의 첫 번째 개혁이었습니다.

다음은 법입니다. 개혁은 항상 법령 정비와 함께 가잖아요. 고구려 소수림왕의 개혁으로 율령이 나왔고, 조선 시대 세조의 개혁으로《경국대전》편찬이 시작돼 성종 때 완성되었고요. 또 영조 시기《속대전》이 편찬되었고, 정조 시기에는《대전통편》이 저술되었죠. 흥선 대원군 역시 개혁을 진행하면서, 조선 전기와 후기를 아우르는 통일 법전인《대전회통》을 편찬하였습니다. 또 6조 관아의 사무 처리에 필요한 행정 법규 등을 제정한《육전조례》도 만들었어요.

자, 비변사도 없앴고, 법을 정비해 법전까지 딱 편찬했어요. 기강을 잡았으니, 이제는 왕실의 권위와 위엄을 보여줘야죠. 그래서 흥선 대원군은 **경복궁**을 **중건**합니다. 임진왜란 때 불타버린 뒤 몇백 년 동안 폐허 상태로 있었던 경복궁을 고치기로 한 것이죠. 경복궁이 어떤 곳인가요? 조선의 정궁이에요. 센터라는 말이죠. 흥선 대원군은 왕실의 권위를 바로 세우려면 이 경복궁을 중건해야 한다고 생각했어요. 여러분, 이건 어마어마한 역사예요. 지금 우리가 보고 있는 경복궁이 바로 흥선 대원군 때 만들어진 뼈대에 의해 운영되어온 겁니다.

그런데 경복궁을 중건하려면 뭐가 필요할까요? 바로 돈이죠. 흥선 대원군은 경복궁 중건에 필요한 막대한 비용을 마련하기 위해 **원납전**이라는 기부금을 걷었습니다. 원납전은 '스스로 원하여 바치는 돈'이라는 의미인데, 흥선 대원군이 할당까지 주면서 '강제로' 거두어들이는 바람에 '원망하면서 납부하는 돈'이 되어버렸다는 이야기도 있습니다. 하지만 이것으로도 돈이 모자랐고,

경복궁 근정전

당백전
고종 3년, 경복궁을 중건할 때 흥선 대원군이 만든 화폐. 법정 가치는 당백전이 상평통보의 백 배였으나 실제론 크게 미치지 못해 화폐 가치의 폭락을 가져왔고, 다음 해 폐지됐다.

124

그래서 발행한 화폐가 바로 **당백전**입니다. 당백전 하면 일당백을 떠올리시면 되는데, 당백전이 '상평통보 100개와 맞먹는 돈'이라는 뜻이기 때문입니다. 즉 상평통보보다 100배의 가치였던 거죠. 지금 고액 화폐가 5만 원이니, 5만 원의 100배인 500만 원짜리 지폐를 발행한 것이나 마찬가지였던 거예요. 이런 고액 화폐를 찍어서 뿌리니 화폐 가치가 떨어지고 물가는 올라가는 등 문제가 발생합니다. 즉 당백전을 발행하면서 인플레이션 현상이 벌어진 거죠. 심지어 당백전 발행으로도 여전히 돈이 모자랐습니다. 그래서 양반들이 잘 정비해둔 묘지림을 베어다가 경복궁을 짓는 데 사용했어요. 양반들 기분은 당연히 좋지 않았겠죠. 기부금을 낸 것도 양반들일 텐데, 유교 윤리의 상징이라고 할 수 있는 조상들 묘지의 나무까지 베어가니 기분이 좋을 리가 없겠죠. 어쨌든 흥선 대원군은 비변사를 없애고, 법전을 정비하고, 경복궁 중건 사업까지 벌이면서, 왕실의 힘을 보여줍니다.

질문 있어요!

Q 순조, 헌종, 철종의 세도 정치 기간을 지나오면서 정치적으로나 군사적으로나 실질적인 힘을 세도 가문에게 모두 빼앗겨 왕권이 극도로 약해진 상태였는데요. 흥선 대원군의 파격적인 개혁 행보는 어떻게 가능했던 것인지 궁금합니다.

A 흥선 대원군이 등장할 무렵인 세도 정치 기간에 왕권은 약했고, 권력은 세도 가문, 그중에서도 안동 김씨 가문이 독점하고 있었어요. 하지만 외척의 지위를 잃게 되면 그들 세력 역시 한계에 다다르게 되는 것이죠. 흥선 대원군 때 왕은 고종이었고, 신정 왕후 조씨가 수렴청정을 하고 있었어요. 흥선 대원군은 고종과 신정 왕후의 힘을 빌려, 과감하게 개혁을 추진할 수 있었던 것이죠. 또 초반의 개혁 정책들로 백성들의 지지를 얻었기에 가능했던 일이기도 합니다.

중앙에서는 이렇게 여러 개혁을 통해 힘을 발휘하기 시작했는데, 지방은 어땠을까요? 역시 가만두지 않았겠죠. 지방에는 가문이나 학맥의 중심이 되었던 곳이 있죠. 예, 바로 서원입니다. 교육과 제사를 진행하던 곳이죠. 흥선 대원군은 이 **서원**을 과감하게 **정리**합니다. 47개만 남기고 모두 없앴는데, 엄청난 일을 한 거예요. 여러분이 만약 기득권을 갖고 있는데 중앙 정부에서 그 기반을 없앤다면 정부에 대한 반감이 어마어마하겠죠. 이때도 역시 유생들이 반발했습니다. 하지만 흥선 대원군의 개혁은 거침이 없었고, 서원 정리와 더불어 **만동묘**도 **폐지**합니다. 만동묘는 임진왜란 때 조선을 도와줬던 명나라의 황제를 모시던 곳이에요. 명이 멸망한 후 중국에서도 모시지 않는 황제를 우리가 모시고 있었던 것이죠. 그런데 서원이나 만동묘에서 한번 제사를 지내면, 인근 마을 수탈이 심각했어요. 그래서 흥선 대원군이 만동묘를 폐지하라는 지시를 내렸던 거죠. 당시 만동묘는 선비들의 회합 장소로 의리와 명분의 상징이었는데, 이걸 없애라고

복원 전의 만동묘 터

하니 선비들은 기분이 굉장히 좋지 않았을 겁니다. 자, 이런 상황 속에서 잠시 후 무슨 일이 벌어질 텐데 그건 조금 이따 살펴보기로 하고, 우선은 흥선 대원 군의 목표를 향한 거침없는 질주를 계속 보겠습니다.

: 다음은 민생 안정을 위한 세금 체계입니다 :

다음은 민생 안정입니다. 당시 세도 정치 시기부터 존재한 삼정의 문란으로 난리였거든요. 이걸 해결하기 위해 하나씩 하나씩 제도를 시행해나갑니다. 전 정·군정·환곡의 삼정 중 먼저 전정을 보겠습니다. **전정**은 토지세와 연관된 거예요. 당시 양반들은 토지를 많이 갖고 있으면서 신고를 안 했어요. 신고를 안 하면 어떻게 되죠? 세금이 징수되지 않겠죠. 즉 탈세가 벌어지는 거예요. 흥선 대원군은 이걸 막기 위해 **양전 사업**을 실시합니다. 양전 사업은 토지 조사 라고 생각하면 쉽습니다. 토지 조사를 통해 토지마다 세금을 매겨 새로운 세수 원을 확보한 것이 양전 사업입니다. 국가 재정은 당연히 올라갔겠죠.

다음은 **군정**을 살펴보도록 하겠습니다. 군정은 역과 관련된 것으로, 군대에 가는 대신 포를 내는 것인데 양반은 예외였고, 각종 폐단이 나타났습니다. 이를 해결하기 위해 흥선 대원군이 실시한 것이 바로 **호포제**입니다. 호포제는 시험에 정말 잘 나오니까, 주의 깊게 보셔야 해요. 앞에서 영조의 개혁 중에 균역법이 있었죠. 조선 전기에는 1년에 포를 두 필 정도 내면 군대를 가지 않았는데, 이걸 1년에 한 필만 내게 했던 제도예요. 일종의 감세였는데, 부족해진 세금은 결작, 선무군관포, 어장세, 염세, 선박세 등으로 보충했다는 내용도 봤었죠. 그때도 양 반은 열외였어요. 그런데 흥선 대원군의 호포제는 호, 그러니까 가구 단위로 포 를 걷는 제도입니다. 집집마다 포를 다 내라는 거예요. 그럼 양반집도? 맞아요, 양반도 포를 내라는 겁니다. "나는 양반이니 군대를 갈 필요가 없지", 이런 양반 들인데 호포제는 그들의 마지막 저지선을 무너뜨린 거예요. 매우 큰 부분을 건 드린 겁니다. 당연히 양반들이 여기에 대해 강력하게 반발했겠구나 하는 느낌이 오죠.

마지막으로 **환곡**입니다. 환곡의 문제는 관리들이 자꾸 개입한다는 거였습니 다. 백성들에게 봄에 곡식을 빌려주고 가을에 갚도록 하는 과정에서, 관리들이 어마어마한 고리대, 폭리를 취해서 돈을 벌었어요. 백성들은 죽어나는 거죠. 심

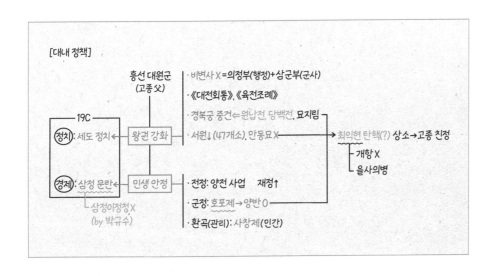

흥선 대원군
(고종 父)

· 비변사 X =의정부(행정)+삼군부(군사)
· 《대전회통》,《육전조례》
· 경복궁 중건←원납전, 당백전, 묘지림
· 서원↓ (47개소), 만동묘 X

19C

정치: 세도 정치 ← 왕권 강화

→ 최익현 탄핵(?) 상소→고종 친정
┌ 개항 X
└ 을사의병

경제: 삼정 문란 ← 민생 안정

· 전정: 양전 사업   재정↑
· 군정: 호포제→양반 O
· 환곡(관리): 사창제(민간)

삼정이정청 X
(by 박규수)

지어 곡식을 빌릴 필요가 없는 사람에게도 무조건 환곡을 빌려 쓰도록 하고, 높은 이자를 뜯어가는 모습까지 나타났습니다. 이 문제를 바로잡기 위해 흥선 대원군은 **사창제**를 시행합니다. 마을 단위로 사창, 그러니까 창고를 설치하고, 이를 관리가 아닌 민간인이 운영하게 한 제도입니다. 마을 내에서 자율적으로 창고를 운영하라고 한 거죠.

이처럼 흥선 대원군은 "투명하게 세금 신고해", "양반들도 포 내", "관리들은 개입하지 마" 하면서 민생을 안정시키려고 했습니다. 이렇게 보면 경제 부분 개혁은 지지받을 만하다는 생각이 들죠. 정치 부분은 경복궁 중건에서 조금 고민의 지점이 있긴 하지만, 전반적으로 부정과 부패에 대해 전쟁을 선포한 흥선 대원군의 개혁이 대단했다는 것을 확인할 수 있었습니다.

: 최익현의 상소와 고종의 친정 :

문제는 개혁 과정에서 기득권 세력이라 할 수 있는 양반들이 가만히 있지 않았다는 겁니다. 흥선 대원군이 야금야금 자신들의 권리를 빼앗아가니, 당연히 불만이 많을 수밖에요. 이때 총대를 멘 인물이 있으니, 바로 **최익현**입니다. 최익현은 고종에게 상소를 올려요. 현대적인 단어라 어울리지 않긴 하지만 일종의 '탄핵' 상소를 올린 겁니다.

상소의 내용을 한번 살펴볼게요. 흥선 대원군은 고

최익현

127

질문 있어요!

Q 최익현의 상소로 인해 흥선 대원군이 물러났다고 했는데, 흥선 대원군 본인이 최익현의 상소를 받고 직접 물러난 건가요? 아니면 최익현에 의해 어쩔 수 없이 물러나게 된 건가요?

A 상소를 받는 건 왕이에요. 최익현의 상소는 고종에게 친정을 요구한 것으로, 곧 흥선 대원군의 하야를 주장한 것이었죠. 최익현은 이미 그전에도 경복궁 중건에 반대하며 흥선 대원군을 비판했었어요. 그러다 신미양요 이후 흥선 대원군이 만동묘를 비롯한 전국의 서원을 철폐하자, 최익현이 또다시 반대하면서 상소를 올린 것이죠. 서원 철폐는 전국의 유생들을 들끓게 했고, 고종에게는 곧 친정의 기회가 되었어요. 자연히 흥선 대원군은 물러날 수밖에 없었겠죠.

종의 아버지예요. 그런데 고종이 왕위에 오를 때 나이가 열두 살밖에 되지 않았죠. 그래서 흥선 대원군이 대신 정책 추진을 담당한 것이고요. 어느덧 10년이 지나 고종은 스물두 살이 되었어요. 그래서 최익현이 고종에게 '이제 직접 통치하시옵소서'라고 상소를 올린 겁니다. 그리고 그게 받아들여졌어요. 결론적으로 최익현이 흥선 대원군을 탄핵했다고 볼 수 있는 것이죠. 최익현은 앞으로 역사에 또 등장합니다. 얼마 뒤 개항이 진행되는데 최익현은 개항도 반대했어요. 이후 우리의 외교권을 강탈당한 을사늑약에 반발해 일어났던 을사의병에서 활약했던 인물이기도 하니, 기억해두시기 바랍니다.

여하튼 최익현의 상소를 통해 흥선 대원군은 고민합니다. 그리고 '이제 고종이 통치할 수 있겠구나' 하는 최종 판단을 내린 후, 자리에서 물러납니다. 조선의 마지막 불꽃으로 활활 타오르면서 개혁을 끌고 나갔던 흥선 대원군이 물러나고 고종의 친정이 시작된 것이죠. 자, 이렇게 최익현의 상소를 통해 고종의 친정이 이루어졌다는 것, 기억해두시면 되겠습니다.

대외 정책

이제 흥선 대원군의 대외 정책을 살펴볼 차례입니다. 흥선 대원군이 정치를 주도했던 19세기 후반, 나라 안에서도 여러 문제가 발생했지만 바깥에서도 격렬한 변화의 바람이 붑니다. 이 무렵 서구 열강들이 동쪽으로 밀고 들어오고 있었는데, 이걸 '서세동점'이라고 표현합니다. 서세동점의 시기, 흥선 대원군은 과연 어떤 선택을 하고 어떤 정책을 펼쳤는지 함께 보시겠습니다.

: 병인박해와 제너럴셔먼호 사건 :

서양 세력이 동쪽으로 물밀 듯이 밀려오는 서세동점의 시기, 우리나라 역시 당연히 영향을 받습니다. 듣도 보도 못한 배들이 바다에 나타나는데, 이를 이양선이라고 해요. 얼마나 놀랐겠어요. 게다가 그 안에는 머리색도 노랗고 키가 큰, 처음 보는 사람들이 타고 있고요. 이 이양선들의 목표는 하나, '통상 수교'였습니다. 산업 혁명 이후 공장에서 생산된 자국의 상품들을 팔겠다는 이야기죠. 서양인들이 통상 수교를 외치는 시기, 흥선 대원군은 대내적으로 왕권 강화를 추진함과 동시에 대외적으로는 **통상 수교 거부 정책**을 선택합니다. 그럼, 구체적으로 어떤 일들이 있었는지 살펴보도록 하겠습니다.

먼저 **병인박해**입니다. 조선 후기 천주교가 확산됐다고 말했었죠. 성리학의 나라 조선에서 천주교를 사악한 종교로 규정하면서, 천주교 신자였던 정약용이 유배를 가기도 했고요. 이런 상황에서 천주교를 전파하는 선교사를 가만히 놔둘 리 없었겠죠. 흥선 대원군은 1866년에 프랑스 선교사 아홉 명과 8천여 명의 천주교도들을 처형합니다. 이 소식을 들은 프랑스 역시 가만히 있을 리는 없겠죠. 외교적인 문제가 커지게 되는데, 이때 또 한 가지 사건이 터집니다. 바로 **제너럴셔먼호 사건**입니다.

서세동점
서양 세력이 동양으로 차차 옮겨 온다는 뜻입니다.

▸ **西** 서녘 서
▸ **勢** 기세 세
▸ **東** 동녘 동
▸ **漸** 점점 점

이양선

제너럴셔먼호 사건이 벌어진 곳은 평양인데요, 대동강을 따라 미국의 배 제너럴셔먼호가 평양으로 들어온 것이 시작입니다. 처음에 평양 사람들은 조선에 온 외국 사람들을 위해 먹을 것도 주고 물도 주면서 대접합니다. 하지만 제너럴셔먼호 선원들은 밤에 마을로 내려와 민가를 덮치면서, 은혜를 원수로 갚죠. 결국 화가 난 사람들이 제너럴셔먼호를 불태워버리는데, 그때 앞장섰던 사람이 평안 감사 **박규수**입니다. 박규수, 어디서 많이 들어봤죠. 앞에서 임술 농민 봉기 당시 삼정의 문란을 해결하기 위해 박규수가 삼정이정청 설치를 건의하기도 했잖아요. 하여간 같은 해에 한쪽에서는 서울을 중심으로 천주교 선교사 및 신자 박해 사건이 벌어지고, 한쪽에서는 평양을 중심으로 박규수를 대표로 한 사람들이 하나가 되어서 제너럴셔먼호를 불태워 침몰시킨 사건이 벌어진 겁니다. 이 두 가지 사건은 각각 엄청난 사건으로 번지는데, 하나씩 살펴보죠.

: 먼저, 병인양요가 벌어집니다 :

우선 병인박해가 원인이 되어 발생한 **병인양요**를 보겠습니다. 프랑스가 병인박해를 구실로 군함을 보내 조선을 침략한 사건인데요, 병인박해가 병인양요로 이어졌다는 것, 시험에 잘 나오니 기억해두시고요. 사건이 일어난 지역도 알아둬야 하는데, 바로 강화도입니다. 프랑스군이 강화도를 공격해온 상황, 하지만 당시 우리의 무기는 매우 열악했습니다. 서구의 포는 날아가면 배와 부딪히면서 터지는 포였는데, 우리나라의 포는 날아가서 터지지 않았어요. 그

정족산성

《병인일기》
정족산성 전투에서 승리를 거둔 당시, 양헌수 장군이 진중에서 직접 기록한 총 53일간의 일기. 병인양요 역사를 연구하는 데 중요한 사료다.

럴 수밖에 없는 것이 우리의 전통적인 화약은 쇳덩어리를 던져서 나무배에 구
멍이 나게 한 뒤, 배가 가라앉도록 하는 방식이었기 때문입니다. 이처럼 무기
로는 싸움이 안 되는 상황이지만, 대신 우리는 인원수가 많았죠. 그 인원들이
버티며 막아내는 방법밖엔 없었습니다. 그렇게 병인양요로 많은 사람이 죽고
맙니다. 정말 가슴 아픈 일이죠.

병인양요로 많은 사람이 목숨을 잃고 있던 그때, 강화도를 지켰던 인물이 있
으니 바로 **양헌수**입니다. 시험에 진짜 잘 나오니까, 꼭 기억해두셔야 합니다. 양
헌수 부대는 **정족산성**에서 승리를 거두면서 프랑스군을 격퇴하죠. 강화도에서
양헌수가 활약했다면, 그 건너편 김포에 있는 **문수산성**에서 활약했던 인물은 **한
성근**입니다. 한성근 부대는 김포의 문수산성에서 프랑스군을 격퇴하죠.

양헌수와 한성근, 두 사람의 활약으로 결국 프랑스군이 철수를 하게 되는
데, 퇴각 과정에서 몹시 나쁜 짓을 합니다. 외규장각을 약탈해서 프랑스로 가
져간 것이죠. 당시 창덕궁에 있던 규장각의 의궤, 서책 등을 안전한 곳에 모셔
두기 위해 강화도에 가져다두었는데, 바깥에 있는 규장각이라 해서 '외규장
각'이라고 했습니다. 그런데 프랑스군이 이 외규장각 내의 물건들을 약탈해
프랑스로 가져가버린 것이죠. 현재는 다시 돌아왔는데, 앞에서도 함께 살펴봤
던 역사학자 고 박병선 선생님께서 애써주신 덕에 임대 형식이지만 한국에 돌
아오게 되었다는 것도 기억해두세요.

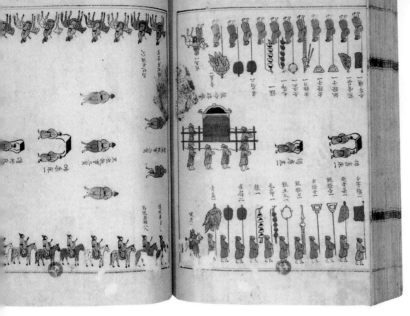

《효장세자책례도감의궤》
맏아들 효장세자가 왕세자로 책봉되는 과정을 기록한 의궤(의식의 모범이 되는 책)로서, 1866년 병인양요 때 프랑스군이 강화도 외규장각에서 약탈해간 《조선왕조의궤》는 2007년 유네스코 세계 기록 유산으로 지정되었다.

: 오페르트 도굴 사건과 신미양요 :

그리고 1868년, 또 하나의 사건이 벌어집니다. **오페르트 도굴 사건**이라고 하는데, 독일 상인 오페르트가 **남연군 묘**를 도굴하려던 사건이죠. 남연군은 흥선 대원군의 아버지이자 고종의 할아버지입니다. 오페르트는 조선에 두 차례 통상을 요구했다가 모두 거절당하자, 남연군의 묘를 도굴해서 시신을 탈취해 흥선 대원군과 통상 수교 협상을 하려는 계획을 세웁니다. 그리고 실제로 충청도 덕산 쪽에 있는 남연군 묘를 도굴하려고 시도한 것이죠. 실패로 돌아가긴 했지만 정말 있을 수 없는 일입니다. 당시 제국주의 세력이 동양을 어떻게 바라봤는지 알 수 있어요. 이런 상황에서 통상 수교가 가능할까요? 당연히 아니겠죠. 도굴 사실을 알게 된 흥선 대원군은 서구 세력에 대한 반발심이 더욱 커졌고, 결국 더욱더 강력하게 통상 수교 거부 정책을 추진하게 됩니다.

남연군의 묘와 비

자, 그러다가 프랑스를 어렵게 내쫓았더니 이제 미국입니다. 미국은 자국의 상선 제너럴셔먼호 선원들이 다 죽었다는 이야기를 듣고 복수하기 위해 강화도로 쳐들어옵니다. 그래서 벌어진 것이 1871년의 **신미양요**입니다. 미국이 제너럴셔먼호 사건을 구실로 조선에 배상금 지불과 통상 조약 체결을 요구하면서 일어난 사건이죠. 병인양요 때와 마찬가지로 이번에

→ 미국 함대의 침략로
→ 조선의 공격

강화성 🏯

강화도

석모도

광성보

덕진진

초지진

황해

신도

영종도

전멸당한 광성보의 조선군
신미양요로 광성보가 함락되고,
어재연을 비롯한 수비 병력 대다
수가 사망했다.

점령당한 덕진진
미군들이 덕진진을 에워싸고 서 있는 모습
이다. 치열한 포격전이 벌어졌으나, 초지진
에 상륙한 미국 해병대에 의해 점령당했다.

도 강화도에서 미국과 전쟁을 치렀는데, 이때 기억해야 할 인물이 **어재연** 장군
입니다. 어재연이 이끄는 조선의 수비대는 광성보에서 끝까지 항전했지만, 결
국 패했고 어재연 장군은 전사하고 맙니다.

사실 강화도는 이전에는 마지막 보루였어요. 몽골이 쳐들어왔을 때 고려 정
부가 강화도로 천도했고, 조선 시대에도 후금이 쳐들어왔을 때 인조가 강화도
로 피신을 갔죠. 그런데 근대사로 들어오면서 강화도가 마지막 보루가 아니라
최전선이 된 겁니다. 여러분, 강화도에 가시면 무명용사들의 무덤들을 보실
수 있는데요, 이름 없는 수많은 아무개들이 이곳에서 나라를 위해 싸우다가
목숨을 잃은 겁니다. 광성보 전투에서도 어재연 장군을 포함해 정말 수많은
사람들이 격렬히 맞서다가 쓰러지고 말았습니다. 그
리고 이때 미국이 약탈해간 것이 있습니
다. 장수의 깃발인 **수자기**를 빼앗아가서,
미국 해군 박물관에 전시했었죠. 이 수
자기는 우리 소유권을 인정한 건 아니지
만, 나중에 우리에게 돌아오긴 합니다.

이렇게 프랑스, 미국과 싸우면서 우리
선조들은 어떤 생각을 했을까요? '서양

수자기
▶ 帥 장수 수
▶ 字 거느리다 자
▶ 旗 깃발 기

복제 후의 수자기

어재연 장군의 수자기
광성보를 점령한 미군의 모습. 수 자가 새겨진 깃발을
뺏어 미 해군 콜로라도함에 실은 후 기념 촬영을 했다.

帥

현재 남아 있는 전국의 척화비 현황 ──

신미양요 이후, 통상 수교 거부의 의지를 널리 알리기 위해 흥선 대원군이 전국 교통 요충지에 세웠던 비석들이다. 그러나 임오군란 때 흥선 대원군이 청나라에 납치되자 일본의 요구로 대다수 철거됐고, 현재는 200여 개 중 30여 개만 남았다.

구미 척화비 · 영주 순흥 척화비

포항 장기 척화비

서울 **경복궁 척화비** · 서울 **절두산 척화비**

세종 연기 척화비 · 청주 척화비

양산 척화비 · 산청 척화비

함평 척화비 · 여산 척화비

남해 척화비 · 부산 기장 척화비 · 부산 가덕도 척화비

경복궁
절두산

세종
청주
충남

전북
여산

전남
함평

경북
구미
영주

포항

경남
산청
남해
양산
기장
가덕도

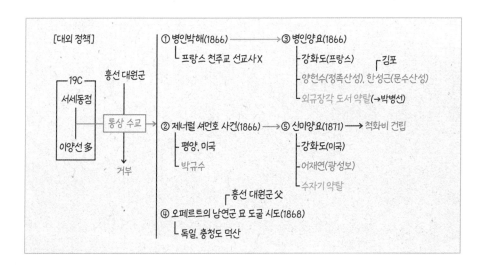

[대외 정책]

19C
서세동점
이양선 多

홍선 대원군

통상 수교 → 거부

① 병인박해(1866) ──→ ③ 병인양요(1866)
  └ 프랑스 천주교 선교사 X
                            ├ 강화도(프랑스)   ┌ 김포
                            ├ 양헌수(정족산성), 한성근(문수산성)
                            └ 외규장각 도서 약탈(→박병선)

② 제너럴 셔먼호 사건(1866) ──→ ⑤ 신미양요(1871) ──→ 척화비 건립
  ├ 평양, 미국
  └ 박규수
                            ├ 강화도(미국)
                            ├ 어재연(광성보)
                            └ 수자기 약탈

          ┌ 홍선 대원군 父
④ 오페르트의 남연군 묘 도굴 시도(1868)
  └ 독일, 충청도 덕산

제국주의 세력들하곤 상종을 못하겠구나. 문화재를 약탈해가질 않나, 시신을 탈취하려고 하지 않나, 금수만도 못하구나' 이런 생각을 할 수밖에 없지 않았을까요? 그래서 홍선 대원군은 신미양요 이후 **척화비**를 세웁니다. 전국 각지에 척화비를 세워 '서양 세력과 손잡자고 하는 것은 나라를 팔아먹는 매국'이라고 명확히 규정하죠. 매국 행위를 하는 자들은 용서하지 않겠다는 거예요.

1863년부터 1873년까지 홍선 대원군 치세 10년 동안 있었던 일들을 살펴봤는데요, 큰 피해를 입긴 했지만 어쨌든 홍선 대원군은 모두 막아냈습니다. 왕권 강화, 민생 안정 같은 대내적인 개혁도 감행했고요. 나름대로 조선의 마지막 불꽃이라는 역할을 해냈다고 할 수 있습니다. 그런데 그 불꽃이 어디를 향하고 있었죠? 바로 옛날 왕권 체제, 전제 군주 체제, 즉 왕을 중심으로 돌아갔던 조선 왕조 시대의 체제를 복원하려는 것이 홍선 대원군의 명확한 목표였죠. 옛날로 돌아가려고만 하고 근대 사회로 나가려는 의지는 없었다는 것, 이것이 홍선 대원군이 추진한 개혁의 한계가 아닐까 싶습니다. 그래도 혼란의 한가운데에 있던 19세기 후반, 홍선 대원군이 등장해 중심을 잡아준 것만은 분명한 사실이고요. 그런데 혼란이 어느 정도 정리가 된 듯한 그 무렵, 일본이 등장합니다. 제국주의 따라잡기 행세를 하고 있는 일본이 과연 어떤 모습으로 우리에게 다가올지, 이어서 확인해보도록 하겠습니다.

척화비
조선 고종 때 홍선 대원군이 서양 세력을 배척하기 위해 전국 각지에 세운 비석입니다.
▸ 斥 물리치다 척
▸ 和 화하다 화
▸ 碑 돌기둥 비

135

1 흥선 대원군의 대내 정책

(1) 흥선 대원군의 개혁 정치

배경	• 19세기 후반, 소수 가문에 의해 모든 것이 좌우되는 세도 정치 성행 → 왕권 약화와 삼정(전정 · 군정 · 환곡)의 문란 심화
결과	• 양반들의 불만 폭주 → 최익현의 상소를 계기로 흥선 대원군 섭정이 마무리 → 고종의 친정 시작
의의	• 왕권 강화와 민생 안정에 기여
한계	• 조선 왕조 시대 체제의 복원에 함몰, 근대 사회로 나가려는 의지가 약했음

(2) 왕권 강화 정책

비변사 폐지		• 행정, 군사, 외교를 모두 담당하고 있던 비변사의 기능 축소 · 폐지 → 행정은 의정부로, 군사는 삼군부로 넘기며 의정부와 삼군부의 기능을 부활시킴
법령 정비		• 법령을 정비하며 법전 편찬 - 《대전회통》: 조선 전기와 후기를 아우르는 통일 법전 - 《육전조례》: 6조 관아의 사무 처리에 필요한 행정 법규 등을 제정
경복궁 중건	목적	• 왕실의 권위와 위엄 회복 → 임진왜란 때 불타버린 뒤 몇백 년 동안 폐허 상태로 있던 경복궁의 중건 결정
	과정	• 중건에 필요한 비용을 마련하기 위해 원납전 강제 징수 • 고액 화폐인 '당백전' 발행: 상평통보의 100배 가치 • 양반들이 정비해둔 묘지림을 베어 경복궁 목재로 사용
	결과	• 고액 화폐를 대량 유통하면서 인플레이션 현상 발생 • 원납전, 묘지림 등의 문제로 인한 양반의 불만 고조
서원 정리	배경	• 서원이나 만동묘에서 제사를 지내면 인근 마을의 수탈 심각
	과정	• 전국의 서원 중 47개만 남기고 모두 없앰 • 만동묘(임진왜란 때 조선을 도와줬던 명나라의 황제를 모시던 곳) 폐지
	결과	• 유생들의 기반인 서원과 선비들의 회합 장소였던 만동묘를 폐지함으로써, 이들의 반발 고조

(3) 민생 안정 정책: 삼정의 문란 시정

전정	• 양반들의 탈세(소유한 토지를 신고하지 않음) → 양전 사업 실시 • 양전 사업: 토지 조사를 통해 토지마다 세금을 매겨 새로운 세수원 확보 → 국가 재정 확충

군정	• 호포제 실시: 이전까지 징수 대상이 아니었던 양반에게도 군포 징수
환곡	• 춘대추납의 과정에서 관리들이 고리대 폭리를 취함 → 곡식을 빌릴 필요가 없는 사람에게도 무조건 할 당하는 문제 발생 → 사창제 시행 → 마을 단위로 사창을 설치하고, 민간인이 운영하게 함

2 흥선 대원군의 대외 정책

(1) 통상 수교 거부 정책

배경		• 서양 세력이 동쪽으로 물밀 듯이 밀려오는 서세동점의 시기 → 이양선 다량 출몰 → 통상 수교 요구
병인박해 (1866)	과정	• 조선 후기 천주교 확산 → 병인년, 프랑스 선교사 아홉 명과 8천여 명의 천주교도들 처형
	결과	• 병인양요로 연결됨
제너럴 셔먼호 사건 (1866)	과정	• 미국의 배 제너럴셔먼호가 대동강을 따라 평양으로 들어옴 → 선원들이 민가를 덮침 → 평안 감사 박규수를 필두로 한 사람들이 제너럴셔먼호를 불태움
	결과	• 신미양요로 연결됨
오페르트 도굴 사건 (1868)	과정	• 독일 상인 오페르트가 흥선 대원군의 아버지인 남연군의 묘(충청도 덕산 쪽 위치) 도굴 시도 → 시신을 탈취해 흥선 대원군과 통상 수교 협상을 하려는 계획
	결과	• 서구 세력에 대한 흥선 대원군의 반발심이 더욱 커짐

(2) 병인양요와 신미양요

병인양요 (1866)	원인	• 프랑스가 병인박해를 구실로 조선 침략
	과정	• 프랑스군이 강화도 침공 → 정족산성(양헌수)과 문수산성(한성근)에서 프랑스군 격퇴
	결과	• 프랑스군이 퇴각 과정에서 외규장각의 의궤, 서책 등을 약탈 → 역사학자 박병선의 노력으로, 현재 임대 형식으로 한국에 돌아옴
신미양요 (1871)	원인	• 미국이 제너럴셔먼호 사건을 구실로 조선 침략(강화도 침공)
	과정	• 어재연 장군이 이끄는 조선 수비대가 광성보에서 끝까지 항전 → 어재연 전사 → 미군이 철수하면서 수자기 약탈
척화비 건립		• 흥선 대원군이 신미양요 이후 전국 각지에 세움 • '서양 세력과 손잡자고 하는 것은 나라를 팔아먹는 매국'이라고 명확히 규정

29강

개항기

개항~갑신정변

조·일 수호 조규 (강화도 조약)

홍선 대원군이 최익현의 상소로 불러나고, 고종이 친정을 하게 됩니다. 하지만 고종이 독자적인 모습을 보인 건 아니에요. 이전까지는 아버지에 의해서 움직였다면 이젠 그의 부인 명성 황후를 중심으로 하는 민씨 세력들에 의해 움직입니다. 어떻게 보면 정권이 교체된 거예요. 홍선 대원군 정부에서 민씨 정부로 바뀐 거죠. 정권이 바뀌면 정책도 달라지는 경향이 있잖아요. 지금껏 홍선 대원군은 통상 수교 반대를 외쳤는데, 과연 이후의 정책 방향은 어디로 흘러가게 될까요? 하나씩 살펴보겠습니다.

: 통상 개화파와 운요호 사건 :

당시 국내에는 통상 개화파가 형성되어 있었습니다. 통상 개화파의 대표적인 인물을 살펴보면 먼저 박규수가 있습니다. 앞서 임술 농민 봉기 때 삼정이정청 설치를 주도했으며, 평안 감사로서 평양 주민들에게 해를 입히는 제너럴 셔먼호 선원을 처형하기도 했죠. 그런데 원래 박규수는 서양 세력과 통상해야 한다는 입장이었어요. 통상 수교를 반대하는 입장이라서가 아니라, 백성들을 괴롭히는 선원들을 가만둘 수 없었기에 제너럴셔먼호 사건에 앞장선 것이죠.

박규수는 양반 출신인데요, 통상 개화파에는 중인 출신인 유홍기, 오경석 등도 있었습니다. 이 중 오경석은 《영환지략》, 《해국도지》 같은 세계지리 책들을 가져와서 많은 사람에게 읽히는 등, 신문물을 알리는 역할을 한 인물입니다. 중인들은 대부분 전문직에 종사하는 전문가들이잖아요. 개항기는 이러한 전문가들이 부상하는 계기가 된 것입니다.

자, 이렇게 통상 개화파가 성장하면서, 홍선 대원군 때의 통상 수교 거부 분위기는 거의 사라지는데요. 그런데 이때 일본이 난을 일으킵니다. 바로 1875년 강화도에서 일어난 **운요호 사건**이에요. 일본이 왜 운요호 사건을 일으켰는지 살펴볼 필요가 있는데, 그 원인 중 하나가 **서계** 문제였습니다. 서계는 외교 문

운요호

서인데, 조선 정부가 일본이 보낸 서계의 접수를 거부한 것이 시작이었죠. 거부하는 게 당연했던 이유가 우리에게 일왕의 호칭을 황제라고 칭하라는 내용이 담겨 있었기 때문입니다. 당연히 우리는 '말이 안 되는 소리를 하고 있다. 이제까지 그렇게 안 했는데 갑자기 무슨 소리냐'며 반발했죠. 우리는 당연한 반응을 보인 건데, 일본은 적반하장으로 용서할 수 없다고 나옵니다. 그러면서 일본 내에서 '한국을 정벌하자'는 이론이 들끓는데, 그것이 바로 정한론입니다. 운요호 사건은 조선의 서계 접수 거부를 구실로, 일본에서 정한론이 대두되면서 벌어진 사건인 것이죠.

미국이 일본을 개항할 때 함대를 이끌고 와 대포를 뻥뻥 쏘면서 협박했듯, 일본도 똑같은 방법으로 조선을 협박합니다. 우리는 문을 열어야 하나 말아야 하나 고민을 하게 되죠. 이때 통상 개화파가 어차피 언젠가는 열어야 한다는 의견을 내면서, 결국 문을 열기로 결정합니다. 그래서 일본과 문호 개방을 위한 조약을 체결하게 되는데, 그것이 바로 1876년 체결된 **조·일 수호 조규(강화도 조약)**입니다.

정한론
1870년대를 전후해 일본 정계에서 강력하게 대두된 조선 공략에 관한 주장입니다.
▶ 征 치다 정
▶ 韓 한국 한
▶ 論 논하다 론

: 조·일 수호 조규가 체결됩니다 :

조·일 수호 조규를 다른 말로 강화도 조약이라고 합니다. 조·일 수호 조규의 역사적 의의는 매우 큽니다. 여러분, 지금 머리끝에서 발끝까지 걸치고 있는 것들 중에 우리 전통을 한번 찾아보세요. 아

조선과 일본의 조·일 수호 조규 체결 장면

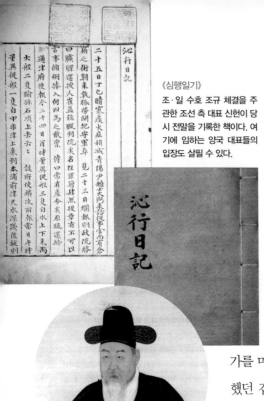

《심행일기》
조·일 수호 조규 체결을 주관한 조선 측 대표 신헌이 당시 전말을 기록한 책이다. 여기에 임하는 양국 대표들의 입장도 살필 수 있다.

신헌

마 대부분 서구화되어 있을 겁니다. 과연 우리가 언제부터 이렇게 변했을까요? 조·일 수호 조규 체결부터입니다. 지금 우리 모습의 출발점이 되는 시기가 조·일 수호 조규라고 보시면 됩니다. 우리가 자본주의의 바다에 발을 담그게 되는 역사적인 사건이 바로 조·일 수호 조규인 것입니다.

이제 조·일 수호 조규의 내용을 살펴볼게요. 먼저 조선을 자주국이라고 칭하고 있는데요. 일본이 정말 이렇게 조선을 인정했을 리는 없고, 자주국이라고 명시한 이유가 따로 있습니다. 청나라가 조선을 조종한다는 청의 **종주권**을 **부정**하기 위해서죠. 청과 조선을 떨어트려놔야 일본이 뭔가를 마음대로 할 수 있을 텐데, 청과 조선의 관계가 너무 끈적끈적했던 겁니다. 그래서 관계를 끊어놓기 위해 '조선은 자주국'이라는 문구를 넣은 거예요.

그리고 **개항**을 **요구**하는 내용이 들어 있습니다. 이를 토대로 **부산**이 가장 먼저 문을 열고, 이어서 1880년 **원산**, 1883년 **인천**이 문을 엽니다. 인천은 당시 아주 작은 항구였는데, 그때 처음으로 세상을 향해 문을 열었던 작은 항구가 지금은 세계로 뻗어나가는 관문이 되었다는 사실, 참 놀랍습니다. 인천국제공항이라고 하는 역사가 바로 조·일 수호 조규에서 출발한 것이죠.

다음은 조·일 수호 조규의 특징을 알아볼 텐데요, 두 가지로 나눌 수 있습니다. **최초의 근대적 조약**이라는 점과 **불평등 조약**이라는 점입니다. 최초의 근대적 조약인 이유는 앞서 살펴봤던 '조선은 자주국'이라는 문구 때문이에요. 근대에서는 어떤 상하 관계 속에서 뭔가를 체결하지 않습니다. 조·일 수호 조규는 자주국 대 자주국이 동등한 입장에서 조약을 체결한 것이니, 근대적 조약이라고 하는 거죠. 그런데 내용을 자세히 들여다보니 결코 동등하지 않고 굉장히 불평등합니다. 그래서 불평등 조약이라는 말이 나오죠.

불평등의 가장 핵심적인 내용 중 하나는 **해안 측량권**입니다. 조선 해안을 일본 마음대로 측량한다는 건데, 내 몸을 허락도 없이 누가 만지는 일과 다를 바 없습니다. 해안을 모두 측량해버리면 조선을 침략할 때 배가 들어올 수 있는 길을 확보할 수도 있으니, 주면 안 되는 권리였는데 허용하고 말았습니다.

다음으로 **영사 재판권**이 있는데, 쉽게 이야기하면 **치외 법권**이라고 표현할
수 있습니다. 예를 들어 부산, 원산, 인천 문을 열었는데 그곳으로 일본 상인이
들어와서 한국인을 때리는 일이 벌어졌다면 어떻게 해야 할까요? 일본 상인
을 잡아서 한국 법으로 다스리는 게 당연하죠. 그런데 그걸 못하게 하는 것이
영사 재판권입니다. 일본인은 일본 재판관이 재판한다는 거죠. 팔은 안으로
굽을 테니, 사실상 말이 안 되는 권리인데 역시 허용하고 말았습니다. 이처럼
불평등한 조약들을 오케이한 정부도 문제가 있습니다만, 사실 조선은 근대적
조약을 한 번도 맺어본 적이 없어서 상황을 제대로 파악하기 어려웠습니다.
미국과의 경험을 토대로 자신들에게 유리한 조약들을 넣은 일본에 비해, 경험
이 없는 조선은 과거 세종 때 3포를 개항했던 것처럼, 일본과 맺었던 약조의
연장선 정도로 조·일 수호 조규를 받아들인 거죠.

그래도 조선 정부가 한 가지 지켜내긴 했습니다. 일본의 요구 중 한 가지를
조·일 수호 조규에 넣지 않은 것인데요. 바로 **최혜국 대우**입니다. 최혜국 대우
는 **균점** 조항인데, 한마디로 자동 업그레이드 규정이에요. 만약 조선이 다른
나라와 조약을 체결하는데, 그 조약에 굉장히 좋은 조건이 새롭게 들어가면
조·일 수호 조규에도 그 내용과 상응하는 조건을 자동으로 넣어달라는 것입
니다. 일본은 최혜국 대우 조항을 주장했지만, 조선은 "우리가 너희하고만 조
약 맺지, 다른 나라랑은 할 이유가 없어. 그러니 이건 필요 없지" 하면서 넣지
않았습니다. 최혜국 대우 조항은 미국과 조약을 체결할 때 처음으로 들어가게
되는데, 관련 내용은 뒤에서 자세히 살펴보겠습니다.

균점
국제법에서 다른 나라와 똑같은
혜택을 받는 일을 말합니다.
▸ **均** 고르다 균
▸ **霑** 젖다 점

: 조·일 수호 조규의 부속 조약 :

조·일 수호 조규 체결 이후, 이어서 부속 조약을 또 체결합니다. 대표적인 조약으로 조·일 무역 규칙, 조·일 수호 조규 부록 등이 있는데, 이것들을 모두 통칭해서 조·일 수호 조규라고 하는 것이죠. 부속 조약들은 어떤 내용이고, 이를 체결하면서는 어떤 일들이 벌어졌는지 하나씩 알아보겠습니다.

먼저 **조·일 무역 규칙**이라는 부속 조약에는 세 가지가 없습니다. 첫째, **관세**가 설정되지 않았어요. 일본 상품에 대한 관세 조항이 들어가지 않은 겁니다. 다음으로 **항세**, 조선 항구에 외국 배가 들어오면 항구 사용료를 내야 하는데, 일본 정부 소속의 배는 항세가 면제되었습니다. 특혜라고 볼 수 있죠. 마지막으로 **곡물**과 관련된 내용도 없습니다. 개항을 했으니 앞으로 곡물들이 계속 유출될 텐데, 수출입량을 제한하는 규정을 마련하지 못한 겁니다. 이렇게 관세도, 항세도, 곡물 수출입량 제한 조건도 없으니 무제한 곡물 유출이 가능해지고 말았습니다.

조·일 무역 규칙을 맺으면서 일본은 우리에게 면제품을 팔고자 했어요. 영국에서 산업 혁명을 통해 품질 좋은 면제품들이 굉장히 많이 쏟아져 나오고 있었거든요. 일본은 우리에게 영국산 면제품을 값싸게 팔고, 쌀을 가져가고자 했습니다. 즉 쌀과 면의 교환 시스템이 형성되는 것이죠. 여기서 문제가 발생

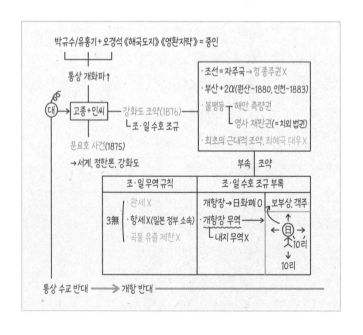

합니다. 당시 조선도 면제품을 만들고 있었는데 손으로 한 땀 한 땀 만들다보니, 공장에서 기계 공업으로 뽑아내는 영국산 면제품과는 경쟁이 되지 않았어요. 조선의 면제품 산업을 발전시켜 영국과 대등하게 경쟁하려면 시간을 확보해야 하는데, 이를 위해 필요한 것이 바로 관세였습니다. 영국산 면제품에 비싼 관세를 매겨서 국내에서 아주 비싼 값에 팔리는 환경을 만들어줘야, 우선 가격 면에서 조선 면제품이 이길 수 있겠죠. 그리고 그동안 우리 기술을 발전시켜서 경쟁력을 확보하고요. 그런데 관세 조항이 없으니, 좋은 품질을 앞세워 대량으로 밀고 들어오는데 값까지 저렴한 영국산 면제품 때문에 면제품을 만드는 조선 사람들이 모두 엄청난 손해를 보게 되는 겁니다. 여기에 더해, 일본은 우리에게 면제품을 팔고 쌀을 가져가는데, 곡물 유출 제한 조건이 없으니 그 양이 무제한입니다. 결국 조선 사람들이 먹을 쌀이 부족해지면서 쌀값이 폭등할 수밖에 없는 것이죠. 조·일 무역 규칙에 없는 세 가지 조항은, 이런 문제점들이 나타날 수 있는 여지를 남겨놓았던 것이고요.

이번에는 **조·일 수호 조규 부록**을 보겠습니다. 여기에는 개항장, 즉 부산, 원산, 인천에서 무엇을 할 것인지에 대해 정해져 있는데, 놀랍게도 **일본 화폐를 사용**할 수 있었습니다. 만약 지금 우리나라에 온 일본인이 일본 화폐로 물건 값을 치르려고 하면, 받을까요? 당연히 받지 않죠. 우리나라에서 일본 돈은 통용되지 않으니까요. 그런데 개항기 부산, 원산, 인천에서는 이게 가능하도록 만들었던 겁니다. 참 이상한 일이죠.

여하튼 개항장을 열었으니, 개항장 무역이 시작될 텐데요. 당시 개항장 무역은 개항장 안에서만 무역을 하도록 만들어놓았습니다. 내지 무역은 금지했는데, 즉 일본 상인이 개항장을 벗어나 내륙으로 들어와서는 상업 행위를 할 수 없도록 한 거죠. 예를 들어 설명해볼게요. 옆의 그림에서 보듯이 일본 상인이 물건을 팔려고 개항장에 들어옵니다. 상인이 서 있는 자리가 개항장이라고 하면, 동서남북으로 딱 10리만 움직일 수 있고 그 밖으로는 나가지 못합니다. 그러면 누구에게 물건을 팔아야 할까요? 경계선 밖에 있는 조선의 전통 상인들, 보부상이나 객주들에게 물건을 넘겨야겠죠. 그러면 보부상과 객주가 그 물건을 가지고 내지로 들어가

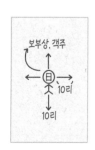

1876년 1월 조·일 수호 조규를 강요하는 일본의 무력시위
저 멀리 강화도 앞바다에 정박한 일본의 군함 여덟 척이 보인다.

서 팔고요. 이렇게 조선의 상인들이 일본 상인들에게 물건을 받아서 내지로 들어갈 수밖에 없는 형태를 개항장 무역이라고 이야기한 것입니다.

지금까지 살펴봤듯이, 조·일 수호 조규를 통해 문을 열긴 했는데, 조약이 여러모로 이상합니다. 조선에 상당히 불리한 형태로 조약이 체결되었다는 걸 알 수 있죠. 그런데 불리하게 체결했던 우리의 잘못도 있다는 사실을 인지해야 합니다. 무조건 일본이 나쁘다고만 이야기하면 안 된다는 겁니다. 조선 정부가 국제 정세를 파악하지 못한 상태에서 조약을 맺다 보니 심각한 문제가 발생했다는 사실도 염두에 둬야 해요. 여러분, FTA 같은 무역 조약을 맺었다는 소식을 신문 등을 통해서 접하곤 할 텐데, 그때 우리 삶에 매우 큰 영향을 미치는 일이라는 것을 기억해주시기 바랍니다. 조·일 수호 조규가 훗날 조선 백성들의 삶에 엄청난 영향을 끼쳤듯, 지금의 조약들이 10년, 20년 뒤 우리의 삶을 바꿔놓을 겁니다. 그러니 조약이 어떤 내용인지, 그리고 그것이 내 삶에

146

어떤 영향을 미칠지 잘 들여다봐주시기 바랍니다. 조금 극단적인 이야기지만 조·일 수호 조규는 일본과 통상하기 위해 문을 조금 열었던 것뿐인데, 이 작은 틈이 점점 벌어져 결국 식민지가 되는 아픔을 우리는 곧 경험하게 될 겁니다. 그 아픈 역사는 좀더 뒤에서 살펴보기로 하고요, 다음 장에서는 우선 문이 열린 이후의 상황부터 보겠습니다.

개화 정책의 추진

조 · 일 수호 조규로 문이 열리자, 조선 내부의 반응은 두 부류로 갈립니다. '빨리 받아들여야지' 하는 쪽과 '이건 있을 수 없는 일이다, 다시 문을 닫아라' 하는 쪽이죠. 받아들이자는 쪽을 개화파, 반대하는 쪽을 위정척사파라고 합니다. 그런데 조 · 일 수호 조규를 체결하고 문을 연 세력은 고종과 민씨 세력, 즉 집권층이에요. 그러니까 개화파는 실세인 집권 세력인 겁니다. 반면 위정척사파는 주류가 아니었죠. 이들이 각각 어떤 주장을 펼쳤고, 이후 승리한 세력이 어떤 정책을 펼쳤는지 살펴보도록 하겠습니다.

위정척사파
- ▸ **衛** 지키다 위
- ▸ **正** 바르다 정
- ▸ **斥** 물리치다 척
- ▸ **邪** 간사하다 사
- ▸ **派** 갈래 파

: 먼저 위정척사파를 보겠습니다 :

우선 **위정척사파**부터 보겠습니다. 위정척사파에서 위는 '호위한다'는 뜻이고, 척은 '배척한다'는 의미예요. 즉 바른 것을 호위하고, 사악한 것을 배척한다는 이야기인데, 여기서 지켜낸다고 하는 정(正)은 바로 **성리학**입니다. 정확히 말하면 성리학적 질서인데, 위정척사파는 예전의 모습들을 지켜내고자 하는 입장에서 새로운 흐름은 모두 반대했습니다.

위정척사파는 흥선 대원군 때는 통상 수교를 거부했던 세력들로, 흥선 대원군이 떠나고 조 · 일 수호 조규가 체결되자 다시 개항에 대한 반대 의견을 냅니다. 이들은 성리학적 질서를 지켜야 하거든요. 우리의 머리색이 바뀌고, 옷 색깔이 변하는 것을 원치 않으니 개항을 반대하는 겁니다. 그런데 결국 문이 열리고 주류인 개화파가 개화 정책을 추진합니다. 당연히 개화도 반대하겠죠. 역시나 받아들여지지 않고요. 통상 수교도 반대, 개항도 반대, 개화도 반대했던 이들은 1890년대가 되면 의견을 내는 것에 그치지 않고 실력 투쟁의 모습을 보입니다. 직접 무기를 들고 의병이 되어서 싸우는 모습을 보이게 된다는 것, 일단 기억해두시고요. 여하튼 그 시기에 위정척사파는 비주류일 뿐이고, 주류는 문을 열고 외국의 문물을 받아들이는 집권 세력입니다. 이제 개화파의 이야기를 집중적으로 보겠습니다.

: 다음은 온건 개화파와 급진 개화파입니다 :

이제 본격적으로 개화파를 살펴볼 텐데요. 개화파는 외국의 문물을 받아들이되 천천히 받아들이자는 **온건 개화파**와 어차피 받아들이는 것 빨리 진행하자는 **급진 개화파**로 나뉩니다. 개화파가 처음부터 이렇게 명확히 나뉘는 것은 아닌데요, 일단 이들의 성향이 각각 어땠는지 한번 보겠습니다.

온건 개화파에게는 모델이 있었는데, 바로 **청**입니다. 청나라도 영국에 의해 강제로 문이 열렸거든요. 청나라가 강제로 개항을 하게 된 상황에서 전개했던 운동이 **양무운동**이었고요. 양무운동의 핵심은 중국의 정신은 그대로 두고, 서양의 기술만 받아들이자는 것입니다. 여기에 영향을 받은 온건 개화파들은 개화 방식으로 동도서기를 정합니다. 동양의 도, 즉 우리의 전통적인 제도와 사상은 지키면서 서양의 기술만 받아들이자는 주장이었죠. 이 동도서기를 주장했던 핵심 인물이 바로 **김홍집**입니다. 앞으로 정말 많이 만나게 될 인물이니 꼭 기억해 두시고요. 여하튼 온건 개화파는 실질적인 개화 주체 세력이라고 볼 수 있습니다. 원래 집권 세력은 빠르게 세상을 바꾸려는 개혁은 하지 못하거든요. 책임을 져야 하니, 개혁을 하더라도 천천히 조금씩 바꿔나갈 수밖에 없는 것이죠.

반면에 '빨리 바꾸자, 늦으면 안 된다'고 주장하는 급진 개화파의 모델은 **일본**입니다. 일본도 미국에 의해 강제로 문이 열리면서 굉장히 고민이 많았거든요. 우리 지배층이 양반이라면, 일본은 사무라이가 지배층이었는데, 개항으로 인해 이들이 힘을 잃게 되었고 신분제 붕괴까지 이어지죠. 이렇게 일본 사회가 급격하게 와르르 바뀐 사건을 **메이지 유신**이라고 하는데, 급진 개화파는 우리도 이렇게 하자고 주장합니다. 그러면서 내세운 방법이 **문명개화론**입니다. 우리 몸과 정신, 즉 낡은 전통과 사상을 버리고 새

동도서기
동양의 도덕, 윤리, 지배 질서를 그대로 유지하고 서양의 발달한 기술과 기계를 받아들여 부국강병을 이룩한다는 사상을 뜻합니다.

▶ 東 동녘 동
▶ 道 도리 도
▶ 西 서녘 서
▶ 器 도구 기

김옥균 사당(충남 아산)

로운 서양 문화를 받아들여 빨리 서구화하자는 것이죠. 급진 개화파를 이끈 대표적인 인물은 **김옥균**이고요.

개화파가 개화 정책을 펼친 초창기에는 온건 개화파와 급진 개화파가 명확하게 나뉘지 않은 채, 함께 정책을 이끌어나갑니다. 그리고 이들이 개화 정책을 추진했던 주체가 바로 통리기무아문입니다. 중요하니까 잘 기억해두셔야 해요. 1880년대 개화 정책을 이끌어나갔던 기구는 통리기무아문, 그리고 이후 1890년대 갑오개혁을 단행하는데 그때 개혁을 이끌었던 조직은 군국기무처, 이렇게 구분해놓으셔야 합니다.

: 이제 개화파의 초기 개화 정책을 살펴볼게요 :

자, 이제 개화파가 어떤 개화 정책을 펼쳤는지 살펴볼게요. 개화파는 개화를 총괄하는 통리기무아문 밑에 실무를 담당하는 12사를 설치하고, 본격적으로 정책을 추진합니다.

우선 개화 정책에 가장 핵심적인 건 군사력이라고 판단해, 신식 군대를 만듭니다. 바로 **별기군**입니다. 일본인 장교를 초빙해 별기군을 지휘하게 하죠. 그리고 기존의 구식 군대를 개편합니다. 임진왜란 때 훈련도감을 시작으로 5위 체제가 5군영 체제로 바뀌었다고 했었죠. 훈련도감·어영청·총융청·수어청·금위영이 있다고 했는데 시간이 흐르니까 이것들이 구식이 된 겁니다. 그래서 이 5군영을 무위영과 장어영 **2영**으로 **축소**합니다. 이 과정에서 일자리를 잃은 기존의 5군영 소속 군인은 갑자기 정리 해고를 당한 셈인데, 이들이 개화 정책을 지지했을 리 없겠죠. 우선 이러한 흐름만 인지하고 계시고요.

다음으로 외교 사절단을 만들어 파견합니다. 서양 문물을 제대로 받아들이려면 외국에 직접 가서 보고 배워야 하니까요. 그래서 사절단들을 만드는데, 먼저 **영선사**라는 사절단이 있습니다. 1881년 청나라에 파견된 사절단인데, 신식 무기를 배워오는 역할을 맡았습니다. 그리고 실제로 다녀와서 신식 무기를 만드는 기구인 **기기창**을 설치합니다.

일본에도 사절단을 파견하는데, 바로 **수신사**입니다. 조·일 수호 조규 체결 후 발생한 문제점을 해결하기 위해 1876년 1차 수신사로 김기수가 파견되었어요. 수신사는 앞에 나왔던 통신사와 함께 기억하셔야 하는데요. **통신사는 개**

별기군

항 이전 중국의 선진 문물을 받아들여서 일본에 전달했던 역할을 했고, **수신사는 일본에 들어온 서구 문물을 조선에 전달**하는 역할을 맡았습니다. 이렇게 통신사와 수신사는 문화 전파 흐름이 다르다는 것, 구분하시면 되겠습니다.

1차 수신사는 김기수였다고 했는데, 이제 1880년 2차 수신사로 **김홍집**이 등장합니다. 김홍집이 일본에 파견됐다가 가지고 온 책자가 하나 있는데, 바로 황준헌이 쓴 《조선책략》입니다. 황준헌은 일본에 파견된 청나라 외교관인데요. 그가 조선에서 사신으로 온 김홍집을 만나, 이제 조선도 문을 열었는데 어떻게 하면 살아남을 수 있는지에 대한 책략을 써준 것이 《조선책략》입니다. 이 책의 내용이 충격적이라 굉장한 파문을 일으켰는데요. 러시아를 막기 위해 친중·결일·연미라는 것이 책의 핵심입니다. 친중, 중국과는 원래 친하죠? 결일, 일본과는 이미 조·일 수호 조규를 체결하면서 결합했고요. 네, 논란의 포인트는 바로 연미입니다. 연미는 곧 미국과 수교하라는 거예요. 그런데 당시 미국은 우리나라의 원수였잖아요. 신미양요 때 어재연 장군이 전사하고 광성보 전투에서 정말 수많은 사람들이 죽었다고 이야기했었죠. 흥선 대원군이 척화비까지 세우게 만든 사건이 신미양요였는데 그런 미국과 수교를 하라니, 개화 반대파 쪽에서 난리가 납니다. 《조선책략》을 가져온 김홍집을 당장 처단하라고 주장하죠. 이 사건을 **영남 만인소 사건**이라고 합니다. 영남 지역의 유생 1만여 명이 상소를 올렸던 사건이에요.

《조선책략》과 영남 만인소 사건 등을 통해 개화 정책에 대한 반발심이 커지며 사절단을 보내기가 굉장히 부담스러운 상황에서 1881년 일본으로 비밀리에 파견된 사절단이 있으니, 바로 **조사 시찰단**입니다. 신사유람단이라는 이름으로 불리기도 했는데요. 정확한 이름은 아닙니다. 이들은 암행어사의 형식으로 출발해요. 당시 분위기가 좋지 않았던 탓에 대놓고 일본으로 가기가 어려웠기 때문이죠. 그리고 1882년 조·미 수호 통상 조약이 체결된 후 미국 공사에 파견의 답방 형식으로 **보빙사**가 파견됩니다. 조선이 서양에 파견한 첫 번째 사절단이었죠.

자, 지금까지 군대를 개편하고, 많은 사절단을 보내는 1880년대 개화 정책 당시의 모습을 살펴봤습니다. 문 한번 열었을 뿐인데, 정말 많은 일이 벌어졌네요. 그리고 이때는 반미였는데, 지금 우리에게 미국은 우방국의 역할을 하죠. 그러니까 결국 영원한 우방도 없고 영원한 적도 없어요. 외교에는 오로지 국익만 존재할 뿐이죠. 우리한테 이득이 된다면 우방이 되는 거예요. 이득이 되지 않으면 적이 될 수도 있고요. 무언가를 딱 정해놓는 건 굉장히 위험하다는 것을 이 시기의 모습들이 보여주는 것이 아닐까 하는 생각이 듭니다. 어쨌든 이제 문이 열렸고 여러모로 어수선한 가운데, 큰 사건이 하나 벌어집니다. 개화파를 정면으로 공격하는 사건인데요, 다음 장에서는 그 사건 현장으로 가보도록 하겠습니다.

큰★별쌤의 사건 이야기
김홍집 처벌을 요구한 영남 만인소 사건

1881년 영남의 유생들 1만여 명이 이만손을 중심으로 집단 상소인 영남 만인소를 올린 사건입니다. 1880년 일본에 파견됐던 김홍집이 청나라 사람 황준헌이 쓴 《조선책략》이라는 책을 가져와 고종에게 바치는데요, 이 일이 사건의 계기였습니다. 책은 조선이 외교적으로 나아갈 방향에 대해 서술하고 있는데, 러시아의 남하를 막기 위해서는 청나라, 일본, 미국과 연합하라는 내용을 담고 있습니다.

"러시아를 막을 수 있는 책략은 무엇인가? 중국과 친하고(親中國), 일본과 맺고(結日本), 미국과 이어짐(聯美國)으로써 자강을 도모하는 길뿐이다." 《조선책략》 중에서

당시 조선은 오래전부터 중국과 사대를 유지하고 있었어요. 일본과도 조·일 수호 조규를 통해 수교를 맺은 상태니 청나라나 일본과의 연합은 별문제가 없었죠. 하지만 미국과의 수교는 반대할 수밖에 없었습니다. 신미양요로 인해 미국에 대한 거부감이 큰 상태였기 때문이죠. 하지만 미국과의 수교 주장에 힘입어 1882년 결국 조·미 수호 통상 조약이 체결됩니다.

임오군란

분명 더 잘살자고 문을 열었는데, 오히려 해고당하는 사람들이 생겼잖아요. 개화 정책의 추진 과정에서 5군영이 2영으로 축소되어 해고된 구식 군인들은 불만이 있을 수밖에 없었죠. 개화의 딜레마네요. 5군영에 속한 사람들은 직업 군인들이었습니다. 당시 직업 군인들은 잘살지 못하는 빈민에 속하는데, 월급으로 생계를 유지하는 사람들이 직장에서 잘렸어요. 결국, 생존을 위해 구식 군인들은 들고일어납니다. 이들의 상황을 좀더 자세히 살펴볼게요.

: 임오군란이 일어납니다 :

개화 정책의 추진으로 별기군이 창설되었잖아요. 별기군에 비해 구식 군인들은 많은 차별을 받았어요. 어떤 차별을 받았냐면, 신식 군인들은 신식 무기에 멋진 군복까지 갖췄는데, 구식 군인들은 월급도 제때 못 받았어요. 무려 일년 치가 밀립니다. 이러한 가운데 13개월 만에 월급으로 쌀이 지급됐는데, 거기에 모래가 섞여 있는 겁니다. 이에 분개한 구식 군인들이 들고일어나 난을 일으켰는데, 그것이 **임오군란**입니다. 1882년에 일어난 사건이죠.

그런데 이때 이들과 함께한 정치인으로 의심받는 사람이 있습니다. 바로 흥선 대원군이에요. 최익현의 상소로 인해 물러난 흥선 대원군이 구식 군인들과 연합해, 당시 집권 세력의 중심이라고 할 수 있는 명성 황후를 잡으려고 합니다. 명성 황후는 급히 피신한 덕분에 목숨을 구하긴 했지만, 고종이 흥선 대원군에게 사태 수습을 맡기면서 권력을 빼앗기고 맙니다. 이렇게 흥선 대원군이 재집권에 성공하는 듯한 상황에서 명성 황후와 민씨 세력도 가만히 있을 리는 없겠죠. 이들 집권 세력은 청나라에 SOS를 칩니다. 단추를 잘못 끼운 거라고 할 수 있는데, 나라에 문제가 생기면 그 나라 안에서 해결해야지 정권 유지를 위해 외국 세력을 끌고 들어오는 건 위험한 일입니다. 외국 세력은 결코 공짜로 도와주지 않거든요. 그들은 반드시 청구서를 제시합니다. 도와준 대가를 요구하는 것이죠.

집권 세력의 요청을 받은 청나라는 군대를 파견해 임오군란을 진압합니다. 그리고 그 과정에서 군란의 책임자로 몰린 **흥선 대원군**을 청으로 **납치**해갑니다. 명성 황후가 돌아와 다시 정권을 잡자, 청은 청구서를 내밉니다. 내정 간섭을 강화한 것인데, 이때 청이 펼쳤던 것을 고문 정치라고 합니다. 조선에 훈수 두고 지휘하는 **고문**을 **파견**한 거예요. 파견된 고문 중 대표적인 인물이 독일인 **묄렌도르프**로 그는 외교와 재정을 담당했습니다. 독일인이라고 하면, 남연군 묘 도굴 사건의 오페르트도 독일인이었죠. 그런데 왜 청나라에서 파견한 고문이 독일인이었을까요? 그는 청에 종속되어 청을 위해 봉사한 외국인으로, 당시에는 그런 외국인들이 꽤 많았습니다. 청의 청구서는 고문 파견에 그치지 않습니다. 임오군란 직후 조선과 청 사이에 **조 · 청 상민 수륙 무역 장정**이 체결됩니다. 이 장정의 핵심은 **내지 무역**을 가능하게 만들었다는 거예요. 장정에는 청의 상인이 조선 내지에서 상업 행위를 하려고 할 경우 조선 지방관의 허가서를 받아야 한다고 되어 있지만, 이미 상하 관계가 형성된 상황에서 '상'인 청 상인의 요청을 '하'인 조선 지방관이 거부할 수 없었죠. 결국 내지 무역을 가능토록 했던 것이 조 · 청 상민 수륙 무역 장정인데, 청이 임오군란을 진압해준 대가를 제대로 챙기고 있다는 걸 확인할 수 있습니다.

조선의 조복을 입고 관대를 두른 묄렌도르프
묄렌도르프는 청나라 이홍장이 조선으로 파견한 외교 고문이다. 그는 조선인처럼 수염도 기르고, 조선 관리의 예복을 입고 다녔다.

질문 있어요!

Q 임오군란은 위정척사파가 개화파에 대응하기 위해 일어난 것인가요?

A 맞아요. 흥선 대원군이 물러나고 개항한 뒤 정부 주도의 개화 정책들이 진행되면서 위정척사 계열이 일으킨 저항이죠. 그래서 군란의 군인들은 흥선 대원군을 찾았고, 임오군란 이후 조정과 청나라에서는 흥선 대원군에게 그 책임을 물었던 것이죠.

: 이어서 일본과 제물포 조약을 체결합니다 :

임오군란은 일본과의 관계에도 영향을 미칩니다. 신식 군대 별기군을 일본인 장교가 지휘했다고 했었죠. 이를 토대로 개화의 배후에 일본이 있다고 생각한 구식 군인들은 임오군란 때 일본 공사관 등의 관공서를 습격합니다. 그러자 일본이 "너희들 왜 우리나라 공사관을 공격해? 여기 치외 법권 쪽인데, 이거 안 되겠는데?"라고 하며 **제물포 조약**을 체결합니다. 제물포 조약의 핵심은 외국 군대, 즉 일본 군대를 조선

제물포 조약(원문 1~4쪽)
임오군란의 사후 처리를 위해 조선과 일본 제국 사이에 체결된 조약이다. 이 조약으로
조선은 일본에 배상금을 지불하고, 일본 공사관 경비를 위한 일본군 주둔을 인정하였다.

에 주둔케 한다는 조항이 들어가 있다는 것입니다. 임오군란을 제압하기 위해
청나라 군대가 이미 들어온 가운데 일본군마저 들어오게 된 거죠. 이렇듯 집
권 세력이 자신들의 권력을 계속 유지하기 위해, 외국 군대들을 끌어들이면서
많은 것을 내주고 있는 모습들을 확인할 수 있는데 참 안타까운 상황입니다.

그런데 제물포 조약은 일종의 이면 조약이라고 할 수 있는데 **조·일 수호 조
규 속약**이 또 추가 조약으로 붙었습니다. 앞서 조·일 수호 조규의 부속 조약
으로 조·일 수호 조규 부록이 있다고 했는데, 일본은 조·일 수호 조규 부록
을 체결할 때 이루지 못한 내용을 조·일 수호 조규 속약에서 관철시켰어요.
이 조약의 핵심은 내지 무역의 길을 열었다는 것입니다. 개항장에 들어온 일
본 상인이 동서남북으로 딱 10리만 움직일 수 있었다고 했잖아요. 그런데 조
·일 수호 조규 속약에서는 그 경계선을 확대한 겁니다. 조·청 상민 수륙 무
역 장정을 통해 청나라 상인의 내지 무역이 가능해졌듯, 조·일 수호 조규 속
약으로 일본 상인의 내지 무역도 가능해진 것이죠. 우리의 문제를 해결하려
고 외국에 의지했을 때, 우리가 받게 되는 청구서가 이렇게 많습니다. 역사를
통해 우리나라는 우리가 지켜야 한다는 사실을 다시금 깨닫습니다. 국민을
믿고 그들의 뜻에 따라 우리 스스로 지켜나갈 때 진정 자주적인 국가가 되는
것이죠.

자, 앞서 개화파가 온건 개화파와 급진 개화파로 나뉘긴 하는데 처음부터

명확히 구분된 것은 아니라고 했었잖아요. 임오군란 이후 청의 내정 간섭이 엄청 심해지는 시기, 이때 온건 개화파와 급진 개화파가 뚜렷이 갈리게 됩니다. 특히 급진 개화파인 젊은 청춘들은 청나라에 의지하는 모습을 보고 이게 뭐하는 거냐며 들고일어나는데, 그 사건이 바로 갑신정변입니다. 130여 년 전 신세대들이 일으켰던 사건은 어떤 모습이었는지, 다음 장에서는 그 현장으로 가보도록 하겠습니다.

개화 정책 추진 중 급진 개화파는 실질적인 개화 주체 세력이었던 온건 개화파에 밀려, 정치적으로 상당한 압박을 받는 위치에 놓입니다. 그러던 가운데 임오군란 이후 청나라의 내정 간섭이 심해지면서, 이들의 불만이 극대화되죠. 청의 간섭을 받는 것이 싫고, 세상을 바꾸고 싶다는 꿈을 꾸던 급진 개화파의 젊은이들은 청이 틈을 보인 사이 정변을 일으킵니다. 이들이 원했던 꿈이 무엇인지 지금부터 함께 보시죠.

: 갑신정변의 배경과 과정부터 보시죠 :

조선은 임오군란 이후로도 개화 정책을 계속 추진해갑니다. 그런데 외국 문물도 들여오고 사절단도 보내며 개화 정책을 펼치는 데는 돈이 필요한데, 워낙 많은 돈이 들다 보니 세금만으로는 부족한 상황에 처합니다. 이때 청에서 파견돼 재정을 담당하던 고문 묄렌도르프가 돈을 찍어내자고 주장합니다. 하지만 우리에겐 경복궁 중건 때 당백전을 찍어냈다가 인플레이션을 겪었던 전력이 있잖아요. 급진 개화파들은 차라리 일본에서 돈을 빌려와서 갚는 방식, 즉 **차관**을 **도입**하자고 주장합니다. 그리고는 김옥균을 중심으로 한 급진 개화파들이 돈을 빌리기 위해 일본으로 가는데, 빌려오지 못해요. 재정 문제를 해결하지 못했으니 이들의 위상은 위축될 수밖에 없었죠. 급진 개화파로서는 위기가 아닐 수 없었습니다.

그런데 이 무렵 임오군란을 진압하면서 조선에 들어와 있던 청군 중 일부가 빠져나가는 일이 생깁니다. 당시 베트남의 영유권을 두고 청과 프랑스가 전쟁을 벌이고 있었어요. 청·프 전쟁이죠. 이 과정에서, 청이 조선에 파견되었던 청의 병력 일부를 전쟁에 동원한 것입니다. 위기에 처해 있던 급진 개화파들은 지금이야말로 청의 내정 간섭을 벗어날 기회라고 생각합니다. 그리고 바

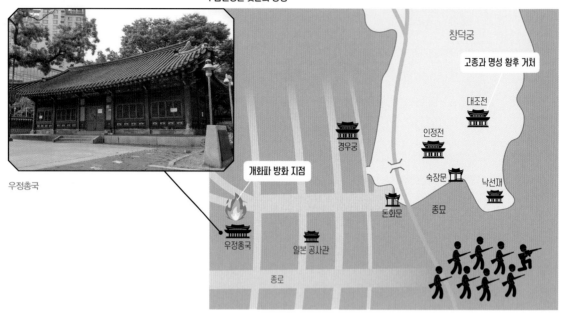

창덕궁

고종과 명성 황후 거처

대조전

인정전

경우궁

개화파 방화 지점

숙장문

낙선재

돈화문

종묘

우정총국

일본 공사관

종로

우정총국

로 이때 개화 정책 중 하나로 우리나라 최초의 우편 업무를 담당하는 우체국, 우정국이 오픈합니다. 정확한 표현으로 우정총국이라고 해요. 당시 정치에 대거 참여하고 있던 민씨 세력도 **우정총국 개국 축하연**에 참여하였죠. 축하연이 진행되는 가운데 갑자기 "불이야!" 외치는 소리가 들리고 놀란 사람들이 허둥지둥 뛰어나옵니다. 그때 우정총국 문을 열고 뛰쳐나오던 많은 민씨 세력들이 칼에 맞아 죽었어요. 급진 개화파들이 모여 1884년에 일으킨 이 사건을 **갑신**

큰★별쌤의 사건 이야기

베트남을 둘러싼 강국의 다툼, 청·프 전쟁

1884년부터 1885년까지 베트남에 대한 청나라의 종주권을 둘러싸고 프랑스와 청나라 사이에 벌어진 전쟁이에요. 프랑스는 인도차이나로 진출하기 위해 베트남을 공격해 1874년 베트남과 사이공 조약을 맺었습니다. 베트남 일부 지역을 식민지로 할양하고 베트남을 프랑스 보호 아래 두도록 했죠. 하지만 청나라는 전통적으로 베트남이 조공국으로서 청나라 관할에 있다고 여겼기 때문에 프랑스와의 사이공 조약을 무효라고 선언합니다. 이들의 갈등과 베트남 내 프랑스의 식민 지배를 배척하는 양이운동 등이 발단이 되어 청나라와 프랑스가 베트남에서 격돌합니다. 결국, 청나라와 프랑스는 강화조약을 체결하고, 청나라는 베트남에 대한 프랑스 보호권을 인정합니다.

정변이라고 합니다.

정변을 일으킨 세력은 바로 창덕궁으로 이동해, 거기서 고종과 명성 황후를 확보합니다. 그리고 개혁을 단행하며, 더 나은 조선을 만들기 위한 개혁 정강을 발표합니다. 이 정강은 굉장히 중요해요. 100여 년 전 신세대들이 외쳤던 그들의 꿈 이야기라고도 볼 수 있겠죠? 그럼 그 내용을 하나씩 살펴볼게요.

: 갑신정변의 개혁 정강(14개조 개혁안)과 의의 :

갑신정변의 개혁 정강(14개조 개혁안)에서 먼저 살펴볼 것은 경제입니다. 경제 개혁에 있어서는 **호조**로 **재정**을 **일원화**하라고 합니다. 의정부 6조 체제에서 재정을 담당했던 게 호조잖아요. 바로 이곳으로 재정을 일원화하라는 겁니다. 그다음은 토지와 관련한 세금 제도예요. **지조법**을 **개혁**해서 **세금 제도를 개편**하라는 이야기입니다. 여기서 명확히 해야 할 것이 토지 분배를 하라는 내용은 아니라는 겁니다. 이 사람들은 어찌 됐건 기득권 세력이니까, 세금 개편 정도만 주장했죠. 토지 분배는 후에 동학 농민 운동에서 나올 거예요.

다음으로 정치적인 면을 보겠습니다. 여기에 이번 개혁의 가장 중요한 핵심이 있습니다. 바로 **신분제 폐지**예요. 몇 천 년간 내려왔던 신분제, 자신들의 기득권이라고 할 수 있는 신분제를 폐지하라고 하다니 대단하죠. 갑신정변에서 제일 중요한 것이 바로 신분제 폐지를 주장했다는 사실입니다.

이들은 **혜상공국 혁파**도 주장합니다. 혜상공국은 보부상을 보호하고 관리하는 조직이에요. 보부상은 관허 상인이라고 전에 배웠는데, 국가의 관리를 받는 이들이다 보니 정부가 하라는 대로 움직이는 첩자 같은 역할도 했습니다. 이후 대한 제국 때는 황국 협회를 만들어서 독립 협회를 해산시키는 데 앞장서기도 했고요. 여하튼 보부상들이 갖고 있는 여러 특권을 다 없애라는 내용이 혜상공국 혁파 주장이었습니다. 그다음은 **규장각 폐지**입니다. 규장각은 정조의 개혁 기구였는데, 정조 사후에도 세도 가문들이 주물럭대는 기관이 되니 폐지하라는 거였죠.

즉 갑신정변의 개혁 정강은 신분제를 포함한 각종 특권을 없애고, 불투명한 것들을 투명하게 하라는 내용이었습니다. 근대 사회로 가기 위한 모습을 보여주고 있는 거예요. 하지만 명성 황후가 또다시 청나라에게 SOS를 보내면서

혜상공국
개항 이후 상업 자유화에 밀려 생업에 위협을 받게 된 보부상을 보호하기 위한 설치된 상인조합입니다.
▶ **惠** 은혜 혜
▶ **商** 장사 상
▶ **公** 공적 공
▶ **局** 부서 국

서재필

서광범

김옥균

박영효

갑신정변은 3일 천하로 끝나고 맙니다. 이 과정에서 일본과 청나라가 창덕궁에서 소규모 전투를 벌이기도 했어요. 급진 개화파들은 정변을 일으키면서 일본으로부터 군대 도움을 받았는데, 당시 일본 병력이 많지 않았던 관계로 청군이 이기죠. 결국 일본의 힘을 빌려 정변 한번 일으켜보려다 청의 진압으로 실패에 그친 사건이 바로 갑신정변입니다.

: 톈진 조약과 한성 조약이 체결됩니다 :

갑신정변은 **위로부터의 개혁**이라고 해요. 왜냐하면 엘리트들이 일으킨 개혁이잖아요. 엘리트들이 중심이 되어 세상을 좀 바꿔보려고 했죠. 그런데 실패로 돌아갔으니 남은 건 아래로부터의 개혁이겠죠. 위로부터의 개혁이 실패로 돌아가고 10년 뒤, 아래로부터의 개혁이 시작되는데 이건 나중에 살펴보겠습니다. 여기서는 이 '위'들, 그러니까 갑신정변을 일으켰던 인물들을 한번 볼게요. 우선 앞서 급진 개화파를 이끈 대표적 인물로 살펴봤던 **김옥균**이 있습니다. 그리고 **박영효·홍영식·서광범·서재필**, 이런 인물들이 중심이 되어서 갑신정변을 일으킨 것이었죠.

청군에 의해 3일 천하로 끝난 갑신정변, 이후 무슨 일이 벌어졌을까요? 당연히 청의 내정 간섭이 더욱 강화되었겠죠. 게다가 창덕궁에서 일본과 청이 붙었잖아요. 이런 일이 벌어지니까 청과 일본도 상당히 긴장을 한 것 같아요. 소규모 전투가 불씨가 되어 어마어마한 폭발력으로 번져서 전쟁이 벌어질 수도 있기 때문이죠. 그래서 청과 일본이 조약을 체결하는데, 바로 **톈진 조약**입니다. 톈진 조약은 **양국 군대를 조선에서 철수**하고 **조선에 군대를 파병할 때는 서로 상대방에 통보하겠다**는 내용이에요.

그런데 여러분, 여기서도 역시 역사의 나비 효과가 나타나는데, 1885년 체결된 톈진 조약의 내용이 바로 10년 뒤 동학 농민 운동에서 적용됩니다. 1894년 동학 농민 운동이 벌어졌을 때 이를 진압하기 위해 청나라가 들어오는데, 이 내용을 통보받은 일본도 조선에 들어오면서 청·일 전쟁이 벌어지는 계기를 마련하게 됩니다. 우리나라에서 다른 나라들이 싸우는 아수라장이 벌어진 거죠. 집권 세력이 오직 자신의 정권을 유지하기 위해 나라의 주권이나 백성들을 생각하지 않고 결정하니 이런 황당한 결과가 나타나는 겁니다.

일본은 청과 체결한 톈진 조약과 별개로, 조선과도 조약을 체결하는데 그것이 **한성 조약**입니다. 임오군란 때 일본 공사관 습격을 빌미로 제물포 조약을 체결했었잖아요. 갑신정변 때도 일본 공사관이 불탔거든요. 그래서 배상금 지불, 공사관 신축 등을 내용으로 한성 조약을 체결한 겁니다.

여기까지가 개항하고 나서 임오군란과 갑신정변을 지켜본 내용이에요. 정말 답답하죠. 이 답답함의 원인은 외세를 끌어들였기 때문입니다. 우리가 우리 문제를 우리 힘으로 해결하지 못할 때 어떤 일이 벌어지는지 역사에서 배워야겠습니다. 스스로를 끊임없이 둘러볼 수 있는 모습을 가져야 하지 않을까, 생각하면서 이야기를 마무리하겠습니다.

질문 있어요!

Q 임오군란과 갑신정변 두 사건으로 일본이 배상금을 요구했잖아요. 다만 제물포 조약은 일본 공사관 경비를 위한 일본군 주둔을, 한성 조약은 일본 공사관 신축 요구라고 보면 될까요?

A 제물포 조약은 임오군란, 한성 조약은 갑신정변 이후의 일 처리를 위해 맺어진 조약이에요. 두 번 모두 일본 공사관이 불탔기 때문에 신축의 내용과 배상금 지급이 조약에 들어간 것이죠. 하지만 두 조약 모두 단지 사건 처리만으로 이뤄진 조약은 아닙니다. 제물포 조약은 일본이 조선에 대한 상권과 지배력 확대를 염두에 두고 체결이 되었고, 한성 조약은 일본이 조선에서 청나라와 대등한 관계를 인정받기 위한 목적이 있었던 것입니다.

1 조 · 일 수호 조규(강화도 조약)

배경	• 통상 개화파 성장: 박규수, 유홍기, 오경석(《영환지략》, 《해국도지》) 등 • 조선 정부가 일본 서계(외교 문서) 거부 → 일본 내 정한론 대두 → 강화도에서 운요호 사건(1875) 발발
내용	• 조선을 자주국이라고 명시: 청의 종주권 부정 의도 • 개항 요구: 부산에 이어 원산(1880), 인천(1883) 개항 • 해안 측량권, 영사 재판권(치외 법권) 규정
특징	• 최초의 근대적 조약이자 일본에 유리한 불평등 조약 - 불평등의 핵심 내용: 일본의 조선 침략 발판 마련 • 일종의 균점 조항인 최혜국 대우는 조약에 포함되지 않음
부속 조약	**조 · 일 무역 규칙** · 일본 상품에 대한 관세, 일본 정부 소속 배의 항세, 곡물 유출 제한 규정 → 모두 없음
	조 · 일 수호 조규 부록 · 개항장에서 일본 화폐 사용 가능, 일본 상인이 개항장 내에서만 무역 가능(→ 내지 무역 X)

2 개화 정책의 추진

(1) 위정척사파와 개화파

위정척사파	• 통상 수교를 거부했던 세력들로 조 · 일 수호 조규가 체결되자 개항 반대, 개항 후 개화 반대 → 성리학 적 질서를 해치는 모든 흐름에 반대
개화파	• 온건 개화파: 청의 양무운동을 모델로, 동도서기 주장(김홍집) → 실질적인 개화 주체 세력 • 급진 개화파: 일본의 메이지 유신을 모델로 문명개화론 주장(김옥균)

(2) 개화 정책의 추진

제도 개혁		• 통리기무아문: 1880년대 개화 정책을 이끌어나갔던 기구, 통리기무아문 밑에 실무를 담당하는 12사 설치 • 신식 군대 별기군 설치(일본인 장교가 지휘) → 구식 군대인 5군영을 2영으로 축소 개편
사절단 파견	영선사	• 청나라에 파견, 신식 무기를 배워오는 역할 → 기기창 설치
	수신사	• 조 · 일 수호 조규 체결 후 1차 수신사 김기수 파견 • 2차 수신사 김홍집 파견 → 청나라 외교관이 조선의 외교 방향에 대해 쓴 책 《조선책 략》(황준헌)을 가지고 귀국 → 미국과 연합해야 한다는 책의 내용에 반발한 영남 지역 유생 1만 명이 상소를 올림(영남 만인소 사건)
	조사 시찰단	• 개화 정책에 대한 반발심이 커진 상황에서, 암행어사의 형식으로 일본에 비밀리 파견

3 임오군란

배경	• 별기군 창설과 구식 군인의 차별 대우 → 구식 군인의 월급이 1년 치가 밀린 가운데, 13개월 만에 월급으로 받은 쌀에 모래가 섞임 • 일본의 경제 침탈로 생활 악화
과정	• 구식 군인이 일본 공사관과 궁궐 습격 → 흥선 대원군 재집권, 명성 황후와 민씨 세력이 청에 도움을 청함 → 청군이 임오군란 진압, 흥선 대원군 납치
결과	• 청의 내정 간섭: 고문 파견(독일인 묄렌도르프가 외교와 재정 담당) • 조 · 청 상민 수륙 무역 장정 체결: 청 상인의 내지 무역 가능 • 제물포 조약 체결: 일본이 배상금 지불과 일본 공사관 경비를 위한 일본군 주둔 허용 요구 → 조 · 일 수호 조규 속약을 추가 조약으로 붙여, 내지 무역의 길을 엶

4 갑신정변

(1) 갑신정변의 배경과 과정

배경		• 청 · 프 전쟁 발발로 조선에 주둔하던 청나라 병력 일부가 빠져나감 → 급진 개화파는 청의 내정 간섭을 벗어날 기회로 판단
과정		• 우정총국 개국 축하연을 이용해 급진 개화파(김옥균, 박영효, 홍영식, 서광범, 서재필)가 민씨 세력들을 제거하며 정변을 일으킴(1884) → 창덕궁으로 이동해 고종과 명성 황후 확보 후 개혁 정강 발표 • 갑신정변의 개혁 정강(14개조 개혁안) - 경제: 호조로 재정 일원화 - 정치: 신분제 폐지, 혜상공국 혁파, 규장각 폐지 • 민씨 세력이 또다시 청나라에 도움을 청하며, 3일 천하로 끝남
결과	톈진 조약	• 갑신정변 진압 과정에서 청군과 일본군이 소규모 전투를 벌임 → 전쟁에 대한 위기의식으로 조선에서 양국 군대 철수, 추후 조선에 군대 파병 시에는 상대방에게 통보하겠다는 내용의 조약 체결
	한성 조약	• 갑신정변 때 일본 공사관이 불탄 것을 빌미로 배상금 지불, 공사관 신축 등을 내용으로 한 조약 체결
의의와 한계		• 근대 사회로 가기 위한 개혁 운동: 신분제 등 특권을 없애고 불투명한 것을 투명하게 하려는 시도 • 엘리트들이 중심이 된 위로부터의 개혁이라는 한계

개항기

동학 농민 운동
~ 대한 제국

갑신정변 이후
국내외 정세

1880년대 갑신정변 진압 이후 외적으로는 외세 압박이 더 심해졌고, 내부적으로는 개화 정책을 추진하기 위해 돈이 필요해 세금을 굉장히 많이 걷고 있었습니다. 이런 상황에서 그때를 살고 있던 사람들이 느끼는 감정은 어땠을까요? 당연히 불만이 많았겠죠. 그 모습을 한번 살펴보겠습니다.

: 우선 국외 상황부터 보겠습니다 :

갑신정변은 소수의 엘리트들이 근대화를 이루어내기 위한 사건이었죠. 위로부터의 개혁이 실패로 끝나면서, 10년 뒤 이제는 아래로부터의 개혁이 시작됐다고 설명드렸는데요, 그 아래로부터의 개혁이 바로 동학 농민 운동입니다. 이 운동에 대해 자세히 살펴보기 전에 우선 갑신정변이 끝나는 시점에 대외적·대내적으로 어떤 일들이 벌어졌는지 1880년대 상황을 정리해보도록 하겠습니다. 그것이 동학 농민 운동이 일어나게 된 배경이거든요.

갑신정변은 청나라에 의해 진압됐고, 그로 인해 청의 내정 간섭이 강화되었던 것, 기억하시죠? 정부도 이런 상황이 굉장히 부담스러웠을 거예요. 그래서 외세를 끌어들여 청을 견제할 생각을 합니다. 여기서 외세는 바로 러시아인데, 이럴 거였으면 왜 자꾸 청에 의존했는지 안타까

거문도 불법 점령 당시 열강의 대립

러시아
조·러 수호 통상 조약(1884)

러시아

블라디보스토크

백두산 ▲

동해

ㅇ베이징
텐진

일본
조·일 수호 조규(1876)
제물포 조약(1882)
한성 조약(1884)
텐진 조약(청-일본, 1885)

다롄

용암포
원산
진남포
한성
인천
조선
부산

청
조·청 상민 수륙
무역 장정(1882)
텐진 조약(청-일본, 1885)

청

황해

시모노세키

거문도

일본

영국 거문도 사건(1885)

울 따름입니다. 여하튼 러시아를 끌어들였더니 러시아의 라이벌 국가였던 영국이 '혹시 러시아가 조선을 발판으로 삼아 중국에 넘어오려는 거 아닐까?'라는 의심을 품게 되죠. 영국은 이미 중국의 주도권을 확보한 상태였는데, 여기에 라이벌이 들어올까봐 경계한 거예요. 그래서 영국은 러시아의 남하를 막는다는 구실로 러시아에 근접한 조선의 **거문도를 불법 점령**합니다. 말도 안 되는 일이 또 벌어지고 있어요. 외세를 끌어들였을 때 이런 어처구니없는 일이 마구 벌어진다는 것이 100여 년 전 근대 사회에서 우리가 꼭 기억해야 할 부분이라는 생각이 듭니다.

이렇게 문제가 심각해지니까, 해결을 위한 방법들이 논의되는데 바로 중립화 논의입니다. 조선 중립화론이라고 하는데, '우리 이도 저도 하지 말고 딱 중립하자'는 것입니다. 이를 주장한 대표적인 인물이 **유길준**입니다. 미국, 유럽을 다녀오면서 쓴 견문록 《**서유견문**》으로 유명한 사람이죠. 그리고 독일인 부들러도 있습니다. 조선에 주재했던

양복 차림의 유길준

독일 외교관 부들러가 조선 중립화 안을 정부에 건의했었죠. 그런데 또 독일인이라니, 남원군 묘를 도굴하려 했던 오페르트, 청에서 파견한 고문 묄렌도르프, 그리고 중립화 논의의 부들러, 이렇게 지금까지 세 명의 독일인을 만나게 되었습니다. 다시 영국의 거문도 불법 점령 이야기로 돌아가볼게요. 조선의 강력한 항의와 청의 중재로 영국은 결국 물러납니다. 하지만 이를 계기로 청나라의 내정 간섭은 더욱 심해지죠.

큰★별쌤의 인물 이야기
조선 중립화를 주장한 유길준

유길준은 19세기 말 우리나라 최초로 일본과 미국에 국비로 유학한 인물로, 유럽과 동남아를 두루 돌아보고 온 덕분에 누구보다 나라 밖 사정에 밝았습니다. 그는 《서유견문》이라는 국한문 혼용의 서양 견문록을 최초로 쓴 사상가이기도 했지요. 유길준의 개화 사상은 급진 개화파와는 달랐습니다. 그는 '조선의 좋은 점은 남기고 해로운 부분은 서구의 문명을 새로 받아들여 조선 실정에 맞게 고쳐 적용해야 한다'고 주장하며, 입헌 군주제 도입과 근대적인 세제 개혁, 화폐의 통용, 무역 진흥, 교육 제도의 개편 등을 제안하였습니다. 조선을 둘러싸고 열강의 대립이 격해지자 조선 주재 외교관 부들러가 조선 중립화 안을 조선 정부에 건의했는데, 이때 미국 유학에서 돌아온 유길준도 조선 중립화론을 구상했지만 정책에 반영되지는 않았습니다.

반면 일본은 갑신정변 때 일어난 창덕궁 교전에서 청에 패한 뒤 정치적으로 후퇴할 수밖에 없었어요. 그래서 경제적 침투에만 집중하는 모습을 보입니다. 조·일 수호 조규로 이미 문을 열어놓았으니, 쌀과 면제품을 교환하면서 이득을 취하는 데만 일단 집중한 것이죠.

: 다음은 국내 상황입니다 :

이번에는 내부로 와보겠습니다. 일본이 서양으로부터 들여온 면제품을 조선에 가져와 쌀과 교환해가는 미면 교환 시스템을 확장하면서, 무슨 일이 벌어졌을까요? 네, 예상할 수 있듯이 쌀값이 폭등합니다. 백성이 먹고살기 어려운 상황이 벌어지고 있는 겁니다. 게다가 1880년대도 여전히 개화 정책을 추진해야 하는 상황, 절대적으로 돈이 필요하니 정부는 그 돈을 세금으로 충당하려고 합니다. 조세 부담이 더욱 심해진 것이죠. 이렇게 거둬들인 조세가 과연 어디에 들어갔는지 살펴보도록 할게요.

1880년대 근대적인 시설이 많이 들어옵니다. 대표적으로 1885년 **전신**이 들어와요. 임오군란, 갑신정변 등이 벌어졌을 때, 청나라도 그렇고 일본도 그렇고 본국에 빨리 알려야 하는데 방법이 없는 겁니다. 배를 타고 가서 소식을 전하기엔 시간이 너무 걸리고요. 그래서 전신을 통해 본국에 전보를 보내기 위해 이때 전신을 놓게 된 것입니다. 이어서 1887년 조선에 드디어 **전등**이 들어옵니다. 전등이 가장 먼저 들어온 곳은 경복궁이에요. 처음엔 불이 건들거리며 들어왔다 나갔다를 반복한다고 해서 건달불이라고도 했대요. 이걸 놓으려

경복궁 전등
1887년 3월 6일, 조선 최초의 전등이 켜졌다. 또다시 임오군란 같은 병란이 일어날 것을 두려워한 고종은 미국에 다녀온 사절단의 건의로 에디슨 전기 회사와 계약을 맺고, '궁궐 내에 전등을 많이 켜서 새벽까지 훤하게 하라'는 명을 내렸다.

면 또 돈이 들 테고, 그 돈 역시 당연히 세금으로 충당이 됐겠죠.

이 무렵 근대적 학교도 만들어지는데 1886년 설립된 **육영 공원**이 그것입니다. 육영 공원은 국가가 운영한 최초의 학교였는데, 그 이전에는 사립 학교로 **원산 학사**가 있습니다. 최초의 병원도 세워지는데 1885년에 생긴 **광혜원**입니다. 이 병원은 갑신정변과 밀접하게 연결돼 있어요. 갑신정변 때 민씨 세력들이 많이 죽고 다쳤잖아요. 이때 알렌이라는 미국 사람이 민씨 세력을 많이 살려냈는데, 그 보답으로 지어준 병원이 바로 광혜원입니다. 광혜원은 나중에 **제중원**으로 이름을 바꿉니다. 그리고 출판을 담당하는 **박문국**이 있어요. 1883년 생긴

〈한성순보〉
정부가 발행한 우리나라 최초의 근대 신문으로, 박문국에서 1883년 10월부터 열흘에 한 번씩 책자형으로 발행했다. 해당 사진은 1883년 12월 29일 발간된 〈한성순보〉 제7호.

곳인데, 여기서는 우리나라 최초의 신문이라고 할 수 있는 〈한성순보〉를 발간하기도 하죠.

지금까지 갑신정변이 진압된 이후 외부적으로는 외세의 압박이 더욱더 강화됐고, 내부적으로는 개화 정책 추진의 과정에서 필요한 돈을 충당하기 위해 세금을 굉장히 많이 걷었던 1880년대의 모습을 살펴봤는데요. 이 상황들이 바로 동학 농민 운동의 배경이 됩니다. 당시를 살았던 사람들의 감정과 생각이 어떤 모습으로 표출됐는지, 이어서 알아보도록 하겠습니다.

갑신정변 이후 나라 안팎에서 여러 문제가 불거지는 가운데, 외세에 대한 불만이 없었을까요? 당연히 있었겠죠. 그래서 자연스럽게 외세에 반대하는 모습이 나타납니다. 또 가혹하게 세금을 뜯어가는 정부, 신분 제도를 유지하고 있는 봉건 정부에 대한 반발도 거세집니다. 이러한 반봉건과 반외세라는 시대의 과제를 해결하려 한 사건이 바로 동학 농민 운동입니다.

: 고개 너머를 꿈꾼 사람들의 이야기 :

동학 농민 운동을 떠올리면 가장 기억나는 곳이 바로 공주의 우금치입니다. 어떻게 보면 마지막 전투지라고 할 수 있는 곳이죠. 우금치에서 '치'는 고개예요. 고개 위에 이미 일본군이 총을 걸어놓은 상태였어요. 동학 농민군이 그 고개를 넘어야 하는 상황이었습니다. 얼마나 무서웠을까요. 네, 그래서 당시 농민군들은 가슴에 부적을 달고 갑니다. 이 부적을 달면 총알을 맞지 않을 거라는 미신을 믿고서요. 정말 믿었던 건 아니겠죠. 너무 무서우니까 부적에라도 기대서 발걸음을 떼지 않았을까 하는 생각이 들어요. 이런 걸 보면 우금치를 넘으려 했던 동학 농민군들은 용기가 넘쳐서 싸움을 시작한 건 아닌 듯합니다. 두렵고, 무섭지만, 그럼에도 싸워야 했던 거겠죠. 두려움과 무서움을 물리치고 싸워야 했던 이유, 과연 무엇이었을까요?

우리가 저 고개를 넘어야 우리 뒤에 오는 사람들, 그들이 신분제 없는 평등한 나라, 자주적인 나라에서 살 수 있을 것이란 꿈, 그 꿈 하나로 무섭고 두렵지만 우금치를 향해 달려가지 않았을까 하는 생각이 듭니다. 우리에게도 고개가 있을 테고, 그 고개 너머에는 좀더 나은 사회가 있을 거예요. 물론 고개를 넘기란 결코 쉬운 일이 아니죠. 하지만 뒤에 오는 사람들에게 더 나은 삶을 물

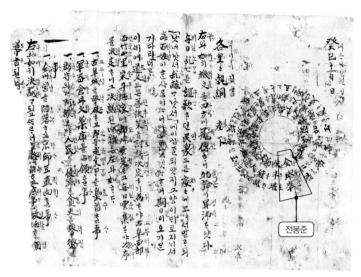

고부 봉기 때 사용된 사발통문
어떤 일을 함께하고자 도모하는 사람들의 이름을, 사발을
엎어서 그린 원을 중심으로 둘러가며 적은 통문(알림글)을
일컬어 사발통문이라 한다. 참가자의 명단이 동그랗게 적혀
있어 주모자(선두의 이름)가 드러나지 않는다. 위 사진을 보
면 전봉준의 이름이 보인다.

려주겠다는 농민군들의 꿈을, 우리는 지금 역사의 선물로 받고 있습니다. 우
리 역시 마찬가지로 고개 너머 더 좋은 사회를 위해 뭔가를 해야 하지 않을까,
생각하면서 동학 농민 운동 이야기를 시작해보겠습니다.

: 동학 농민 운동은 순서를 알아야 합니다 :

동학 농민 운동은 민들이 중심이 되었기에, 아래로부터의 개혁 운동이라고
할 수 있습니다. 동학 농민 운동은 전국적으로 벌어졌는데, 이렇게 확산될 수
있었던 이유가 포접제라는 조직 덕분이었습니다. 한마디로 지역별로 접이 있
었던 건데, 이 접을 이끄는 사람을 접주라고 했습니다. 포접제의 접들은 피라
미드 구조처럼 모두 연결돼 있었어요. 그래서 맨 위에서 소식을 나눠주면 아
주 빠른 속도로 퍼지는, 조직화된 구조였습니다.

동학 농민 운동은 흐름을 잘 파악해야 합니다. 시험에 잘 나오는 부분입니
다. 동학 농민 운동의 출발은 **교조 신원 운동**이에요. 동학의 교조가 누구죠? 예,
최제우죠. 최제우는 세상을 어지럽히고 백성을 속인다는 혹세무민의 혐의로
사형당했는데, 억울하게 죽은 교조의 명예를 회복하고자 한 운동이 바로 교조
신원 운동입니다. 그의 명예를 회복시키지 않으면 나 역시 혹세무민한 종교를
믿고 있는 것이 되니, 교조 신원 운동을 시작하는데 그게 받아들여지지 않아
요. 그래서 이제 행동으로 나서게 되니 그것이 바로 **1차 동학 농민 운동**의 출발

포접제
동학에서 포교를 위해 각 지방에
만든 조직을 일컬어요.

▸**包** 감싸다 포
▸**接** 접하다 접
▸**制** 만들다 제

171

입니다.

만석보 저수지(전북 정읍)
논에 물을 대기 위해 둑을 쌓고 냇물을 가
둬두는 곳을 '보(洑)'라고 한다. 고부 군수
조병갑이 농민들을 강제로 동원해 두 하천
이 합류하는 하류 지점에 또다시 만석보를
축조하고, 새 보에 대한 '수세'라는 명목으
로 많은 쌀을 착취하자 농민들은 봉기했다.
만석보는 현재 기념비만 남아 있다.

1차 동학 농민 운동의 출발점이 됐던 곳은 전라북도 고부입니다. 고부에는 **조병갑**이라는 인물이 있었는데, 고부 지역을 다스리는 수령이었습니다. 그는 세금을 뜯어내려고 혈안이 돼 있었는데, 그 일환으로 **만석보**라는 새로운 저수지를 짓게 해요. 보통 저수지를 이용하면 대가를 지불해야 하거든요. 그래서 세금을 더 거두려고, 이미 저수지가 있는데도 불필요한 저수지를 또 만든 겁니다. 그에 대한 저항 속에 일어난 것이 **고부 봉기**입니다. 결국, 조병갑이 쫓겨나면서 문제가 해결되는 듯했는데, 이 사건을 조사하기 위해 내려온 **안핵사 이용태**가 엉뚱하게 고부 봉기 주동자를 잡아들여요. 그러면서 사람들이 다시 들고일어났는데, 이것이 바로 **백산 봉기**입니다. 이 백산 봉기가 실질적인 동학 농민 운동의 출발이라고도 볼 수 있습니다. 왜냐하면, 여기서부터 멈추지 않고 진격하거든요. 농민군이 진격을 시작한 것이 백산 봉기로, 이제부터 관군들과 부딪치기 시작합니다.

농민군이 관군과 부딪쳐 이긴 전투가 있는데, **황토현 전투**와 **황룡촌 전투**에서 모두 승리를 거둡니다. 그런데 이상하지 않나요? 관군, 즉 정규군과 싸우는데 정규군이 지다니요. 농민군은 숫자는 많아도, 어찌 보면 오합지졸이에요. 농사짓는 사람들이 죽창 하나 들고 싸우러 나간 것뿐이니까요. 그런데 정규군

동학 농민군 승전 기념탑(전남 장성)
전주성을 점령하는 계기가 된 황룡촌 전투의 전적지다. 동학 농민군의 주무기였던 죽창 형상으로 만들어져 있다.

기념탑에 새겨진 부조 정면

이 농민군에 패하다니, 당시 정규군이 얼마나 약했는지 짐작할 수 있죠. 농민군은 바로 **전주성**까지 **점령**합니다. 전주는 우리나라 최대의 곡창 지대인 전라도의 관문 역할을 하던 곳으로 전라도 관찰사가 머무는 곳인데, 여기에 농민군이 들어간 거예요. 역사상 이런 일은 없었던 것 같아요. 그러니 정부도 놀랄 수밖에요.

농민군의 기세에 깜짝 놀란 정부가 어떤 선택을 했을지, 느낌이 오시죠? 예, 우리의 예상을 벗어나지 않고, 또 외세에 SOS를 칩니다. 어디일까요? 역시 청나라입니다. 결국 청군이 다시 조선에 들어오는데, 여기서 놓치지 말아야 할 것이 있어요. 청나라 군대가 조선에 들어오면 자동으로 이 조약이 발효돼야 해요. 10년 전 갑신정변 때 청나라와 일본이 체결한 **톈진 조약**입니다. 톈진 조약에 의해 상대국에게 출병한 사실을 통보해야 했던 거죠. 그러자 일본도 파병을 합니다. 그런데 여러분, 이때의 일본은 그때와 다른 일본이에요. 10년 전에는 창덕궁 교전에서 청에 패했지만, 원수를 갚겠다며 10년 동안 칼을 갈았거든요. 뭔가 심상치 않죠.

이런 상황이 펼쳐지니 조선 정부도 깜짝 놀랐어요. "청나라도 들어오고, 일본도 들어오고 이러다 우리나라에서 전쟁하는 거 아냐?" 심상치 않은 기운을 감지한 정부는 서둘러 전주성을 점령한 농민군과 화해합니다. 화해의 시점이 너무 늦은 것 같긴 해요. 당시 집권자들은 모두 바로 앞의 상황만 해결하고자 했던 거 같아요. 여하튼 정부와 농민군이 **전주 화약**을 체결하면서, 농민군은 자진 해산합니다. 그런데 이때 농민군이 화해의 조건으로 내건 것이 '우리가 개혁할 수 있는 공간을 확보해달라'는 요구였습니다. 이에 따라 농민군이 설치한 개혁 기구가 집강소입니다. 그리고 집강소를 통한 개혁을 단행하게 되는데 그것이 바로 **폐정 개혁**이에요. 이때 정부는 농민들의 요구를 들어주기 위해 교정청을 만들어, 개혁에 착수합니다.

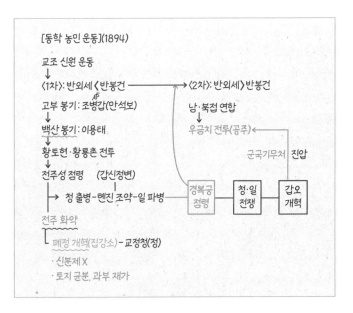

173

농민군이 집강소를 통해 실천해나간 폐정 개혁안의 내용을 살펴볼게요. 굉장히 중요합니다. 먼저 **신분제 폐지**를 주장합니다. 어디서 많이 들어본 것 같죠. 네, 10년 전 갑신정변에서도 역시 신분제 폐지를 주장했죠. 동학 농민 운동에서도 신분제 폐지가 등장합니다. 봉건 시스템을 반대해야 한다는 시대적 과제, 실천을 담아내고 있는 개혁안이 바로 폐정 개혁안이라고 볼 수 있는 것이죠. 하지만 농민군은 여기서 한발 더 나아가, **토지 균분**도 들고 나옵니다. 그리고 **과부들의 재가**도 **허용**하라고 주장해요. 중요한 건 모두 주장이라는 사실입니다. 아직 정부가 완전히 정책적으로 받아들인 건 아니지만, 어쨌든 이렇게 개혁이 이루어지고 있었다는 걸 기억해두시면 되겠습니다.

: 그리고 청·일 전쟁이 벌어집니다 :

문제는 일본입니다. 앞서 일본이 10년 동안 칼을 갈았다고 했었잖아요. 일본은 이번엔 확실히 뭔가를 잡겠다는 의지가 있었거든요. 전주 화약 체결 이후 조선 정부는 청과 일본에 군대의 철수를 요구했어요. 하지만 일본은 이를 무시하고, 고종과 명성 황후가 있는 경복궁을 점령해버립니다. 그리고 일본은 고종과 명성 황후를 확보한 상태에서 청나라를 기습 공격하지요. 이렇게 전개된 것이 바로 **청·일 전쟁**이에요. 청·일 전쟁의 출발은 서해에 있는 안산, 그 앞에 풍도라는 섬이에요. 풍도에서 일본이 기습 공격을 하면서 안산으로 퍼져 평양까지 쭉 올라가고, 결국 조선 전역이 전쟁터가 되어버립니다. 가슴 아픈 일이죠.

1894년은 굉장히 중요한 해에요. 동학 농민 운동이 일어나고, 경복궁이 점령됐고, 청·일 전쟁이 일어났고, 이후 갑오개혁이 단행되었습니다. 아주 복합적인 일들이 벌어지고 있으니 꼭 기억해두기 바랍니다.

일본에 의해 경복궁이 점령된 걸 알게 되면서 농민군들이 다시 일어납니다. 2차 봉기죠. **1차 봉기**는 반외세·반봉건 중에서 내부적인 요소인 **반봉건적인 요소**가 더 많아요. 반면 **2차 봉기**는 **반외세적인 성격**이 좀더 강합니다. 이렇게 1차 봉기에서 2차 봉기로 넘어가는 과정에서 가장 중요한 것, 2차 봉기가 일어난 결정적 계기가 바로 **일본군의 경복궁 점령**이라는 점, 기억해두시고요.

2차 봉기는 규모가 더 커집니다. 포접 중에도 남접과 북접이 있는데 **남·북**

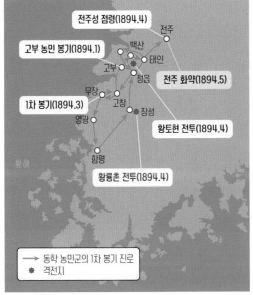

동학 농민군의 1차 봉기

전주성 점령(1894.4)
전주
고부 농민 봉기(1894.1)
백산
태인
고부
정읍
전주 화약(1894.5)
1차 봉기(1894.3)
무장
고창
장성
영광
황토현 전투(1894.4)
함평
황룡촌 전투(1894.4)
황해

→ 동학 농민군의 1차 봉기 진로
✳ 격전지

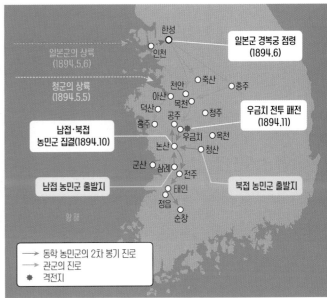

동학 농민군의 2차 봉기

한성
인천
일본군 경복궁 점령(1894.6)
일본군의 상륙(1894.5.6)
청군의 상륙(1894.5.5)
천안
죽산
중주
아산
목천
덕산
공주
청주
우금치 전투 패전(1894.11)
홍주
우금치
옥천
남접·북접 농민군 집결(1894.10)
논산
청산
군산
삼례
전주
북접 농민군 출발지
남접 농민군 출발지
태인
정읍
순창
황해

→ 동학 농민군의 2차 봉기 진로
→ 관군의 진로
✳ 격전지

접이 **연합**합니다. 그리고 남·북접 연합이 연합하면서 일으켰던 전투가 바로 **우금치 전투**입니다. 농민군이 두려움을 무릅쓰고 공주의 고개를 넘어가려 했던 그 전투죠. 다시 한번 강조하지만 공주는 매우 중요한 곳입니다. 백제 무령왕릉이 있고, 공주 명학소에서 망이·망소이의 난이 일어나잖아요. 여기에 동학 농민 운동도 연결되어 있다는 사실, 꼭 기억해두시고요. 하지만 정말 아쉽게도 동학 농민군은 우금치 전투에서 일본에 패하고. 동학 농민 운동은 실패로 돌아가고 맙니다.

지금까지 동학 농민 운동이 일어난 배경과 전개 과정을 살펴봤습니다. 갑신정변 이후 불안정하고 불합리했던 국내외 정세가 배경이 되었고, 시대정신이라 할 수 있는 반외세·반봉건의 정신을 토대로 한 운동이었죠. 이런 흐름 속에서 1894년 일어난 사건이라는 사실을 기억하시길 바라며, 다음 장으로 넘어가겠습니다.

동학군의 신무기 장태
원래 닭을 넣어 기르는 용도였으나, 관군을 상대로 첫 승리를 거둔 것으로 알려진 황룡촌 전투에서는 무기로 등장했다. 농민군들은 장태의 내부에 볏짚을 가득 넣은 후 뒤에 숨어 총알을 피하거나, 밑에서 올라오는 관군을 막기 위해 높은 곳에서 굴리는 등에 장태를 이용했다.

갑오개혁

우리나라 역사에서 굉장히 중요한 개혁이 하나 있어요. 역시나 1894년에 일어난 개혁인데요. 거듭 강조하지만 1894년은 우리나라 역사에서 중요한 해입니다. 동학 농민 운동이 벌어졌고, 청·일 전쟁이 있었죠. 그리고 이제 이야기할 갑오개혁이 있었던 해도 1894년입니다. 갑오개혁은 조선 정부의 개혁 의지와 일본의 간섭 속에 시작된 개혁인데, 과연 어떤 일들이 있었는지 함께 살펴보시죠.

: 1차 갑오개혁이 시작됩니다 :

군국기무처
1차 갑오개혁의 중추적 역할을 한 관청으로 정치 및 군사에 관한 일체의 사무를 관장했다.

▸**軍** 군사 군
▸**國** 나라 국
▸**機** 틀 기
▸**務** 힘쓰다 무
▸**處** 자리잡다 처

일본이 경복궁을 점령하면서 동학 농민군의 2차 봉기가 일어났지만, 안타깝게도 실패로 돌아갔다는 사실을 살펴봤는데요. 경복궁을 점령한 일본은 조선에 개혁을 압박하며, **군국기무처**를 설치하게 합니다. 군국기무처는 갑오개혁을 단행했을 뿐만 아니라 동학 농민군을 진압하는 지휘 역할도 담당한 곳이죠. 1880년대 개화 정책을 추진한 기구가 통리기무아문이라고 말씀드렸는데, 1890년대 갑오개혁을 총괄한 기구는 군국기무처라는 것, 연결해서 기억해 두시고요.

갑오개혁을 이끌었던 인물은 김홍집인데, 많이 들어본 이름이죠. 네, 2차 수신사로서 논란의 책《조선책략》을 가져왔던 바로 그 김홍집입니다. 그리고 또 한 사람, 흥선 대원군이 있습니다. 갑신정변 당시 급진 개화파가 임오군란 때 청으로 끌려갔던 흥선 대

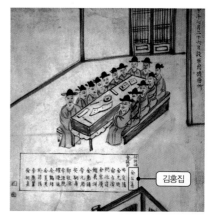

1차 갑오개혁 당시 군국기무처의 회의 모습
참석 명단에 김홍집이 보인다.

김홍집

원군의 송환을 요구했었던 것, 기억하시죠? 갑신정변 이후 1885년 조선으로 돌아온 흥선 대원군이 다시 정치 일선에 나서는 것일까요? 사실은 일본군이 흥선 대원군을 영입한 것인데요, 그는 이름만 걸어놨을 뿐이고, 갑오개혁의 중심은 김홍집입니다. 갑오개혁은 1차와 2차로 나누어 진행되는데, 우선 1차 갑오개혁 때 정치, 경제, 사회 부분에서 각각 어떤 개혁들이 있었는지 살펴보도록 하겠습니다.

먼저 정치입니다. 우선 왕실에 관한 여러 업무를 총괄하는 관청으로 **궁내부**를 설치합니다. 그리고 조선 왕조 500년 동안 지속됐던 의정부 6조 체제를 **의정부 8아문**으로 개편합니다. '6조'를 '8아문'으로 바꾼 것인데 여기서 '아문'이라는 단어, 일단 기억해두시고요.

다음은 경제 부분의 개혁을 살펴볼게요. 우선 **도량형**을 **통일**합니다. 길이, 부피, 무게 등을 재는 단위를 도량형이라고 하는데, 이전까진 도량형이 통일돼 있지 않았어요. 조금 과한 비약이지만, 부산에서 산 30센티미터 자와 서울에서 산 30센티미터 자의 길이가 다 달랐는데, 이걸 통일시킨 겁니다. 그리고 재정을 일원화해요. 이거 굉장히 중요한 설명입니다. 재정의 일원화는 앞서 갑신정변 때도 나왔었는데, 그때는 호조로 재정의 일원화를 주장했죠. 그런데 의정부 6조를 의정부 8아문으로 개편하면서, 6조 중 하나인 호조도 없어졌습니다. 그래서 갑오개혁 때 나온 곳이 바로 **탁지아문**입니다. 위에서 '아문'이라는 단어를 기억해두시라고 했는데, 8아문 중 하나인 탁지아문에서 재정을 담당했던 거예요. 이어서 **조세의 금납화**도 이루어집니다. 그동안 현물로 내던 세금을 이제 돈으로 내도록 한 것이죠.

그리고 다음이 중요합니다. 바로 은 본위제가 시행됩니다. 은 본위제란 화폐를 발행할 때 가지고 있는 은만큼만 돈을 찍어내는 거예요. 그럼 금 본위제는, 가지고 있는 금만큼만 돈을 찍어내는 거겠죠. 금 본위제는 나중에 메가타의 화폐 정리 사업에서 보게 될 테니, 여기서는 1차 갑오개혁 때 은 본위제가 시행됐다는 것만 기억해놓으시면 되겠습니다.

마지막으로 사회 부분을 볼게요. 갑오개혁의 백미는 바로 사회 면의 개혁

탁지아문
▶ 度 헤아리다 탁
▶ 支 가르다 지
▶ 衙 마을 아
▶ 門 문 문

이라고 할 수 있는데, 우선 **신분제가 폐지**됩니다. 이게 가장 중요한 것이죠. 무려 몇천 년간 내려왔던 신분제가 폐지됐으니까요. 저희 집도 가만 보면 옛날에 대단한 집안은 아니었던 거 같아요. 그런데 지금 이렇게 여러분에게 뭔가를 이야기하고 가르칠 수 있다는 것, 이것이 갑오개혁의 힘입니다. 여러분, 이건 그냥 글자로만 받아들이면 안 되는 굉장히 중요한 역사의 혁명입니다.

그리고 **과부의 재가가 허용**됩니다. 그런데 신분제 폐지와 과부의 재가 허용은 둘 다 동학 농민 운동 때 폐정 개혁안에서 주장했던 내용이었죠. 또 신분제 폐지는 갑신정변의 개혁 정강(14개조 개혁안)에도 있었고요. 그것들이 이제 다 이루어지고 있는 겁니다. 그리고 마지막으로 **과거제가 사라집니다.** 고려 광종 때부터 실시된 오랜 전통이 역사 속으로 사라지는 모습, 1차 갑오개혁에서 중요한 일들이 많이 벌어지고 있다는 것을 알 수 있겠습니다.

중요한 건 이것들이 다 시행되고 있다는 겁니다. 갑신정변이나 동학 농민 운동에서는 주장은 했으나 실행은 되지 않았잖아요. 그런데 갑오개혁 때는 진짜로 실행됐으니, 역사적 의의가 크다고 하겠죠. 또 하나 중요한 사실은 갑신정변과 동학 농민 운동이 비록 실패하긴 했지만, 그들이 역사 발전에 부합하는 주장을 했기에 훗날 그들의 주장이 이렇게 실현되고 있다는 점입니다. 비록 그 순간엔 성공하지 못할지라도 그것이 역사 발전에 맞는다면 반드시 이루어진다는 사실, 역사를 통해 되새기시면 좋겠습니다.

: 이제 2차 갑오개혁을 보시죠 :

1차 갑오개혁이 진행될 때가 청·일 전쟁이 벌어진 때인데, 청·일 전쟁에서 일본이 승기를 잡았어요. 그러자 일본이 욕심을 냅니다. 사실 1차 갑오개혁에서 일본은 전쟁에 집중하느라 개혁에 개입할 여지가 많지 않았거든요. 그런데 전쟁에서 승리하는 것이 보이자 2차 갑오개혁에서 자신들의 입김을 좀더 불어넣으려고 합니다. 그래서 고종에게 종묘에 가서 독립 서고문을 낭독하고, 1차 갑오개혁의 내용을 법제화한 홍범 14조를 반포하도록 합니다. 종묘는 조상의 위패를 모신 곳인데, 거기에서 홍범 14조를 선포하도록 압박을 가한 것이죠.

그리고 군국기무처를 없애고, 갑신정변 때 일본으로 쫓겨왔던 **박영효**를 개

독립서고문
▶ 獨 홀로 독
▶ 立 서다 립
▶ 誓 맹세하다 서
▶ 告 고하다 고
▶ 文 글월 문

홍범 14조
일본의 압력에서 비롯됐으나 14개 조항의 강령에는 개화파 관료들의 개혁 의지가 반영되기도 했습니다. 우리나라 최초의 헌법이라 할 수 있지만 이후 일본의 내정 간섭이 더 심해졌어요.
▶ 洪 넓다 홍
▶ 範 법 범
▶ 十 열 십
▶ 四 넉 사
▶ 條 조목 조

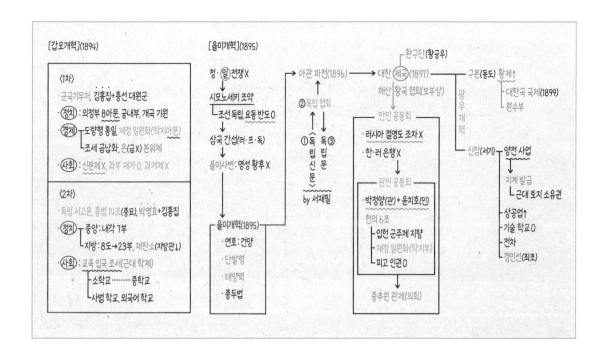

[갑오개혁](1894)

〈1차〉
• 군국기무처, 김홍집+흥선 대원군
• (정치) 의정부 8아문, 궁내부, 개국 기원
• (경제) 도량형 통일, 재정 일원화(탁지아문)
　└ 조세 금납화, 은(금)X 본위제
• (사회) 신분제X, 과부 재가O, 과거제X

〈2차〉
• 독립 서고문, 홍범 14조(종묘), 박영효+김홍집
• (정치) 중앙 : 내각 7부
　└ 지방 : 8도→23부, 재판소 (지방관↓)
• (사회) 교육 입국 조서(근대 학제)
　┌ 소학교 ········ 중학교
　└ 사범 학교, 외국어 학교

[을미개혁](1895)

청·일 전쟁X
↓
시모노세키 조약
└ 조선 독립 요동 반도 O
↓
삼국 간섭 (러·프·독)
↓
을미사변 : 명성 황후X
↓
을미개혁(1895)
• 연호 : 건양
• 단발령
• 태양력
• 종두법

아관 파천(1896) → 대한 (제국)(1897)
↑ 해산 황국 협회(보부상)
②독립 협회

①독 독③
립 립
신 문
문

by 서재필

환구단(황궁우)

├ 구본(동도) 황제↑
│ └ 대한국 국제(1899)
│ └ 원수부

만민 공동회
• 러시아 절영도 조차X
• 한·러 은행X
↓
관민 공동회
• 박정양(관) + 윤치호(민)
• 헌의 6조
　├ 입헌 군주제 지향
　├ 재정 일원화(탁지부)
　└ 피고 인권O
↓
중추원 관제(의회)

광무개혁

├ 신창(서기) ─ 양전 사업
│ └ 지계 발급
│ └ 근대 토지 소유권
│ • 상공업↑
│ • 기술 학교O
│ • 전차
│ • 경인선(최초)

혁의 중심에 세웁니다. 물론 김홍집도 여전히 개혁에 가담하지만 2차 갑오개혁의 방점은 박영효입니다. 그럼 친일 인사를 중심으로 진행된 2차 갑오개혁에서는 어떤 개혁이 이루어졌는지 살펴보겠습니다.

먼저 정치부터 보겠습니다. 우선 중앙 개혁이에요. 1차 때 의정부 8아문으로 바꾼 것을, 다시 **내각 7부**로 개편합니다. 다음으로 지방은 8도 체제를 **23부 체제**로 바꿉니다. 그리고 이제 중요한 것이 나옵니다. 바로 **재판소 설치**예요. 재판소는 말 그대로 재판하는 곳인데, 이것이 **지방관의 권한**을 **약화**시킵니다. 조선의 수령인 지방관은 행정, 사법, 군사를 모두 겸임하고 있었잖아요. 지금하고는 다르죠. 만약 지금 서울에 사는 사람이 억울한 일이 생기면 서울 시장을 찾아가는 게 아니라, 법원으로 가잖아요. 갑오개혁 전에는 수령이 법적 문제까지 다루었는데, 재판소가 설치되면서 법적인 것은 모두 여기서 해결하게 되었어요. 이렇게 행정과 사법이 분리된 시점이 바로 2차 갑오개혁 때부터라는 것, 기억해두시고요.

다음으로 사회 개혁에서 가장 중요한 건 **교육 입국 조서 반포**입니다. 근대의 학제가 여기서부터 출발해요. 지금 우리 교육이 초등학교, 중학교, 고등학교, 대학교, 이런 식으로 순서가 있잖아요. 이것이 근대적 학제인데, 그 출발이 2차 갑오개혁의 교육 입국 조서 반포라는 것이죠. 교육 입국 조서 반포 이후 나중에 출발한 학교들을 살펴볼게요. 먼저 학생들을 가르치려면 교사가 필요하니까 사범 학교도 세워지고, 소학교가 세워진 후 중학교까지 만들어집니다. 또 외국어 학교 등도 만들어져요.

1·2차 갑오개혁은 이토록 많은 일을 이루어냈는데, 우리 역사에서 진정 중요한 포인트가 되는 시점이 갑오개혁이 아닐까 싶습니다. 무엇보다 신분제 폐지가 정말 크다는 생각이 들어요. 그리고 이때 **연좌제도 폐지**됩니다. '반역을 하면 3대를 멸한다'는 말이 있잖아요. 이런 걸 연좌제라고 하는데 갑오개혁 때 없어진 것이죠. 이처럼 인간의 인권을 존중하는 시스템이 들어오기 시작했다는 것이 갑오개혁의 의미로 볼 수 있는데, 다만 이런 개혁을 모두 우리 힘으로만 이루었다면 좋았겠지만 배후에 일본이 있었다는 사실이 아쉬움으로 남습니다.

: 을미사변과 을미개혁 :

2차 갑오개혁이 진행되는 과정에서 결국 청·일 전쟁에서 일본이 승리합니다. 그러면서 맺은 조약이 있는데, 바로 **시모노세키 조약**이에요. 일본과 청이 체결한 이 조약의 핵심은 조선의 자주독립입니다. 일본이 어떻게든 청과 조선의 관계를 끊기 위해 무던히 애

시모노세키 조약 조인식

썼다는 사실을 알 수 있죠. 또한 일본은 시모노세키 조약을 통해 랴오둥 반도 땅을 가져갑니다. 300년 전 일본의 도요토미 히데요시는 명을 치러 가야 하니 길을 내라는 정명가도(征明假道)를 외치면서 임진왜란을 일으켰다가, 실패했습니다. 그런데 지금 이토 히로부미가 도요토미 히데요시의 뜻을 이룬 겁니다. 나중에 안중근 의사의 손에 죽는 이토 히로부미가 지금은 이런 일을 주도하고 있습니다.

그런데 문제가 생깁니다. 일본이 랴오둥 반도를 차지했더니, 러시아가 랴오둥 반도가 자기 영역이라고 나선 거예요. 그러면서 러시아를 중심으로 **러시아·프랑스·독일** 세 나라가 랴오둥 반도를 청에게 반환하도록 일본을 압박하

는 **삼국 간섭**이 벌어집니다. 물론 핵심은 러시아예요. 그러자 일본은 랴오둥 반도를 순순히 토해냅니다. 여러분, 조선 정부가 이 모습을 보았어요. 청나라를 무너뜨린 일본을 보고 "와, 대단하다. 우리는 어떻게 할 수 없나 보다" 하고 체념하고 있었는데, 그 일본이 맞서보지도 못하고 꼬리를 내리는 나라가 있더란 말입니다. 그래서 조선 정부는 러시아를 끌어들여서 일본을 견제해봐야겠다는 생각을 하게 됩니다. 외세를 끌어들이면 안 된다는 걸 계속 확인했는데도 또 끌어들이고 만 겁니다.

러시아가 개입해 압박에 들어가자 일본은 조선까지 잃을 수는 없다고 하며 **을미사변**을 일으킵니다. 네, 을미사변은 명성 황후 시해 사건입니다. 낭인들이 출동해 명성 황후를 죽이는 너무 가슴 아픈 일이 일어났습니다. 그러면서 일본은 또다시 **을미개혁**을 밀어붙여요. 을미사변과 을미개혁 모두 1895년의 일입니다. 을미개혁에서는 또 어떤 일들이 일어났을지, 한번 보겠습니다.

먼저 조선 시대 최초의 **연호**가 사용됩니다. 1차 갑오개혁 때도 중국의 연호가 아니라 개국 기원, 즉 조선이 건국했던 연도부터 계산해서 올해가 개국 몇 년이라는 식으로 쓰긴 했습니다. 그런데 이제 더 나아가서 연호를 세우게 된 것인데, 이때의 연호는 **건양**이었습니다. 그리고 을미개혁의 핵심인 **단발령**이 시행됩니다. 이로 인해 그야말로 문화적 아노미가 발생합니다. 사람들은 상투를 잘리지 않기 위해 도망가고, 경찰은 이들을 잡기 위해 달리기를 잘하는 사람을 뽑기도 했어요. 다음으로 **태양력**을 사용합니다. 지금 우리가 사용하는 양

큰★별쌤의 사건 이야기
의병 투쟁을 일으킨 단발령

1895년 김홍집 내각은 을미사변 이후 내정 개혁에 주력하는데요. 이때 전국에 단발령을 내려 백성들에게 머리를 깎게 합니다. 일본의 강요로 고종이 먼저 서양식으로 머리를 깎았습니다. 당시 '신체발부(身體髮膚)는 부모에게서 받은 것이니 감히 훼손하지 않는 것'이 효도의 시작이라는 유교의 가르침이 깊게 자리하고 있었습니다. 많은 선비들은 손발은 자를지언정 두발을 자를 수는 없다고 분개하며 단발령에 완강하게 반대했지요. 더구나 김홍집 내각이 친일 내각이라는 평가를 받는 상황이라 국민들은 더욱 분개했습니다. 단발령 반대가 원인이 되어 결국 의병을 일으켜 정부 시책에 대항했지요. 정부는 친위대를 파견해 의병 활동을 진압했지만, 김홍집 내각은 무너졌습니다.

질문 있어요!

Q 동학 농민 운동, 갑오개혁, 청·일 전쟁 등 비슷한 시기에 일어난 일들이 많아 정확한 순서가 궁금합니다.

A 청·일 전쟁은 조선의 영유권을 둔 청과 일본 간에 벌어진 전쟁입니다. 동학 농민 운동의 진압을 위해 청 군대가 조선에 들어오자 텐진 조약에 의해 일본의 군대도 조선으로 들어오게 됩니다. 그러나 일본군은 경복궁을 점령하고 청 군대를 기습 공격하여 청·일 전쟁을 일으킵니다. 이후 갑오개혁을 추진하죠. 그리고 개혁 추진 기구로 군국기무처를 설치했습니다.

력이 바로 태양력입니다. 그리고 천연두를 예방하기 위해 **종두법**이 **시행**됩니다. 정약용의 《마과회통》 이야기를 하면서 나왔던 그 종두법이 을미개혁 때 반영된 겁니다.

1차 갑오개혁부터 2차 갑오개혁, 그리고 을미개혁까지 살펴봤는데요. 지금 우리가 하고 있는 것들 대부분이 갑오·을미개혁에서 출발한 것이라는 사실을 알 수 있었습니다. 엄청난 변화가 일어났던 이 개혁들 이후 세상은 어떤 모습이 되었을까요? 이어서 확인해보겠습니다.

독립 협회, 대한 제국

30-4

갑오·을미개혁의 과정에서 우리는 엄청나게 큰 것을 잃었습니다. 명성 황후는 시해당했고, 그 모습을 고종이 봤어요. 고종은 어떤 생각을 하게 됐을까요? 당연히 두렵고 무서웠겠죠. 고종 뒤에 있던 흥선 대원군도 물러났고, 아내도 죽었습니다. 이제 의지할 데가 아무데도 없어요. 오로지 고종 혼자입니다. 이런 상황 속에서 고종은 어떤 선택을 하게 될까요?

: 고종은 아관 파천을 선택합니다 :

명성 황후는 러시아를 끌어들여 일본을 견제하려다가 변을 당했습니다. 고종이 선택한 방법도 그와 유사하다고 볼 수 있는데, 역시 외세를 끌어들여 일본을 견제하려고 한 겁니다. 하지만 명성 황후의 죽음을 목격하며, 자칫하면 자신도 똑같이 죽을 수 있다는 생각이 들었겠죠. 그래서 외세를 끌어들이는 대신 자신이 끌려갑니다. 러시아 공사관으로 거처를 옮긴 것이죠. 이를 두고 **아관 파천**이라고 합니다. 당시 러시아를 '아라사'라고 불렀거든요. 아라사의 공사관이라고 해서 아관(俄館)입니다. 파천(播遷)은 '임금이 피란한다'는 뜻입니다. 왕이 궁궐 하나 지키지 못하면서 어떻게 나라를 지키는가 하는 생각이 들지만, 한편으로 아관 파천을 통해 정치인 고종이 탄생했다고도 볼 수 있습니다. 이제 자신이 선택하고 자신이 책임져야 하는 상황에서 첫 번째 작품이 바로 아관 파천이었던 것입니다.

비록 외세에 의존하는 방법이긴 했지만, 그 시점으로 본다면 고종은 아관 파천을 통해 러시아와 일본의 팽팽한 균형을 맞춰놓는 데는 성공합니다. 그러면서 자기 나름의 개혁을 펼칠 수 있는 공간을 확보하게 되었다는 것, 이것이 바로 아관 파천의 역사적 의의라고 볼 수 있습니다.

황궁우

환구단

환구단과 황궁우

: 독립 협회와 만민 공동회 :

아관 파천은 당시 고종이 선택할 수 있는 것 중 하나였지만, 아무래도 타국의 영향력을 통해 나라를 안정시키고 개혁을 한다는 것이 긍정적인 모습은 아니잖아요. 그래서 서재필 등에 의해 우리나라 최초의 시민 단체라고 할 수 있는 **독립 협회**가 만들어집니다. 독립 협회는 〈독립신문〉을 만드는 사람들이 주도해서 만든 단체인데, 독립문을 세우는 게 이들의 목표였습니다. 〈**독립신문**〉-**독립 협회**-**독립문**, 이렇게 연결되는 건데 여기서 얘기하는 독립은 중국으로부터의 독립을 뜻합니다. 지금 중국은 시모노세키 조약으로 무너졌잖아요. 조선이 자주국이라고 완전히 선언했거든요. 이를 기념하기 위해 독립이라는 단어를 쓰는 겁니다.

이 과정에서 러시아 공사관으로 피란했던 고종이 경운궁으로 돌아옵니다. 독립 협회에서 환궁을 요청해 돌아온 고종은 **대한 제국**을 선포하고 황제가 됩니다. 이와 관련된 결정적 건축물이 바로 **환구단**이에요. 환구단은 하늘에 제사를 지내는 곳인데, 원래 하늘에 제사를 지내는 건 중국 황제만 할 수 있거든요. 이제 우리도 황제의 나라, 자주독립국임을 널리 알리기 위해, 고종은 환구단에서 황제 즉위식을 진행하고 대한 제국을 선포합니다. 그리고 환구단을 서포트하기 위해 **황궁우**도 만들어요. 지금 환구단은 남아 있지 않고, 황궁우 건물만 있습니다.

서울 서대문 독립문과 영은문 주초

영은문의 기둥을 받치던 밑돌

독립 협회는 종로에서 **만민 공동회**를 여는데, 만민 공동회는 말 그대로 만여 명의 시민들이 모여서 회의하고 시위한 겁니다. 우리나라 최초의 정치 시위라고 할 수 있어요. 당시 러시아가 지금 부산의 영도인 **절영도**를 탐냈거든요. 러시아에서 우리나라 해안을 따라 내려오게 되면 중간에 연료를 보충할 수 있는 공간이 필요한데, 절영도를 그 공간으로 쓰려고 했습니다. 그래서 절영도 조차를 요구했는데, 만민 공동회에 참여한 시민들은 '안 된다'며 격렬한 반대로 저지한 것이죠. 또 **한·러 은행**도 폐쇄시킵니다. 이제 보니 만민 공동회가 힘이 있어요. 지금까지 우리는 외세의 요구를 거부하거나 건축물을 폐쇄한 적이 한 번도 없었잖아요. 늘 을의 위치에 있었는데, 만민 공동회를 통해 처음으로 막아냈단 말이죠. 이처럼 강한 '민(民)'이니 고종이 당시에 민을 믿었더라면 이후의 역사는 달라졌을 거라는 사실을, 이들의 시도가 보여주고 있는 겁니다.

: 이어서 관민 공동회가 열립니다 :

만민 공동회가 힘을 얻게 되니 나중엔 **관민 공동회**를 엽니다. 관민 공동회란 '관'과 '민'이 함께했다는 뜻인데, 여기서 관에 해당하는 인물이 박정양, 민을 대표하는 인물이 윤치호입니다. 독립 협회와 직접 관련이 있는 인물은 앞서 이야기한 서재필인데, 그는 초창기에 활동한 뒤 미국으로 건너갔습니다. 그 뒤를 이어 윤치호가 독립 협회를 이끌고 있었는데, 당시 관리였던 박정양과 손을 잡고 관민 공동회를 열게 된 것이죠.

관민 공동회에서는 **헌의 6조**가 결의됩니다. 헌의 6조의 내용 중 첫 번째는 바로 입헌 군주제를 지향한다는 거예요. 왕의 자리는 계속 있지만, 실질적인 정치는 총리나 수상이 할 테니 물러나 있으라는 이야기입니다. 입헌 군주라 함은 헌법이 있고, 그 밑에 군주가 있다는 의미예요. 전제 군주제에서는 헌법이 곧 군주일 수 있는데, **입헌 군주제**에서는 헌법이 더 강한 것이죠.

다음은 **재정의 일원화**입니다. 갑신정변에서 재정을 호조로 일원화할 것을 주장했고, 갑오개혁 때는 탁지아문으로 일원화했었죠. 이때는 내각 7부로 바뀐 상태라서 탁지부로 재정을 일원화할 것을 주장합니다. 헌의 6조에는 **피고의 인권**을 **존중**하라는 내용도 들어 있어요. 조선 시대를 배경으로 한 사극에 보면 죄인이 끌려왔을 때 일단 주리부터 틀잖아요. 고통을 줘서 자백하도록

입헌 군주제
군주의 권력이 헌법에 의해 일정한 제약을 받는 정치 체제입니다.
▶ 立 세우다 립
▶ 憲 법 헌
▶ 君 임금 군
▶ 主 주인 주
▶ 制 제도 제

질문 있어요!

Q 갑신정변, 갑오개혁, 관민 공동회에서 재정 일원화가 공통으로 나타납니다. 재정 일원화를 이렇게까지 반복적으로 주장해야만 했던 이유가 있나요?

A 조선 시대에는 호조뿐만 아니라 여러 관청에서 재정을 담당했어요. 재정을 체계적으로 관리하기 위해서는 돈이 나가는 곳을 하나로 만들 필요가 있었어요. 그래서 재정을 일원화하고자 했던 것이죠. 결국 재정을 담당한 기구는 호조가 탁지아문으로, 또 탁지아문이 탁지부로 명칭이 개편된 것이에요. 갑오개혁 때 탁지부로의 재정 일원화를 시도했지만, 궁내부의 재정은 역시나 별도로 운영되었어요.

만든다는 거죠. 그런데 죄가 없는데 끌려갈 수도 있으니, 그런 피고들의 인권을 존중하라는 굉장히 근대적인 개념이 들어가 있는 겁니다.

이후 정부는 독립 협회의 요청을 받아들여 **중추원 관제**를 반포합니다. 왕의 자문 기구인 중추원이 의회와 같은 기능을 수행할 수 있도록 정부와 협상을 벌여, 새로운 중추원 관제를 반포하게 한 것이죠. 즉 **의회 설립 운동**을 했다는 이야기입니다. 이 모든 것이 잘 진행됐어야 하는데 안타깝게도 그러지 못했습니다. 고종이 '내 자리 탐하는 거 아니야? 얘네가 대통령 공화정으로 가서 나를 쫓아내려는 거 아니야?'라며 의심한 거죠. 결국 고종은 독립 협회와 만민 공동회를 해산시킵니다. 해산에 동원됐던 어용상인들은 우리가 앞서 배웠던 보부상이 중심이 된 황국 협회입니다. 황국 협회를 활용해 만민 공동회를 압박하고, 나중에는 군대까지 동원해서 해산시켜버려요. 고종으로서는 마지막 기회를 놓친 거라고 봅니다.

: 그리고 광무개혁이 단행됩니다 :

고종은 이제 혼자입니다. 처음에는 아버지 흥선 대원군이 있었고, 그다음에는 아내 명성 황후 민씨가 있었고, 그 후 민(民), 독립 협회가 있었는데, 지금은 다 떠났습니다. 황제로 즉위한 고종이 단독 플레이를 할 수 있는 **광무개혁**이 단행됩니다. 그 내용을 살펴볼게요.

광무개혁은 구본신참을 기본 방향으로 삼아 진행됐습니다. 예전 온건 개화파의 동도서기와 비슷한 방법이 아닐까 싶은데 구본, 즉 옛것을 근본으로 하고 신참, 즉 새로운 것을 참조한다는 뜻입니다. 여기서 제일 중요한 건 **황제권 강화**입니다. 앞서 고종은 자기 권력이 위협받는다고 의심했잖아요. 그래서 구본의 방법 중 하나로, 개혁을 이행하기 위한 모든 군사권이 황제로부터 나온다는 **대한국 국제**를 선포합니다. 일종의 헌법이라고 볼 수 있는데, 대한국 국제에서 제일 중요한 포인트는 **원수부 설치**예요. 고종은 모든 권력을 이 원수부로 집중시키고, 군 통수권도 장악합니다.

구본신참
▶ 舊 옛 구
▶ 本 근본 본
▶ 新 새롭다 신
▶ 參 참여하다 참

물론 옛것으로 돌아가는 모습만 보인 건 아니고. 새로운 것들도 합니다. 대표적인 것이 **양전 사업**이라고 하는 **토지 조사**예요. 토지 조사를 해서 **지계**를 발급해줬는데, 지계란 토지 계약 문서를 말합니다. 지계 발급은 근대적 토지 소유권을 확립하는 데 굉장히 중요한 의미가 있어요. 또한 **상공업 진흥**에도 힘써, 기술 학교를 세우기도 합니다. 1899년에는 전차와 우리나라 최초의 철도인 **경인선**도 **개통**합니다.

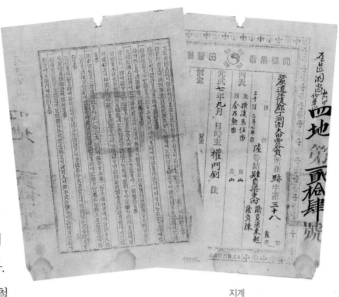

지계
토지의 소유권을 법적으로 인정하는 계약서를 지계(地契)라 한다. 위 사진은 대한 제국 때 발급한 토지 문서로, 당시 지계아문을 설치하고 전답 관계(官契)를 발급했다.

이처럼 고종은 광무개혁을 통해 사회적으로는 새로운 개혁의 모습도 많이 보여주고 있습니다. 그런데 이 광무개혁은 러시아와 일본의 팽팽한 균형을 유지하는 과정에서 가능했던 거죠. 그런데 만약 일본과 러시아의 균형이 깨져버리면 어떻게 될까요? 과연 광무개혁은 계속될 수 있을까요? 이 질문에 대한 답은 다음 강에서 나오니 한번 지켜봐주시기 바랍니다.

큰★별쌤의
한번에 핵심 정리

1 갑신정변 이후의 국내외 정세

국외	• 청의 내정 간섭 심화 → 조선 정부가 러시아에 도움 요청 → 영국이 러시아의 남하를 막는다는 구실로 거문도 불법 점령 ⇒ 조선 내에서 중립화론 대두 by 유길준(《서유견문》), 독일 외교관 부들러 • 일본은 미면(쌀과 면제품) 교환에 집중
국내	• 일본의 미면 교환 시스템이 확장되면서 쌀값 폭등 • 개화 정책 추진에 필요한 자금 충당을 위해 조세 부담 심화 → 전신(1885), 전등(1887, 경복궁), 육영 공원(1886), 광혜원(1885, 추후 제중원), 박문국(1883, 〈한성순보〉) 등에 조세 투여

2 동학 농민 운동

배경	• 조세 부담과 외세의 정치 · 경제 침투로 반봉건과 반외세라는 시대의 과제 대두 → 1차 동학 농민 운동은 반봉건의 성격이, 2차 동학 농민 운동은 반외세의 성격이 강함 • 민들이 중심이 된 아래로부터의 개혁 운동
1차 동학 농민 운동	• 교조 신원 운동 : 동학 교조 최제우의 명예 회복을 위한 운동 → 실패 → 1차 동학 농민 운동의 출발 • 고부 봉기 : 조병갑이 세금을 더 징수하려고 만석보를 쌓게 함 → 농민들의 봉기로 조병갑이 물러남 • 백산 봉기 : 안핵사 이용태가 고부 봉기 참여자 처벌 → 실질적인 동학 농민 운동 • 황토현 전투 · 황룡촌 전투 : 관군과 부딪친 전투에서 모두 농민군이 승리 → 전주성 점령 ⇒ 조선 정부가 청에 도움 요청 → 청군이 파병하자 톈진 조약의 발효로 일본군도 파병 → 정부와 농민군이 전주 화약을 체결하며 농민군 자진 해산 → 농민군은 집강소(+정부는 교정청) 설치 후, 폐정 개혁(신분제 폐지 · 토지 균분 · 과부 재가 허용 주장) 진행
2차 동학 농민 운동	• 일본이 조선 정부의 군대 철수 요구 거부 → 일본군이 경복궁 점령(청을 기습 공격 → 청 · 일 전쟁 발발) → 동학 농민군이 반외세를 외치며 2차 봉기 → 남 · 북접이 연합해 우금치 전투에서 일본군과 싸우나 패배

3 갑오개혁

(1) 1 · 2차 갑오개혁(1894)

	1차 갑오개혁	2차 갑오개혁
배경	• 일본이 개혁을 압박하며 군국기무처 설치 • 김홍집(+흥선 대원군)이 중심이 되어 추진	• 일본이 청 · 일 전쟁에서 승기를 잡으며, 고종에게 종묘에서 독립 서고문을 낭독하고 홍범 14조를 반포하도록 함 • 박영효(+김홍집)을 개혁의 중심에 세움

정치	• 왕실에 관한 업무를 총괄하는 궁내부 설치, 의 정부 6조를 의정부 8아문으로 개편	• 중앙을 내각 7부로 개편, 지방의 8도 체제를 23 부 체제로 개편, 재판소 설치(→ 지방관의 권한 약화)
경제	• 도량형 통일, 재정을 탁지아문으로 일원화, 조 세의 금납화, 은 본위제 시행	
사회	• 신분제 폐지, 과부의 재가 허용, 과거제 폐지 → 갑신정변이나 동학 농민 운동에서 주장됐던 것 이 실제로 시행된 것	• 교육 입국 조서 반포 → 근대 학제의 출발(소학 교, 사범 학교, 외국어 학교), 연좌제 폐지

(2) 을미사변과 을미개혁(1895)

을미사변	• 청 · 일 전쟁에서 일본이 승리 → 시모노세키 조약 체결(조선의 자주독립 선언, 일본의 랴오둥 반도 차 지) → 러시아 · 프랑스 · 독일의 삼국 간섭 → 일본이 랴오둥 반도를 포기하자, 조선 정부가 러시아를 끌 어들임 → 일본이 을미사변을 일으킴 → 명성 황후 시해
을미개혁	• 연호 '건양' 사용 • 단발령 시행, 태양력 사용, 종두법 시행

4 독립 협회, 대한 제국

개요		• 고종의 아관 파천 → 〈독립신문〉을 만들던 사람들이 독립 협회 창립, 독립문 건설을 목표로 함
		• 독립 협회의 환궁 요청으로 돌아온 고종이 환구단에서 대한 제국 선포(1897)
독립 협회 활동	만민 공동회	• 고종의 대한 제국 선포와 황제 즉위로 힘을 얻은 독립 협회가 만민 공동회 개최 - 러시아의 절영도 조차 요구 저지, 한 · 러 은행 폐쇄
	관민 공동회	• 만민 공동회의 성공 이후, 관과 힘을 합쳐 관민 공동회 개최 : 박정양(관)+윤치호(민) • 헌의 6조 결의 : 입헌 군주제 지향, 재정의 일원화(탁지부), 피고의 인권 존중 주장
		• 중추원 관제 선포 : 일종의 의회 설립 운동 ⇒ 고종이 황국 협회와 군대를 동원해 독립 협회 해산시킴
광무개혁		• 황제로 즉위한 고종이 광무개혁 단행 : 구본신참을 기본 방향으로 삼음 - 구본 : 황제권 강화를 위해 대한국 국제 선포(1899), 원수부 설치 - 신참 : 양전 사업(→ 지계 발급 : 근대 토지 소유권 확립), 상공업 진행, 기술 학교 건립, 전차 · 경인선 (우리나라 최초의 철도) 개통

31강

개항기

국권 침탈과 저항

국권 침탈 과정

오늘 우리가 만날 날은 가슴 아픈 날입니다. 대한 제국이 망하는 날이에요. 나라를 망하게 하는 데 앞장섰던 대표적인 인물들이 있는데, 바로 을사오적입니다. 이완용은 다들 잘 아실 텐데, 그 외 사람들은 모르시는 분이 많더라고요. 이완용·이지용·이근택·박제순·권중현, 이렇게 다섯 명이 을사오적입니다. 모두 이제 세상에 없는데, 이렇게 역사 시간만 되면 강제로 소환되어 이름이 불리고 욕을 먹습니다. 우리의 이름은 이런 식으로 불리면 절대 안 되겠죠. 현명하게 잘 살 수 있는 방법을 함께 고민해보는 시간이 되길 바라며, 이야기를 시작해보겠습니다.

: 러·일 전쟁이 벌어집니다 :

우선 지금까지 배운 내용을 쭉 정리해보겠습니다. 조·일 수호 조규(강화도 조약)로 조선의 문이 열렸습니다. 개화 정책이 추진되는 과정에서 차별을 받은 구식 군인들이 임오년에 난을 일으켰죠. 임오군란은 청의 진압으로 실패했고요. 그러면서 청의 내정 간섭이 심해지니까 김옥균을 중심으로 한 신세대들이 정변을 일으켰습니다. 갑신정변은 소수 엘리트가 중심이 된 위로부터의 개혁이었죠. 하지만 이것 역시 청의 진압으로 실패로 돌아갔어요. 자, 그리고 10년 뒤 아래로부터의 개혁이 일어납니다. 1894년 동학 농민 운동이 벌어지죠. 이 동학 농민 운동을 진압하기 위해 또 청나라와 일본이 들어왔고, 이를 계기로 청·일 전쟁이 일어납니다. 그 과정에서 동학 농

대한 제국 황제 고종

덕수궁
아관 파천 이후 고종이 머물던 곳으로 당시 경운궁으로 불렸다. 헤이그 특사 사건으로 고종 황제가 강제 퇴위된 이후, 덕수궁으로 궁호가 개칭되었다.

민 운동이 진압됐고, 같은 해 갑오개혁이 시행되었습니다. 그리고 을미사변을 거쳐 을미개혁까지 연결됩니다. 명성 황후가 시해되었고, 이 모습을 목격한 고종은 두려웠죠. 고종은 러시아 공사관으로 들어가버립니다. 이것이 바로 아관 파천이죠. 그 시기 독립 협회에서 왕에게 돌아오라고 요청한 끝에 다음 해 1897년 고종이 궁으로 돌아와 대한 제국을 선포합니다. 그러면서 광무개혁을 시행했고요.

러시아 공사관(1900년경)

광무개혁은 러시아와 일본이 팽팽한 균형 관계를 유지하고 있었기에 가능했던 것이라고 말씀드렸는데요, 그런데 러시아와 일본의 균형이 깨져버리는 사건이 벌어집니다. 바로 1904년에 일어난 러·일 전쟁입니다. 러·일 전쟁은 굉장한 변화를 가져오는데, 전쟁의 결과부터 말씀드리면 일본이 승리했습니다. 그러면서 엄청난 지각 변동이 이루어집니다. 사실 일본은 전쟁을 수행하는 과정에서부터 이미 우리에게 많은 걸 요구합니다. 러·일 전쟁 발발 직후 일본의 강요로 **한·일 의정서**를 체결했는데, 이를 토대로 일본은 우리나라 내에 일본군이 주둔할 수 있는 토지, **군용지 허용**을 요구했어요. 군사 전략상 필요한 지역들이 있는데 일일이 허락을 받으려면 힘드니까, 군용지를 마음껏 쓰겠다는 거였죠. 이후 러·일 전쟁에서 승기를 잡게 되자 **1차 한·일 협약**을 체결하는데, 이건 뒤에서 자세히 살펴보겠습니다.

그런데 러·일 전쟁은 왜 일어났을까요? 간단합니다. 러시아와 일본이 팽팽한 균형을 맞추고 있었잖아요. 바로 그 균형을 깨기 위해서예요. 전쟁의 직접적인 실마리가 되었던 것은 1903년에 일어난 용암포 조차 사건입니다. 러시아가 압록강 근처 용암포를 조차하겠다고 하자, 일본이 강력하게 항의한 거예요. 당시 팽팽한 세력 균형 속에 러시아가 뭔가 좀 더 가져가면 일본이 으르렁, 일본이 좀더 가져가면 러시아가 으르렁, 이런 상황이었거든요. 서로 팽팽히 대치하던 상황에서 용암포 조차 사건이 결정타를 날렸고, 결국 승자를 가려야만 했죠. 이렇게 러·일 전쟁이 시작됩니다. 게다가 일본

질문 있어요!

Q 러·일 전쟁으로 일본이 강제로 독도를 시마네현으로 편입시켰던 시기는 아직 을사늑약이 체결되기 전으로 알고 있습니다. 당시 일본의 독도 강제 편입에 대한 대한 제국의 대응이 있었는지 궁금합니다.

A 독도는 러·일 전쟁 중 일본의 영토에 편입되었어요. 러·일 전쟁이 발발하고 대한 제국은 중립을 선언했지만, 일본은 대한 제국을 압박해 한·일 의정서를 통한 공수 동맹을 맺도록 강요했어요. 일본군이 서울을 점령하고 있는 가운데 한·일 의정서가 체결되었기에 대한 제국에서 일본에 대항하는 것이 어려웠죠. 바로 이 한·일 의정서를 토대로 독도를 편입시킨 것이에요.

덕수궁 중명전에 전시된 을사늑약 문서

이토 히로부미(좌)와 영친왕
이토 히로부미가 통감으로 재직하던 시절, 대한 제국의 마지막 황태자 영
친왕 이은과 함께 찍은 사진이다. 그는 이은의 스승을 자처했다고 한다.

은 기억하고 있었어요. 10년 전 삼국 간섭 기억하시나요? 청·
일 전쟁의 승리로 랴오둥 반도를 가져간 일본이 러시아·프랑
스·독일 삼국의 압력으로 다시 토해냈었잖아요. 그때 핵심이 러시아였고요.
일본이 과거에 당한 수모를 갚고자 벌인 전쟁이 러·일 전쟁인 것입니다.

: 러·일 전쟁 이후 한·일 관계의 변화 :

러·일 전쟁이 시작되면서 체결된 조약이 앞서 말한 한·일 의정서로, 일본이
군용지를 요구했던 조약이고, 그 후 일본이 승기를 잡으면서 체결한 것이 1차
한·일 협약입니다. 1차 한·일 협약의 핵심은 **고문 정치**예요. 팔 꺾고 아프게
하는 고문이 아니라, '이건 이렇게, 저건 저렇게 하라'고 자문해주는 고문을 말
합니다. 즉 일본이 내정 간섭을 위해 우리나라에 고문을 파견한 것이 바로 고
문 정치입니다. 어떤 고문들이 왔는지 살펴보면, 재정을 담당할 일본인 메가
타, 외교를 담당할 미국인 스티븐스가 왔어요. 이후 스티븐스는 일본이 왜 대
한 제국을 식민지로 삼아야 하는지에 대한 내용을 세상에 알리고 다니는 역할
을 합니다.

그리고 일본이 러·일 전쟁에서 완전히 승리한 후 또 하나의 조약을 체결하는데, 바로 **2차 한·일 협약**입니다. 1905년에 체결된 이 협약을 다른 말로 **을사 늑약**이라고 하는데, 을사늑약의 핵심은 **외교권 강탈**이에요. 이때부터 고문보다 권한이 더 센 **통감**이 부임합니다. 통감 정치의 시작이죠. 1905년 을사늑약을 통해 사실 주권의 90퍼센트가 일본에 넘어갔다고 해도 과언이 아닙니다. 왜냐하면, 우리는 이제 다른 나라랑 협상할 수 없거든요. 우리가 다른 나라와 조약을 체결할 때 일본이 대신해준다는 거예요. 나라라는 껍데기만 있는 것과 다를 바가 없었죠. 그러니까 1905년 을사늑약 때 우리는 다 잃었다고 봐야 하는데, 여기에 앞장섰던 인물들이 바로 이토 히로부미와 을사오적입니다. 이토 히로부미는 이제부터 계속 등장할 겁니다.

그런데 을사늑약을 체결할 당시 고종은 자신의 도장을 스스로 찍지 않아요. 어떻게 보면 소극적 저항이라는 생각이 드는데, 주권자인 고종이 소극적으로 저항하면 안 되는 거잖아요. 혼자 모든 권력을 쥐고 있는 사람이고, 그러기 위해 독립 협회도 해산시켰던 거고요. 그런데 이제 와서 '도장은 안 찍었어'로 면피하려 하다뇨. 여하튼 고종은 '나는 도장을 찍지 않았다, 이거 부당하다'며 을사늑약의 부당함을 알리기 위해 네덜란드 만국 평화 회의에 특사를 파견합니다. 바로 **헤이그 특사**입니다. 이때 파견된 인물은 누가 있을까요? **이준, 이위종, 이상설**입니다. 그러자 일본이 "을사늑약을 통해 너희는 외교권을 강탈당했는데, 왜 외교 행위를 하냐? 이것은 조약 위반이다"며 고종을 강제 퇴위시킵니다. 그리고 그의 아들 순종을 황제의 자리에 올립니다. 이 순종 시대를 융희

큰★별쌤의 인물 이야기

일제의 만행을 세상에 알려라, 헤이그 특사

고종은 일본과 체결한 을사늑약이 부당하다는 사실을 국제 사회에 알리기 위해 1907년 7월 네덜란드 헤이그에서 열리는 만국 평화 회의에 특사를 보냅니다. 이상설·이준·이위종으로 구성된 헤이그 특사는 네덜란드에서 을사조약의 불법성과 일제의 한국 침략을 폭로하고자 했지만, 여러 정부가 이미 을사조약을 승인해 한국 정부의 자주적 외교권을 인정할 수 없다는 이유로 끝내 회의 참석이 거부되었죠. 성과를 거두지는 못했지만, 세계열강에 한국이 주권 회복을 위해 분투하고 있다는 사실을 최초로 알린 데에 의의가 있습니다.

을사늑약

▶ **乙** 둘째 천간 을
▶ **巳** 여섯째 지지 사
▶ **勒** 억지로 하다 늑
▶ **約** 맺다 약

195

헤이그 특사

이준

이상설

이위종

이상설 생가

시대라고 합니다. 고종 시대는 광무라고 했죠. 즉 광무 시대가 끝나고 융희 시대가 열린 겁니다.

순종 즉위 후 일제는 **한·일 신협약**을 체결합니다. 다른 말로 **정미7조약**이라고도 하는데, 이 조약이 체결된 1907년이 정미년이거든요. 한·일 신협약의 핵심은 **군대**를 **해산**하는 거예요. 세상에나, 진짜 큰일이죠. 게다가 통감의 권한이 크게 강화되어 대한 제국의 **차관**으로 **일본인 임명**이 가능해집니다. 그래서 이것을 **차관 정치**라고 이야기합니다. 여러분, 흐름이 보이시나요? 지금 고문 정치, 통감 정치, 차관 정치로 흘러가네요. 그렇다고 통감이 없어지는 건 아니니, 오해하시면 안 됩니다. 한·일 신협약을 통해 통감의 권한은 더욱 세졌다고 보셔야 해요.

을사늑약으로 외교권을 가져가고, 한·일 신협약으로 군대를 해산시킨 일본은 이어 1909년 **기유각서**라는 걸 체결합니다. 이 기유각서의 핵심은 **사법권 강탈**입니다. 이렇게 하나씩 하나씩 다 가져가버린 거예요. 그러면서 결국 **1910년 8월 29일** 경술국치일, **한국 병합 조약**이 체결됩니다. 이건 꼭 기억해뒀으면 좋겠습니다. 좋은 것, 기쁜 것, 신나는 것만 기억하는 게 역사가 아니에요. 아프고, 지우고 싶고, 상처받은 것조차도 기억하는 것이 역사입니다. 그래서 1945년 8월 15일 광복절만 기억하지 마시고, 우리가 나라를 잃어버린 1910년 8월 29일도 기억해주시길 부탁드리며, 다음 이야기로 넘어가보겠습니다.

기유각서
대한 제국의 사법권 및 감옥 사무의 처리권을 일본 정부에 위탁하는 각서를 말합니다.
▶ **己** 여섯째 천간 기
▶ **酉** 열째 지지 유
▶ **覺** 깨닫다 각
▶ **書** 글 서

196

항일 의거 활동

결국, 나라가 망했습니다. 그런데 나라가 망하는 과정에서 "음, 그래. 망하나 보다" 하고 두고만 보지는 않았겠죠. 여기에 맞서 싸운 많은 저항들이 있었는데, 국내외에서 다양한 방식으로 나라를 지키기 위한 활동이 전개됩니다. 하나씩 살펴보도록 하죠.

: 먼저 국내 활동부터 보겠습니다 :

앞서 살펴본 몇 가지 조약을 체결하는 과정에서 어떤 저항이 있었는지 알아볼 텐데요. 먼저 을사늑약으로 우리가 너무 많은 걸 잃어버렸죠. 이 을사늑약에 대한 저항부터 보도록 하겠습니다. 지금 나라가 거의 망하는 수준까지 갔습니다. 그러자 자결을 통해 저항을 보여주고자 하는 사람들이 굉장히 많았는데, 대표적인 인물로 **민영환**이 있습니다. 그는 을사오적의 처형과 을사늑약의 파기를 요구하는 상소를 올렸으나 뜻을 이루지 못하자, 동포에게 유서를 남기고 자결하고 말았습니다.

언론인 **장지연**은 사설을 쓰는데, '시일야방성대곡'이라는 제목의 사설을 당시 〈황성신문〉에 실었습니다. '시일야방성대곡'을 풀

민영환

197

是日也放聲大哭

1905년 11월 20일 〈황성신문〉 2면에 실린 '시일야방성대곡'

장지연

시일야방성대곡

▸ **是** 여기 시
▸ **日** 일 일
▸ **也** 어조사 야
▸ **放** 놓다 방
▸ **聲** 소리 성
▸ **大** 큰 대
▸ **哭** 울다 곡

어 말하면, '오늘 목놓아 통곡하노라'예요. 제가 이 사설을 처음 읽었을 때 정말로 눈물이 나더라고요. '나라가 외교권을 잃어버린 그 순간에 내가 살고 있다면, 그때 이 사설을 읽었으면 어떤 느낌이었을까'를 생각해보니 눈물이 날 수밖에 없었습니다. 이 사설에서 장지연은 을사오적을 매우 준엄하게 비판합니다. 개, 돼지만도 못한 인간들이라고 비판하는 거예요. 거기에 을사늑약에 반대했던 대신들까지 비판합니다. 나라의 외교권이 넘어가는 상황에서 "나는 반대요"라고 했으면 끝나는 거냐며 책임을 묻는 거죠. 그는 어떻게 이럴 수 있냐며, 노예가 될 수밖에 없는 우리 동포들을 향해 부르짖습니다. 그 내용을 조금만 살펴볼게요.

소위 우리 정부의 대신이라는 자들이 출세와 부귀를 바라고 거짓 위협에 겁을 먹어 뒤로 물러나 벌벌 떨며 매국의 역적이 되기를 달게 받아들였다. 4천 년 강토와 5백 년 종사를 남에게 바치고 2천만 국민을 남의 노예로 만드니 (…) 아! 원통하고, 아! 분하도다. 우리 2천만 남의 노예가 된 동포여! 살았는가, 죽었는가! 단군, 기자 이래 4천 년 국민정신이 하룻밤 사이에 갑자기 멸망하고 말 것인가. 원통하고 원통하다. 동포여, 동포여!

198

정말 우리나라 신문 역사에서 한 획을 그은 사설이 아닐까 싶은데요. 기회가 된다면 전문을 찾아서 읽어보시길 권해드립니다. 그런데 장지연이 개, 돼지만도 못하다고 한 을사오적, 이완용·이지용·이근택·박제순·권중현, 이들을 가만둬서는 안 되잖아요. 나라를 팔아먹은 이들을 처단하기 위해 **나철, 오기호** 등이 중심이 되어 **오적 암살단**을 조직합니다. 을사늑약에 대한 저항이 얼마나 강했는지 알 수 있습니다.

: 이어서 국외 활동을 살펴보겠습니다 :

이제 국외에서 벌어진 항일 의거 활동을 살펴볼 텐데, 이를 위해 잠시 앞으로 돌아가보겠습니다. 1차 한·일 협약 때 우리나라에 파견된 고문으로 외교를 담당했던 스티븐스가 있었죠. 그는 당시 우리나라가 왜 일제 식민지가 되어야 하는지 세계에 알리고 있었습니다. '한국민은 독립할 자격이 없는 무지한 민족' 등의 망언을 하고 다녔는데, 우리에게는 정말 나쁜 사람이고, 당연히 가만둘 수 없겠죠. 그래서 1908년 **장인환**과 **전명운**에 의해 스티븐스가 처단되는데, 그 내용이 참 드라마 같습니다.

1908년의 어느 날, 스티븐스는 또 일제가 우리나라를 식민지로 만들어야 하는 이유를 널리 알리기 위해 미국 샌프란시스코를 찾습니다. 그를 처단해야겠다고 결심한 장인환과 전명운은 스티븐스를 기다리고 있었죠. 스티븐스가 나타나자 전명운이 먼저 총을 쏩니다. 그런데 총알이 제대로 나가지 않자, 달려가서 스티븐스와 육탄전을 벌여요. 그런데 이때 갑자기 총소리가 들립니다. 장인환이 전명운과 격투를 벌이고 있는 스티븐스에게 총을 쏜 겁니다. 결국 그 총에 맞아 스티븐스는 사망합니다. 그런데 여러분, 놀랍게도 장인환과 전명운은 서로 모르는 사이였습니다. 스티븐스를 처단하자고 사전에 같이 모의한 게 아니라, 각자 처단을 준비했는데 우연히도 한날한시에 같은 장소에 모인 겁니다. 이런 모습을 보면 당시 모두의 마음속에 나

뤼순 감옥 옥중의 안중근 의사

라를 지키고자 하는 열망이 얼마나 강했는지 조금은 알 듯합니다.

그리고 1909년에는 우리가 잘 알고 있는 안중근 의사가 하얼빈역에서 이토 히로부미를 처단합니다. 안중근 의사의 유언이 '나라가 독립되면 다시 고국으로 돌아가서 묻히고 싶다'는 내용이었는데, 아직도 그 유해를 찾지 못하고 있습니다. 무슨 일이 있더라도 꼭 찾을 수 있기를 바랍니다.

지금까지 국내외에서 벌어진 항일 의거 활동을 살펴봤는데요. 나라를 지키고자 했던 이 뜨거운 정신들은 이후 사그라지지 않고 더 뜨겁게 불타오릅니다. 그 모습을 이어서 확인해보겠습니다.

애국 계몽 운동

오적 암살단, 장인환, 전명운, 안중근까지 정말 대단하죠. 이런 정신이 일제 강점기에 가면 의열 투쟁으로 연결됩니다. 우리에게 닥친 고비마다 분노했던 사람들이 가만히 있지 않고, '내가 한번 해보겠다'며 저항하는 모습을 앞서 보았습니다. 여기에 더해 개인이 아니라 조직적으로 움직였던 사건들도 있습니다. 어떤 내용인지 살펴보겠습니다.

: 애국 계몽 운동이 전개됩니다 :

러·일 전쟁은 굉장한 분기점이 된다고 말했었죠. 러·일 전쟁에서 일본이 승리하면서 우리가 일본의 영향력으로 급속히 빨려들어가자, 이 위기를 어떻게든 극복하기 위해서 많은 사람들이 싸우게 되는 겁니다. 즉 러·일 전쟁을 기점으로 해서 일본에 맞서 싸우는 모습들이 활성화되는데, 그중 하나로 **애국 계몽 운동**이 있습니다.

애국 계몽 운동은 실력 양성을 통해 국권을 회복하자는 조직적 활동이었는데, 러·일 전쟁 전후 본격적으로 활성화됩니다. 이 운동은 특히 사회 진화론의 영향을 받았습니다. 사회 진화론은 약육강식과 적자생존, 즉 힘이 있어야 우리가 생존할 수 있다는 거예요. 그런데 사실 이 이론은 조금 위험합니다. 왜냐하면, 힘이 없으면 우리가 사라지는 것이 정당화되는 거니까요. 어찌 보면 제국주의자들의 논리일 수도 있다는 이야기입니다. 어쨌든 이 사회 진화론의 영향을 받아서 빨리 실력을 키우자는 운동이 애국 계몽 운동인데, 사회 진화론의 핵심은 실력 양성이에요. 실력을 높이기 위해 애국 계몽 운동에서 강조한 것은 교육, 언론, 그리고 **식산흥업**입니다. 교육은 우리가 왜 지금 이런 상황에 처했고, 지금 이 세상이 어떻게 돌아가는지 알리는 활동이에요. 언론은 세

> **식산흥업**
> 생산을 늘리고 산업을 일으킨다는 뜻으로 애국 계몽 운동의 목표 중 하나입니다.
> ▶ 殖 번성하다 식
> ▶ 産 생산하다 산
> ▶ 興 일으키다 흥
> ▶ 業 업 업

상에 정세를 알리는 통로가 되는 것이고, 식산흥업은 경제, 즉 상공업 진흥을 통해 힘과 부를 창출하자는 이야기입니다. 즉 우리가 실력을 키우고 힘을 갖추기 위한 활동에 집중하는 것이 애국 계몽 운동인 겁니다. 이 운동에 어떤 단체들이 참여해 무슨 활동을 벌였는지 살펴보도록 할게요.

: 보안회, 헌정 연구회, 대한 자강회, 신민회 :

먼저 러·일 전쟁 시기로 가봐야 합니다. 사실 애국 계몽 운동은 독립 협회와도 연결될 수 있어요. 독립 협회도 교육과 언론, 식산흥업을 매우 강조했으니까요. 직접적인 단체를 찾아본다면 먼저 1904년에 활동한 **보안회**가 있습니다. 보안회는 일본이 우리에게 요구했던 황무지 개간권을 저지시켰던 단체입니다. 일본은 러·일 전쟁을 기점으로 우리 땅에 많은 관심을 보입니다. 일본이 전쟁에서 승리하면 이제 식민지를 만들어야 하니까, 그전에 자신들이 진출할 수 있는 땅, 토지 등을 확보하려는 욕구가 있었겠죠. 실제로 일본은 1908년 동양 척식 주식회사를 만들어 노골적으로 토지 확보에 대한 야욕을 드러내는데, 이것을 저지했던 단체가 바로 보안회입니다. 황무지 개간권 반대 운동에 앞장섰던 조직으로는 농광 회사도 있는데, 함께 기억해두시고요.

이제 애국 계몽 운동의 대표적인 조직들이 등장하는데, 먼저 1905년 만들어진 **헌정 연구회**가 있습니다. 독립 협회를 계승한 단체로, **입헌 군주정**을 연구한 곳이기도 합니다. 조선 시대는 왕이 중심이 되는 전제 군주제였어요. 왕이 곧 법이었죠. 그런데 입헌 군주정은 법이 먼저고, 왕 역시 법의 규정을 받을 수밖에 없어요. 왕이 있긴 하지만 왕권이 약한 것이죠. 현재 영국이나 일본 같은 경우가 입헌 군주정입니다. 영국엔 여왕이, 일본엔 일왕이 있지만 상징적인 존재일 뿐이고, 그 밑에 있는 영국 총리나 일본 수상이 실질적인 정치를 하죠. 이런 시스템이 입헌 군주정인데, 이걸 도입하자고 주장한 조직이 바로 헌정 연구회입니다. 이 조직이 활동한 내용을 보면 당시 매국 단체인 일진회를 강력하게 성토하고 비판합니다. 일진회는 말 그대로 나라를 팔아먹는 데 앞장섰던 사람들인데, 헌정 연구회가 나서서 이들을 강력히 비판했습니다. 당연히 을사늑약도 반대했겠죠? 헌정 연구회는 을사늑약 체결에 반대하는 운동도 펼칩니다.

다음으로 헌정 연구회의 뒤를 이어 1906년 **대한 자강회**가 조직됩니다. 헌정 연구회를 계승한 만큼 역시 입헌 군주정을 지향했고요. 또한 대한 자강회는 러·일 전쟁에서 승리한 일본에 즉각적인 무력 대응이 어렵다고 보고, 우선 국권 회복을 위한 실력 양성을 주장했는데, 이를 위해 전국 각지에 지회를 두고 월보를 간행하면서, 국민 계몽에 힘썼습니다. 대한 자강회가 특히 두드러졌던 활동은 **고종의 강제 퇴위에 대한 반대 운동**입니다. 1907년 고종의 강제 퇴위에 결사적으로 반대하는 운동을 펼쳤다가, 결국 당시 보안법의 적용을 받아서 일제에 의해 해체되고 말았습니다. 대한 자강회는 고종 퇴위에 반대했던 조직이라는 것, 꼭 기억해주시고요.

윤효정

〈대한 자강회 월보〉
1906년 4월, 헌정 연구회를 확대 개편해, 대한 자강회를 출범시켰다. 윤효정, 장지연 등이 설립에 중심적 역할을 했다. 사진은 〈대한 자강회 월보〉 제12호.

자, 그리고 애국 계몽 운동 단체의 하이라이트, 바로 안창호와 양기탁 등이 활동했던 신민회입니다. 너무 중요한 조직이니까, 반드시 기억해놓으셔야 돼요. 신민회는 1907년 비밀 결사 형태로 조직됐는데 나중에 105인 사건으로 인해 1911년 해체되고 맙니다. 이들이 활동했던 내용을 살펴보면, 이것이 바로 애국 계몽 운동의 전형적인 모습입니다. 사회 진화론의 핵심이 실력을 높이는 것이고, 이를 위해 애국 계몽 운동이 강조한 것이 교육과 언론, 식산흥업이라고 했었죠. 신민회는 바로 이것들을 합니다.

105인 사건에 연루되어 용수를 쓴 채 호송되는 피고인들의 모습

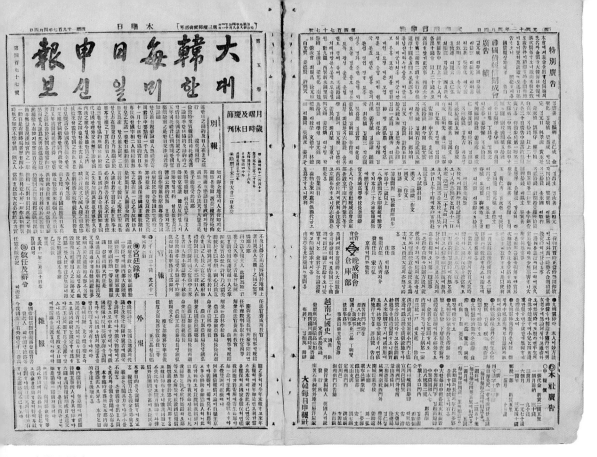

〈대한매일신보〉

먼저 평양에 **대성 학교**, 정주에 **오산 학교**를 세워서 교육 사업을 담당합니다. 안창호가 바로 이 대성 학교와 관련이 있죠. 식산흥업으로는 도자기를 만드는 **자기 회사**를 설립하고, 책을 출간하고 판매하는 **태극서관**이라는 조직을 운영합니다. 양기탁의 경우 〈대한매일신보〉를 통해 언론을 담당하고 있었고요.

그런데 신민회는 비단 애국 계몽 운동 단체에만 머무르지 않는, 독특한 특징을 가지고 있습니다. 그 이유가 있는데, 중요하니까 알아두셔야 해요. 신민회가 지향하던 정치 체제는 공화정이었습니다. 입헌 군주정을 주장한 헌정 연구회나 대한 자강회와는 다른 것이죠. 공화정은 왕이 없어요. 국민이 대표를 뽑아 그 대표에게 권력을 위임하는 형태인데, 지금 우리가 'Republic of Korea', 대한민국 공화국이잖아요. 그런데 과거 이 형태를 주장했던 게 신민회였던 거죠. 그리고 또 하나의 독특한 점이 바로 **국외 독립운동 기지**를 세우려고 했다는 것입니다. 이건 무장 투쟁을 준비한다는 이야기예요. 특히 서간도 지역에 삼원보라고 있는데, 이 지역에 독립운동 기지를 건설하려고 했습니다. 신민회가 국외 독립운동 기지를 세우려고 했다는 것, 실력만 키우려는 게 아니라 무장 투쟁까지 준비하고 있었다는 것, 다른 애국 계몽 운동 단체들과의 결정적 차이니까 반드시 기억해두셔야 해요. 굉장히 중요한 포인트입니다.

신민회는 특히 1920년대 일제 강점기 신간회라는 조직과 비교하는 형태로 시험에 잘 나옵니다. 보통 구한말이라고 하면 대한 제국 말기라는 이야기로, 러·일 전쟁 이후를 뜻합니다. 구한말 애국 계몽 운동 단체는 신민회, 1920년대 좌우 합작 운동, 즉 민족 유일당 운동의 결과물은 신간회, 이렇게 차이점을 기억하시면 되겠습니다. '교육하자, 언론을 부흥시키자, 식산흥업하자' 이런 애국 계몽 운동의 흐름이 쭉 연결되어 일제 강점기에는 실력 양성 운동으로 연결됩니다. 이 흐름을 계속 이어가는 겁니다.

앞에서 실력을 키우면서 힘을 키우자는 여러 단체의 흐름을 봤습니다. 하지만 이런 조직만 있지는 않았겠죠. 직접 싸우자고 하는 조직도 있었습니다. "지금 실력을 키울 때가 아니다. 우리나라가 망하고 있는 상황에 언제 실력을 키우고 있느냐. 당장 싸우자"라고 말하는 이들. 과연 이들은 어떤 활동을 펼쳤는지 한번 만나보도록 합시다.

: 국권 피탈에 저항한 의병들을 만나봅니다 :

국권 침탈과 그에 따른 저항 과정을 살펴보고 있는데, 이제 마지막 흐름입니다. 바로 의병 투쟁인데요. 의병 투쟁은 한마디로 싸우자는 겁니다. 앞서 **통상 수교도 반대, 개항도 반대, 개화도 반대했던 위정척사파**가 추후 의병이 되어서 싸우는 모습을 보인다고 이야기했었죠? 예를 들어 조·일 수호 조규를 체결하고 문을 열었을 때 개항에 결연히 반대했던 인물이 있으니 바로 최익현입니다. 최익현이 어떻게 반대하냐면, 도끼를 들고 광화문 앞에서 자기 목을 치라며 저항합니다. 다음으로 개화를 반대하는 과정 속에 있었던 저항은 영남 만인소 사건이죠. 《조선책략》에 제시된 미국과의 수교를 반대하며 영남 지역 만여 명의 유생들이 들고일어났던 사건, 기억하시죠? 이렇게 계속 반대해도 들어주지 않으니까, 이제 실력 투쟁으로 나온 것이 바로 의병 투쟁입니다. 자, 어떤 의병들이 있었는지 살펴볼게요.

첫 번째 의병은 을미사변, 을미개혁과 관련이 있습니다. 을미사변은 일본이 명성 황후를 잔인하게 시해한 사건이었고, 특히 을미개혁 과정에서는 **단발령**이 내려졌다고 했었죠. 단발령은 정말 엄청난 문화적 사건이에요. 강제로 내 머리가 잘린다고 생각해보세요. 기분이 좋을 리가 없죠. 게다가 그때는 상투를 트는 게 시대의 문화였는데, 그 문화를 순식간에 그만두라고 한 겁니다. 문화 충격일 수밖에요. 그러니 들고일어날 수밖에 없는 겁니다. 이렇게 을미사변과 단발령에 대한 반발로 나타난 것이 바로 **을미의병**입니다. 대표적인 인물로는 **유인석, 이소응** 등이 있는데 이들의 공통점은 **양반 유생**이라는 겁니다. 을미의병은 양반 유생이 중심이 되었다는 것이 제일 중요한 포인트예요. 왜일까요? 단발령이 가장 큰 이유입니다. 성리학적 질서와 가치를 지키려고 했던 양반들로서는 단발령이 정말 충격이었던 겁니다. 이렇듯 을미의병은 단발령을 계기로 일어난 만큼, 단발령이 철회되자 해산됩니다. 고종이 아관 파천을 하면서, 갑오·을미개혁의 일부를 무효화 선언했는데, 단발령도 들어 있었거든요. 고종이 단발령을 무효로 하면서 의병 해산을 권고하니, 이들의 투쟁도 잦아들게 된 겁니다.

두 번째 의병은 외교권 박탈에 저항하며 나타났습니다. 외교권 강탈이라고 하면, 바로 을사늑약이죠. 앞서 살펴본 민영환, 장지연 등 을사늑약에 대한 개별적인 저항도 있었지만, 의병 투쟁도 있었습니다. 이들을 **을사의병**이라고 하는데, 활약했던 인물들을 살펴보자면 우선 최익현, 민종식 같은 양반 출신들이 있습니다. 그리고 아주 중요한 인물이 등장하는데요, 바로 **신돌석**입니다. 이름만 들어도, 양반은 아닌 것 같죠? 예, 신돌석은 **평민 출신**의 **의병장**이에요. 평민 의병장, 이것은 굉장히 중요한 역사적 의의를 갖고 있어요. 을사의병이 되면서 이제 양반이 이끄는 의병이 아닌, 평민도 이끄는 의병 항쟁이 나타나고 있다는 사실, 중요한 거죠. 신돌석이 활동했던 곳은 경상북도 영덕인데요,

다시 모인 의병들

1907년 일본 제국주의에 맞서 접전지였던 강원도로 다시 모인 의병들의 모습이다. 고종 황제가 헤이그 특사의 파견을 빌미로 강제 퇴위당하고 한·일 신협약의 체결로 대한 제국의 군대 또한 해산되었는데, 이를 거부한 군인들과 무명옷의 민군들이 합류함으로써 의병 부대의 전투력이 향상되었다.

앞으로 영덕 하면 게만 떠올리지 마시고 신돌석 의병장의 고장이었다는 사실도 함께 기억해주시면 좋겠습니다.

그리고 세 번째 의병이 정말 대단한데, 바로 **정미의병**입니다. 이들은 고종의 강제 퇴위와 한·일 신협약 체결에 반발해 나오게 되었는데요, 정미의병이 의미 있는 이유가 군대가 합류했기 때문입니다. 한·일 신협약의 핵심이 뭐였죠? 예, 군대 해산이었죠. 이때 군대를 이끌고 있었던 인물 중 한 명인 박승환이 군대 해산에 대한 저항으로 자결을 했거든요. 그러면서 해산 군인들이 정미의병에 합류한 겁니다. 이렇게 규모가 커지고 힘도 세진 정미의병으로 인해 **의병 전쟁화**가 이루어지는데, 이들은 13도 창의군을 결성해서 서울을 공격합니다. 바로 **서울 진공 작전**인데, 여기에 합류했던 인물로 이인영, 허위 등이 있습니다. 그리고 이들은 **국제법상 교전 단체 승인**을 요청하기도 합니다. 비록 정미의병의 활동은 성공하지 못했지만, 여기서 끝난 건 아닙니다. 의병들이 계속 전통을 이어가거든요. 이후 **호남의병**까지 연결됩니다.

정미의병의 연장선상에 있는 호남의병은 정말 격렬하게 싸웁니다. 이에 일제가 의병들 때문에 도저히 안 되겠다면서 시행한 작전이 이른바 **'남한 대토벌 작전'**입니다. 토벌은 적을 진압하기 위해 쓰는 단어잖아요? 그러니 의병들에 대한 작전에 이런 단어를 쓰는 건 적절치 않습니다. 이건 일제의 용어예요. 그래서 제가 '이른바'라는 말도 붙이고, 작전명에 따옴표도 붙이면서 이 작전을 소개하는 겁니다. 여하튼 일제는 이 작전을 전개하면서 한반도 지역을 쭉 훑고 내려가요. 결국 이제 더 이상 활동하기 어려워진 사람들이 만주 쪽으로 넘

큰★별쌤의 인물 이야기
의병 전쟁화를 이룬 정미의병

고종의 강제 퇴위와 군대 해산을 계기로 일어난 정미의병은 서울과 각 지방에 있던 해산 군인들이 의병에 합류하면서 규모가 커졌습니다. 이전 의병과 비교해 유생 이외에 군인, 평민, 상인, 노동자, 농민까지 참가해 의병 구성원이 다양해졌지요. 특히 해산 군인이 의병에 합류하면서 전력이 향상되고 다양한 전술을 전개할 수 있었어요. 유생 의병장을 중심으로 13도 창의군이 결성되었고, 서울 진공 작전을 수립했어요. 이후 서울 진공 작전이 무산되면서 의병들은 분산되어 독자적인 항일전을 수행했습니다.

'남한 대토벌 작전'으로 체포된 호남 의병장들

어가고, 경술국치 이후에는 이 만주 지역에서 **항일 무장 투쟁**으로 연결됩니다.

사실 1905년 을사늑약을 통해 나라는 이미 망한 것이나 마찬가지였습니다. 그럼에도 일제가 1910년 한국을 병합하기까지 시간이 걸린 것은 이런 저항들이 계속 있었기 때문입니다. 집중적인 저항들이 나타나니까 우리나라를 쉽게 식민지로 만들기 어려웠던 거죠. 이렇게 끝까지 싸우는 다양한 계층의 사람들이 있는데, 주권자라는 황제가 저항도 없이 그저 나라를 넘겼다는 것은 용납될 수 없다는 생각이 듭니다. 하지만 순종이 나라를 넘기면서 1910년 8월 29일, 우리는 완전히 일제의 식민지가 되었습니다. 이 과정에서 앞서 얘기한 저항만 있었던 게 아닙니다. 더 많은 운동이 있습니다. 아직 끝나지 않았어요. 우리의 저항이 어떤 모습으로 전개되는지 한번 기대해보시기 바랍니다.

큰★별쌤의
한번에 핵심 정리

1 일제의 국권 침탈 과정

러·일 전쟁 (1904)	• 대한 제국을 둘러싼 러·일의 팽팽한 대립 → 러시아의 용암포 조차 사건(1903) 계기로, 전쟁 발발 → 일본의 강요로 한·일 의정서 체결(군용지 허용)
1차 한·일 협약	• 러·일 전쟁에서 일본이 승기를 잡으면서 체결 → 메가타(재정), 스티븐스(외교) 등의 고문 파견 → 고문 정치 전개
2차 한·일 협약 (을사늑약)	• 일본이 러·일 전쟁에서 완전히 승리한 후 체결(1905) → 외교권 강탈, 통감 부임 • 고종이 을사늑약의 부당함을 알리기 위해 헤이그 특사 파견(이준, 이위종, 이상설) → 일본이 이를 구실로 고종 강제 퇴위시킴
한·일 신협약 (정미7조약)	• 순종 즉위 후 체결 → 군대 해산, 통감의 권한 강화로 일본인 차관 임명(차관 정치)
기유각서	• 사법권 강탈
경술국치	• 1910년 8월 29일, 한국 병합 조약 체결

2 항일 의거 활동

국내 활동	• 을사늑약에 대한 저항 　- 민영환이 유서를 남기고 자결 　- 장지연이 〈황성신문〉에 논설 '시일야방성대곡' 게재 　- 오적 암살단 : 나철, 오기호 등이 중심이 되어 을사오적을 처단하기 위해 조직
국외 활동	• 외교 고문이었던 스티븐스를 장인환과 전명운이 미국 샌프란시스코에서 처단(1908) • 안중근이 하얼빈역에서 이토 히로부미 처단(1909)

3 애국 계몽 운동

개요	• 사회 진화론에 영향을 받아 실력 양성을 통해 국권을 회복하자는 조직적 활동 → 교육, 언론, 식산흥업 강조
보안회 (1904)	• 일본의 황무지 개간권 요구 저지(+ 농광 회사)

헌정 연구회 (1905)	• 입헌 군주정 수립 주장 • 매국 단체인 일진회 강력 비판, 을사늑약 체결 반대 운동 전개
대한 자강회 (1906)	• 헌정 연구회 계승, 입헌 군주정 지향 • 실력 양성을 위해 전국 각지에 지회를 두고 월보 간행 • 고종의 강제 퇴위에 대한 반대 운동 전개
신민회 (1907)	• 결성 : 안창호, 양기탁 등이 조직한 비밀 결사 조직 • 활동 : 교육, 언론, 식산흥업을 모두 전개 　- 교육 : 대성 학교(평양), 오산 학교(정주) 설립 　- 식산흥업 : 자기 회사 설립, 태극서관 운영 　- 언론 : 양기탁이 〈대한매일신보〉를 통해 언론 담당 • 특징 : 공화정 지향, 국외 독립운동 기지 건설 추진(서간도 지역 삼원보에 독립운동 기지 건설 준비) • 해체 : 105인 사건(1911)이 계기가 됨

4 의병 활동

개요	• 통상 수교 반대, 개항 반대, 개화 반대를 외치던 위정척사파가 실력 투쟁에 나섬 → 의병 투쟁
을미의병	• 원인 : 을미사변, 단발령 시행 → 성리학적 질서를 중시하는 양반 유생들의 반발 • 대표 인물 : 유인석, 이소응(양반 유생) • 해산 : 고종이 아관 파천을 하면서 단발령 철회 → 고종의 해산 권고로 자진 해산
을사의병	• 원인 : 을사늑약 체결에 따른 외교권 강탈 • 대표 인물 : 최익현, 민종식(양반), 신돌석(평민 의병장) • 특징 : 신돌석이라는 평민 출신의 의병장 등장
정미의병	• 원인 : 고종의 강제 퇴위와 한 · 일 신협약의 체결에 따른 군대 해산 • 특징 : 해산 군인의 합류로 조직력과 전투력 강화, 의병 전쟁화 • 활동 : 13도 창의군을 결성해 서울 공격(서울 진공 작전), 국제법상 교전 단체 승인 요구
호남의병	• 정미의병의 연장선상에서 활동, 일본이 이른바 '남한 대토벌 작전' 시행 → 일제의 탄압으로 활동이 어려워진 사람들이 만주 쪽으로 이동, 경술국치 이후 항일 무장 투쟁으로 연결

32강

개항기

경제

열강의 경제 침탈

개항기, 외국 세력들이 우리나라의 이권들을 많이 가져갑니다. 열강의 경제 침탈 내용을 잘 이해하려면 여러 조약을 하나로 묶어 흐름을 살펴봐야 해요. 기점이 되는 두 가지 조약은 바로 조·일 수호 조규와 조·미 수호 통상 조약입니다. 1876년과 1882년 체결된 두 가지 조약을 중심으로, 각 조약과 관계된 여러 조약과 그에 해당하는 내용을 알아보도록 하겠습니다.

: 1876년 조·일 수호 조규의 경제 침탈 :

조·일 수호 조규(강화도 조약)는 1876년에 체결되었습니다. 조·일 수호 조규와 그 부속 조약인 조·일 무역 규칙, 조·일 수호 조규 부록을 통틀어 어떤 내용이 있었는지 복습해볼게요. 조·일 수호 조규에서는 부속 조약을 포함해 관세가 설정되지 않았다고 말씀드렸었죠. 최혜국 대우, 즉 자동 업그레이드 규정도 없었고요. 또 조·일 수호 조규의 핵심은 부산, 원산, 인천 등의 개항장 무역이라고 설명드렸어요. 다만 일본 상인은 개항장을 중심으로 동서남북 10리 밖을 벗어날 수 없었고, 그래서 내지 무역은 불가능했죠. 곡물 유출을 제한하는 규정이 없어서, 곡물이 무제한으로 유출될 수 있었다고 했고요.

그런데 이렇게 결정됐던 내용들이 이제 아주 많이 바뀝니다. 1882년을 기점으로 변화가 시작되는데, 이걸 명확하게 구분하실 수 있어야 해요. 왜냐하면 1876년도와 1882년 사이에서 볼 수 있는 모습으로 옳은 것, 또는 1882년 이후 볼 수 있는 모습으로 옳은 것을 고르라는 문제가 많이 나오거든요. 그럼 1882년에 과연 무슨 일이 있었는지 살펴볼게요.

: 1882년 조·미 수호 통상 조약 체결로 인한 변화 :

1882년에 있었던 일 중 가장 중요한 것이 바로 **조·미 수호 통상 조약**의 체결입니다. 이 조·미 수호 통상 조약이 조·일 수호 조규의 틀을 많이 흔들어놓으니까, 일단 기억해두시고요. 앞서 임오군란 때 청이 난을 진압하면서 그 대가로 우리에게 내민 청구서는 **조·청 상민 수륙 무역 장정** 체결이었습니다. 조선과 청나라 상인이 바다와 육지에서 무역을 할 때 맺는 약속이라는 의미죠. 이 조약 역시 1882년 체결됐는데 여기서 청 상인에게 내지 통상권을 인정해줘요. 일본이 가만히 있었겠습니까? '청나라도 줬으니까 우리도 줘'라고 했겠죠. 이러면서 1883년 **조·일 통상 장정**을 체결합니다. 일단 이 세 가지를 하나의 라인으로 연결해놓고, 이제 하나씩 살펴보도록 할게요.

조·미 수호 통상 조약 체결 이후
양국의 친선 도모를 위해 파견한 최초의 외교 사절단

먼저 조·미 수호 통상 조약의 체결 배경에는 황준헌의 《조선책략》이 있습니다. 러시아를 막기 위해 미국과 수교하라는 내용의 책, 기억하시죠? 이를 계기로 조·미 수호 통상 조약을 맺게 되는데, 이 조약은 조선이 서양 국가와 체결한 최초의 조약이라는 의미가 있습니다. 조·미 수호 통상 조약 내용으로는 **거중 조정**이라는 항목이 들어가요. 거중 조정은 우리나라가 다른 나라의 침입을 받으면 미국이 개입해서 조정해주겠다는 조항입니다. 실제로 우리가 을

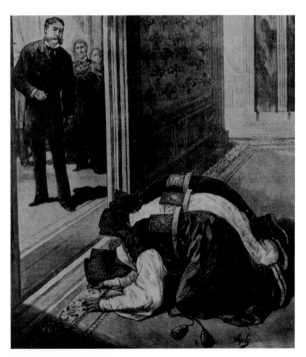

처음 미국에 간 조선 사절단
뉴욕 주간 잡지 〈프랭크 레슬리스(Frank Leslie's)〉에 실린 삽화. 1883년 10월 12일, 미국의 아서 대통령과 그 앞에 절하는 세 명의 외교 사절단 모습이 그려져 있다.

사늑약의 체결로 조·미 수호 통상 조약의 거중 조정 조항을 내밀고 미국에 부탁을 하는데, 이 부탁을 들어줬을까요? 안 들어줍니다. 가쓰라 – 태프트 밀약이라는 게 있어요. 여기서 미국은 필리핀을 가져가고, 일본은 한국을 가져간

다는 약속을 체결하거든요. 그러니까 우리 부탁을 들어줄 리 없었겠죠. 다시 한번 얘기하지만, 외교는 영원한 우방도 영원한 적도 존재하지 않습니다. 오로지 국익만 존재할 뿐이죠.

그리고 1876년 조·일 수호 조규에는 없었던 **관세**가 조·미 수호 통상 조약에서 **설정**됩니다. 조·일 수호 조규 체결 이후, 관세 조항이 없다보니 가내 수공업자들이 엄청난 타격을 입었잖아요. 영국에서 산업 혁명으로 만들어진 아주 좋은 면제품이 일본을 통해 들어오니, 집에서 만드는 면제품은 팔리지 않아 망하게 된 거죠. 이런 모습이 나타나니 결국 관세가 설정된 겁니다. 1882년, 조·미 수호 통상 조약에는 관세가 규정되었다는 것, 놓치지 마세요. 다음으로 **최혜국 대우** 조항, 이것도 조·미 수호 통상 조약에서 처음 규정됩니다. 굉장히 중요한 내용이에요. 이 조약을 시작으로 대우 규정이 다른 나라에도 계속 적용되거든요.

참고로 조·미 수호 통상 조약을 체결하면서 미국에 파견된 사절단이 있는데, 보빙사라고 합니다. 앞에서 조·일 수호 체결 이후 일본에 파견했던 수신사와 조사 시찰단, 청나라의 무기를 보고 배우라고 파견했던 영선사가 있었죠. 미국에 보낸 사찰단은 보빙사인데, 이 일원 중 하나가 바로 유길준입니다. 부들러와 함께 조선 중립화론을 주장했던 그 유길준이에요. 그가 보빙사의 일원으로 미국에 갔다가 거기에 남아서 보고 들은 정치·경제·교육 등의 이야기를 쓴 책이 바로《서유견문》입니다. 참고로 알아두시고요.

한편 임오군란의 결과로 체결되었던 **조·청 상민 수륙 무역 장정**, 이것의 핵심은 **내지 무역**을 가능하게 만들었다는 거였죠. 조·일 수호 조규 체결 때만 해도 일본 상인의 내지 무역이 금지되었으니, 보부상이나 객주 등 전통 상인들은 돈을 좀 벌었을 거예요. 일본 상인이 내지 무역을 할 수 없으니까 한국에서 물건을 팔려면 조선의 전통 상인들을 통할 수밖에 없잖아요. 그런데 조·청 상민 수륙 무역 장정에서 내지 무역이 허용되면서 전통 상인들이 다 죽는 거예요. 외국 상인

질문 있어요!

Q 조·일 수호 조규 속약의 경우, 임오군란으로 청이 내지 무역권을 얻게 되니 일본도 최혜국 대우를 앞세워 내지 무역권을 따내게 되는 거라고 알고 있습니다. 또한 조·일 통상 장정에서도 방곡령과 관세 부여뿐만 아니라 최혜국 대우 조항이 포함되잖아요. 그럼 두 개를 같은 개념으로 알아야 하나요?

A 조·일 수호 조규 속약에서는 최혜국 대우가 규정되지 않았습니다. 조·일 수호 조규 속약에는 개항장 내에서 일본 상인이 활동할 수 있는 범위를 확대하는 내용이 들어가 있어요. 조·일 수호 조규를 통해 일본 상인의 활동 범위를 10리로 정했던 것을 조·일 수호 조규 속약을 통해 50리로 확대하고, 이후 다시 100리까지 확대할 수 있도록 명시했죠. 이렇게 내지 무역의 길을 열어놓은 겁니다. 그리고 이후 조·일 통상 장정의 최혜국 대우를 통해 전면적 내지 무역이 허용되면서, 조·일 수호 조규 속약에서의 일본 상인의 활동 범위 확대는 의미가 없어진 것이죠.

이 직접 들어와 소비자에게 물건을 팔게 되니, 중계를 해줬던 전통 상인들은 설 자리가 없어진 거죠. 조약이 이렇게 중요합니다. 외국 기업이 우리나라에 들어와서 마음껏 원하는 사업을 할 수 있도록 열어놨다고 생각해보세요. 예를 들어, 우버가 우리나라에 들어와서 마음대로 사업할 수 있었다면, 우리나라 택시 사업이 무너질 수밖에 없었겠죠. 그래서 그걸 못하도록 법으로 보호하고 있으니까, 결국 우버가 철수하고 나갔잖아요. 그런데 조·청 상민 수륙 무역 장정 체결 때는 진입 장벽이 사라졌고, 그 결과 전통 상인들이 무너지고 말았던 거죠.

이렇게 조·일 수호 조규에는 없었던 관세, 최혜국 대우, 내지 무역이 가능해졌는데, 또 한 가지가 남았죠. 네, 바로 곡물 유출 제한 규정, 1883년 **조·일 통상 장정**을 체결할 때는 무제한으로 곡물이 유출되지 않을 수 있는 조항인 **방 곡령**이 들어갑니다. 그나마 다행인데, 대신 일본에도 최혜국 대우를 적용해줍니다. 한마디로 주거니 받거니 한 셈이죠.

이렇게 1876년과 1882년 각각의 조약 내용과 경제 침탈 범위를 구분하실 수 있도록 알아두세요.

: 본격적인 이권 침탈이 시작됩니다 :

자, 시간이 흘러갑니다. 위로부터의 개혁인 갑신정변은 실패했고, 아래로부터의 개혁 동학 농민 운동 역시 실패로 돌아갔어요. 이어 갑오·을미개혁이 단행되는 과정에서 을미사변이 발생하고, 고종은 러시아 공사관으로 들어갑니다. 그런데 여기서 문제가 발생합니다. 러시아가 고종을 보호해주는데, 공짜로 해줄 리가 없었겠죠. 러시아가 영수증을 청구하는데, 이는 열강들의 이권 침탈로 이어집니다. 그래서 **1896년 아관 파천** 시기부터 최혜국 대우가 힘을 마구마구 발휘합니다. 그러면서 **이권 침탈**이 **절정**에 이르는 결과가 도출되죠. 그럼 과연 뭘 주게 됐는지, 침탈의 내용을 나라별로 살펴보겠습니다.

먼저 러시아는 압록강과 두만강, 울릉도 등지의 **삼림 채벌권**을 차지합니다. 그리고 러시아 배가 동해를 쭉 내려올 때 석탄 같은 연료를 보충할 곳이 필요했거든요. 그래서 절영도를 연료 기지로 쓰겠다며 **절영도 조차**를 요구합니다. 이건 독립 협회가 만민 공동회를 열어서 막아냈었죠. 또 **한·러 은행**도 설립됐

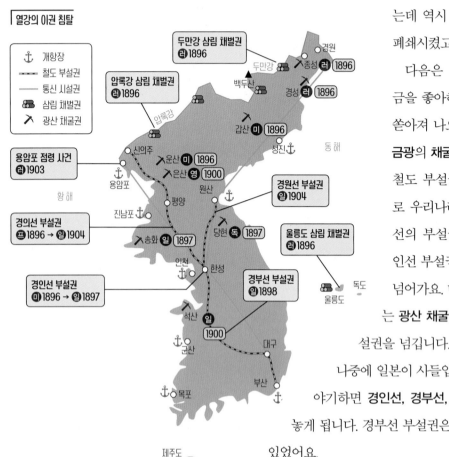

열강의 이권 침탈

- ⚓ 개항장
- ╍╍╍ 철도 부설권
- ─── 통신 시설권
- 🪵 삼림 채벌권
- ⛏ 광산 채굴권

두만강 삼림 채벌권
러 1896

압록강 삼림 채벌권
러 1896

용암포 점령 사건
러 1903

경의선 부설권
프 1896 → 일 1904

경인선 부설권
미 1896 → 일 1897

경원선 부설권
일 1904

울릉도 삼림 채벌권
러 1896

경부선 부설권
일 1898

경원 · 종성 러 1896 · 경성 러 1896
백두산 · 두만강
갑산 미 1896 · 성진 ⚓ · 동해
신의주 · 운산 미 1896 · 은산 영 1900
용암포 ⚓ · 원산 ⚓
황해 · 평양
진남포 ⚓ · 당현 독 1897
송화 일 1897 · 한성
인천 ⚓
석산 ⛏ · 일 1900
군산 ⚓ · 대구
목포 ⚓ · 부산 ⚓
독도 · 울릉도
제주도

는데 역시 이후 만민 공동회가 폐쇄시켰고요.

다음은 미국입니다. 미국은 금을 좋아해요. 그래서 금이 막 쏟아져 나오는 노다지였던 **운산 금광**의 **채굴권**을 가져갑니다. 또 철도 부설권도 가져가는데, 바로 우리나라 최초의 철도 경인선의 부설권입니다. 하지만 경인선 부설권은 나중에 **일본**으로 넘어가요. 마지막으로 프랑스에는 **광산 채굴권**과 경의선 철도 부설권을 넘깁니다. 경의선 부설권 역시 나중에 일본이 사들입니다. 결론적으로 이야기하면 **경인선, 경부선, 경의선** 모두 일본이 놓게 됩니다. 경부선 부설권은 원래 일본이 가지고 있었어요.

이렇듯 아관 파천을 계기로 열강의 이권 침탈이 심해지는데, 러 · 일 전쟁 이후에는 일본의 토지 약탈과 금융 지배가 본격화됩니다. 이어서 그 내용을 보겠습니다.

: 일본의 토지 약탈과 금융 지배 :

조 · 일 수호 조규와 조 · 미 수호 통상 조약이 체결될 당시에는 단순히 물건을 사고파는 단계였어요. 외국 물건과 우리 물건을 교환하는 단계였죠. 그런데 시간이 흘러가면서, 아관 파천 시기가 되면 우리 이권을 가져가게 됩니다. 물물 교환에서 이권 침탈로 변한 거죠. 그러다 러 · 일 전쟁 시기가 되면 일본이 우리나라에서 강력한 힘을 발휘하면서, 식민지 경영에 본격적으로 눈을 뜹니다.

일제는 먼저 **대한 시설 강령**을 만듭니다. 대한 시설 강령은 러 · 일 전쟁 발발 직후 체결한 한·일 의정서의 이권을 더욱 강화하기 위해 작성한 건데, 우리나라를 식민지로 삼겠다는 의도가 서서히 보이기 시작하는 거예요. 일제는 이 강령을 통해 우리나라의 **황무지를 개간**하려고 합니다. 그런데 이거 어디서 들어봤죠? 네, 애국 계몽 운동 때 보안회와 농광 회사가 일본의 황무지 개간권 요구를 저지시켰었죠. 여하튼 일본이 우리의 경제적인 주권을 하나씩 잠식해 가는 모습이 보이고요.

다음 단계로 가보겠습니다. 일본은 우리의 경제적 시스템을 완전히 장악하려고 합니다. 그때 시행했던 것이 바로 1차 한·일 협약 때 파견된 재정 고문 **메가타의 화폐 정리 사업**이에요. 원래 대한 제국에서 사용되었던 화폐는 **백동화**인데, 화폐 정리 사업은 이 백동화를 **일본 제일 은행권**으로 교체하는 사업이었습니다. 그런데 교체 과정을 보면 이상합니다. 백동화 만 원을 가져가면 '이거 불량인데? 가짜인데? 이건 제대로 가치가 안 되겠어' 하면서 천 원밖에 주지 않는 거예요. 아예 교환해주지도 않는 경우도 있었고요. 백동화를 평가 절

백동화
▶ 白 흰 백
▶ 銅 구리 동
▶ 貨 화폐 화

일본 제일 은행에서 발행한 화폐(1원 권)

전환국에서 발행한 백동화(2전 5푼)
1905년부터 1909년까지 화폐 정리 사업의 결과로 백동화가 정리되고, 일본 제일 은행이 발행한 화폐로 대체되었다. 이로써 화폐에 대한 일제의 지배권은 일본의 금융 지배를 받게 된다.

하해 일대일 교환이 안 되는 건데, 그럼 어떤 일이 벌어질까요? 당시 백동화를 많이 가지고 있었던 **국내 은행 자본과 상업 자본**이 **타격**을 받고, 큰 피해를 보게 됩니다. 백동화를 만들었던 **전환국도 폐지**되고요. 그리고 1차 갑오개혁 때 은본위제가 시행되었다고 했었잖아요. 메가타의 화폐 정리 사업에서는 **금 본위제**가 시행되어, 이제 금이 있는 만큼 화폐를 찍어냅니다.

결국 화폐 정리 사업은 일본이 우리의 경제 메커니즘을 장악하겠다는 얘기예요. 자, 다시 한번 정리해볼게요. 조·일 수호 조규로 개항을 한 후 단순하게 물자를 교환하던 것이 1단계, 그다음에 아관 파천을 계기로 열강이 우리 이권을 가져가던 것이 2단계, 이후 러·일 전쟁을 기점으로 일본이 우리 토지를 약탈하려고 한 것이 3단계, 그리고 화폐 정리 사업을 통해 우리 경제 시스템을 장악하려고 한 것이 4단계입니다. 이렇게 식민지로 갈 수밖에 없게끔 단계별로 만들어놓고 있는 거예요.

그러면서 일제가 또 어떤 일을 벌이냐면, 우리에게 일본에서 **차관**을 빌리도록 합니다. 백동화를 은행권으로 바꿔주려면, 바꿔줄 돈이 필요하잖아요. 아무리 일대일, 등가 교환을 해주지 않는다고 해도 말이죠. 그런데 그 돈을 찍어내는 게 아니라 일본에서 빌리도록 한 겁니다. 이걸 계기로 일본의 차관이 굉장히 많이 들어오게 된다는 사실, 일단 기억해두시고요. 다음으로 식민지가 되었을 때 식민지 토지를 운영하기 위해 1908년에 동양 척식 주식회사가 만들어집니다. 추후 1910년 일제가 토지 조사 사업을 시행하는데 동양 척식 주식회사가 어마어마한 돈을 벌게 됩니다.

큰★별쌤의 사건 이야기

착취에 앞장선 동양 척식 주식회사

한국의 토지와 자원을 수탈할 목적으로 일제가 1908년 설립한 식민지 착취 기관입니다. 특수법에 의거해 설립되어 일본과 한국 이중 국적 회사로 창립되었어요. 일본 농민 중 일부는 일본 정부와 동양 척식 주식회사로부터 많은 특혜와 지원을 받으며 한국으로 이주해 다량의 토지를 점유하기도 했습니다. 동양 척식 주식회사의 창립 기조는 '식산흥업의 길을 열고 부원을 개척해 민력의 함양을 기도하고 한국민으로 하여금 문명의 혜택을 입게 한다'였어요. 하지만 언제나 일제의 한국 농민 수탈의 선봉이 되어 민원(民怨)의 대상이었죠.

　이렇듯 조·일 수호 조규로 문이 열린 우리 경제는 물물 교환에서 이권 침탈로, 그리고 토지 약탈에서 경제 시스템 약탈로 이어졌고, 이 모든 과정은 1910년 8월 29일 경술국치로 연결되고 있습니다. 그렇다면 이 과정에서 우리는 또 가만히 있었을까요? 당연히 그렇지 않았겠죠. 우리도 나름대로 저항을 했습니다. 이제 경제적 구국 운동을 살펴보도록 하겠습니다.

질문 있어요!

Q　일제 강점기 토지 조사 사업과 동양 척식 주식회사는 무슨 관련이 있나요? 자세히 알고 싶습니다!

A　근대적 토지 소유권 확보라는 명목으로 펼쳐진 토지 조사 사업은 결국 식민지 토지 확보를 위한 정책이었어요. 확보된 토지는 동양 척식 주식회사에 불하되었고, 다시 일본에서 건너온 일본인들에게 싼값에 넘겨졌죠. 일본인들로 하여금 쉽게 한국 땅으로 넘어오게 해서, 지주가 될 수 있는 길을 열어준 것이죠.

경제적 구국 운동

1876년 조·일 수호 조규부터 시작된 열강의 경제 침탈은 계속해서 이어져 이권 침탈, 경제 시스템 장악까지 그 강도가 점점 더 세집니다. 그 속에서 우리 역시 우리의 주권과 이권을 수호하기 위한 다양한 조직적, 범국민적 노력을 벌이는데요. 나라를 구하고자 했던 다양한 경제적 시도에 대해 살펴보겠습니다.

: 경제 주권을 지키기 위한 다양한 노력들 :

지금 조·청 상민 수륙 무역 장정을 통해 외국 상인이 막 들어오고 있어요. 거대 자본이에요. 상대하기가 만만치 않은데, 어떻게 해야 할까요? 거대 자본에 맞서려면 우리 개미들이 연합해야죠. 그래서 1880년대 초반 일부 상인들을 중심으로 일종의 주식회사가 만들어지는데, 이를 **상회사**라고 합니다. 상권 유지를 위해 상인들이 결성한 동업 조합이죠. 대표적인 상회사로는 **대동 상회**와 **장통 회사**가 있는데, 둘 다 1883년에 설립되었어요.

다음으로 1880년대 후반으로 가려고 하는데, 그러기 위해서는 1880년대 초반에 체결된 조·일 통상 장정의 **방곡령**을 먼저 이해해야 합니다. 방곡령은 지방관이 곡물 가격 폭등과 식량 부족 현상을 방지하기 위해 곡물의 반출을 금지하는 명령인데, 1883년 조·일 통상 장정을 체결할 때 관련 규정이 마련됐었죠. 그런데 이후 지방관이 방곡령을 내려도 일본 측 항의로 번번이 해제가 되는 겁니다. 그러다 1880년대 후반, 특히 **1889년~1890년**에 **함경도, 황해도** 지역에서 방곡령이 크게 시행됩니다. 문제는 이것이 외교적 마찰로 번졌다는 거예요. 방곡령 조항에는 일본 상인의 피해를 줄이기 위해 명령을 내릴 때 한 달 전에 미리 통보하라는 내용이 있거든요. 함경도와 황해도에서도 방곡령을

방곡령
- **防** 막다 방
- **穀** 곡식 곡
- **令** 법령 령

시행하기 전에 통보했는데, 전달되는 과정 속에서 지연되면서 뒤늦게 전해졌어요. 그러자 일본이 조약 위반이라며 배상금을 지불하라고 합니다. 결국 방곡령은 철회되고, 오히려 배상금까지 물어내는 어처구니 없는 일이 벌어집니다. 어쨌든 1880년 후반에는 방곡령 시행을 통해 곡물 주권을 지켜내려고 했던 모습도 있었다는 걸 기억하면 되겠습니다.

방곡령 선포 지역

이어서 1894~1895년의 갑오·을미개혁으로 가봅시다. 이때 세금을 돈으로 내는 **조세 금납화**가 이루어지잖아요. 그러면서 그 돈을 받아줄 수 있는 공간이 필요해졌는데, 바로 은행이죠. 우리가 지금 이용하는 은행들의 역사가 여기서부터 출발하는 거예요. 당시 설립된 은행들을 한번 살펴볼게요. 먼저 1896년 조선 은행, 1897년 한성 은행이 세워지고, 1899년에는 대한 천일 은행이 들어섭니다. 이런 은행의 설립은 저항의 의지라기보다는 변화에 대응하려는 모습이라고 할 수 있어요. 그런데 앞서 메가타의 화폐 정리 사업에서 백동화를 많이 가지고 있었던 은행 자본이 타격을 입었다고 했잖아요. 예, 그래서 1905년 화폐 정리 사업 이후 은행들이 몰락하게 됩니다.

: 이권 수호 운동부터 국채 보상 운동까지 :

문제는 아관 파천입니다. 아관 파천으로 이권 침탈이 절정에 이르렀으니, 이걸 막아내야 하겠죠. 그래서 전개된 것이 바로 **이권 수호 운동**입니다. 이 운동을 전개했던 대표적인 조직은 우리가 앞서 배웠던 **독립 협회**입니다. 이들이 만민 공동회를 열어 여러 이권 침탈을 저지하려고 했던 것, 기억나시죠? 독립 협회가 만민 공동회를 개최하고 이권 수호 운동을 펼친 결과, 러시아의 절영도 조차를 막아내고, 한·러 은행도 폐쇄시켰잖아요. 독립 협회의 이권 수호 운동은 **상권 수호 운**

질문 있어요!

Q 보부상은 왜 황국 협회를 도와 독립 협회를 해체했고, 시전 상인은 왜 황국 중앙 총상회의 일원으로 상권 수호를 했나요? 둘 다 상인인데 지지하는 바가 왜 이렇게 달랐나요?

A 황국 중앙 총상회의 시전 상인들은 외세 자본에 의해 상권을 위협받았기 때문에 독립 협회의 이권 수호 운동을 함께할 수 있었죠. 반면 황국 협회는 전국적인 조직망을 가진 보부상을 관리하는 관청 업무가 이관된 곳이었어요. 그러니 친정부적인 활동을 하면서 독립 협회를 해산시키는 데 일조하게 된 것이에요.

동과도 연결됩니다.

상권 수호 운동이 나오게 된 이유는 바로 조·청 상민 수륙 무역 장정입니다. 외국 상인들이 마음껏 들어오게 되면서 국내 상인들의 생활은 빠르게 악화되었고, 이에 전개된 운동이죠. 상권 수호 운동을 주도했던 조직은 **황국 중앙 총상회**인데, 시전 상인들이 중심이 되어 만든 조직이에요. 시전 상인, 기억 나시죠? 종로에서 독점적 판매권을 갖고 있다가, 앞서 정조 때 신해통공에 의해 금난전권이 철폐되어 타격을 받은 상인들이요. 그들을 중심으로 외국 상인들과 맞서 싸우는 모습이 나오는 겁니다. 상권 수호 운동의 시작은 조·청 상민 수륙 무역 장정으로 외국인들이 내지로 들어올 수 있게 된 것이라는 것, 중요하니까 놓치지 마시고요. 상인들은 상권 수호 운동으로 **철시 투쟁**을 벌입니다. 일본의 상점 퇴거를 요구하며 가게의 문을 닫아버린 거죠.

자, 이렇게 이권 수호 운동과 상권 수호 운동으로 처절하게 싸우고 있는 모습을 확인했고요. 이어서 황무지 개간 반대 운동도 전개되는데, 이거 다 앞에서 배운 겁니다. 일제가 대한 시설 강령을 통해 황무지 개간권을 요구하니까, 애국 계몽 운동 단체인 **보안회**와 **농광 회사**가 반대했다고 했었죠. 결국 일본의 요구를 철회시키는 데 성공했다는 것까지 복습하고 넘어갈게요.

이제 시간이 쭉 흘러, 1907년 전개된 운동이 바로 **국채 보상 운동**입니다. 우리가 왜 이렇게 외세 침탈에 흔들리고 있는지 그 이유에 대해 나름 판단했는데, 일본에 빚을 너무 많이 졌기 때문이라는 거죠. 일본이 2차 한·일 협약(을사늑약) 이후 여러 명목으로 우리에게 강제로 차관을 제공했는데, 그 액수가 대한 제국의 1년 예산에 버금가는 1,300만 원에 달했어요. 이 빚을 갚아야만 우리의 자주적인 주권을 세울 수 있다고 해서 나온 운동이 국채 보상 운동인데, 이 운동을 주도했던 인물은 **서상돈**입니다. 여기서 중요한 것이, 국채 보상 운동을 시작한 지역입니다. 시험에 정말 잘 나오니까 꼭 기억하셔야 하는데, 바로 **대구**예요. 이런 운동이 일제 강점기로 연결되면서 계속 나오는데, 그중 하나가 1920년대 국산품을

국채 보상 영수증

국채 보상 운동 기념비

애용하자며 벌어진 **물산 장려 운동**입니다. 물산 장려 운동은 평양에서 시작되어 전국으로 확산됐어요. 국채 보상 운동은 대구에서 출발해 전국으로 확산됐고요. 이렇게 운동이 출발한 지역이 시험에 잘 나오니까, 꼭 기억해두세요.

국채 보상 운동을 알리기 위해 언론에서도 많은 활동을 하는데, 특히 〈대한매일신보〉가 많이 홍보해줍니다. 이것도 기억해두시고요. 언론의 지지로 전국에 알려지니까, 나랏빚을 갚기 위해 남녀노소 불문하고 모두 집안의 귀중품을 가지고 나와서 운동에 참여해요. 1997년 외환 위기가 발생했을 때도 금 모으기 운동을 했잖아요. 그래서 당시 제2의 국채 보상 운동이라는 이야기가 나오기도 했었죠. 앞서 역사를 통해 배웠기 때문에 비슷한 위기가 왔을 때 우리는 다시 하나로 뭉치는 힘을 낼 수 있었던 겁니다. 역사를 배우는 이유가 바로 이것입니다. 이런 선례가 없었다면 시도하는 것 자체가 무척 어렵거든요. 역사를 학습하면서 '나라가 어려울 땐 무엇을 해야 하는구나'라는 것들을 본능적으로 알게 되는 거예요. 역사는 본능적으로 몸을 움직이게 하는 힘을 가지고 있습니다. 그것이 역사고, 그래서 역사를 배우는 겁니다.

지금까지 경제 침탈이 점점 확대되고 있는 상황에서, 우리 역시 그에 대응하려는 모습을 살펴봤습니다. 여기서 끝이 아닙니다. 문화도 마찬가지예요. 또 어떤 방법으로 문화를 수호해냈을지 그 모습도 살펴보겠습니다.

물산 장려 운동
1920년대 초 일본으로부터 경제적 자립을 위해 전개한 범국민적 실천 운동. 물자 아껴 쓰기와 우리 산업 경제를 기르자는 취지였어요.

▶ 物 물건 물
▶ 産 생산하다 산
▶ 獎 장려하다 장
▶ 勵 권면하다 려
▶ 運 옮기다 운
▶ 動 움직이다 동

큰★별쌤의
한번에 핵심 정리

1 열강의 경제 침탈

(1) 개항 초기 경제 침탈

조·일 수호 조규(1876)	• 관세·항세·곡물 유출 제한이 없으며, 최혜국 대우 설정되지 않음 • 개항장 무역: 개항장 10리 이내에서만 무역 가능
조·미 수호 통상 조약 (1882)	• 황준헌의 《조선책략》 중 '방러 → 연미'를 토대로 미국과 체결 • 거중 조정 규정, 관세 설정, 최혜국 대우 설정 → 이후 최혜국 대우 규정이 다른 나라에도 계속 적용 • 조약 체결 후 보빙사 미국 파견 → 보빙사 일원인 유길준이 귀국 후 《서유견문》 저술
조·청 상민 수륙 무역 장정(1882)	• 임오군란 이후 체결, 청의 내정 간섭 심화 • 청 상인에게 내지 통상권 인정 → 내지 무역 가능 → 객주, 보부상 등 전통 상인들이 타격을 입음
조·일 통상 장정(1883)	• 무제한으로 곡물이 유출되지 않는 조항인 '방곡령' 규정 • 최혜국 대우 적용 → 일본 상인의 내지 무역 가능

(2) 열강의 이권 침탈

배경	• 1896년 아관 파천 후 러시아의 이권 침탈 심화 → 일본, 미국, 프랑스 등이 최혜국 대우를 내세움
러시아	• 삼림 채벌권(압록강과 두만강, 울릉도 등지) 차지 • 절영도 조차 요구, 한·러 은행 설립 → 독립 협회의 만민 공동회에서 저지
미국	• 운산 금광의 채굴권 차지, 경인선 부설권 차지(→ 추후 일본에 넘어감)
프랑스	• 광산 채굴권 차지, 경의선 부설권 차지(→ 추후 일본에 넘어감)
일본	• 경부선 부설권 차지 → 경인선, 경의선, 경부선 모두 일본이 놓음

(3) 일본의 토지 약탈과 금융 지배

토지 약탈	• 한·일 의정서의 이권을 더욱 강화하기 위해 '대한 시설 강령' 작성 → 황무지 개간권 요구 • 동양 척식 주식회사 설립(1908): 1910년 토지 조사 사업을 시행하며 계획적으로 토지 약탈

화폐 정리
사업
	• 시행: 1차 한·일 협약 때 파견된 재정 고문 메가타가 주도
	• 내용: 백동화를 일본 제일 은행권으로 교체
	  - 일대일, 등가 교환이 이루어지지 않음. 교환이 거부되기도 함 → 백동화를 만들던 전환국 폐지, 금
	    본위제 시행 → 백동화를 바꿔줄 은행권을 마련하기 위해 일본으로부터 차관을 빌리도록 강요
	• 영향: 국내 은행 자본과 상업 자본이 타격

2 경제적 구국 운동

(1) 경제 주권을 지키기 위한 다양한 노력들

상회사 설립	• 조 · 청 상민 수륙 무역 장정을 통해 외국 상인의 내지 무역 → 거대 자본에 맞서기 위해 상인들 연합 → 상회사 설립 • 대동 상회와 장통 회사가 대표적
방곡령 선포	• 방곡령 : 지방관이 곡물 가격 폭등과 식량 부족 현상을 방지하기 위해 곡물의 반출을 금지하는 명령 → 1883년 조 · 일 통상 장정에서 관련 규정 마련(방곡령 시행 1개월 전 일본 상인에게 통보 조건) • 시행 : 조 · 일 통상 장정을 근거로 지방관들이 방곡령 선포 → 일본 측 항의로 번번이 해제 - 1889~1890년 함경도, 황해도 지역에서 방곡령 시행 → 일본이 1개월 전 통보가 위반이라며 배상금 지불 요구 → 방곡령 철회, 배상금 지불
은행 설립	• 1894~1895년 갑오 · 을미개혁으로 조세의 금납화 → 조선 은행(1896), 한성 은행(1897), 대한 천일 은행(1899) 설립 → 일제의 화폐 정리 사업 이후 몰락

(2) 이권 수호 운동부터 국채 보상 운동까지

이권 수호 운동	• 아관 파천 이후 열강의 이권 침탈 심화 → 독립 협회가 만민 공동회를 개최하여 러시아의 절영도 조차 요구 저지, 한 · 러 은행 폐쇄
상권 수호 운동	• 조 · 청 상민 수륙 무역 장정으로 외국인의 내지 무역 가능 → 시전 상인들이 중심이 되어 만든 황국 중앙 총상회가 상권 수호 운동 전개
황무지 개간권 요구 반대 운동	• 일제가 대한 시설 강령을 통해 황무지 개간권 요구 → 보안회와 농광 회사가 반대 운동 전개 → 일본의 요구 철회
국채 보상 운동	• 개요 : 1907년 전개 → 나랏빚 1,300만 원을 갚자는 운동 • 전개 : 서상돈의 주도로 대구에서 출발 → 〈대한매일신보〉 등 언론의 지지로 전국 확산

33강

개항기

문화

언론의 발달

이제 개항기 마지막 시간입니다. 문화 분야를 공부할 텐데, 앞서 경제적 구국 운동을 살펴보면서, 경제 침탈에 대한 대응뿐만 아니라 문화 수호를 위한 움직임이 있었다고 했죠. 나라의 문이 열리고 개화 정책이 진행되면서, 근대 의식을 높이고 지금 일어나는 사건을 사람들에게 전달하기 위해 다양한 신문이 발행되었습니다. 근대 신문은 일제의 국권 침탈을 비판하고, 국권 회복 운동과 민족의식 고취에 앞장섰지만, 일제의 탄압에 부딪히며 어려움을 겪기도 했습니다. 이번 장에서는 근대의 다양한 언론 기관들을 살펴볼게요.

: 우리나라 최초의 신문으로 출발하겠습니다 :

우리나라 최초의 신문은 무엇일까요? 바로 **〈한성순보〉**입니다. 〈한성순보〉를 찍어낸 곳은 근대 시설 **박문국**인데 신문, 잡지 등의 편찬과 인쇄 업무를 맡아본 출판 기관입니다. 박문국에서 〈한성순보〉를 인쇄했다는 사실, 기억해두시고요. 〈한성순보〉는 순 한문으로 된 활자체 신문으로, 정부에서 시행하는 정책들을 알리는 **관보**의 성격을 띱니다. 〈한성순보〉 도입에 큰 역할을 했던 인물들이 누구냐면, 바로 급진 개화파예요. 네, **갑신정변**을 일으켰던 세력이죠. 〈한성순보〉는 1883년 첫 발행되었는데, 급진 개화파의 정변이 3일 천하로 끝나면서 신문도 오래가지 못하고 곧 문을 닫았습니다.

자, 여기서 잠깐 오른쪽 표를 봐주세요. 갑신정변이 일어난 1884년, 동학 농민 운동이 일어난 1894년, 러 · 일 전쟁이 발발한 1904년에 각각 노란색 선을 그어두었죠? 1884년과 1894년 사이에 볼 수 있는 모습, 1894년과 1904년 사이에 볼 수 있는 모습, 또 1904년 이후에 볼 수 있는 모습으로 옳은 것을 찾는 문제가 잘 나옵니다. 저는 1884년 이전은 '개화기', 1884년에서 1894년은 '동도서기', 1894년부터 1904년은 '광무개혁', 1904년 이후는 '애국 계몽', 이렇게 구분해놨어요. 지금 이야기하는 신문뿐만 아니라 뒤에 나올 기술과 교육

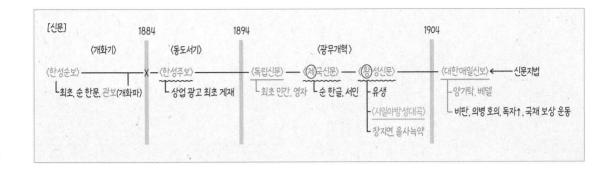

[신문]

〈개화기〉　|1884|　〈동도서기〉　|1894|　〈광무개혁〉　|1904|

〈한성순보〉 ─ 최초, 순 한문, 관보(개화파)
X 〈한성주보〉 ─ 상업 광고 최초 게재
〈독립신문〉 ─ 최초 민간, 영자, 순 한글, 서민
〈제국신문〉 ─ 순 한글, 서민
〈황성신문〉 ─ 유생, 〈시일야방성대곡〉, 장지연 을사늑약
〈대한매일신보〉 ← 신문지법 ─ 양기탁, 베델, 비판, 의병 호의, 독자↑, 국채 보상 운동

도, 시기 구분과 함께 기억하셔야 합니다.

그럼 다시 신문 이야기로 돌아가볼게요. 〈한성순보〉가 문을 닫은 이후, 그 뒤를 이어서 **〈한성주보〉**가 등장합니다. 순보에서 '순(旬)'은 열흘을 뜻해요. 즉 〈한성순보〉는 열흘에 한 번씩 발행하는 신문이었죠. 주보는 뭘까요? 예, 일주일마다 한 번씩 나오는 신문이라는 거예요. 〈한성주보〉는 국한문 혼용체의 주간 신문으로 발행되었는데, 우리나라 역사상 최초로 **상업 광고**가 게재되었다는 역사적 의의를 지니고 있습니다. 이것도 기억해두시면 좋겠고요.

1884년부터 1894년은 '동도서기'로 묶었다고 했잖아요. 이유가 있습니다. 1884년 급진 개화파에 의한 갑신정변은 실패했지만, 온건 개화파에 의해 개화 정책은 여전히 이어지고 있었죠. 온건 개화파의 개화 방식이 뭐였죠? 동도서기, 즉 동쪽의 정신은 그대로 두고 서양의 기술만 받아들이자는 주장이었는데, 그 기조 아래 〈한성주보〉 같은 것들이 나왔던 겁니다.

: 갑오개혁 이후 등장한 신문들도 살펴볼게요 :

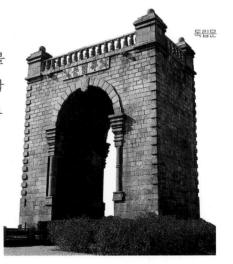

독립문

이제 1894년 갑오개혁 이후 등장한 신문들을 살펴볼 텐데, 우선 **〈독립신문〉**입니다. 〈독립신문〉은 앞에서 잠깐 살펴봤었죠? 예, 〈독립신문〉을 만들던 사람들이 독립 협회를 설립했고, 그들의 목표는 독립문 건립이었다고 했어요. 〈독립신문〉은 1896년에 만들어졌는데, 그때 고종의 아관 파천이 있었죠. 러시아 공사관으로 들어간 고종에게 다시 돌아오라고 이야기하는 과정에서 〈독립신문〉이 등장한 겁니다. 〈독립신문〉

개항기의 역사 신문 ——

〈독립신문〉(1896)

〈한성순보〉(1883)

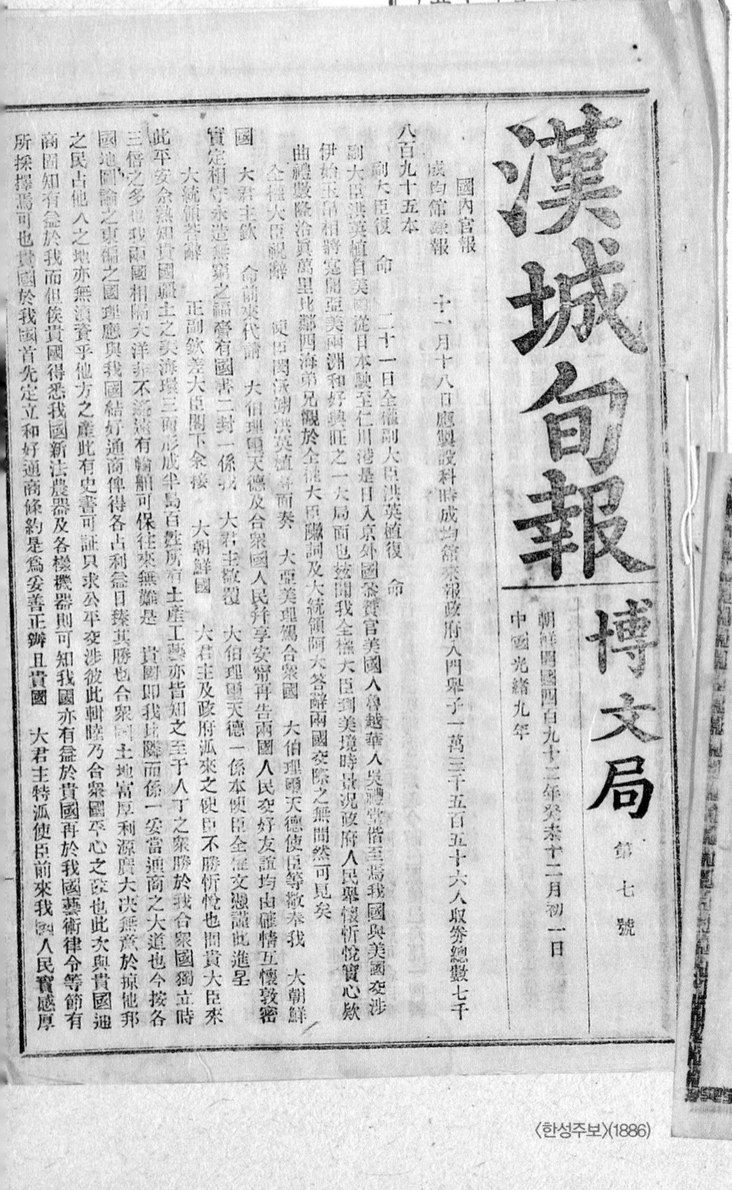

漢城旬報 博文局 第七號

漢城周報 第六十五號

〈한성주보〉(1886)

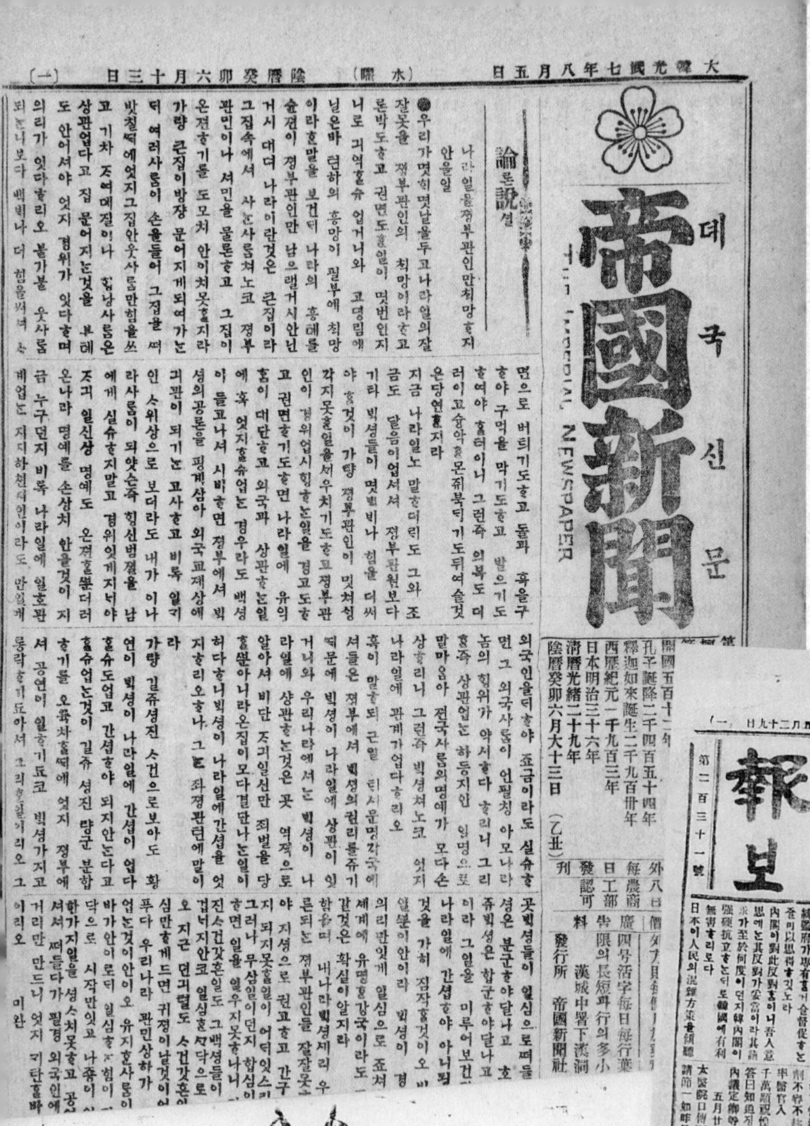

〈제국신문〉(1898)

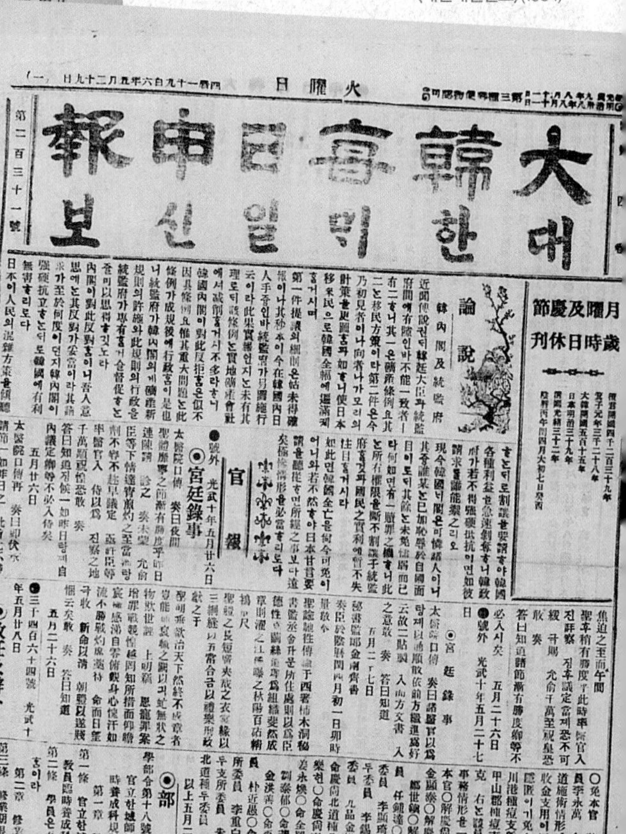

〈대한매일신보〉(1904)

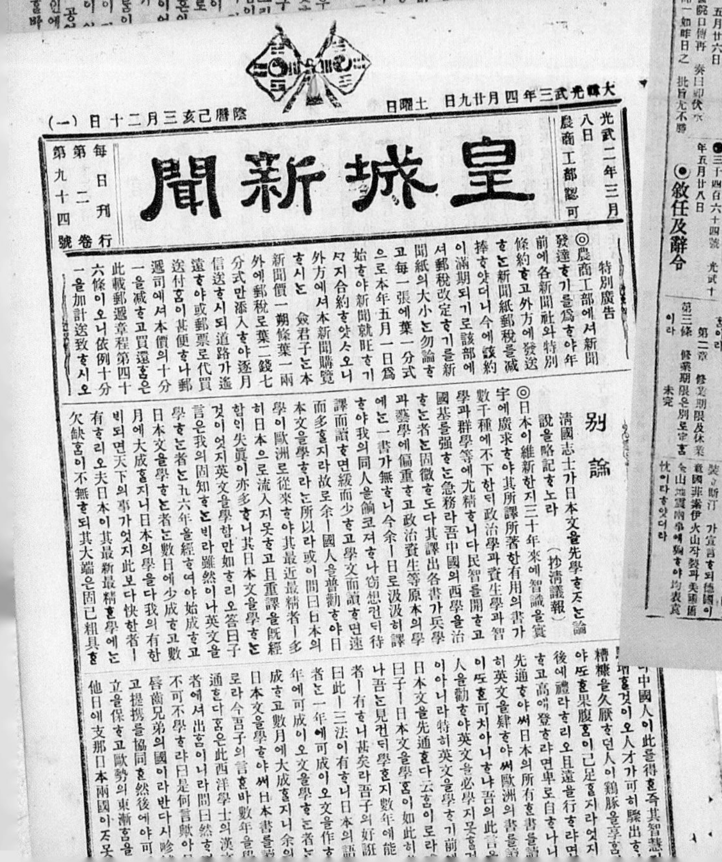

〈황성신문〉(1898)

질문 있어요!

Q 고종이 아관 파천했을 때, 돌아오라고 말하려고 만든 신문이 〈독립신문〉인가요?

A 고종의 아관 파천 당시 〈독립신문〉이 간행되었고, 이후 독립 협회가 설립됩니다. 〈독립신문〉을 통해 자주독립 의지를 나라 곳곳에 전달했습니다. 러시아 공사관에 있었던 고종에게도 '그곳에 계시지 말고, 빨리 나오시라. 우리는 우리가 지켜야 한다'는 의미를 담아 전달하기도 했습니다.

의 역사적 의의는 무엇일까요? 바로 최초의 민간 신문이라는 점입니다. 또 〈독립신문〉은 한글뿐만 아니라 영어로도 기사 내용이 번역되었습니다. 한글판과 함께 영문판을 발행해서, 우리나라 사람과 더불어 외국인에게도 국내 상황을 알린 것이죠.

그리고 아관 파천 이후 대한 제국이 선포되잖아요. 그때 등장한 신문들이 바로 〈제국신문〉과 〈황성신문〉입니다. 이것들이 고종이 황제로 즉위한 대한 제국 시기에 등장한 신문이라는 것은, 황제의 '황', '제'가 들어간 신문의 제호만 봐도 알 수 있습니다. 두 신문은 독자층이 달랐는데, 〈제국신문〉은 순 한글 신문이라 누구나 읽기 쉬워서, 서민들이 주로 많이 봤습니다. 반면 〈황성신문〉은 국한문 혼용 신문으로, 한자가 많아 유생들이 많이 읽었고요. 그런데 〈황성신문〉 하면, 우리가 너무나 잘 알고 있는 게 하나 있죠. 〈황성신문〉에 실렸던 유명한 글이 있다고 이미 배웠어요. 예, 바로 을사늑약에 대한 반발로 쓴 장지연의 '시일야방성대곡'입니다. 너무 중요하니까 다시 한번 짚고 넘어가고요.

: 1904년 〈대한매일신보〉가 등장합니다 :

1904년이 되면 러·일 전쟁을 전후로 상황이 많이 바뀝니다. 일본이 전쟁에서 승리하면서 우리가 일본의 영향권으로 빨려 들어가게 되고, 또 식민지 지배를 하려는 일본의 모습이 노골적으로 등장하는 시기죠. 그 과정에서 〈대한매일신보〉가 등장합니다. 〈대한매일신보〉는 앞서 언급된 신문 중 가장 중요한 신문이라고 생각하시면 돼요.

이 신문을 운영한 사람을 확인해야 하는데, 정말 중요합니다. 먼저 신민회 회원이었던 **양기탁**이 있습니다. 그리고 또 한 명이 바로 영국인 **베델**인데, 완전 중요한 사람이에요. 왜 그렇게 중요하냐면, 〈대한매일신보〉를 운영하는 사람 중 한 명이 외국인이잖아요? 그러니까 치외 법권이 적용되어서 일본도 이곳은 함부로 할 수 없는 겁니다. 그러니 〈대한매일신보〉는 일본에 비판적인 기사를 많이 실을 수 있었습니다. 또 의병 투쟁에 관해서도 굉장히 호의적인 기사를 내서, 당시 독자 수가 가장 많았습니다. 게다가 **국채 보상 운동**도 적극적으로 **홍보**했어요. 그러니 일본으로서는 〈대한매일신보〉가 눈엣가시였겠죠. 이걸 가만히 두고만 있지는 않았을 거 아니겠어요? 예, 그래서 신문지법을 만들어 〈대한매일신보〉를 억압하려 했습니다.

지금까지 문이 열린 상황에서 언론이 자생적으로 발달했던 모습을 확인해 보았습니다. 이런 언론 활동이 있었기 때문에, 당시 상황을 국내는 물론 외국에도 알릴 기회를 가질 수 있었습니다. 그럼 이어서 근대 기술은 또 어떻게 발달했는지 살펴보겠습니다.

근대 기술의 도입

갑신정변, 갑오개혁, 광무개혁을 거치는 동안 우리나라에는 근대적 기술과 시설이 빠르게 도입되었습니다. 활자를 찍어내던 박문국부터 전신과 철도, 전차까지 다양한 기술과 시설이 도입되면서 나라의 풍경과 문화도 많은 변화를 경험했죠. 여기서는 이 시기에 들어왔던 근대적 시설들, 특히 다양한 기술들을 살펴보겠습니다.

: 1884년 전후에 들어선 근대 시설들부터 보겠습니다 :

먼저 〈한성순보〉를 발간했던 **박문국**입니다. 이곳은 말 그대로 문자를 박는 곳, 즉 활자와 관련된 곳이고요. 다음으로 화폐를 찍어내는 **전환국**이 있습니다. 전환국 하면 떠올라야 하는 화폐가 있는데, 백동화입니다. 1905년 백동화를 제일 은행권으로 바꾸는 메가타의 화폐 정리 사업을 통해 전환국이 폐지된다는 것 살펴봤었죠. 어쨌든 이때는 개화 정책의 일환으로 전환국이 만들어졌다는 것, 기억하시면 되고요. 또 개항이 되면서 무기 만드는 법을 배워

박문국 편집실

오라며 영선사라는 사절단을 청나라에 파견했었잖아요. 그들이 돌아와 무기 제조 공장인 **기기창**을 세웠다고 설명드렸었죠. 박문국, 전환국, 기기창, 세 근대적 기술이 모두 1883년에 만들어졌습니다. 연도는 외우지 마세요. 그냥 시기적으로 이런 덩어리가 있다는 것만 기억하고 있어도 충

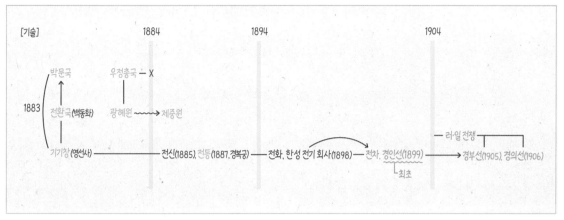

[기술]　　　　　　　　1884　　　　　　　　1894　　　　　　　　　1904

박문국　　　우정총국 — X

1883　전환국(백동화)　　광혜원 〜〜〜〜▶ 제중원

　　　　　　　　　　　　　　　　　　　　　　　　　　　　　　　　┌ 러·일 전쟁 ┐

기기창(영선사) ── 전신(1885), 전등(1887, 경복궁) ── 전화, 한성 전기 회사(1898) ──▶ 전차, 경인선(1899) ──▶ 경부선(1905), 경의선(1906)
　　　　　　　　　　　　　　　　　　　　　　　　　　　　　　　└최초

분합니다.

　이제 1884년 라인이 중요합니다. 앞서 언론 부분을 살펴보면서 시기 구분을 했었죠? 근대적 기술도 그 시기별로 구분해 살펴볼 겁니다. 1884년 이후에는 개화파와 관련된 곳이 매우 많아요. 예를 들어 갑신정변과 관련된 근대적 시설로 우정총국이 있죠. 우정총국 오픈식에서 갑신정변이 시작됐잖아요. 그런데 갑신정변이 터지면서 우정총국도 일시적으로 문을 닫게 됩니다. 갑신정변과 관련된 또다른 시설로, 기억해야 할 곳이 있는데 바로 **광혜원**입니다. 갑신정변 진압 후 정변 때 다친 민씨들을 치료해준 미국인 선교사 **알렌**의 요청으로 짓게 된 병원이죠. 광혜원은 우리나라 최초의 근대식 병원인데, 나중에 **제중원**으로 이름을 바꿉니다.

대표적인 서양식 건물들

명동성당

덕수궁 석조전

광혜원(복원)

갑신정변 직후 1884년 전후로 근대적 시설들이 집중적으로 만들어진 모습, 확인하셨고요. 이제 동도서기 시기로 가보겠습니다. 이 시기도 여전히 개화 정책이 추진되고 있는데요. 먼저 **1885년**에 **전신**을 놓습니다. 전신을 놓은 이유는 뭘까요? 앞서 살펴봤었어요. 1882년 임오군란이 터지고, 1884년 갑신정변이 일어나고, 일본 사람이랑 청나라 사람이랑 이 다급한 상황을 본국에 알려야 하는데 방법이 없는 겁니다. 그래서 전보를 보내기 위해 전신을 놓게 됐다고 했었죠. 그리고 또 하나의 근대적 시설이 있는데 바로 **전등**입니다. **1887년** 경복궁에서 처음으로 불빛을 밝혔고, 이 불을 건달불이라고도 불렀다고 설명했었죠. 이건 정말 경이로움이었을 거예요. 어두컴컴한 밤에 갑자기 번쩍하면서 불빛이 비치는 모습이란, 정말 새로운 세상이 또 열리겠구나 하는 느낌을 주지 않았을까요. 이것들이 모두 1880년대입니다.

: 이어서 1890년대에 생긴 근대 시설들입니다 :

이제 1890년대로 넘어가볼게요. 갑오개혁 이후 광무개혁 시기, 1898년에 **전화**가 놓입니다. 전화와 관련된 이야기를 하나 들려드릴게요.

한성 전화소의 전화 교환원

한성 전기 회사 직원들

최초의 전기 회사, 한성 전기 회사

당시 백범 김구 선생이 명성 황후 시해 사건을 일으켰던 일본인을 죽였다는 이유로, 감옥에 갇히고 사형 선고를 받거든요. 이때 고종이 직접 전화로 사형을 멈추라고 해서, 김구 선생이 사형 직전 목숨을 부지하셨다는 이야기가 전해지고 있어요. 전화가 놓인 시기와 딱 맞지는 않아서 실제로 있었던 이야기는 아닐 가능성이 크지만, 이런 이야기도 있다는 정도로만 알고 계시면 되겠습니다.

다음으로 전등, 전화가 생겼으니 전기도 필요하겠죠. 그래서 1898년 **한성 전기 회사**가 세워집니다. 한성 전기 회사는 발전소를 세우고 서울에 전기를 공급하기 시작했는데, 그래서 1899년부터 전차도 운행할 수 있게 되었죠. 광무개혁이 진행된 대한 제국 시기는 정말 대단했던 것 같아요. 당시 동양에서 전차가 다니는 나라가 몇 없었거든요. 이렇게 아주 빠른 속도로 근대적 시설을 받아들이는 모습이 나타나고 있는 것을 확인할 수 있습니다.

그리고 **1899년**에는 우리나라 최초의 철도 경인선이 생깁니다. 최초라는

철도 부설

청진

경의선(경성-신의주, 1906)

신의주

함경선(원산-청진, 1928)

평남선(평양-진남포, 1910)

평양 원산

진남포

경원선(경성-원산, 1914)

인천 경성

경인선(경성-인천, 1899)

경부선(경성-부산, 1905)

대전

호남선(대전-목포, 1914)

부산

목포

보신각 앞을 지나는 서울 전차

질문 있어요!

Q 경인선은 1899년, 경의선은 1906년에 만들어졌다고 알고 있는데, 어떻게 아관 파천에 의해 이권 침탈이 절정에 이르렀을 때 미국과 프랑스가 경인선과 경의선을 빼앗아갈 수 있나요? 혹시 이권 침탈 시기가 아관 파천으로 인해 시작돼서 일제 강점기까지 이어지는 건가요?

A 아관 파천으로 열강의 이권 개입이 본격적으로 시작되면서 을사늑약 체결까지 이어지게 되었어요. 경인선은 미국인 모스가 부설권을 획득하게 되었고, 프랑스는 이듬해 경의선 부설권을 획득하게 되었지요. 하지만 이후 프랑스 사업자는 부설권을 잃게 되고 1905년 일본이 경의선 부설권을 얻게 되었어요. 경인선 역시 일본이 부설권을 갖게 되었고요.

타이틀이 붙으면 기억해놓으셔야 해요. 그리고 경인선과 관련해 또 중요한 것이 있는데, 이 철도는 러·일 전쟁 전에 개통됐습니다. 러·일 전쟁을 수행하기 위해 만들어진 게 아니라는 사실, 꼭 기억해두세요. 왜냐하면 앞서 시기 구분을 하면서 러·일 전쟁이 발발한 1904년도 하나의 라인으로 잡았잖아요. 1904년 이후, 러·일 전쟁을 수행하기 위해 만든 철도는 1905년 개통된 **경부선**, 1906년 개통된 **경의선**이거든요. 이 차이를 기억해놓으시면 되겠습니다.

큰★별쌤의 사건 이야기
우리나라 최초의 철도, 경인선

경인선은 서울과 인천을 잇는 우리나라 최초의 철도입니다. 1896년 미국에서 철도 부설권을 가져갔다가 이후 일본에서 부설권을 인수해 1899년 제물포~노량진 사이에 철도를 개통했고, 다음 해 노량진~서울 사이가 개통하면서 서울~인천이 완전히 연결되었습니다. 경인선을 비롯한 우리나라의 철도는 열강의 이권 침탈과 경쟁 속에 부설되었어요. 대한 제국도 철도 부설을 위해 노력했지만 큰 성과를 얻지는 못했어요. 일제에 의해 경인선을 시작으로 이후 경부선, 경의선 등이 차례로 개통되었습니다.

근대 교육의 발달

학교와 교육은 사회와 문화 변화의 가장 큰 핵심입니다. 개항기에 접어들면서 최초의 근대식 학교가 세워지고, 교육 입국 조서가 반포되면서 근대적 학제가 마련됩니다. 우리 미래를 좌우하는 교육에는 어떤 변화가 있었는지 살펴봅시다.

: 근대적 학교와 학제의 탄생 :

우리나라 최초의 근대적 학교는 어디일까요? **원산 학사**입니다. 그런데 왜 원산일까요? 여러분, 원산을 기억해보세요. 조·일 수호 조규로 처음 문을 연 곳이 어디였죠? 부산이죠. 그리고 그다음이 원산, 인천이었잖아요. 예, 개항장 인 원산으로 근대적 문물이 빠르게 들어왔고, 그 모습을 본 원산 사람들은 근대적 교육의 필요성을 느낍니다. 그래서 1883년 원산 학사를 세운 것인데, 이 학교는 사립 학교예요. 원산 학사는 **최초의 근대적 사립 학교**였다는 점, 꼭 기억해두시고요. 원산 학사에서 독특한 점은 외국어를 비롯한 근대 학문뿐만 아니라 무술도 가르쳤다는 거예요. 마치 고구려의 경당이 떠오르는 모습입니다.

그리고 1884년 이후 **외국 선교사들**이 학교를 짓기 시작합니다. 대표적으로 는 **배재 학당, 이화 학당, 경신 학교** 등이 있어요. 1890년대는 넘어가고, 1904년 러·일 전쟁 시기에는 민족 지도자들이 세운 학교가 있습니다. 기억나시죠? 러·일 전쟁 이후 언론, 교육, 식산흥업에 초점을 두고 진행한 애국 계몽 운동 이 있었잖아요. 교육이 한 축을 차지했으니, 당연히 민족 지도자들이 중심이 되어 학교도 설립했겠죠. 대표적인 학교로 정주의 **오산 학교**, 평양의 **대성 학교** 등이 있습니다. 오산 학교는 이승훈 선생, 대성 학교는 안창호 선생이 설립을

배재학당 전경(동관)
옛 배재학당의 교실로 사용
되었던 건물로서, 비교적 잘
복원되었다. 현재는 역사 박
물관으로 보존 중이다.

주도했습니다. 이런 학교들이 사립 학교의 명맥을 잇고 있고요.

이제 공립 학교를 살펴볼게요. 다시 1880년대로 가보죠. 최초의 사립 학교
는 원산 학사라고 했죠. 그럼 최초의 근대식 공립 학교는 어딜까요? **동문학**이
라는 곳입니다. 그러나 이 학교는 종합적인 교육보다는 외국어 교육을 통해
통역관을 육성하던 학교였습니다. 우리나라 최초로 근대식 종합 교육을 시행
했던 학교는 1886년 세워진 **육영 공원**입니다. 말 그대로 영재를 육성하는 학
교인데, 육영 공원은 시험에 잘 나오니까 기억해놓으셔야 해요. 이 학교에 있
었던 대표적인 인물은 **헐버트**입니다. 선교사로 조선에 들어온 미국인으로, 육
영 공원에서 외국어를 가르쳤죠. 헐버트는 우리나라를 위
해 열심히 노력한 인물인데, 이후 헤이그 특사 때 다시 한
번 등장합니다. 당시 이준, 이상설, 이위종과 함께 활동했
어요.

참고로 육영 공원은 처음에는 고관 자제
들이 많이 들어갔는데, 나중에는 잘 가
지 않게 됩니다. 왜냐하면, 예를 들어 영
의정의 자녀가 학교에서 시험을 봤는데
100점 만점에 20점을 받았어요. 그럼 "에
이, 아무리 그래도 영의정 자식인데 체면
이 있지, 점수 좀 올려줘" 한단 말이에요. 이

육영 공원
1886년에 설립되어 1894년까지 운
영된 조선 후기 최초의 근대식 공
립 교육 기관. 근대적 신교육으로
발전하는 교량 역할을 했지만, 정
부 고위 자제를 대상으로 외국어
위주로만 가르쳐 대중 교육에 한
계를 지녔어요.
▶ 育 기르다 육
▶ 英 뛰어나다 영
▶ 公 공공
▶ 院 관서 원

《사민필지》
1889년 육영 공원의 교사 호머 헐
버트가 집필한 최초의 한글 교과
서. 세계의 지리 지식과 문화를
소개하는 내용이 실려 있다.

호머 헐버트

242

런 요구가 외국인에게는 통하지 않는 거예요. 문화가 다르니까요. 고종이 육영 공원에 가지 않으면 고위 관직에 쓰지 않겠다고 엄포도 놓았는데, 그래도 별로 인기가 없었습니다.

이제 1890년대로 가봅시다. 1895년 2차 갑오개혁이 진행되면서 **교육 입국 조서**가 반포되었습니다. 우리 이거 배웠어요. 교육 입국 조서로 근대적 학제가 마련되어 **소학교, 사범 학교, 외국어 학교** 등이 만들어지는 계기가 되었다고 했죠. 시간이 흐르면 중학교까지 만들어진다고 했는데, 그렇게 탄생하는 최초의 중등 학교가 **한성 중학교**입니다. 교육 입국 조서 반포 이전 학교와 이후 학교는 반드시 구분해서 기억해주세요.

질문 있어요!

Q 2차 갑오개혁은 교육 입국 조서로 인해 소학교가 만들어지는 계기라 하셨는데, 2차 갑오개혁 때는 소학교 관제만 발표되고 실질적으로 설치를 지시한 건 을미개혁 때인 건가요?

A 말 그대로 계기입니다. 2차 갑오개혁 때 교육 입국 조서의 소학교령이 발표되어 계기가 만들어지고, 실제 설치가 된 것은 을미개혁 때입니다.

: 디아스포라의 이야기도 함께 살펴보겠습니다 :

지금까지 근대적 학교들을 살펴봤는데, 하나 더 추가해서 얘기해볼게요. 우리나라 인구가 몇 명인가요? 5천만이죠. 그런데 지금 한반도가 아니라 외국에 사는 한국인들이 이 말을 들으면 어떻게 생각할까요? 분명 한국인이라는 정체성을 갖고 있음에도, 이 땅에 소속되어 있지 않은 느낌을 받을 것 같아요. 어쩌면 우리는 은연중에 한반도에 살지 않는 사람들을 우리와 구분하는, 차이 혹은 차별의 기준을 세워놓고 있는 게 아닐까요? 여기서 한 가지 질문해볼게요. 도산 안창호 선생은 재외 동포일까요, 아닐까요? 살짝 고민이 되죠. 실제로 이런 질문을 하면 항의하는 분도 있고요. 그런데 도산 안창호 선생의 부인, 그리고 자식들은 또 재외 동포라고 이야기합니다. 무엇이 맞을까요? 한반도 밖에 살고 있는 인구가 8백만입니다. 그 8백만의 역사를 우리는 어떻게 바라봐야 할까요?

1904년을 전후해 한반도를 떠나는 사람들이 생깁니다. 나라를 떠나 세계를 다니면서 그들이 정착하는 과정과 흐름을 '디아스포라'라고 합니다. 언어, 문화가 다른 곳에 가서 우리의 정체성을 지켜낸다는 건 엄청난 고통입니다. 그런데 그 안에 뿌리를 내리고 살아가는 과정에서 또

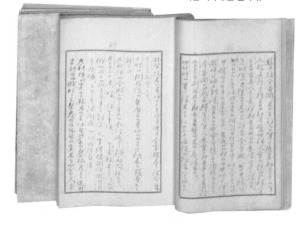

도산 안창호 일기
1919년 3·1 운동 이후 중국 상하이로 건너가 임시 정부에서 활동하던 시기에 쓴 일기다.

다른 에너지가 만들어질 수도 있어요. 디아스포라는 고통이지만 한편으론 혁신이기도 한 겁니다. 디아스포라의 혁신을 과감히 받아들이는 것도 좋지 않을까 라는 생각이 듭니다.

이들이 최초로 공식 이민을 간 곳은 **하와이**였습니다. 1902년 공식 이민단이 인천항을 출발해 하와이에 도착했어요. 노동 이민이었기 때문에 이민자의 대다수가 남성이었는데, 당시로서 외국인과의 결혼은 생각하기 어려웠고, 그래서 우리나라에 자기 사진을 보내 결혼 상대자를 찾았지요. 사진을 보고 신부될 사람이 하와이로 건너오면 혼인을 했는데, 이를 '**사진결혼**'이라고 부릅니다. 이후 이민자들은 멕시코로도 갑니다. 멕시코에는 가시가 뾰족한 선인장과 작물인 **에네켄**이 있어요. 에네켄은 당시 '초록의 금'이라 불릴 정도로 쓸모가 많은 식물이었는데, 워낙 가시가 많아 채취에 애를 먹었습니다. 멕시코로 이민 갔던 한인들은 주로 에네켄 농장에서 일하며 갖은 고생을 합니다.

그런데 놀라운 게 있어요. 일제 강점기에 들어가서 대한민국 임시 정부에서 독립 공채를 발행하는데, 독립 공채는 채권을 말합니다. 임시 정부가 돈이 없으니까 독립하면 돈을 주겠다며 채권을 발행한 거예요. 하지만 나라의 실체가 없는데 그 채권을 누가 살까 싶은데, 이 이민자들이 채권 대부분을 사들입니다. 정말 대단하지 않습니까. 타국으로 왔지만 한반도를 그리워하고, 고국을 지켜내려고 한 거죠. 그래서 재외 동포를 우리가 어떤 관점으로 보고, 우리와 이들을 어떻게 규정할 것인가에 대한 논의가 필요하다는 이야기를 드려봤습니다.

문예, 국학, 종교의 변화 33-4

1904년 러·일 전쟁을 전후로 본격화되었던 애국 계몽 운동은 교육과 언론 식산흥업에 중점을 둔 운동이라고 했죠. 국권이 침탈당하는 가운데 우리 것을 지켜내려는 모습이 많이 보이는데, 특히 국어나 역사, 종교 면에서 그 모습이 두드러집니다. 하나씩 살펴보도록 할게요.

: 변화하는 민족 문화와 종교 :

먼저 국어부터 살펴보도록 하겠습니다. 앞서 2차 갑오개혁 때 교육 입국 조서가 반포되면서 학교가 많이 만들어졌다고 했어요. 그럼 학교에서 쓸 수 있는 교과서도 필요하고, 이와 더불어 교과서에 사용하는 문장과 문법을 체계화할 필요도 있었겠죠. 그래서 만든 것이 **1907년** 창설된 **국문 연구소**입니다. 국문 연구소는 2차 갑오개혁으로 바뀐 내각 7부 중 학부에 설치되었는데, 지금으로 말하면 교육부라고 할 수 있어요. 여기서 활약했던 인물로 **주시경**, **지석영** 등이 있는데, 지석영은 국어뿐만 아니라 나중에 종두법에도 매우 관심이 많았던 인물이니까 우선 기억해두시고요.

다음으로 **신소설**이 나옵니다. 대표적인 신소설로는 이인직의 《**은세계**》가 있는데, 이 작품은 **원각사**라는 우리나라 최초의 서양식 극장에서 연극으로 상영되기도 했습니다. 안국선의 《**금수회의록**》도 있습니다. 순한글로 쓴 언문일치의 신소설이었죠. 또 신체시도 있어요. 육당 최남선이 쓴 〈해에게서 소년에게〉가 대표적이죠.

이제 역사 분야도 살펴볼게요. 당시는 국권을 침탈당하고 있던 시기였잖아요. 나라의 주권을 잃어가는 상황에서 이것들을 지켜내야겠다

《금수회의록》

최초의 서양식 극장, 원각사

는 생각이 있었고, 그래서 영웅들을 보여주는 **위인전**이 보급됩니다. 신채호는 위인전인 《을지문덕전》, 《이순신전》 등을 저술하기도 하고요. 또 **여러 나라의 흥망사**에 관한 책들도 많이 나오는데요. 이 역시 신채호가 많은 저술을 남깁니다. 신채호가 쓴 책 중에는 **《독사신론》**도 있는데, 민족주의 사학의 방향을 제시한 책입니다. 이 민족주의 사학은 일제 강점기에 등장해서 유행하게 되니까, 신채호의 《독사신론》, 기억해주시고요.

마지막으로 종교를 보겠습니다. **동학**에서 이름을 바꾼 **천도교**가 등장하는데, 천도교는 기관지 〈만세보〉를 간행합니다. 그다음은 1909년 창시된 **대종교**가 있어요. 대종교는 **단군**을 믿는 종교로, 일제 강점기 때 굉장히 많은 활약을 했습니다. 대종교를 이끈 대표적인 인물은 **나철**이고요. 무엇보다 대종교는 단군을 믿는 종교였다는 것, 중요한 포인트니까 기억해두시고요.

다음으로 유교에서는 **박은식**이 유교

〈만세보〉

구신론을 주장합니다. 박은식은 일제 강점기에 역사학자로 활약하는 인물인데, 이때는 유교에 쓴소리를 합니다. '다른 종교들은 열심히 포교 활동을 하면서 직접 사람들을 찾아가는데, 유교는 뒷짐지고 어깨에 힘만 주고 뭐 하는 것인가'라며 바꾸어야 한다고 이야기한 거예요. 여기에 영향을 준 학문은 실천을 강조하는 양명학인데, 조선 후기 강화 학파가 이끌었던 양명학에서 영향을 받은 겁니다. 그리고 불교에서는 만해 **한용운**이 중심이 되어 **불교 유신론**을 펼칩니다. 그는

나철

박은식

《조선 불교 유신론》을 집필해 썩은 병폐를 바꿔야 한다고 주장했어요. 하나만 더 살펴보자면, 천주교가 있는데 천주교의 공식적인 포교 시기는 다른 종교에 비해 조금 늦습니다. 이유는 프랑스와 조선이 싸웠던 병인양요 때문인데요, 프랑스 선교사가 처형된 병인박해를 빌미로 삼아 병인양요가 일어났었잖아요. 그 후 프랑스와의 수교가 늦어졌고, 그래서 천주교의 포교는 프랑스와 조약을 체결한 1886년 이후부터 가능해집니다.

유교 구신론
유교의 개량과 혁신을 주장한 박은식의 논문으로 유교계의 문제점을 지적하고 개혁, 발전시켜야 한다는 내용을 담고 있습니다.

▸ 儒 유교 유
▸ 敎 가르치다 교
▸ 求 나무라다 구
▸ 新 새롭다 신
▸ 論 논하다 론

1866년 병인박해 당시 순교한 선교사 시메옹 베르뇌가 심문을 받는 모습

　지금까지 개항 이후 근대적인 생활 양식이 들어온 과정을 살펴봤습니다. 그러고 보니 지금 우리가 생활하는 대부분의 모습이 이때 형성되었다는 사실을 알 수 있는데요, 확실히 개항 전과는 달랐는데 많은 변화가 느껴지죠. 이렇게 조선이 문을 열고 많은 것이 바뀌는 것을 지켜봤습니다. 다음은 일제 강점기입니다. 마음은 무겁지만 외면해서는 안 되겠죠. 다음 강에서는 일제 강점기의 모습을 알아보도록 하겠습니다.

1 언론의 발달

〈한성순보〉	• 우리나라 최초의 신문, 박문국에서 인쇄(열흘에 한 번) • 순 한문 신문, 정부에서 시행하는 정책을 알리는 관보의 성격을 띰
〈한성주보〉	• 갑신정변으로 〈한성순보〉가 문을 닫은 이후, 국한문 혼용체의 주간 신문으로 발행 • 우리나라 역사상 최초로 상업 광고 게재
〈독립신문〉	• 우리나라 최초의 민간 신문 • 한글판과 함께 영문판도 간행 → 외국인에게 국내 상황 전달
〈제국신문〉	• 순 한글 신문, 서민층이 주로 읽음
〈황성신문〉	• 국한문 혼용 신문, 유생들이 주로 읽음 • 을사늑약에 대한 반발로 장지연이 쓴 '시일야방성대곡'을 게재

〈대한매일신보〉	• 신민회 회원 양기탁과 영국인 베델이 운영
	  - 외국인이 운영하는 관계로 치외 법권이 적용되어 일본도 함부로 하지 못함 → 일본에 비판적인
	   기사와 의병 투쟁에 호의적인 기사를 많이 보도, 국채 보상 운동도 적극 홍보
	  ⇒ 일제가 신문지법을 만들어 탄압

2 근대 기술의 도입

1880년대	근대 시설 (1883)	• 박문국: 〈한성순보〉 발간, 신문 · 잡지 등의 편찬과 인쇄 • 전환국: 백동화 발행 • 기기창: 청에 파견된 영선사가 돌아와 만든 근대 무기 제조 공장
	근대 시설 (1884~)	• 우정총국: 1884년 설치되나 갑신정변이 터지면서 운영이 일시 중단됨 • 광혜원: 갑신정변 때 다친 민씨들을 치료해준 미국인 선교사 알렌의 요청으로 설립 한 우리나라 최초의 근대식 병원(→ 나중에 제중원으로 개칭)
	통신 (1884~)	• 전신: 1885년 처음 설치 • 전등: 1887년 경복궁에서 처음 불을 밝힘
1890년대		• 전화: 1898년 처음 가설 • 전기: 1898년 한성 전기 회사 설립 → 1899년 전차 운행 • 철도: 1899년 우리나라 최초의 철도 경인선 개통(러 · 일 전쟁 이전) ↔ 러 · 일 전쟁을 수행하기 위해 만든 철도 경부선(1905), 경의선(1906)과 구분

3 근대 교육의 발달

(1) 근대적 학교와 학제의 탄생

사립 학교	1880년대	• 원산 학사(1883): 우리나라 최초의 근대적 사립 학교, 학문+무술 교육 • 1884년 이후, 외국 선교사들이 학교 건립: 배재 학당, 이화 학당, 경신 학교 등
	1900년대	• 애국 계몽 운동 시기, 정주의 오산 학교(이승훈), 평양의 대성 학교(안창호) 등 설립
공립 학교	1880년대	• 동문학(1883): 외국어 집중 교육 • 육영 공원(1886): 최초의 근대식 공립 학교 – 헐버트 등 미국인 교사 초빙, 고관 자제를 대상으로 한 근대 학문 교육
	1890년대	• 2차 갑오개혁 때 교육 입국 조서 반포 → 소학교, 사범 학교, 외국인 학교 등 설립 → 추후 중학교까지 이어짐(한성 중학교)

(2) 국외 이민

노동 이민	• 1904년을 전후해 공식 이민이 시작 → 하와이(사진결혼), 멕시코(에네켄)

4 문예, 국학, 종교의 변화

문예		• 신소설: 《은세계》(→ 우리나라 최초의 극장 원각사에서 연극으로도 상영), 《금수회의록》 등 • 신체시: 최남선의 〈해에게서 소년에게〉
국학	국어	• 국문 연구소(1907): 한글 연구와 통일 문자 체계를 정리하기 위해 설립된 기구. 주시경, 지석영 등이 활동
	국사	• 특징: 위인전 보급, 여러 나라의 흥망사에 관한 책이 많이 나옴(신채호) • 신채호의 《독사신론》: 민족주의 사학의 방향을 제시 → 일제 강점기에 민족주의 사학 유행
종교		• 천도교: 동학을 천도교로 개칭, 기관지 〈만세보〉 간행 • 대종교: 1909년 나철 등을 중심으로 창시 → 단군을 믿는 종교 → 일제 강점기 활약 • 유교: 박은식이 유교 구신론 주장 • 불교: 한용운이 불교 유신론 주장 • 천주교: 병인양요로 포교 시기가 늦어짐 → 1886년 조선과 프랑스가 조약 체결 후 포교

VII

근현대사를 공부할 때 가장 중요한 것은 무엇일까요?
바로 당대 사람들과 소통하며, 그들이 꿈꿨던 세상이 무엇이었는지를 놓치지 않고
끊임없이 생각해야 한다는 겁니다. 그 연결고리를 따라가다 보면 공부할 내용이 보입니다.
'어떻게 공부할 것인가'뿐만 아니라 '어떻게 살 것인가'가 보입니다.
일제 강점기의 시대적 과제는 단연 식민지라는 굴레에서의 해방이었습니다.
대한민국 임시 정부의 탄생과 의열단 조직 과정 등 그 치열했던 현장 속으로 떠나봅니다.

식민 시대 정책과 민족 저항 운동

34강

일제 강점기

식민 통치

1910년대 식민 지배 정책

이제부터 일제의 식민 지배 정책을 살펴볼 텐데, 일제 식민 정책은 시험에서 두 문제가 나오는 중요한 파트입니다. 그런데 굉장히 쉬워요. 어려운 문제가 아니기 때문에 반드시 맞춰야 합니다. 일제 강점기는 공부하는 패턴이 있어요. 먼저 식민지 정책을 1910년대, 1920년대, 1930년대 이후로 나눠서 공부합니다. 그다음은 일제 정책에 맞서 우리가 어떤 저항을 했는지가 중요합니다. 일제 강점기는 이 저항사를 배운다고 해도 과언이 아닙니다. 국내와 국외를 따로따로 기억한 다음 이걸 연결하면 됩니다. 먼저, 일제의 식민 지배 정책부터 시작해볼게요.

: 1910년대 일제의 정치 정책부터 보겠습니다 :

무단 통치
일제가 국권을 강탈하고 무력을 앞세워 강압적으로 다스린 통치를 말합니다. 헌병 경찰을 동원하고 태형령을 실시하는 등 공포 분위기를 조성했어요.
▸ **武** 무기 무
▸ **斷** 끊다 단
▸ **統** 거느리다 통
▸ **治** 다스리다 치

먼저 1910년대부터 출발해보도록 하겠습니다. 1910년 8월 29일, 일제가 우리나라를 식민지로 만들었습니다. 강제로 뺏은 것이니 당연히 우리의 저항이 심했겠죠. 그러면 일제는 그 저항을 어떻게 할까요? 찍어 누르려고 하겠죠. 그래서 1910년대 일제 강점기 식민 정책을 **무단 통치**라고 합니다. 싸울 '무(武)'자를 썼어요. 느낌이 좋지 않죠. 군인들이 왔다 갔다 할 것 같은 분위기예요. 네, 실제로 일제는 헌병 경찰을 동원하는 등 무력을 앞세워 공포 분위기를 조성했습니다.

당시 통치의 가장 꼭대기에 있었던 인물이 **총독**이에요. 경술국치 이전까지

조선 총독부 청사

일제 강압 정치의 정점에 있던 인물은 통감이었잖아요. 그런데 이제 통감이 아니라 아예 식민지를 지배하기 위한 총독이 파견된 겁니다. 총독의 자격은 오로지 군인, 그러니까 **무관** 출신이어야 한다는 거였어요. 그리고 이 총독을 지원해주는 사람들이 있었겠죠. 나라를 팔아먹는 데 앞장섰던 인물들이 있을 텐데, 그런 사람들이 모여 있던 공간이 바로 **중추원**입니다. 중추원, 어디서 들어보지 않았나요? 고려 시대 중앙 관청으로 중추원이 있었고, 독립 협회가 헌의 6조를 통해 정부에 중추원 관제 선포를 요구하며 의회 설립 운동을 벌이기도 했었잖아요. 일제 강점기의 중추원은 조선 총독부의 자문 기구로, 실제로는 정책 심의나 의결 기능이 없는 유명무실한 기관이었어요. 게다가 일제 강점기 중추원은 한국의 역사를 왜곡하는 데 앞장서기도 하죠.

1910년대를 상징적으로 보여주는 키워드가 하나 있는데, 바로 헌병입니다. 원래 헌병은 군대 안에서 경찰 활동을 하는 군인이고, 민간인을 상대하는 건 경찰이거든요. 영역이 다른데, 무단 통치 시기에는 헌병이 경찰 역할까지 합니다. 즉 헌병이 민간인까지 상대하는 기괴한 모습이 나타나는 겁니다. 그래서 이때를 **헌병 경찰 시대**라고 이야기해요.

일제가 한국인에게 태형을 집행하는 모습

헌병 경찰에게는 **즉결 처분권**이 있었습니다. 정식 법 절차나 재판 없이 바로 처벌하는 게 가능했던 거죠. 헌병 경찰이 즉결 처분권을 토대로 가했던 대표적인 형벌로 **태형**이 있습니다. 죄를 지은 사람의 볼기를 때리는 처벌인데, 문제는 이 태형이 오로지 **한국인에게만 적용**됐다는 거예요. 그래서 **조선 태형령**이라는 이름이 붙습니다. 그럼 일본 사람들은 왜 안 때릴까

큰★별쌤의 사건 이야기

1910년대 대표적 친일 기관, 중추원

중추원은 1910년 10월 1일 조선 총독부 관제에 의해 설립된 총독 자문 기관이었어요. 일제가 친일파를 우대하고 한국인의 정치 참여를 선전하기 위해 설치하였지요. 실질적인 정책 심의나 의결 기능은 거의 없는 유명무실한 기관이었습니다. 일제는 이 기관을 민족 운동 세력의 분할과 친일 세력 육성에 활용했고, 식민 통치 기구에 소속되기를 원하는 한국 전직 관료나 유지들이 이를 통해 사회적 영향력을 키우려고 했습니다.

요? 그들의 논리로는 일본인은 문명인이기 때문이라고 합니다. 그런데 우린 때려요. 그럼 우린 뭔가요? 이상하잖아요, 그렇죠? 그러니까 명백한 차별이 존재하는 정책들이 1910년대에 펼쳐지고 있었던 겁니다.

칼을 든 교사들

당연히 **언론, 출판, 집회, 결사의 자유는 없습니다.** 1910년 대에 이런 자유를 줄 리가 없죠. 심지어 **학교 선생님이 칼** 을 차고 있었어요. 생각해보세요. 어린 학생들이 교실 에서 좀 떠들 수 있잖아요. 그러면 선생님이 칼집에서 칼을 반 정도 꺼냈다가 집어넣어요. 그러면 '철컥' 소 리가 나겠죠. 그 금속 소리를 듣고 자란 아이들의 모습 을 떠올려보세요. 이런 경험이 트라우마로 남아서, 나 중에 커서도 일본인들이 나타나면 왠지 모르게 움츠러 들지 않을까요? 1910년대 칼을 찬 교사는 이런 효과를 줄 수 있었다는 이야 기입니다.

이뿐만 아니라 모든 것이 차별입니다. 대표적으로 학제를 볼게요. 지금의 초등학교가 당시 **보통학교**인데요. 일제는 1911년 **1차 조선 교육령**을 공포하면 서 모든 한국인이 교육을 받을 수 있게 보통 교육을 실시한다고 선전했습니 다. 하지만 실상을 들여다보면, 한국인 학생들은 보통학교 수업을 4학년까지 만 들을 수 있었어요. 보통학교 **수업 연한**을 **4년**으로 단축한 건데, 일본인 학생 들은 정상적으로 6학년까지 다녔고요. **학제**에 **차별**을 둔 겁니다. 한국인들은 더하기, 빼기, 읽기, 쓰기 정도의 교육이면 충분하다는 얘기예요. 왜? 식민지 백성이니까요. 일본인들 말을 잘 들으려면 말하기, 읽기, 쓰기 정도는 해야 하 니까 딱 거기까지만 가르치겠다는 겁니다.

정말 가슴 아픈 모습들입니다. 식민지가 된다는 것, 나라가 없다는 건 이런 거예요. 자신의 삶과 생활이 모두 차별을 받을 수밖에 없는 것. 여러분은 식민 지라는 시간을 경험해보지 않았기 때문에 어떤 느낌인지 잘 모르실 거예요. 지금 접하는 모습들을 통해서 식민지란 무엇인지, 그것이 내 삶에 어떤 영향 을 미쳤을지 간접적으로 경험해보며, 역사의 아픔을 같이 생각해주시기 바랍 니다.

토지 조사 사업
일본의 측량 기술자가 토지를 측량하는
모습이다. 일제가 한국의 농업을 식민
지 통치 기반으로 삼기 위해 1910년부
터 1918년까지 실시한 사업이다.

: 1910년대 일제의 경제 정책도 볼게요 :

이번엔 경제를 볼게요. 정치적으로는 각종 정책을 통해 찍어 누르는 상황에
서, 경제적으로는 무엇을 했을까요? 식민지를 만들었으니 가장 먼저 땅을 가
져가야겠죠. 그래서 시행한 것이 바로 **토지 조사 사업**입니다. 이 사업은 **신고주
의**와 증거주의로 이뤄졌어요. 즉 토지를 소유한 사람이 토지 종류, 주소, 면적
등의 증거를 기록하는 신고서를 작성해 직접 신고하면 소유권을 인정해주는
방식이었습니다. 하지만 신고 기간이 짧고 절차가 까다로워 정해진 기간 내에
신고하지 못한 사람도 있었어요. 신고를 하지 않으면? 주인 없는 땅이라는 뜻
이니 빼앗는 거죠.

일본은 이 토지 조사 사업을 **근대적 토지 소유권**을 확립하는 역사적 의의가
있다며 자랑합니다. 그런데 여러분, 근대적 토지 소유권이라는 말, 어디서 들
어보지 않았나요? 대한 제국 광무개혁 때 지계를 발급하면서 근대적 토지 소
유권이 확립됐다고 했었잖아요. 그러다 러·일 전쟁이 일어나면서 흐지부지됐
고, 뒤이어 일제가 토지 조사 사업을 벌이면서 토지 소유권을 문서로 만드는
작업을 해낸 겁니다. 그런데 이것의 진짜 목적은 따로 있었어요. 식민지 통치
를 하려면 돈이 필요하잖아요. 네, 바로 식민지 통치 자금을 위한 **재정 확보**가
가장 중요한 목적이었습니다.

신고주의
일제 강점기, 경제 수탈 정책의 일
환으로 토지 조사 사업을 벌이면
서, 신고주의를 원칙으로 삼았습니
다. 그러나 기한부 신고제에 따라
정해진 기간에 신고하지 않은 한
국인의 토지는 모두 약탈했어요.
▸ **申** 알리다 신
▸ **告** 고하다 고
▸ **主** 주장하다 주
▸ **義** 옳다 의

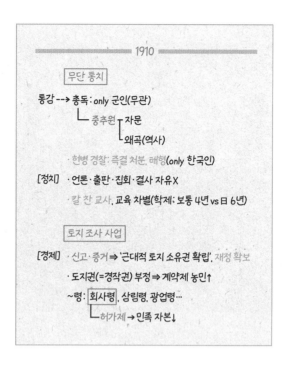

이렇게 토지 조사 사업이 이루어지는데, 문제는 이 과정에서 **도지권**이 부정당했다는 겁니다. 도지권은 다른 말로 **경작권**이라고도 해요. 당시 한국 농민들은 대부분 소작농이었거든요. 땅이 없어서 지주의 땅을 빌려서 농사를 지었습니다. 그런데 할아버지가 지주의 땅에 농사지었으면, 아버지도 그 땅에 농사지을 권리가 있어요. 그리고 나 역시 마찬가지의 권리를 이어받아요. 내 아들까지도요. 이렇게 농사지을 권리가 대를 이어 내려가는데, 지금까지는 지주가 아무리 자기 땅이라고 해도 함부로 '그만둬!' 하지 않았어요. 이걸 경작권이라고 해요. 소유주는 아니지만, 그 토지를 경작할 수 있는 권리죠. 그런데 토지 조사 사업을 시행하는 과정에서 이 도지권이 부정된 거예요. 그러면서 농민들이 **계약제** 농민으로 전락하고, 그 수는 점점 많아지게 됩니다. 1910년대 토지 조사 사업을 통해 농민들의 생활이 더 열악해졌다는 것을 알 수 있고요.

일제는 한국의 경제 침탈을 위해 무수히 많은 법을 만듭니다. 대표적으로 회사령이 있습니다. 회사령의 핵심은 **회사를 세울 때** 조선 총독에게 **허가를 받는 것**입니다. 그런데 우리 민족 자본을 바탕으로 회사를 세우겠다고 하면 허가를 내줄까요? 당연히 안 내줍니다. 자연스럽게 민족 자본이 타격을 입고, 성장하지 못합니다. 대한 제국 시기 메가타의 화폐 정리 사업으로 많은 민족 자

도지권
조선 후기 17세기부터 농민들이 농민적 토지 소유를 성립시켜 나가면서 획득한 소작지에서의 부분 소유권을 말합니다. 전국 각지에 분포되어 지역에 따라 다른 이름으로 불렀어요.
▶ 賭 걸다 도
▶ 地 땅 지
▶ 權 권리 권

본이 타격을 입었는데, 일제 강점기가 되니 회사 설립 자체가 봉쇄된 거예요.

산림령도 있습니다. 나무를 베지 말라는 거예요. 자기들이 가져가겠다는 이야기죠. 다음은 채굴을 금지하는 **광업령**입니다. 이것 역시 자기들이 가져가야 하니까요. 이렇게 일제는 1910년대 각종 법령들을 계속 만들면서, 식민지 경제 체제를 구축했습니다.

1910년 8월 29일 경술국치가 시작되면서 일제는 정치적으로 헌병 경찰을 앞세운 무단 통치, 경제적으로는 토지 약탈에 앞서고 있습니다. 그런데 일제가 이 정책을 바꾸게 됩니다. 왜일까요? 도대체 무슨 이유가 있었기에 이들이 10년 동안 취한 정책을 바꾸게 되는 걸까요? 그 이유를 이제부터 알아보도록 하죠.

1920년대 식민 지배 정책 34-2

일제가 통치 정책을 바꾼 이유는 바로 3·1 운동 때문이었습니다. 3·1 운동에 대해선 뒤에서 자세히 다룰 텐데, 이 운동이 벌어지면서 일본이 깜짝 놀랍니다. 그냥 억압하면 말을 들을 줄 알았는데 그게 아니었던 거죠. 이렇게 가서는 안 되겠다는 판단이 든 일제는 통치 정책을 바꿉니다. 무단 통치에서 이른바 '문화 통치'로 전환합니다. 1920년대 식민 지배 정책은 어땠는지, 1910년대와 비교해서 보도록 하겠습니다.

: 1920년대 일제의 통치 정책부터 보겠습니다 :

'문화 통치'는 단어만 봤을 때 1910년대의 무단 통치에 비해 완화된 느낌이 들지만, 이 문화 통치를 잘 들여다보면 민족 분열을 조장하는, 상당히 고난도 의 기만책이라는 걸 알 수 있습니다. 친일파를 양성하기 위한 기만적 민족 분 열 정책에 불과했던 것이죠. 1920년대는 일제가 아주 교묘한 방식으로 통치 하는 모습을 살펴보게 될 거예요. 하나씩 알아보도록 하죠.

문화 통치를 내세운 일제는 1920년대부터 약간의 유화책을 선보입니다. 1910년대 **총독**은 오로지 무관만 할 수 있다고 했었죠. 그러다 1919년 3·1 운동을 거치면서 **문관 출신**도 총독이 가능하도록 합니다. 그런데 왜 기만이라 고 하느냐면, 1945년 광복이 될 때까지 문관 출신의 총독은 단 한 번도 부임 하지 않습니다. 말로만 '해줄게'라고 했을 뿐, 실제로는 전혀 바뀌지 않았다 는 것이죠.

중추원도 변화시킵니다. 이곳은 원래 친일 인사를 키우는 곳이었는데, 약간 의 자치권을 주는 듯한 모습을 보입니다. 이 연장선상에서 살펴보면, 1920년 대 들어 일제는 '너희들 자치를 원한 거야?'라면서 **도 평의회, 부·면 협의회** 등 을 구성합니다. 도·부·면은 마을이나 도시의 단위잖아요. 그러니까 지역별로

도 평의회
일제 강점기 한국에 설치된 최초 의 광역 의회로 주민 직접 투표 로 선출되었으며 임기는 4년이었 습니다.
▶ **道** 구역 도
▶ **評** 평하다 평
▶ **議** 의논하다 의
▶ **會** 모이다 회

모여서 회의할 수 있는 회의체를 만들어주겠다는 의미였어요. 그런데 놀랍게도 1920년대 설치된 도 평의회와 부·면 협의회에 선출된 사람은 일본인이었습니다. 대체 누구를 위한 자치인가요? 대부분 일본 사람을 위한 자치였던 거죠. 정말 '헐' 소리가 나오는 모습입니다.

청사 앞에 모인 중추원 인사들

그리고 1910년대 중추원을 통해 역사를 자꾸 왜곡한다고 했었잖아요. 1920년대에 들어와서는 이것이 더욱 심해집니다. 아예 **조선사 편수회**라는 역사 편찬 기구를 만들어요. 일제가 그들의 통치 목적에 부합하게 한국의 역사를 편찬하기 위해 설치한 기관으로, 식민 사관에 입각해 정말이지 역사 왜곡을 엄청나게 한 곳입니다. 예를 들어 '우리는 만났다 하면 싸운다'는 당파성론, '우리 역사는 발전하지 않았다'는 정체성론 등을 통해 우리 역사를 진짜 별것 아닌 것으로 만들어버립니다.

헌병 경찰제와 태형도 폐지합니다. 즉결 처분으로 한국인에게 태형을 집행했던 헌병 경찰을 '알았어, 무섭지 않은 경찰로 바꿔줄게'라며 **보통 경찰**로 바꾸고, 태형도 없앤 거예요. 이제 우리가 일반적으로 아는 경찰이 됐으니 정상으로 돌아온 것 같지만, 역시나 그렇지 않습니다. 이게 진짜 기만인 이유가 있습니다. 보통 경찰을 만들었지만, 그 수는 오히려 더 증가하거든요. 헌병들을 유니폼만 갈아입히고 오히려 경찰 수는 늘려서 더 철저하게 감시합니다. 게다가 강력한 법까지 하나 더 만듭니다. 1925년에 제정한 **치안 유지법**이 그것입니다. 1920년대가 되면 사회주의가 성장하거든요. 그 사회주의 세력을 잡아들이는 데 앞장섰던 법이 바로 치안 유지법입니다. 이 법은 일본에서 제정되어 당시 체제에 저항하는 사람을 혹독하게 잡아들이는 역할을 했는데, 일제는 이 법을 한국에도 그대로 적용해 사회주의자는 물론, 독립운동가를 탄압하는 데 활용했습니다.

한편 1910년대에는 허용되지 않았던 언론·출판·집회·결사의 자유를,

경성 제국 대학(의학부 교사)

질문 있어요!

Q 경성 제국 대학에서 어떤 방식으로 문화 통치의 기만적 모습을 확인할 수 있나요?

A 한국인에게 고등 교육은 필요 없다던 일본은 문화 통치의 일환으로 경성 제국 대학을 설립하죠. 하지만 한국인은 전체 학생 수의 3분의 1로 제한하고, 한국인 교수는 단 한 명도 없었죠. 허울뿐인 대학 설립이었던 것입니다.

1920년대 문화 통치에서는 일부 허용해줍니다. 〈조선일보〉와 〈동아일보〉의 발행을 허용하는데, 그렇다고 우리가 보고 싶은 거 보고, 읽고 싶은 거 읽게 해줬을까요? 그럴 리 없겠죠. 실제로는 신문을 엄청나게 **검열**하고, **정간·삭제**하는 일이 비일비재하게 벌어집니다.

교육 분야에서는 문화 통치의 일환으로 1910년대 만들었던 1차 교육령을 개정합니다. 1922년 개정된 2차 교육령의 핵심은 **학제**를 **동일시**하는 것입니다. 한국도 일본처럼 보통학교의 **교육 연한**을 **6년**으로 맞춘 것인데, 이것에 힘입어 **대학을 세우자는 운동**이 나옵니다. 이제 똑같은 학제가 되니 우리 애들도 고등 교육을 받을 수 있도록 하자는 움직임이었는데, 일제가 순순히 허용할 리 없겠죠. 일제는 민족 교육 기관 설립을 무마하기 위해 고등 교육 기관으로 경성 제국 대학을 세웁니다. 이렇듯 문화 통치의 내용을 보면 뭔가 바뀌는 듯하지만, 실제로는 다 기만입니다. 기만적 민족 분열 통치가 1920년대 통치의 핵심이라고 생각하시면 되겠습니다.

: 이어서 1920년대 일제의 경제 정책입니다 :

이제는 경제 정책을 한번 보겠습니다. 1910년대에는 토지 조사 사업을 통해 땅을 뺏었잖아요. 1920년대에는 그 땅에서 나오는 식량을 가져갑니다. 모든 게 다 단계가 있고, 계획이 있었던 거죠. 일제는 일본 내 부족한 식량을 한국에서 확보하기 위해 1920년부터 산미 증식 계획을 실시합니다. 이를 통해 쌀 생산량이 다소 늘어나긴 했는데, 문제는 일제가 목표한 수탈량이 그보다 더 많았다는 겁니다. 일제가 늘어난 생산량보다 더 많은 양을 일본으로 가져가면서, 우리의 식량 사정은 악화될 수밖에 없었죠. 우리는 열심히 일만 하고 쌀은 먹지도 못하게 된 상황이니, 대책을 마련해야 했어요. 그래서 **만주**에서 아주 **값싼 잡곡**을 **수입**해와서 식량을 보충합니다. 이게 다가 아닙니다. 산미 증식 계획을 실시하면서 품종 개량, 종자 및 비료 개발, 개간 사업 등을 실시하고, 저수지 등 수리 시설을 늘렸거든요. 그런데 일제가 이 비용을 모두 농민에게 전가한 겁니다. 농민들의 삶은 더욱

질문 있어요!

Q '친일 단체 조직의 필요성을 언급하는 것으로 보아 문화 통치 시대임을 알 수 있다'고 적힌 문제가 있는데, 이 내용만으로 무단 통치인지, 문화 통치인지, 민족 말살 통치인지 구분이 어려운 것 같아요. 어느 시대든 친일 양성은 이루어지지 않았나요?

A 문화 통치 시기, 일제의 정책을 민족 이간책이라고도 해요. 한국 내 친일 세력 양성을 통한 이간 정책이라고 합니다. 3·1 운동 이후, 총독부의 주도로 친일 세력이 조직적으로 양성된 것이고, 그 이간 정책이 제시된 것입니다.

더 어려워질 수밖에 없었죠. 이후 우리나라는 오로지 쌀만을 가져가기 위한 기지로 전락합니다. 농민 모두 다 쌀만 키워야 됐던 거예요. 그 결과로 쌀의 **단작화**와 상품화 현상이 나타나면서, 농민의 생활고는 더욱 악화됩니다.

다음으로 1920년대에는 앞서 살펴본 **회사령**도 큰 변화를 겪습니다. 1910년대 회사령의 핵심은 회사를 세울 때 조선 총독에게 허가를 받는 것이었잖아요. 1920년대에는 허가제에서 **신고제**로 변환합니다. 이제 누구나 다 회사를 세울 수 있고, 세운 다음에 신고만 하면 돼요. 그럼 우리에게 좋은 거 아닌가 싶지만, 일본은 분명 다른 의도가 있겠죠. 사실 1910년대에 회사령을 제정한 또 다른 이유는, 아직 일본 자본이 성숙하지 않았기 때문에 일본 자본이 외국으로 빠져나가는 걸 막아야 했기 때문이에요. 그래서 회사령을 만들어 일본 자본이 한국에 들어오는 일을 막고자 했던 거죠. 우리나라 민족 자본의 성장을 저지하려는 의도도 있었고요. 그런데 10년 동안 일본 자본의 축적이 이뤄집니다. 돈을 많이 벌었다는 이야기예요. 그 돈을 투자해야 하니 드디어 한국의 문을 열어주는 겁니다. 즉 회사령을 폐지하고, 신고만 하면 일본의 거대 자본이 마구 들어올 수 있는 길을 열어놓은 거죠. 게다가 관세마저도 폐지합니다. 일본 거대 자본이 밀고 들어오면서 관세도 내지 않는다? 그럼 이들과 경쟁해야 하는 국내 자본가들은 어떨까요? 당연히 위기죠. 그래서 1920년대 국내

산미 증식 계획
일제가 한국을 일본의 식량 공급지로 만들기 위해 1920년부터 1934년까지 실시한 농업 정책입니다. 과다한 공사비와 세금 부담 등으로 수리 조합 반대 운동이 일어나기도 했어요.
▶ **産** 생산하다 산
▶ **米** 쌀 미
▶ **增** 더하다 증
▶ **殖** 불리다 식
▶ **計** 계산하다 계
▶ **劃** 계획하다 획

단작화
한 가지 작물만 대량으로 재배하는 현상을 말합니다. 1920년대 일제가 산미 증식 계획을 추진하면서 쌀 중심의 재배를 강요했고, 이에 우리나라의 쌀 단작화가 심해졌습니다.
▶ **單** 하나 단
▶ **作** 짓다 작
▶ **化** 되다 화

민족 자본가들이 위기의식을 느끼고, 이것을 타개하기 위해 벌였던 운동이 바로 국산품을 애용해달라고 하는 **물산 장려 운동**입니다.

1920년대는 일제가 정말 교묘하게 통치하면서 우리 것을 빼내가는 모습이 정치와 경제 부분에서 모두 나타나고 있습니다. 그런데 1930년대 이후부터는 일제가 '막나가는' 모습을 보입니다. 대체 어떤 이유이고, 일제의 정책은 어떻게 바뀌게 될지 이어서 살펴보겠습니다.

1930년대 이후
식민 지배 정책

1920년대 교묘한 통치로 우리 것을 빼내가던 일제는 이후 노골적으로 모든 걸 다 빼가는 이판사판, 막가파의 모습을 보입니다. 왜 그랬을까요? 이른바 '문화 통치'가 진행된 후 나타난 1930년대 이후의 모습을 지금부터 살펴보겠습니다.

: 1920년대 후반의 세계 정세 :

1929년 세계에 큰일이 하나 벌어집니다. 바로 **대공황**입니다. 대공황은 쉽게 말하면 수요와 공급의 법칙이 깨져버린 거예요. 뭐가 더 많냐고요? 공급이 더 많아요. 1920년대는 굉장한 경제 호황기였어요. 그런데 문제는 노동자들은 점점 더 가난해졌다는 겁니다. 경제는 좋아지는데, 임금은 오르지 않았거든요. 그래서 어떤 일이 벌어졌냐면, 가난해진 노동자들이 물건을 살 수 없는 거예요. 물건이 팔리지 않으니 공장에 물건이 쌓이기 시작하는데, 그럼 적자잖아요. 그래서 자본가들이 노동자들을 정리 해고하기 시작합니다. 해고당한 노동자들은 더욱더 가난해지겠죠? 그럼 물건을 더욱더 살 수 없고요. 물건은 계속 쌓이고, 적자는 불어나고, 그래서 다시 노동자를 해고하고, 이런 악순환이 계속되면서 수요와 공급의 법칙이 깨져버립니다. 이러면서 자본주의가 휘청거리는 결과를 가져오는데, 이게 바로 대공황입니다.

이 문제를 어떻게 해결할까요? 세계사에서 배우겠지만 미국의 경우 루스벨트는 뉴딜 정책을 펼칩니다. 대규모 댐 공사, 도로 공사 등을 통해 노동자 주머니를 채워준 건데, 그러면 그 돈으로 물건을 다시 살 수 있었겠죠. 미국은 이렇게 해결했고요. 유럽은 식민지가 많아 각각의 식민지에 필요한 양을 떨어냅니다. 본국과 식민지를 연결하는 블록 경제를 형성해서 해결한 겁니다.

문제는 일본이에요. 대규모 댐 공사를 할 여력도 없고, 식민지가 많은 것도 아니에요. 과잉 공급된 걸 없애야 하는데, 어떤 방법을 썼을까요? 일본은 이를 강제로 떨어내기 위해, 전쟁을 벌입니다. 1930년대 이후부터 거의 전쟁광의 모습입니다. 계속해서 전쟁을 벌이는데요. **1931년 만주 사변, 1937년 중·일 전쟁**, 그리고 미국과의 전면전이었던 **태평양 전쟁을 1941년**에 전개합니다. 한 나라와 싸우는 것도 버거울 텐데 중국, 미국 등 큰 나라들과 전면전을 벌이고 있는 상황이니 군인도 모자라고, 물자도 모자라고 모든 것이 모자랍니다. 모자란 것을 어떻게 해결할까요? 바로 한국, 식민지를 이용합니다. 한국에 있는 사람들, 한국에 있는 물자를 모조리 끌고 갑니다. 그런데 한국 사람들이 일본 일왕을 위해 자신들의 목숨을 바쳐 죽을까요? 그럴 리 없겠죠! 그래서 일제는 머릿속에 내가 한국인이라는 의식을 지워내는 통치, 바로 **민족 말살 통치**를 시행합니다.

: 1930년대 이후 일제의 정치 정책부터 보겠습니다 :

민족 말살 통치는 한국인의 민족의식을 말살해 일본인으로 동화시키고, 한국인을 침략 전쟁에 쉽게 동원하고자 전개한 것인데요. 어떤 내용들이 있었는지 살펴보겠습니다.

먼저 한국 사람들의 성과 이름을 바꿔버립니다. 이것이 그 유명한 **창씨개명**

조선 신궁에 강제 참배하는 한국 학생들

일본어 강제 교육

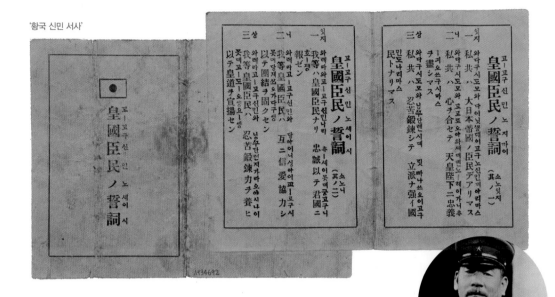

'황국 신민 서사'

미나미 지로
제7대 조선 총독으로, 창씨개명과 일본어 사용을 강요했다.

이에요. 일제는 한국인의 성과 이름을 일본식으로 바꾸도록 강요하고, 이를 거부하면 자녀를 학교에 보낼 수 없고 식량 배급도 받을 수 없는 등 여러 불이익을 주었습니다. 또 '우리는 천황의 신민입니다' 등의 내용이 담긴 맹세를 외우게 했는데, 이것이 바로 **'황국 신민 서사'**입니다. '황국 신민 서사'는 '천황의 신하와 백성임을 맹세하는 말'이란 뜻인데, 성인용 버전과 아동용 버전까지 따로 만들었습니다. 이를 암송하지 못하면 취업도 할 수 없었어요. 게다가 일본 종교를 믿으라고 강요하며, **신사 참배**를 강제합니다. 신사는 일본의 민간 종교인 신도의 사원인데, 이걸 한국 곳곳에 세워서 강제로 참배하게 한 겁니다. 또한 **궁성 요배**도 강요합니다. 정오가 되면 사이렌이 울리는데, 이때 동쪽에 있는 일본 궁성을 향해 절을 하라고 시킨 거예요. 이렇듯 우리 삶 속에 일본 생활이 강제로 밀려들어오고 있는 모습들, 확인하실 수 있고요.

역사도 마찬가지겠죠. 식민 사관을 만들던 조선사 편수회에 이어서, 식민 사관을 바탕으로 연구하던 또 하나의 단체가 있는데 바로 **청구 학회**입니다. 이들의 연구 성과는 일본의 식민지 지배를 정당화하는 데 이용되었어요. **중추원, 조선사 편수회, 청구 학회**는 모두 식민 사관을 만들던 조직입니다. 꼭 기억해두세요. 그리고 이렇게 식민 사관을 만드는 일제에 저항했던 단체와 인물이 있는데, 나중에 자세히 배우겠지만 잠깐 살펴보고 가겠습니다. 단체로는 1934년 조직된 진단 학회가 있고요, 민족주의 사학의 대표 인물인 신채호, 사회경제 사학자인 백남운 등이 있습니다.

　다음으로 1920년대 만들어진 치안 유지법을 기억하시나요? 일제가 이 법을 한국에 그대로 적용해 사회주의자는 물론 독립운동가를 탄압하는 데 이용했었죠. 그런데 지금 전쟁을 하고 있는 일본 입장에서는 모두가 일왕을 위해 목숨을 바쳐야 하는데 사상이 건전하지 않은 사람들은 심각한 문제가 되잖아요. 그래서 그들을 보호하고 관찰하기 위해 1936년 **사상범 보호 관찰령**을 시행합니다. 치안 유지법을 위반해 감옥에 들어간 사람들이 나오면, 경찰이 따라붙어 그들이 다른 일을 못하도록 끊임없이 감시한 겁니다. 1941년에는 **사상범 예방 구금령**을 제정해, 범죄 예방 차원에서 미리 체포 또는 구금이 가능하도록 하기도 했습니다.

　언론과 관련해서는 1920년대 발행을 허용해준 〈조선일보〉와 〈동아일보〉를 1940년대에 폐간시킵니다. 교육 쪽에서는 역사를 제대로 가르치지 않고, **한국어 사용도 금지**합니다. 이 과정에서 벌어진 사건이 하나 있는데, 바로 1942년에 일어난 **조선어 학회 사건**입니다. 한국어를 쓰고 있는 학생을 붙잡아서 "너 이거 누가 가르쳤어?"라고 묻자 "조선어 학회요"라고 대답하니까, 일제가 조

조선어 학회가 1932년 창간한 잡지, 〈한글〉의 창간호

선어 학회를 완전히 날려버렸던 사건입니다. 조선어 학회는 《우리말 큰사전》 편찬을 계획하고 있었는데, 이 사건 때문에 결국 못하게 됩니다. 조선어 학회 사건 관련해서는 이후 문화 파트에서 다시 설명드리도록 하고요. 계속 교육 이야기를 이어가자면 일제는 황국 신민을 배출해야 한다고 하면서 법을 바꿉니다. 그전만 해도 지금의 초등학교를 소학교 또는 보통학교라고 불렀어요. 그런데 이제부터 국민학교라고 하면서 1941년 **국민학교령**을 만듭니다. 이 국민학교의 국민이 뭐냐면, 황국 신민이에요. 이렇게 무서운 이름이 들어가 있을 줄 누가 알았겠어요? 철저히 '천황'에게 충성할 수 있는 인재를 양성하겠다는 목표를 분명히 한 겁니다.

: 다음은 1930년대 이후 일제의 경제 정책입니다 :

이어서 1930년대 이후 일제의 경제 정책을 볼 텐데, 경제도 마찬가지로 각종 수탈이 벌어집니다. 우선 일제는 1920년대 산미 증식 계획으로 이미 생활이 어려워진 데다, 대공황의 여파로 농촌 경제가 몰락하면서 한국 농민들의 저항이 격렬해지자 이를 달래려고 **농촌 진흥 운동**을 전개합니다. 의식 개조를 통해 피폐해진 농촌 사회를 다시 한번 일으켜보려고 한 건데, 의식을 개조한다고 해서 기본적인 토대가 바뀌진 않겠죠? 결국 1930년대 출발해 1940년대까지 이어진 농촌 진흥 운동은 실패로 돌아갑니다.

또 일제는 **남면북양 정책**도 시행합니다. 남쪽에는 면화를, 북쪽에는 양을 키우도록 한 정책인데, 대공황을 통해 몰락한 일본의 자본가들에게 면화와 양털 등 값싼 원료를 제공하려는 의도였습니다. 그리고 지금은 전쟁 중이니 전쟁 물자도 필요하잖아요. 그래서 군수 물자를 제공하기 위한 군수 공장을 만드는 등 **병참 기지화 정책**을 펼치는데, 특히 북한 지역에 공장을 많이 지었습니다. 병참 기지화 정책은 일제가 한반도를 전쟁 수행에 필요한 인적·물적 자원을 관리하고 지원하는 근거지로 만들기 위해 실시한 정책이에요.

그리고 1938년 **국가 총동원법**을 만듭니다. 인적·물적 자원에 대한 통제권 및 동원권을 국가에 부여한 법인데, 총동원의 주체가 국가라는 건 굉장히 무서운 말이에요. 국가가 국민을 마음대로 통제하고 동원하는 순간, 그 안에 사는 개인의 인권은 철저히 유린당할 수밖에 없어요. 국가를 위해서라는데, 개인이 저항한다는 건 용납할 수 없는 일이 되거든요. 그래서 가미가제 특공대

병참 기지화

1930년 이후 일제가 한국을 대륙 침략 전쟁 수행의 후방지, 병참 기지로 이용하기 위해 취한 정책입니다.

▶ **兵** 병사 병
▶ **站** 역마을 참
▶ **基** 터 기
▶ **地** 땅 지
▶ **化** 되다 화

큰★별쌤의 사건 이야기
겉과 속이 다른 정책, 농촌 진흥 운동

농촌 진흥 운동은 조선 총독부가 주도하여 1932년부터 1940년 사이 전개했던 운동이었습니다. 대공황의 여파로 농촌 경제가 몰락하고 농민들의 저항이 심해지자 일제가 농촌 사회를 회유하기 위해 펼친 정책이지요. 1935년을 기점으로 이전에는 주로 생활 개선 사업이 이루어져 실질적인 농촌 생활 개선을 목표로 하였고, 1935년 이후에는 전쟁 동원을 위한 의식 사업을 진행했습니다. 외관상으로는 소작농을 보호하고 농민의 자립을 지원하는 듯했지만, 결국 소작 쟁의를 억제하고 농촌의 효율적 통제를 위해 실시한 정책이었습니다.

김순덕 할머니의 그림, 〈끌려감〉

가 가능해지는 겁니다. 가미가제 특공대는 사람에게 폭탄을 들고 배에 뛰어들라고 한 거잖아요. 얼마나 비인권적입니까. 있을 수 없는 일이죠. 그런데도 가능했던 건 국가 총동원법이라는 큰 시스템이 만들어졌기 때문입니다.

지금 일본이 일본군 '위안부' 내용을 부정하면서 증거를 가져오라고 하잖아요. 네, 패망하면서 그런 자료를 다 없앨 수 있어요. 하지만 상위법이라고 하는 국가 총동원법은 그대로 남아 있어, 하위에서 어떤 일이 벌어졌을지 예측이 가능한 겁니다. 그런데 하위 관련 문서가 없으니 그런 일이 없었다고 하는 건 말이 되지 않죠. 이건 국가와 국가의 문제를 떠나, 21세기 이 지구에 사는 사람들이 가져야 할 기본적인 인권의 문제라는 측면에서, 이 과거를 정확하게 짚고 넘어가야 한다는 생각이 듭니다. 일본이라서, 한국이라서, 그런 개념으로만 접근하지 말고 보편적 권리, 보편적 인권의 개념으로 이 문제를 바라봤으면 좋겠습니다.

어쨌든 국가 총동원법이 만들어지면서 사람에 대한 수탈이 어마어마합니다. 강제로 끌고 가 노동을 강요하는 **징용**이 이루어지고, 그다음이 **징병**이었는데 총알받이를 하란 거였죠. 그리고 여성들을 **정신대**와 **일본군 '위안부'**로 끌고 갑니다. 일본군 '위안부'의 정확한 표현은 일본군 성노예이지만, 피해자 할머님들의 의견에 따라 위안부에 작은따옴표를 붙여 표기하고 있습니다. 일본군 '위안부' 이렇게요. 너무 가슴 아픈 일들입니다.

물자도 엄청나게 약탈해갑니다. 가장 중요한 키워드는, 다 가져간다는 겁니다. 일단 전부 걷어가는데, 이걸 **공출**이라고 합니다. 금속 공출, 미곡 공출 등이 일어났죠. 물자가 부족하니까 모조리 쓸어간 다음에 **배급**의 형태로 나눠주었습니다.

전쟁의 막바지에 이르게 되면 중국, 미국과의 싸움에서 버거움을 느낀 일제가 식민지 한국의 모든 것에 빨대를 꽂아서 쪽쪽 빨아들이는 듯한 모습을 보입니다. 이게 바로 식민지라는 것입니다. 나라가 망하면 이럴 수밖에 없는 겁니다. 우리가 어떻게 막아낼 도리가 없는 것이죠. 이렇게 1910년대, 1920년대, 1930년대 이후 일제의 식민 정책을 배웠습니다. 그렇다면 이런 일제 정책에 맞서 우린 어떤 모습으로 저항했을까요? 다음 강에서 확인해보도록 하겠습니다.

일제의 놋그릇 공출

큰★별쌤의
한번에 핵심 정리

1 1910년대 식민 지배 정책: 무단 통치

통치 정책	• 총독 파견: 오로지 무관 출신만 가능 • 중추원은 조선 총독부의 자문 기구로 기능하며, 역사 왜곡 작업 • 헌병 경찰 시대: 헌병 경찰이 즉결 처분권으로 태형 집행 → 태형은 오직 한국인에게만 적용(조선 태형령) • 언론, 출판, 집회, 결사의 자유 없음 • 학교 교사가 칼을 차고 수업 진행, 1차 조선 교육령을 통해 한국인의 보통학교 수업 연한을 4년으로 단축(일본인은 6년) → 학제 차별

경제 정책	• 토지 조사 사업: 신고주의와 증거주의로 진행
	  - 내용: 토지를 소유한 사람이 증거를 토대로 직접 신고한 토지만 소유권 인정 → 신고하지 않은 토지는 조선 총독부에 귀속
	  - 목적: 일본은 '근대적 토지 소유권'을 확립한 것이라고 주장하나, 진짜 목적은 식민 통치에 필요한 재정 확보
	  - 영향: 농민의 도지권(경작권)이 부정당함 → 계약제 농민의 수가 늘어남
	• 회사령 시행: 회사 설립 시 조선 총독의 허가를 받도록 규정 → 민족 자본이 타격을 입고 성장 저하
	• 산림령과 광업령 공포

2 1920년대 식민 지배 정책: 문화 통치(민족 분열 통치)

(1) 1920년대 일제의 정치 정책

배경	• 1919년 3·1 운동으로 무단 통치의 한계 인식 → 이른바 '문화 통치' 표방
본질	• 친일파를 키우고, 우리 민족을 분열시키려는 기만적 민족 분열 통치
통치 내용	• 조선 총독에 문관 출신도 임명 가능 → 한 번도 문관 출신이 임명되지 않음 • 도 평의회, 부·면 협의회 구성: 대부분 일본인으로 구성 • 조선사 편수회 설치: 식민 사관에 입각해 역사 왜곡(당파성론, 정체성론 등) • 보통 경찰제 실시: 헌병 경찰제와 태형 폐지 → 경찰 수를 늘려 감시 강화 → 치안 유지법(1925) 제정(독립운동가 탄압에 활용) • 〈조선일보〉와 〈동아일보〉의 발행 허용 → 검열, 정간, 삭제 등으로 언론 탄압 • 2차 교육령: 학제를 동일시(한국인 교육 연한도 6년으로 개정) → 대학을 세우자는 운동이 벌어짐 → 일제가 경성 제국 대학 설립

(2) 1920년대 일제의 경제 정책

산미 증식 계획 (1920~1934)	• 추진: 개량, 개간, 종자, 수리 시설 확충 등을 통해 쌀 생산량의 확대 꾀함 → 모든 비용을 농민에게 전가, 농민의 삶 피폐 • 결과: 쌀 생산량(증산량)이 다소 늘어나나 일제가 목표한 수탈량이 그보다 많음 → 한국 농민은 만주에서 아주 값싼 잡곡을 수입해와 식량 보충
회사령·관세 폐지	• 회사령을 신고제로 전환, 일본 거대 자본이 한국에 들어옴 → 관세 폐지 ⇒ 물산 장려 운동

3 1930년대 이후 식민 지배 정책: 민족 말살 통치

(1) 1930년대 이후 일제의 정치 정책

배경	• 1929년 대공황 발생 → 공급이 수요보다 많아짐 → 일본이 침략 전쟁 확대 → 만주 사변(1931), 중·일 전쟁(1937), 태평양 전쟁(1941)
목적	• 한국인의 민족의식을 말살해 일본인으로 동화 → 한국인을 침략 전쟁에 적극적으로 동원함
통치 내용	• 창씨개명: 한국인의 성과 이름을 일본식으로 바꾸도록 강요 • '황국 신민 서사' 암송 강요 • 종교: 신사 참배, 궁성 요배 강요 • 역사: 식민 사관을 바탕으로 연구하는 청구 학회 조직 → 중추원, 조선사 편수회, 청구 학회는 모두 식민 사관을 만들던 조직 • 사상범 보호 관찰령(1936), 사상범 예방 구금령(1941) 시행 • 교육: 한국어 사용 금지(→ 1942년 조선어 학회 사건), 국민학교령(1941) 선포

(2) 1930년대 이후 일제의 경제 정책

농촌 진흥 운동	• 농민층의 몰락, 저항 → 의식 개조를 통한 농촌 사회 부흥 유도 → 1940년대까지 이어지나, 실패
남면북양 정책	• 남쪽엔 면화를, 북쪽엔 양을 키우게 한 정책 → 일본 자본가들에게 값싼 원료 제공 목적
병참 기지화 정책	• 군수 공장(북한 지역) 건설 등 한반도를 전쟁 수행에 필요한 자원을 지원하는 근거지로 만듦
국가 총동원법	• 1938년 인적·물적 자원에 대한 동원권을 국가에 부여한 법 → 인적·물적 수탈로 이어짐 　- 인적 수탈: 징용, 징병, 정신대와 일본군 '위안부' 　- 물적 수탈: 공출 시행 → 이를 다시 배급 형태로 나누어줌

35강

일제 강점기

1910년대 저항

1910년대

국내외 항일 운동

여러분, 이제부터 저항의 역사를 배울 거예요. 그런데 그 양이 정말 많아요. 일제 강점기에 나오는 사람 이름도 비슷하고, 단체도 비슷해서 너무 힘들다고 얘기하는 분들이 많습니다. 그런데 만약 일제 강점기 저항의 역사가 비어 있으면 어떨까요? 그건 비겁의 역사, 비굴의 역사일 것입니다. 이렇게 많은 사람과 단체들이 있었기에 우리 역사는 샛별처럼 빛나고 있습니다. 그들이 그 시대에 꾸었던 꿈, 그 고마운 한 사람 한 사람을 만난다는 생각으로 공부하면 어떨까요? 지금 출발하겠습니다.

: 1910년대 국외 항일 운동부터 보겠습니다 :

1910년대 저항은 뭐니 뭐니 해도 3·1 운동입니다. 그런데 3·1 운동이 어느 날 갑자기 그냥 터진 건 아닙니다. 1919년 그날이 되기까지 많은 저항의 에너지가 축적되었기 때문에, 그것이 합쳐져 3·1 운동으로 나온 거예요. 그래서 우선 3·1 운동 이전, 1910년 8월 29일 경술국치 이후에 우리가 펼쳤던 저항의 모습을 국내와 국외로 나눠 살펴보면서, 3·1 운동이 나오게 된 배경을 알아보겠습니다.

먼저 국외에서 가장 중요한 것은 독립운동 기지를 만들고 있었다는 것입니다. 즉 국외 저항 운동은 앞으로 있을 항일 무장 투쟁이나 정부 수립을 위해 기지를 만들고 준비하던 단계였습니다. 다음으로 국내는 헌병 경찰 통치 시대라서 활동할 수 있는 범위가 좁을 수밖에 없었어요. 헌병들이 두 눈 부릅뜨고 다니고 있단 말이죠. 그래서 비밀 결사 형태로 활동합니다. **국내**에서는 **비밀 결사**, 그리고 **국외**에서는 **독립운동 기지**, 이렇게 정리해두고 1910년대 국외 저항 운동부터 살펴보도록 하겠습니다.

국외 독립운동 기지는 다섯 개의 지역에서 건설되었는데 첫 번째, 두 번째 지역은 만주에 포함되는 지역입니다. 만주 지역은 옛날 고구려의 땅이었고,

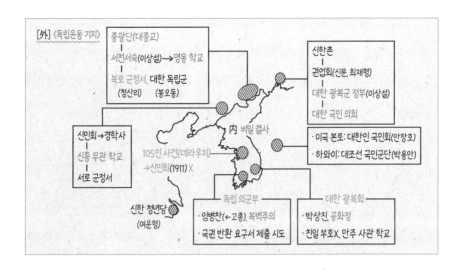

[外] 〈독립운동 기지〉

종광단(대종교)
서전서숙(이상설) → 명동 학교
북로 군정서, 대한 독립군
(청산리)　(봉오동)

신한촌
권업회(신문, 최재형)
대한 광복군 정부(이상설)
대한 국민 의회

신민회 → 경학사
신흥 무관 학교
서로 군정서

內 비밀 결사

105인 사건(데라우치)
→ 신민회(1911) X

· 미국 본토: 대한인 국민회(안창호)
· 하와이: 대조선 국민군단(박용만)

신한 청년당
(여운형)

독립 의군부
· 임병찬(←고종), 복벽주의
· 국권 반환 요구서 제출 시도

대한 광복회
· 박상진 공화정
· 친일 부호X, 만주 사관 학교

다른 말로 간도라고도 합니다. 간도, 앞에서 배웠죠? 조선 후기 숙종 때 백두산정계비를 세웠고, 추후 간도 문제가 불거졌다고 했었어요. 간도를 동서남북 위치로 구분해본다면 서쪽에 있는 곳을 서간도, 살짝 위쪽에 있는 곳을 북간도라고 합니다. 서간도와 북간도에 우리 조선 사람들, 즉 한국인들이 많이 들어가 살고 있었고, 그들이 이곳에 독립운동 기지를 건설했습니다.

국외 저항 운동에서 중요한 것이, 이들의 최종 목표가 군대 양성이었다는 사실입니다. 나중에 일제와 맞서 싸워야 하니까요. 그럼 무엇이 필요할까요? 군인을 키우기 위한 학교가 필요하겠죠. 그런데 학교는 그냥 세워지는 게 아니에요. 학교 설립을 후원할 단체가 있어야 하죠. 자, 국외 지역을 공부할 때는 이런 순서대로 가볼게요. 먼저 후원 단체가 무엇인지 살펴보기, 그 후원 단체에 의해 만들어진 학교가 무엇인지 알아보기, 마지막으로 그 학교를 통해 만들어진 군대가 무엇인지 살펴보기. 이렇게 '후원 단체-학교-군대'라는 흐름을 잡아서 하나씩 살펴보도록 하겠습니다.

첫 번째 지역은 **서간도 지역**입니다. 이 지역의 후원 단체 회원들은, 우리가 앞에서 배웠습니다. 굉장히 중요한 조직이니까, 한번 떠올려보세요. 1907년에 조직된 애국 계몽 운동 단체인데, 이 조직은 다른 애국 계몽 운동 단체와는 좀 달랐어요. 단순히 교육, 언론, 식산흥업뿐만 아니라 국외 독립운동 기지 건설도 추진했거든요. 네, 바로 **신민회**입니다. 그리고 이 신민회 회원들이 서간도로 이주해 세운 후원 단체가 경학사입니다. 경학사의 대표적인 인물은 우당 이

경학사
1911년 만주에서 조직된 독립운동 단체로 계몽 운동의 이념인 생산과 교육에 중점을 두었습니다. 운영난에 부딪히고, 관헌에 의한 탄압으로 해산했지만 이후 부민단에 인계되어 사업을 계승해 명맥이 유지되었어요.
▶ **耕** 밭 갈다 경
▶ **學** 배우다 학
▶ **社** 단체 사

회영 집안의 6형제입니다. 이씨 형제들이 살았던 곳은 서울 명동이에요. 우리나라에서 명동 땅값이 제일 비싼 거 아시죠? 그 일대를 다 이씨 형제들이 가지고 있었습니다. 당시 그들이 소유했던 명동 땅값을 지금으로 환산하면 약 2조 원인데요, '이제까지 나라의 녹을 먹고 우리가 잘 먹고 잘살아왔는데, 나라가 망했으니 나라를 위해 이제 뭔가를 해야겠다'며 나섭니다. 가지고 있던 땅을 다 팔고, 그 돈으로 서간도 지역에 와서 땅을 사고 경학사를 만들고 학교를 세운 겁니다. 그때 설립한 학교가 신흥 강습소인데, 신흥 강습소는 시간이 흐르면서 **신흥 무관 학교**로 발전했죠. 이씨 6형제의 모습을 보면 그야말로 노블레스 오블리주가 무엇인지를 잘 설명하는 것 같아요. 나라가 어려울 때 누구보다 앞장서는 모습을 보이니 존경할 수밖에 없다는 생각이 듭니다.

학교가 세워졌으니 이제 부대가 만들어져야겠죠. 서간도 지역에서 조직된 부대는 **서로 군정서**입니다. 다음 강에서 1920년대 일어난 **봉오동 전투**와 **청산리 전투**를 배울 텐데, 서로 군정서를 포함해 그 전투의 토대가 되는 부대들이 여기서 나옵니다.

이제 두 번째 **북간도 지역**입니다. 이 지역의 대표적인 인물은 **김약연**입니다. 김약연 역시 부자였는데, 모든 재산을 들고 북간도로 넘어가서 마을을 이루고 독립운동 기지를 만듭니다. 북간도 지역 후원 단체 중 대표적인 조직으로는 **중광단**이 있어요. 중광단은 종교와 관련이 있는데, 대한 제국 시기에 만들어진 대종교가 후원한 조직입니다. 대종교는 단군을 믿는 종교였죠. 사실 신민회는 기독교 쪽과 관련이 있는데요, 중광단은 대종교와 관련이 있다는 것, 알아두시면 되겠습니다.

북간도 지역에서 구한말부터 1910년대까지 활동했던 학교들이 있는데, 대표적으로 **서전서숙**이 있습니다. 서전서숙과 관련한 인물은 헤이그 특사 중 한 명이었던 이상설입니다. 그가 이렇게 또 북간도 지역에서 교육 사업을 하고 있었던 겁니다. 그리고 이 서전서숙의 맥을 이어서 만들어진 학교가 바로 **명동**

1910년대 국외 독립운동 기지(서간도·북간도·연해주)

- 독립운동 단체
- 학교

학교입니다. 명동 학교는 '동쪽을 밝히는 학교'라는 뜻인데, 이름 그대로 열강으로부터의 독립을 위한 인재 양성이라는 매우 명확한 교육 과정과 목표를 가지고 있었습니다. 명동 학교에서는 글쓰기를 많이 했는데, 모든 글에 '애국'과 '독립'이라는 두 단어가 반드시 들어가야 점수를 받을 수 있었습니다. 일제 탄압 속에서 결국 명동 학교도 문을 닫게 되는데, 그때까지 배출한 졸업생이 천여 명에 불과했습니다. 그런데 그 천여 명 중에서 인재가 정말 많이 쏟아져 나옵니다. 대표적인 인물로 많은 사람들의 눈물을 쏙 빼놓은 민족 영화 〈아리랑〉의 감독 **나운규**, 너무나 유명한 저항 시인 〈별 헤는 밤〉의 **윤동주** 등이 있습니다. 이들과 관련해서는 나중에 다시 배우게 될 거고요. 여하튼 교육이 이렇게 중요한 겁니다. 명동 학교는 교육이나 학교가 왜 중요한지, 학교와 교육이 어떤 의식을 담고 있어야 하는지를 극명하게 보여주는 사례가 아닐까 하는 생각이 듭니다.

다음으로 서전서숙, 명동 학교 등을 통해 만들어진 부대가 있어야겠죠? 이 부대들은 중요해서 기억해두셔야 하는데, 바로 **북로 군정서**입니다. 이어서 **대한 독립군**도 만들어지고요. 북로 군정서는 1920년대 청산리 전투의 주력 부대였으며, 대한 독립군은 봉오동 전투의 주력군이었습니다. 물론 청산리 전투와 봉오동 전투에 많은 독립군 부대가 함께 활동했는데요, 다만 주력 부대는 이

영화 〈아리랑〉 촬영 현장
가운데 어린이를 안고 있는 더벅머리의 남자가 감독이자 주연인 나운규다. 〈아리랑〉(1926)은 우리나라 영화 사상 가장 초창기에 제작된 명작으로, 민족 영화 제작의 발판을 마련하는 계기가 됐다.

러했다고 설명드린 겁니다. 그런데 1910년대 이후를 준비하는 모습이 정말 남다르지 않습니까. 이런 모습이 있었기에 1920년대 항일 무장 투쟁의 총성을 쏘아 올릴 수 있었던 것입니다.

이번에는 세 번째, 러시아의 땅 **연해주**로 가보겠습니다. 연해주에도 역시 많은 한국인이 건너가서 마을을 짓고 있었습니다. 마을 이름도 **신한촌**입니다. 신한촌이라는 이름만 나오면 무조건 연해주, **블라디보스토크**를 떠올리면 되겠습니다. 이 지역의 후원 단체는 **권업회**입니다. 권업회에서는 〈권업신문〉을 발행하기도 했고, 대표적인 인물로는 **최재형**이 있습니다. 여러분, 앞서 1909년 안중근 의사가 이토 히로부미를 총으로 쏠 때 궁금하지 않았나요? 안중근 의사가 총을 쏠 수 있도록 비용이며, 숙식이며 이런 것들을 후원해준 누군가가 있었을 텐데, 그가 누군지 궁금하지 않았나요? 그 인물이 바로 최재형 선생입니다. 최재형은 당시 블라디보스토크에서 재벌이었습니다. 그래서 그의 서포트를 받기 위해 독립운동을 하려는 사람들이 연해주로 많이 갔죠. 최재형의 별명은 '고려인들의 페치카'였는데, 페치카는 난로를 뜻하거든요. 그만큼 당시에 건너왔던 많은 사람들의 삶을 보살펴줬다는 의미겠죠. 당시 연해주 지역에 살던 고려인이나 한인들 집에 가면 최재형의 사진이 집집마다 걸려 있었습니다. 그만큼 존경받는 인물이었던 건데, 놀랍게도 최재형은 노비 출신입니다. 사회의 차별 속에 배고픈 집안에서 자랐을 테니 "나라가 해준 게 뭐 있다고?"라며 외면할 수도 있었겠지만, 최재형은 그러지 않았습니다. 자신이 갖고 있던 모든 재산을 털어서 이 지역의 독립운동가들을 물심양면으로 지원했습니다. 우리가 꼭 기억해야 하는 인물이 아닐까 하는 생각이 듭니다.

그리고 1914년 연해주에서 **대한 광복군 정부**가 만들어집니다. 어찌 보면 우리나라 역사상 최초의 임시 정부가 아닐까 싶은데, 오래가지는 못합니다. 대한 광복군 정부를 이끈 인물 중에 대통령 이상설, 부통령 이동휘 등이 있는데요. 네, 이상설이 또 나옵니다. 북간도에 있다가 헤

신한촌
일제 강점기, 블라디보스토크에 있었던 한인들의 집단 거주 지역을 말합니다.

‣ 新 새롭다 신
‣ 韓 한국 한
‣ 村 마을 촌

최재형
독립운동가들에게 대부라 불렸던 독립운동가. 연해주에서의 독립운동은 최재형을 빼놓고서는 기록할 수 없다.

이그도 갔다가, 연해주에도 갔다가 여기저기서 정말 대단한 분이니, 기억해두시면 되고요. 이후 정부 성격을 띤 **대한 국민 의회**라는 조직도 만들어집니다. 이 조직은 나중에 또 설명드릴게요.

네 번째는 3·1 운동 당시 많은 역할을 했던 상하이 쪽을 가보겠습니다. 상하이에서 활동했던 조직 중에는 **신한 청년당**이 있습니다. 파리 강화 회의에 김규식을 신한 청년당 대표로 파견해 한국의 독립을 주장하기도 했는데, 나중에 대한민국 임시 정부의 토대가 되는 조직입니다. 신한 청년당과 밀접한 연관이 있는 인물은 몽양 **여운형**입니다. 여운형은 이후 현대사에서도 계속 등장하는 인물로, 뒤에서 한번 설명을 드릴게요.

마지막으로 다섯 번째 **미주 지역**입니다. 미국 본토에서 활동했던 대표적인 조직은 **대한인 국민회**입니다. 대표적인 인물로는 도산 안창호 선생이 있죠. 앞에서 최초의 공식 이민단 이야기를 했었는데, 그 이민자들이 하와이를 통해 미국 본토로 들어가 활동했던 역사가 대한인 국민회라고 할 수 있습니다. 그리고 방금 언급한 하와이에서는 아예 군대를 만듭니다. 대표적으로 **대조선 국민군단**이 있고, 관련된 인물로는 박용만이 있습니다. 추가로 하나만 더 기억해두세요. 한인들의 노동 이민은 하와이뿐만 아니라 멕시코로도 이루어졌다고 말씀드렸죠? 1910년 멕시코 메리다 지역에서 독립군을 양성하기 위해 숭무 학교가 설립됩니다. 설립을 주도한 인물은 이근영, 양귀선 등입니다. 멕시코 혁명의 발발로 1913년 폐교되었지만, 고국을 떠난 이민자들도 독립을 위해서는 한마음 한뜻이었다는 것을 느낄 수 있는 부분이죠.

《월하가인》
1900년대 초 일본 회사의 꼬임에 속아 하와이나 멕시코 등지로 농업 노동 이민을 떠난 사람들을 소재로 한 신소설이다.

지금까지 1910년대 국외 저항 운동을 살펴봤는데요. 이민자라고 해봐야 만여 명밖에 되지 않는데도 불구하고, 조국 광복이라는 꿈을 이루기 위해 그들은 열심히 활동했습니다. 3·1 운동이 그냥 일어난 것이 아니라 이렇게 많은 노력들이 동력이 되었다는 사실을 꼭 기억해주시면 좋겠습니다.

: 다음은 1910년대 국내 항일 운동입니다 :

이제 국내로 들어와보겠습니다. 무단 통치 시대라 쉽지 않은 환경이었지만

무단 통치를 실시한 초대 조선 총독
데라우치 마사타케

105인 사건으로 끌려가는 신민회 인사들

그럼에도 불구하고 많은 조직이 있었습니다. 먼저, 비밀 결사 형태로 활동하다가 **1911년** 결국 해산된 신민회가 있습니다. 신민회가 해산된 배경은 **105인 사건**이라고 했었죠. 105인 사건은 조선 총독부가 당시 총독이었던 데라우치의 암살 미수 사건을 조작해 105인의 독립운동가를 감옥에 가둔 사건인데, 신민회가 여기에 연루되면서 결국 와해되고 말았습니다.

신민회뿐만 아니라 많은 비밀 결사 조직이 있었는데, 대표적인 조직들을 살펴보겠습니다. 먼저 전라도 지역에는 **임병찬**이 이끈 **독립 의군부**가 있었습니다. 그런데 조직 이름에 '의'가 들어가네요. 의병과 관계됐다는 느낌이 들지 않습니까? 앞에서 우리 의병에 대해 배웠잖아요. 의병은 위정척사파와 연결되어 있었죠. 그러면 독립 의군부는 성리학적 질서, 즉 옛 질서를 복원하려는 모습을 보이겠구나 하는 느낌을 '의'라는 단어를 통해 받으시면 되지 않을까 싶습니다. 실제로 임병찬은 **고종의 밀지**를 받아 비밀리에 독립 의군부를 조직해 활동했는데요, 독립 의군부는 복벽주의를 지향했습니다. 복벽주의란 옛 체제를 회복시킨다는 뜻이에요. 즉 고종을 중심으로 한 옛 체제, 제국 시대, 왕국 시대로 돌아가려고 시도했던 겁니다. 복벽주의를 표방한 독립 의군부는 조선 총독부에 우리나라 국권을 돌려달라는 요구서인 국권 반환 요구서를 여러 차례 발송하기도 합니다.

이어서 경상도 지역을 살펴봅니다. 여기에는 특히 대구를 중심으로 활동한 조직이 있습니다. **박상진** 등을 중심으로 만들어진 **대한 광복회**인데요. 이 조직

복벽주의

일제 강점기에 대한 제국의 회복을 목표로 독립 의군부에서 펼친 왕조를 회복하자는 주장입니다.

▸ 復 회복하다 복
▸ 辟 임금 벽
▸ 主 주장하다 주
▸ 義 옳다 의

은 추후 **김좌진**까지도 연결됩니다. 네, 청산리 전투 하면 떠오르는 그 김좌진입니다. 대한 광복회가 지향하는 정치 체제의 모습은 독립 의군부와는 달랐습니다. 이들은 **공화정**을 지향했는데, 공화정은 왕이 없고 국민이 직접 대표를 뽑는 체제니, 고종을 중심으로 한 옛 체제로 돌아가려던 독립 의군부와는 확실히 달랐던 거죠. 대한 광복회의 활동을 살펴보자면, 우선 친일 부호 처단에 적극적으로 나섰고요, 또 만주 지역에 사관 학교를 세우려고 했습니다.

이렇듯 1910년대 국내에서는 독립 의군부, 대한 광복회 같은 비밀 결사 조직이 활동했다는 사실을 알아봤는데, 이야기를 마무리하기 전에 대한 광복회를 이끌었던 박상진의 이력을 살펴볼게요. 박상진은 판사 출신의 독립운동가로, 1910년 8월 29일 경술국치에 즈음해서 판사직에서 사표를 냈어요. 일본으로서는, 나라가 망하는 시점에 한국의 엘리트를 앞세워 나라를 통

박상진의 생가(울산)

치하는 방식이 굉장히 효율적이었거든요. 뒤집어 얘기하면, 나라가 망하는 시점부터 우리나라 엘리트들은 오히려 잘 먹고 잘사는 길이 열릴 수 있다는 것이죠. 실제로 그 길로 갔던 반민족 행위자들도 많습니다. 그런데 박상진은 '내가 있을 자리는 판사 자리가 아니라 판사의 앞자리'라며, 사표를 내고 대한 광복회를 이끕니다. 그리고 결국 그 약속대로 10년 뒤인 1921년, 일본 판사 앞에 앉아 사형을 선고받고 형장의 이슬로 사라지고 맙니다. 박상진을 통해 우리의 꿈이 무엇이어야 될지를 고민해봤으면 합니다. 박상진의 꿈이 명사, 즉 직업이었다면 경술국치 때 사표를 낼 이유가 없었겠죠. 그런데 그의 꿈은 명사가 아니라 동사였습니다. '나는 누군가에게 어떤 도움을 줄 것인가'라는 동사를 꿈으로 품었기에, 명사인 판사 자리를 박차고 나와 독립운동에 뛰어든 것이죠. 우리가 '동사의 꿈'을 가져야 하는 이유를 이분을 통해 공유하고 싶어서 박상진의 이야기를 전해 드렸습니다. 꿈 너머의 꿈을 꾸었던 대한 광복회의 박상진 선생을 꼭 기억해주시기 바랍니다.

지금까지 1910년대 3·1 운동 이전 국내외의 많은 활동을 확인해보았습니다. 이 에너지가 쌓이면서, 드디어 '대한 독립 만세'가 나옵니다. 만세의 현장으로 바로 가보시죠.

3·1 운동

여러분, 누군가 저에게 우리 반만년의 역사를 두 시기로 나눈다고 할 때, 어떤 시점을 분기점으로 하겠냐고 물으면 저는 3·1 운동이라고 말하겠습니다. 3·1 운동 이전까지 우리 역사에서 존재했던 나라 형태는 왕국이고, 제국이었습니다. 그런데 3·1 운동 이후 반만년 동안 한 번도 경험해보지 못한, 한 번도 역사에 등장하지 않던 새로운 나라가 탄생합니다. 바로 대한민국입니다. 왕국도 아니고, 제국도 아닌 민국입니다. 그래서 3·1 운동은 정말 중요합니다. 3·1 운동 이후 등장하는 사람들을 우리는 백성이라 하지 않습니다. 능동적인 존재, 시민입니다. 대한민국과 시민이라는 역사의 출발점이 바로 3·1 운동입니다. 그 대단한 사건을 만나보겠습니다.

: 3·1 운동의 배경부터 보겠습니다 :

3·1 운동이 일어난 배경을 국내와 국외로 나눠서 살펴볼까요? 먼저 국외 상황입니다. 1914년부터 1918년까지 일어났던 제1차 세계 대전이 끝납니다. 제1차 세계 대전으로 죽거나 다친 사람이 무려 5천만 명이었습니다. 그래서 전쟁이 끝난 후 파리에서 전후 질서를 어떻게 할 것인가에 대한 논의가 벌어집니다. 바로 **파리 강화 회의**입니다. 파리 강화 회의는 같은 새로운 세계 질서를 만든, 아주 중요한 사건입니다. 특히 당시 식민지였던 약소민족 국가의 대표들이 대거 파리로 몰려듭니다. 베트남의 국부 호치민도 이때 파리에 갔었죠. 베트남은 프랑스의 식민지였으니, 무슨 일이 있더라도 자국의 안건을 파리 강화 회의에 올려 독립하겠다는 의지를 보였던 겁니다.

그런데 마침 이때 미국 대통령 **윌슨**이 **민족 자결주의**를 선언합니다. '모든 민족은 자기 스스로 운명을 결정할 권리가 있다'는 주장을 한 건데, 여기서 민족 자결주의라는 개념은 제1차 세계 대전 패전국의 식민지에만 적용됩니다. 승전국의 식민지는 해당하지 않았던 거예요. 당시 일본은 제1차 세계 대전 승전국 라인에 섰어요. 그 말은 곧 우리의 독립은 계속 멀어질 수밖에 없는 상황이라는 거죠. 아무리 우리는 해당되지 않는다지만, 그래도 이 기회

조소앙
이관용
황기환
김규식
여운홍

를 놓칠 수는 없잖아요. 그래서 우리도 우사 **김규식**이 대표로 파리에 갑니다. 앞서 살펴본 신한 청년당이 중심이 되어 김규식을 파견했죠. 이렇게 김규식을 파리 강화 회의에 파견했으니, 힘을 좀 실어줘야겠죠? 그래서 1919년 **일본 도쿄**에서 **2·8 독립 선언**을 합니다. 도쿄가 어딘가요? 일본의 중심 도시, 수도예요. 거기서 한국인 유학생들을 중심으로 1919년 2월 8일 우리의 독립을 선언합니다. 정말 감동스러운 순간이죠. 이런 바람이 국내로 쭉 밀고 들어오고,

큰★별쌤의 사건 이야기

상하이에서 독립을 준비한 청년 조직, 신한 청년당

신한 청년당은 1918년 8월 상하이에서 조직된 우리나라 청년들의 항일 독립운동 단체로, 해외 독립운동 단체 중 가장 오래되었습니다. 파리 강화 회의에 김규식을 대표로 파견하고, 여운형, 장덕수를 각각 러시아와 일본에 파견하는 등 외교 활동을 전개하면서, 세계 정세 변화에 대응하고자 했지요. 3·1 운동을 전후로 상하이에 모인 독립운동가들은 신한 청년당을 중심으로 독립 문제를 본격적으로 논의하였고, 이들 중 주요 인사들은 이후 대한민국 임시 정부에 참여했습니다.

그러면서 전개되었던 것이 바로 1919년 국내에서 일어난 3·1운동입니다.

: 3·1 운동의 전개 양상을 살펴볼게요 :

원래 3·1 운동은 고종의 **인산일**, 즉 장례식 기간을 활용할 생각이었어요. 고종의 장례식이 3월 3일 월요일이라 이날 만세 운동을 하기로 했었는데, 관이 나오는 날, 그 앞에서 만세를 하기가 적절치 않아 하루를 앞당깁니다. 그런데 또 3월 2일은 종교 행사가 있는 일요일이었어요. 그래서 하루를 더 앞당겨 1919년 3월 1일 토요일에 만세 운동을 하게 되었다는 비하인드 스토리가 있습니다.

여러분도 잘 알고 있겠지만, 3·1운동은 민족 대표 33인이 주도하는데 이들 대부분은 종교인이었습니다. 당시 가장 많은 활약을 한 천도교, 그리고 개신교, 불교 등의 종교인들로 구성되었습니다. 하지만 민족 대표 33인은 3·1 운동을 끝까지 지도하지는 않았습니다. 이들은 독립 선언서를 작성·낭독하고 자수한 뒤 경찰서로 연행되기 때문에 더 이상의 지도는 하지 않았지만, 이들이 3·1 운동이라는 거족적 민족 항쟁을 준비하고 기획했다는 것을 무시할 순 없습니다. 이분들이 있었기에 3·1 운동이 출발할 수 있었다는 사실은 반드시 존중해야 할 부분이라고 생각합니다.

종로에서의 3·1 운동 만세 시위

3·1 운동은 처음엔 비폭력 운동으로 출발합니다. 하지만 일제가 너무 심하게 탄압하는 거예요. 일제가 총, 칼로 쏘고, 찌르는 상황에서 그저 비폭력으로만 갈 수는 없잖아요. 그래서 자연스럽게 **비폭력 시위**에서 **폭력 시위**로 전환됩니다. 3·1 운동은 거족적 민족 항쟁이었는데, 당시 인구 2천만 중 2백만이 참여했습니다. 이건 집집마다 한 명씩은 다 나왔다는 얘기예요. 그래서 3·1 운동이 우리 역사에서 정말 중요한 겁니다. 이전까지 시대의 과제를 해결하고자 이렇게 많은 사람이 광장으로 나왔던 적이 없었어요. 어찌 본다면 처음 있는 일입니다. 그러니 처음 겪은 사건 이후 사람들과 나라의 모습은 완전히 달라질 수밖에 없는 것이죠. 대한 제국에서 대한민국으로, 백성에서 시민으로 바뀌는 계기가 바로 3·1운동이었던 겁니다.

이토록 많은 사람이 참여하니 일제도 깜짝 놀랄 수밖에요. 이에 따라 어마어마한 탄압이 이루어지는데, 그중 여러분이 꼭 기억하셔야 하는 대표적인 탄압이 **제암리·고주리 학살 사건**입니다. 많은 분들이 제암리 학살 사건이라고만 기억하시는데, 사건을 좀더 명확히 알 필요가 있어요. 먼저 경기도 화성의 제암리에서 만세 운동이 일어나자 일제 헌병들이 교회당에 주민을 모아놓고 불을 지른 후, 총을 쏴서 모두 죽입니다. 만행이고, 학살이죠. 그러고 나서는 옆 동네 고주리로 이동해서 또 사람들을 죽였습니다. 이것이 제암리·고주리 학살 사건입니다. 이전까지 제암리 학살 사건으로 기억하셨다면, 이제부터는 고

불에 타버린 제암리 교회

주리까지 함께 기억해주세요.

: 3·1 운동이 미친 영향들도 볼게요 :

3·1 운동은 굉장히 중요한 영향들을 미쳤어요. 하나씩 살펴보도록 하겠습니다. 첫 번째는 대한민국이라는 이름을 탄생시켰다는 것입니다. 3·1 운동 이후 대한민국 임시 정부가 수립되면서 대한민국이라는 이름이 생겼잖아요. 이 이름이 탄생한 날은 1919년 4월 11일입니다. 이날 대한민국 임시 정부가 수립됐죠. 우리가 지금 살고 있는 나라, 그 나라의 생일이 4월 11일이라는 것은 기억하고 있어야 되지 않을까 하는 생각이 듭니다.

그리고 두 번째는 **대한민국 임시 정부가 출범**하게 되었다는 사실이죠. 3·1 운동은 거족적 민족 항쟁이긴 했지만, 산발적 시위로 끝나버렸습니다. 그래서 그 한계를 극복하고, 민족의 목소리를 담아낼 수 있는 지도부가 필요하다는 생각을 하게 된 겁니다. 이에 따라 4월 11일 상하이에서 대한민국 임시 정부가 출범합니다. 이전에 설명드렸다시피 임시 정부로서 최초의 모습은 아니었습니다. 최초의 임시 정부 성격을 가진 단체는 연해주 지역에서 대한 광복군 정부였죠. 3·1 운동 이후 생겨난 연해주의 **대한 국민 의회**, 서울의 **한성 정부**, 상하이의 **대한민국 임시 정부**가 1919년 9월 상하이에서 모두 통합되었다는 것도 기억해두세요.

마지막으로 제일 중요한 영향인데, 3·1 운동은 일제의 통치 방식을 바꿉니다. **무단 통치**에서 이른바 **문화 통치**로 변화시켰다는 것, 1910년대~1920년대 일제의 식민지 지배 정책에서 배웠었죠? 네, 3·1 운동을 분기점으로 일제의 무단 통치가 이른바 문화 통치로 바뀌었고요. 더불어 세계의 민족 해방 운동에도 영향을 미

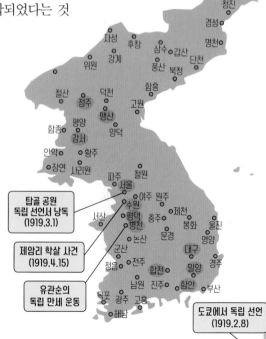

3·1운동 봉기 지역

탑골 공원
독립 선언서 낭독
(1919.3.1)

제암리 학살 사건
(1919.4.15)

유관순의
독립 만세 운동

도쿄에서 독립 선언
(1919.2.8)

● 대규모 봉기지(1만 명 이상 참여)

칩니다. 바로 중국의 **5·4 운동**입니다. 3·1 운동이 벌어지니 중국에서도 "우리도 지금 거의 반식민지 형태인데, 다 같이 일어나자!"라고 해서 두 달 뒤 5월 4일 중국에서 일어난 운동입니다. 3·1 운동이 5·4 운동의 자극제가 되었던 것이죠.

지금까지 모든 계층이 참여한 민족 운동이었던 3·1 운동이 어떤 시대적 배경 속에 발생했고, 어떤 변화들을 가져왔는지 살펴봤습니다. 이어서 3·1 운동의 영향으로 출범한 대한민국 임시 정부를 만나보겠습니다.

질문 있어요!

Q 대한민국 임시 정부 이전에 있었던 임시 정부에 관한 설명 중 상하이의 임시 정부가 궁금합니다. 상하이에 있었던 신한 청년당과 관련이 있는 건가요?

A 신한 청년당은 제1차 세계 대전 이후 세계 정세가 변동하는 가운데, 한국의 독립 문제 해결의 기대감을 갖고 만들어졌죠. 여운형·김규식·정인보·신규식·신채호 등이 있었고 이들의 노력은 3·1 운동의 조직에서 임시 정부 조직까지 연결되었다고 할 수 있어요. 급박했던 시기 상하이, 한성, 일본, 러시아 일대, 프랑스 파리까지 곳곳에서 활약을 펼칩니다.

대한민국 임시 정부의 활동

거족적 민족 항쟁이었던 3·1 운동은 정부 수립에 많은 영향을 끼쳐 대한민국 임시 정부가 출범하는 데 큰 역할을 합니다. 1919년 4월 11일 출범한 임시 정부는 1945년 8월 15일 광복할 때까지 어떤 모습으로 이어지는지, 대한민국 임시 정부의 역사를 정리해보겠습니다.

: 대한민국 임시 정부가 수립됩니다 :

대한민국 임시 정부의 의의는 **삼권 분립**에 기초한 우리나라 **최초의 공화정 정부**였다는 것입니다. 공화정을 지향했던 조직은 이전에도 있었잖아요? 신민회와 박상진의 대한 광복회 등도 공화정을 지향했지만, 직접 이렇게 실체로 등장한 조직은 대한민국 임시 정부가 처음이었습니다. 여기서 삼권은 무엇일까요? 입법, 사법, 행정을 의미합니다. 입법 기관은 **임시 의정원**, 사법은 **법원**, 행정은 **국무원**이 맡았습니다. 입법의 임시 의정원은 지금의 국회와 같은 곳으로 시험에 잘 나오니까 꼭 기억해놓으시고요. 지금 우리나라가 republic of Korea, 공화정이잖아요. 그 공화정의 역사가 대한민국 임시 정부에서 출발하고 있는 겁니다.

대한민국 임시 정부는 상하이에 있었는데, 그러다 보니 국내와 연결선이 필요했습니다. 그래서 **연통제**와 **교통국**이라는 비밀 행정 조직망을 만들어 국내외를 연결했어요. 연통제는

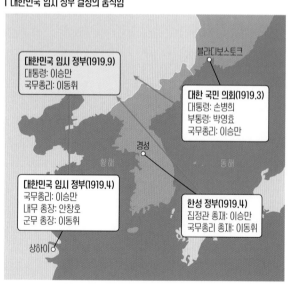

대한민국 임시 정부 결성의 움직임

블라디보스토크

대한민국 임시 정부(1919.9)
대통령: 이승만
국무총리: 이동휘

대한 국민 의회(1919.3)
대통령: 손병희
부통령: 박영효
국무총리: 이승만

경성

황해

동해

대한민국 임시 정부(1919.4)
국무총리: 이승만
내무 총장: 안창호
군무 총장: 이동휘

한성 정부(1919.4)
집정관 총재: 이승만
국무총리 총재: 이동휘

상하이

독립운동을 지휘하기 위한 연락망 역할을 하는 행정 조직이었고, 교통국은 정보를 수집하고 재정 자금을 모집하거나 비밀 교신 등의 역할을 담당하는 통신 기관이었습니다. 특히 교통국은 압록강 건너 단둥에 **이륭양행**이라는 위장 회사를 세워 이곳에서 자금을 조달하기도 했습니다.

미주 구미 위원부에서 발행한 독립 공채
윗줄 왼쪽부터 10달러, 50달러, 아랫줄은 100달러 앞뒤.

또 우리가 처한 상황이나 사실들을 알릴 수단이 필요해서 신문도 만듭니다. 이름은 〈독립신문〉이에요. 독립 협회가 발행한 신문도 〈독립신문〉이고, 대한민국 임시 정부의 신문도 〈독립신문〉입니다. 대한민국 임시 정부도 〈독립신문〉을 발행했다는 것, 기억해두시고요. 다음으로 우리의 역사를 알리기 위해 **임시 사료 편찬 위원회**도 만듭니다.

이어서 유럽이라든지 미주에서 외교 활동도 전개하는데, 대한민국 임시 정부가 상하이에 있었던 이유 중 하나는 외교 활동이 비교적 수월했기 때문입니다. 상하이는 치외 법권이 적용되는 지역이라, 일본이 함부로 들어와 누군가를 잡아가기 어렵기 때문에 상하이를 중심으로 외교 활동을 전개했습니다. 그리고 미국 워싱턴에 **구미 위원부**를 설치하고 외교적 활동을 전개했어요. 또, 대한민국 임시 정부의 초대 대통령으로 **이승만**이 당선되는데요. 이후 1948년 대한민국 정부가 수립될 때도 초대 대통령은 이승만이었죠. 대한민국 헌법에는 '대한민국은 대한민국 임시 정부를 계승한다'는 내용이 있습니다. 대한민국 임시 정부와 지금의 대한민국은 분리된 역사가 아니라 연결된 역사라는 것을, 헌법을 통해서도 확인할 수 있겠습니다.

: 대한민국 임시 정부의 위기와 변화 :

이렇게 출발한 대한민국 임시 정부는 어려움이 많았습니다. 일단 연통제와 교통국이 일본에 의해 거의 와해하다시피 합니다. 게다가 외교적으로도 문제가 발생합니다. 제1차 세계 대전이 끝나고 열린 파리 강화 회의에서 결정된 내용 중 국제 연맹 창립이 있었는데, 당시 **이승만**이 **국제 연맹**에 **위임 통치 청원**을 넣습니다. 우리의 운명을 국제 연맹에서 해결해달라는 청원이었는데, 나중에 이 내용이 알려지면서 난리가 납니다. "아니, 어떻게 이럴 수 있단 말인가. 우리의 독립을, 우리의 운명을 왜 국제 연맹에 맡기는가" 하며 이승만에 대한 엄청난 저항이 일어납니다.

임시 정부 내무총장 겸
국무총리 취임 당시 안창호

조직은 와해됐고, 외교적인 역량에서도 문제가 생기자 대한민국 임시 정부가 이대로 가도 되느냐는 의문이 제기됩니다. 그래서 이 문제를 논의하기 위해 **1923년 국민 대표 회의**가 열리죠. 여기서 **창조파**와 **개조파** 두 세력이 부딪힙니다. 창조파의 대표적인 인물은 **신채호**, 개조파의 대표적인 인물은 **안창호**입니다. 신채호를 중심으로 한 창조파는 대한민국 임시 정부의 무능함을 문제 삼으면서 이를 없애고 새로운 정부를 창조하자고 합니다. 반면 안창호를 중심으로 한 개조파는 "대한민국 임시 정부는 3·1 운동의 결과로 만들어진 조직이고, 민족의 요구인데, 없애는 것은 말이 안 된다. 문제가 있는 건 인정한다. 문제를 해결하면서 대한민국 임시 정부를 바꿔나가자"고 주장합니다. 두 세력이 부딪히면서 국민 대표 회의가 격렬하게 전개되는데, 결과적으로는 어떤 결론도 내리지 못합니다. 이러면서 상당히 많은 **독립운동가**가 대한민국 임시 정부에서 **이탈**하고, 여기에 일제의 감시와 탄압까지 심해지면서 임시 정부의 활동은 크게 위축되고 맙니다.

이 문제를 어떻게 해결해야 할까요? 이러한 위기 속에서 결국 대한민국 임시 정부도 변화하려고 노력합니다. 하나씩 살펴볼게요.

먼저 **1925년**에 **이승만** 대통령을 **탄핵**합니다. 그리고 2대 대통령으로 박은식을 임시로 취임시킵니다. 왜 임시냐면 '대통령제에 문제가 있다', '한 사람에게 권력을 너무 몰아주다 보니까 제대로 기능하지 못했다, 그러니 고치자'고 했는데 일단 대통령 자리가 비어 있으니, 임시로 취임시킨 겁니다.

그 후 **국무령** 중심의 내각 책임제로 개헌을 단행하는데, 쉽게 말하면 **의원**

가슴에 선서문을 단 채
수류탄을 든 이봉창

내각제라고 보시면 됩니다. 영국이나 일
본처럼 국회가 행정을 장악하면서 국회
의 집권당이 정책을 이끌어나가는 것이
죠. 이승만 대통령을 탄핵시키면서, 대통
령에게 힘이 몰리는 게 문제라고 생각했
다고 했잖아요. 그래서 힘이 한 사람에
게 몰리는 것을 막기 위해 국회로 힘을
분산시키기 위한 것이었습니다.

　그리고 나서 **1927년**이 됩니다. 1927년에 사람들이 다 빠
져나가고, 몇 명 남지 않아요. 대한민국 임시 정부에 국민 대
표 회의 이후 또 다시 엄청난 위기가 온 겁니다. 그래서 남
아 있는 사람들끼리라도 같이 가자고 해서, 다시 개헌을 합
니다. **국무 위원 체제**의 형태로 바꾼 것인데, 국무 위원 체제
는 국무 위원들, 즉 장관들을 중심으로 운영하는 집단 지도
체제였습니다. 쉽게 이야기하면 비상 체제라고 할 수 있어

이봉창의 한인 애국단 선서문
'나는 적성(참된 정성)으로 조국의 독립과 자유를 회복하기 위하여
한인 애국단의 일원이 되어 적국의 수괴(일왕 히로히토)를 도륙하
기로 맹서하겠다'고 적혀 있다.

윤봉길의 한인 애국단 선서문
1932년 4월 29일, 일왕의 생일 축하 기념식을 거행하는 상하이 훙커우공원의 거사에 앞서, 윤
봉길 의사가 한인 애국단 단장인 김구 앞에서 자필로 쓴 것으로, 역시 '나는 조국의 독립과 자
유를 회복하기 위하여 한인 애국단의 일원이 되겠다'는 내용이 담겨 있다.

상하이 훙커우 공원에서 윤봉길 의사의 폭탄 투척 이후
군중들이 동요하는 모습

김구(좌)와 윤봉길

요. 지금 대한민국 임시 정부가 굉장히 어려운 처지에 처해 있다는 걸 알 수 있는 모습이죠.

그리고 1931년 대한민국 임시 정부가 아직 살아 있다는 모습을 보여주기 위해 김구는 **한인 애국단**을 만듭니다. 대표적인 인물로 이봉창과 윤봉길이 있는데, 여러분도 잘 알고 있듯이 이들은 이후 폭탄 투척을 하죠. 네, **1932년 이봉창**은 도쿄에서, **윤봉길**은 상하이에서 폭탄을 투척합니다. 이봉창의 의거는 성공하지 못했지만, 윤봉길의 상하이 홍커우 공원 의거는 완벽히 성공합니다. 그 결과, 당시 중국을 이끌던 장제스가 "중국 백만 대군도 할 수 없는 일을 한국 청년 한 명이 해냈다"고 하면서 대한민국 임시 정부를 전폭적으로 지지합니다. 이렇게 중국 국민당 정부의 전폭적인 지원을 받으면서 대한민국 임시 정부가 기사회생한 거예요. 추락에 추락을 거듭했던 대한민국 임시 정부가 다시 올라올 수 있었던 배경이 바로 윤봉길의 상하이 홍커우 공원 의거인 겁니다.

그런데 문제가 생깁니다. 상하이에서 이런 일이 벌어지니 일본이 도저히 대한민국 임시 정부를 인정할 수 없다면서 어마어마한 압박에 들어간 거예요. 상하이는 치외 법권 지역이지만, 폭탄 투척으로 엄청나게 많은 사람을 죽게 만든 조직을 가만둘 수는 없다며 일본이 압박해옵니다. 결국 윤봉길 의거를 계기로 대한민국 임시 정부는 더 이상 상하이에서 활동할 수 없게 되죠. 이렇게 1932년부터 1940년까지, 8년 동안 무려 6천 킬로미터의 대장정을 떠납니다. 임시정부가 이동을 하는 거예요. 이 길은 편한 길이었을까요? 그럴 리 없겠죠. 이들이 이동할 때 위에선 폭격기가, 뒤에선 총탄이, 옆에선 밀정을 통해 임시 정부를 와해시키기 위한 일제의 엄청난 탄압이 계속됐습니다. 1919년 3·1 운동의 결과 탄생한 대한민국이라는 이름을 등에 지고, 그 위험한 여정을 천천히 아슬아슬하게 헤쳐나가던 달팽이의 모습이 아니었을까 하는 생각이 듭니다.

이들은 1940년 충칭에 이르면서 조직을 재정비하고, 또 한 번 개헌합니다. **주석 체제**로 전환하면서 1인 지도 체제를 시도한 거예요. 1931년 한인 애국단을 만들면서 당시 대한민국 임시 정부의 명실상부한 대표가 됐던 인물이 김구거든요. 김구가 구심점이 되면서 그를 중심으로 한 개헌을 한 거죠. 그리고 이때 대한민국 임시 정부의 여당이라고 할 수 있는 **한국 독립당**도 만듭니다. 그

인도 · 버마 전선에 파견된
한국 광복군

리고 너무 중요한 조직, **한국 광복군**도 창설합니다. 한국 광복군을 이끈 인물은
지청천인데, 1930년대 항일 무장 투쟁 때 다시 만날 수 있습니다.

　자, 이렇게 1940년에 군대도 만들고, 여당도 만들면서 시스템을 정비합니
다. 그리고 1941년이 됩니다. 1941년은 일본이 미국과 태평양 전쟁을 벌인 때
잖아요? 일본이 망할 날도 얼마 남지 않은 겁니다. 그래서 우리도 어떤 나라가
되어야 할지에 대해 준비를 시작하는데, 바로 **건국 강령**을 만듭니다. 건국 강
령의 핵심은 **조소앙**의 삼균주의입니다. '삼균'이란 개인과 개인, 민족과 민족,
국가와 국가 간의 완전한 균등을 말하는데, 즉 삼균주의는 우리나라가 새로
출발하면 정치 · 경제 · 교육에서 누구나 다 균등한 혜택을 누려야 한다는 거였
습니다. 이 삼균주의를 모델로 해서 건국 강령을 반포하고, 더불어 **일본**과 독
일에 대해 **선전 포고**도 합니다. "이제 우린 너희들과 싸울 거야"라고 선언한
거죠.

　그리고 **1942년**, 이제 대한민국 임시 정부가 명실상부한 중심으로 우뚝 서게
됩니다. 당시 대한민국 임시 정부와 함께 활동했던 또 다른 조직이 하나 있었
거든요. **민족 혁명당**이란 조직인데, 여기도 엄청난 조직이에요. 그런데 민족 혁
명당을 이끌던 김원봉이 1942년 대한민국 임시 정부에 합류합니다. 그러면서

삼균주의
대한민국 임시 정부 내 조소앙이
독립운동의 기본 방략 및 미래 조
국 건설의 지침으로 삼기 위해 체
계화한 민족주의적 정치 사상입
니다.
▶ 三 석 삼
▶ 均 고르다 균
▶ 主 주장하다 주
▶ 義 옳다 의

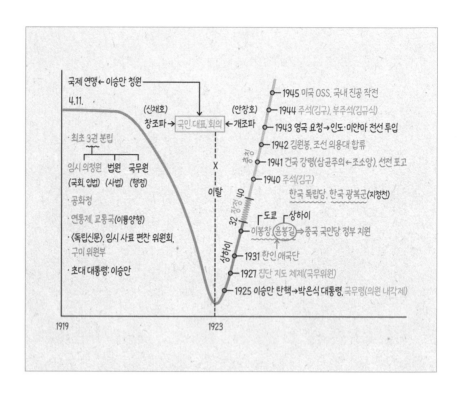

국제 연맹 ← 이승만 청원
4.11.

(신채호)   (안창호)
창조파 → 국민대표회의 ← 개조파

·최초 3권 분립
┌─────┬─────┬─────┐
임시 의정원   법원   국무원
(국회, 입법) (사법) (행정)
·공화정
·연통제, 교통국(이륭양행)
·《독립신문》, 임시 사료 편찬 위원회,
·구미 위원부
·초대 대통령: 이승만

이탈
X

○ 1945 미국 OSS, 국내 진공 작전
○ 1944 주석(김구), 부주석(김규식)
○ 1943 영국 요청 → 인도·미얀마 전선 투입
○ 1942 김원봉, 조선 의용대 합류
○ 1941 건국 강령(삼균주의 ← 조소앙), 선전 포고
○ 1940 주석(김구)
        한국 독립당, 한국 광복군(지청천)
        ┌도쿄   ┌상하이
        이봉창 윤봉길 → 중국 국민당 정부 지원
○ 1931 한인 애국단
○ 1927 집단 지도 체제(국무위원)
○ 1925 이승만 탄핵 → 박은식 대통령, 국무령(의원 내각제)

32 38선 40
상하이

1919   1923

대한민국 임시 정부가 엄청난 조직이 된 거죠. 굉장히 중요한 포인트예요. 김원봉은 조선 의용대라는 군대를 끌고 임시 정부에 들어오는데, 조선 의용대가 임시 정부에 합류한 중요한 해가 바로 1942년이 되겠습니다. 김원봉은 어마어마한 인물인데, 나중에 다시 설명을 드릴 겁니다.

1943년에는 영국이 대한민국 임시 정부에 한 가지 요청을 합니다. **인도 미얀마 전선**에 한국 광복군을 투입해 달라는 요청이었죠. 영국은 당시 인도 미얀마 전선에서 일본과 싸우고 있었는데, 그 전선에 한국 광복군이 투입된 겁니다. 그리고 1944년, 임시 정부는 한 번 더 개헌합니다. 이때는 주석 체제에 부주석 체제를 하나 더 집어넣어서, 주석에 김구, 부주석에 김규식이 오릅니다. 네, 김규식은 파리 강화 회의의 대표로 파견된 그 인물이죠. 이제 1945년, 마침내 광복이 눈앞에 다가왔습니다. 이때는 **미국 OSS 부대**와 함께 한국 광복군이 **국내 진공 작전**을 **계획**합니다. 드디어 우리가 광복을 맞이하게 되는 모습이 보이고 있는 거죠.

1919년 대한민국 임시 정부가 세워진 후, 1945년 충칭에

질문 있어요!

Q 대한민국 임시 정부 수립일은 1919년 4월 11일로 알고 있는데, 9월 11일로 표기된 것도 있어서 헷갈립니다.

A 상하이 임시 정부가 수립된 날짜가 4월 11일이고, 한성 정부와 러시아의 임시 정부까지 모두 통합된 것이 9월 11일입니다.

충칭 대한민국 임시 정부 청사 앞에서 환국을 기념해 찍은 사진

서 국내로 돌아올 때 대한민국 임시 정부 사람들이 계단에 모여 찍었던 사진
이 있습니다. 몇십 년 동안 고생한 끝에, 이제 태극기를 들고 자신들이 되찾으
려고 했던 나라로 돌아가는 그들의 심정은 과연 어땠을까요. 지금의 대한민국
을 만들어주신 모든 분들께 감사와 존경의 말씀을 올리면서 이번 이야기를 마
치도록 하겠습니다. 감사합니다.

큰★별쌤의
한번에 핵심 정리

1 1910년대 국내외 항일 운동

(1) 국외 항일 운동 : 독립운동 기지 건설

서간도	• 신민회 : 경학사 조직(우당 이회영 집안), 신흥 강습소 설립(→ 신흥 무관 학교), 서로 군정서 조직
북간도	• 중광단(대종교 후원), 서전서숙(이상설), 명동 학교 설립, 북로 군정서와 대한 독립군 조직
연해주	• 블라디보스토크 신한촌에 권업회(최재형) 조직, 대한 광복군 정부(이상설) → 대한 국민 의회
상하이	• 신한 청년당(여운형) 조직 → 파리 강화 회의에 김규식 파견
미주 지역	• 미국 본토 : 대한인 국민회(안창호) 조직, 하와이 : 대조선 국민군단(박용만) 창설

(2) 국내 항일 운동 : 비밀 결사

독립 의군부	• 임병찬이 고종의 밀지를 받아 비밀리에 조직, 복벽주의 지향 → 조선 총독부에 국권 반환 요구서 제출
대한 광복회	• 박상진 등이 대구를 중심으로 조직, 공화정 지향 → 친일 부호 처단, 만주 지역에 사관 학교 수립 계획

2 3 · 1 운동

(1) 3 · 1 운동의 배경과 전개

배경	• 1차 세계대전 후 파리 강화 회의 개최, 미국 대통령 윌슨의 민족 자결주의 선언 → 신한 청년당이 파리 강화 회의에 김규식 파견 → 1919년 2월 8일, 한국인 유학생들의 2 · 8 독립 선언(도쿄)
주도	• 민족 대표 33인(천도교, 개신교, 불교 등 대개 종교인)이 독립 선언서 작성 → 고종의 인산일에 맞춤
전개	• 비폭력 시위로 시작해 폭력 시위로 전환, 전국 확산 → 일제의 탄압으로 제암리 · 고주리 학살 사건 등 발생

(2) 3 · 1 운동의 의의와 영향

의의	• 남녀노소를 막론하고 2백만 이상이 참여한 거족적 민족 운동
영향	• 독립운동을 이끌 지도부의 필요성 제기 → 상하이 대한민국 임시 정부 수립(1919.4.11) - 연해주의 대한 국민 의회, 서울의 한성 정부, 상하이 대한민국 임시 정부 → 1919년 9월, 상하이에서 대한민국 임시정부 통합 • 일제의 통치 방식 변화 : 무단 통치 → 이른바 '문화 통치' • 중국의 5 · 4 운동에 영향을 줌

3 대한민국 임시 정부의 활동

(1) 대한민국 임시 정부의 수립과 활동

수립	• 삼권 분립에 기초한 우리나라 최초의 공화정 정부(임시 의정원 : 입법, 법원 : 사법, 국무원 : 행정)

활동	• 연통제, 교통국 등 비밀 행정 조직망을 만들어 국내외 연결
	  - 연통제 : 독립운동을 지휘하기 위한 연락망 역할을 한 행정 조직
	  - 교통국 : 정보 수집, 재정 자금 모집, 비밀 교신 등의 역할 담당(이륭양행 - 조지 루이스 쇼)
	• 〈독립신문〉 발간, 임시 사료 편찬 위원회 설치
	• 외교 활동 : 미국 워싱턴에 구미 위원부 설치

(2) 국민 대표 회의 개최(1923)

배경	• 연통제와 교통국이 일본에 의해 거의 와해됨 • 이승만이 국제 연맹에 위임 통치 청원 → 이승만에 대한 거센 비판

진행	• 대한민국 임시 정부의 새로운 진로 모색을 위해 1923년 개최 → 창조파와 개조파가 격렬히 대립
	  - 창조파(신채호 중심) : 임시 정부의 무능함을 비판하며 새로운 정부 창조 주장
	  - 개조파(안창호 중심) : 임시 정부는 그대로 두고 바꿔나가자 주장

결과	• 회의 결렬 → 많은 독립운동가 이탈 → 임시 정부의 활동 위축

(3) 임시 정부의 변화

1920년대 중반	• 1925년 초대 대통령 이승만 탄핵 → 2대 대통령 박은식 취임, 국무령 중심의 내각 책임제(의원 내각제)로 개편, 1927년 국무 위원 체제(집단 지도 체제)로 변화

1930년대	• 1931년 김구가 한인 애국단 조직
	  - 이봉창 : 도쿄에서 폭탄 투척
	  - 윤봉길 : 상하이에서 폭탄 투척 → 중국 국민당 장제스의 전폭적인 지원을 끌어냄
	• 윤봉길의 상하이 의거를 계기로 일본의 압박이 거세짐 → 임시 정부가 상하이를 떠나 이동 → 1932년부터 1940년까지 6천 킬로미터의 대장정

1940년대	• 1940년 충칭에 정착. 주석(김구) 체제 전환 → 한국 독립당, 한국 광복군(총사령 지청천) 창설 • 1941년 삼균주의(조소앙)를 기초로 한 건국 강령 발표 • 1942년 김원봉이 조선 의용대를 이끌고 임시 정부 합류 • 1943년 영국 요청으로 인도 미얀마 전선에 한국 광복군 투입 • 1944년 주석 · 부주석(김구 · 김규식) 체제 도입 • 1945년 미국 OSS 부대와 한국 광복군이 국내 진공 작전 계획

36강

일제 강점기

1920년대 저항

실력 양성 운동

이제 1920년대 저항을 살펴볼 텐데요. 1920년대는 이른바 '문화 통치'의 시기입니다. 그러다 보니 살짝 틈이 열려 있었습니다. 3·1 운동으로 일제가 무단 통치에서 문화 통치로 통치 방식을 바꾸니 헌병이나 태형 같은 억압적인 모습은 다소 누그러지고, 조금은 기만적이긴 해도 열린 공간이 있었던 거죠. 그 틈을 놓치지 않고, 매우 다양한 저항 운동이 등장합니다. 어떤 운동이 있었고, 누가 주도했는지 하나씩 살펴보겠습니다.

: 민족주의 진영이 주도한 실력 양성 운동 :

1920년대에 들어오면 특이점이 하나 있어요. 1910년대에는 보이지 않았던 사회주의 진영의 움직임이 굉장히 활성화된다는 것입니다. 그래서 1920년대에는 기존에 활동해온 민족주의 진영에, 사회주의 진영이 추가되어 두 축을 중심으로 저항 운동이 전개됩니다. 그리고 1920년대 후반으로 가면 민족주의 진영과 사회주의 진영이 손

'문화 통치'를 실시한
조선 총독 사이토 마코토

을 잡습니다. 이것이 1920년대 저항 운동의 큰 흐름이라는 사실을 염두에 두시면서, 우선 민족주의 진영이 전개했던 운동부터 살펴보겠습니다.

민족주의 진영이 주도한 운동은 **실력 양성 운동**입니다. 실력 양성 운동은 일제 강점기 애국 계몽 운동의 연장선상에 있다고 보시면 되는데, 독립을 위해 먼저 실력을 기르는 게 중요하다는 논리를 바탕으로 전개한 민족 운동의 방향이에요. 실력 양성을 위해 교육을 통한 인재 양성과 민족 자본의 육성을 강조했는데, 이를 토대로 물산 장려 운동, 민립 대학 설립 운동, 문맹 퇴치 운동을 펼쳤습니다. 그럼 하나씩 살펴볼게요.

먼저, 물산 장려 운동입니다. 쉽게 얘기하면 **국산품 애용 운동**이에요. 물산 장

물산 장려 운동 포스터

려 운동이 나온 배경은 앞에서 이미 살펴봤어요. 1920년대 **회사령**이 **폐지**되면서 회사 설립이 허가제에서 신고제로 바뀌고, **관세**마저 **폐지**됐잖아요. 그러면서 일본 거대 자본이 우리나라에 마음껏 진출하는 토대가 마련됐고, 국내 민족 자본이 이 위기를 극복하기 위해 물산 장려 운동을 펼쳤다고 했었죠. 일본 거대 자본과 맞서 싸우는 데 어려움을 겪었던 국내 민족 자본은 "우리 제품 좀 써주세요" 하며 애국심에 호소합니다. **'조선 사람, 조선 것'** 등의 구호를 내세웠는데, 나라가 위기에 처한 일제 강점기다 보니 애국심에 호소하는 방법이 효과가 있었습니다.

물산 장려 운동이 처음으로 시작된 곳은 **평양**입니다. 시험에 잘 나오니까 꼭 기억해두셔야 해요. 구한말 경제적 구국 운동의 하나로 전개된 **국채 보상 운동**이 시작된 곳은 **대구**였죠? 국채 보상 운동과 물산 장려 운동이 시작된 지역이 구분되어 시험에 잘 나옵니다. 평양에서 출발한 물산 장려 운동은 전국으로 확산되는데, 이를 통해 국산품 수요가 늘어납니다. 그런데 수요가 많아지면 가격은 어떻게 될까요? 당연히 올라가겠죠. 이렇게 되니 **사회주의 세력**이 물산 장려 운동을 격렬하게 **비판**합니다. 본래 사회주의의 목표는 자본가 타도거든요. 자본가를 타도하고 노동자 중심이 되는 세상을 만들겠다는 것이 사회주의예요. 반면 민족주의의 민족이라는 개념에는 자본가와 농민, 노동자가 모두 들어가요. 이렇듯 민족주의 진영에 사회주의의 타도 대상인 자본가가 있으니, 민족주의 진영과 사회주의 진영은 손잡기 어려울 수밖에 없죠. 사회주의 진영은 물산 장려 운동이 자본가의 이익만을 대변한다며 날을 세웁니다. "물산 장려 운동은 도대체 누구를 위한 운동인가? 우리 가난한 노동자들은 애초부터 싼 국산품을 애용하던 물산 장려 세력이었다. 그런데 이 운동을 하면서 국산품 가격이 올라버렸고 이것은 오히려 우리의 손해다. 물산 장려 운동은

민립 대학 설립 운동 홍보 광고

결국 자본가를 위한 운동이 아닌가!" 사회주의 진영의 거센 비난에 부딪힌 물산 장려 운동은 결국 더는 성행하지 못하고 끝나버립니다.

다음은, **민립 대학 설립 운동**입니다. 이 운동을 주도했던 인물은 이상재입니다. 이상재는 뒤에서 또 등장하니까, 일단 기억해두시고요. 민립 대학 설립 운동의 배경은 1920년대 발표된 **2차 교육령**입니다. 2차 교육령의 핵심은 한·일 간 학제를 동일시한다는 거였어요. 1910년대 일제의 식민 지배 정책에서 한국인 학생들은 보통학교 수업을 4학년까지만 듣도록 수업 연한을 4년으로 제한했다고, 즉 학제에 차별을 뒀다고 했었잖아요. 그런데 3·1 운동의 결과 이른바 '문화 통치'로 바뀌면서 이제 학제가 똑같아진 겁니다. 이것에 힘입어 '우리 애들도 고등 교육을 받을 수 있게, 우리나라 사람이 직접 운영하는 대학을 세워보자'며 출발했던 것이 민립 대학 설립 운동이고요. 그런데 일제가 방해하는 바람에 운동은 실패하고 맙니다. 이후 일제가 여론을 무마하기 위해 세운 대학이 있는데, 바로 **경성 제국 대학**입니다.

마지막으로, **문맹 퇴치 운동**입니다. 실력 양성 운동은 언론, 교육, 식산흥업을 강조한 애국 계몽 운동의 연장선에 있다고 이야기했잖아요? 문맹 퇴치 운동도 같은 맥락에 있는 운동인데, 대표적으로는 〈조선일보〉가 주도한 **문자 보급 운동**이 있었습니다. 한글 교재를 발행하고, 전국 순회강연을 다니며 글을 모르는 사람에게 읽고 쓰는 법을 가르쳤던 운동입니다.

: 사회주의 진영이 주도한 쟁의 :

이제 사회주의 진영의 활동을 살펴볼 텐데, **사회주의 진영**은 쟁의를 주도합니다. 쟁의는 투쟁, 즉 파업이에요. 대표적인 쟁의로는 농민들의 쟁의와 노동자들의 쟁의가 있는데, 농민들의 쟁의는 소작 쟁의라고 하고 노동자들의 쟁의는 노동 쟁의라고 합니다. 하나씩 살펴볼게요.

먼저 농민들이 주도한 **소작 쟁의**는, 1923년에 출발한 **암태도 소작 쟁의**가 대표적입니다. 암태도는 목포 앞바다에 있는 섬인데, 섬의 친일 지주가 소작료를 어마어마하게 뜯어가는 거예요. 이에 저항하며 일어났던 운동이 암태도 소

쟁의
지주나 소작인 또는 사용자와 근로자 사이에 일어나는 분쟁을 말합니다.
▶ 爭 다투다 쟁
▶ 議 의논하다 의

304

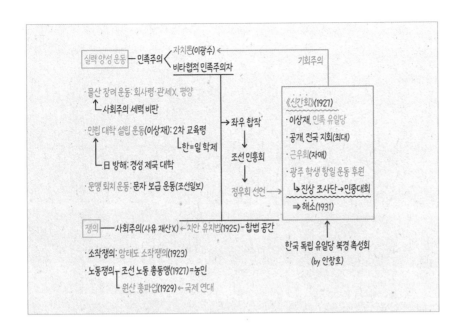

작 쟁의인데, 결국 농민이 이깁니다. 연대, 단결의 힘이 무엇인지 보여준 대표적인 사건이라고 볼 수 있겠습니다.

다음으로 노동자들이 일으킨 **노동 쟁의**를 볼 텐데, 노동 쟁의와 관련해서는 조직들이 많이 만들어집니다. 예를 들어 **1927년** 만들어진 조선 노동 총동맹이 있고요. 농민들의 조직인 조선 농민 총동맹도 이때 생깁니다. 노동자 단체가 많이 생긴 이유는 아무래도 힘을 모으기 위해서였던 것 같아요. 여러분, 마르

큰★별쌤의 사건 이야기
일제 강점기 최대 규모 파업, 원산 노동자 총파업

원산 노동자 총파업은 1929년 함남 원산 지역 노동자들이 부당한 대우에 항의하며 벌인 대대적인 총파업이에요. 함경남도 덕원군의 문평 라이징선 석유 회사의 일본인 감독관이 한국인 노동자를 구타한 사건이 발단이었죠. 당시 1920년대는 회사령이 폐지되고 물산 장려 운동이 전개되고 있었어요. 자본 투자가 원활해 공장도 많이 지어지고 노동자를 많이 고용할 수 있었죠. 노동자가 많아졌다는 건 그들끼리 조합을 꾸려 쟁의를 벌일 수 있는 환경이 마련되었다는 뜻이에요. 석유 회사 노동자들은 임금 인상과 노동 조건 수정을 요구했으나 회사가 약속을 어기고 탄압하자 총파업에 돌입했습니다. 파업이 전개되면서 일본, 프랑스 등의 노동 단체들이 국제적 연대를 이뤄 물자나 성금을 모아 후원하기도 했어요. 하지만 일제의 탄압으로 결국 실패했습니다.

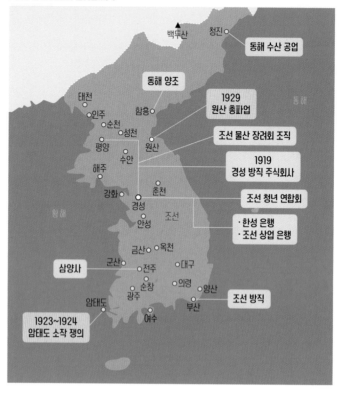

물산 장려 운동이 일어난 지역

크스 〈공산당 선언〉의 마무리 멘트가 뭔지 아시나요? '만국의 노동자여, 단결하라!'입니다. 이 문장을 보면서 '그래, 노동자들이 단결하는 순간, 정말 엄청난 힘이 발휘되겠구나' 하는 생각을 했는데, 1920년대에도 그런 힘을 보여주기 위해 조직들이 만들어졌다고 볼 수 있는 거죠. 이렇게 힘을 모은 노동자들이 일으켰던 대규모 총파업은, **1929년**에 전개된 **원산 노동자 총파업**입니다. 원산 노동자 총파업 같은 경우 일본, 프랑스 등 국제 노동자들이 이 파업을 지지하는 편지와 성금을 보내주는 국제 연대의 모습이 나타납니다. 민족이나 국가란 개념을 떠나, 노동자라는 이름 아래 모두가 단결해 자본가와 맞서 싸운 거라고 볼 수 있겠습니다. 그야말로 '만국의 노동자'가 단결한 셈이죠.

: 좌우의 합작, 그리고 신간회 :

민족주의 진영의 실력 양성 운동과 사회주의 진영의 쟁의를 살펴봤는데, 이후 각 진영에서 문제가 발생합니다. 먼저 민족주의 진영의 경우, 물산 장려 운동, 민립 대학 설립 운동, 문맹 퇴치 운동 등의 실력 양성 운동이 큰 성과를 거두지 못하면서, 내부 세력이 나뉩니다. 이광수 등이 '지금 바로 일제를 타도하는 건 너무 어려우니, 일단은 일제의 지배를 인정하고 그 안에서 우리의 투표권을 얻는 등의 방법으로 힘을 키우자'는 자치론을 제기하자, '일제의 통치를 인정하는 건 말이 안 된다'고 맞선 사람들이 있었던 겁니다. 그래서 민족주의 진영은 자치론을 주장하는 **자치론자**와 자치론을 비판하는 **비타협적 민족주의자**로 분열하게 됩니다. 여기서 잠깐, 자치론을 주장했던 이광수 이야기를 하고 가자면, 그는 근대 소설의 효시라고 할 수 있는 《무정》을 썼고, 도쿄에서 발표한 2·8 독립 선언은 물론 대한민국 임시 정부 초창기에 많은 역할을 했던 독립운동가였습니다. 우리나라가 낳은 천재라고 할 정도로 똑똑한 인물이었죠. 그런 독립운동가가 변절하면 얼마나 무서운지, 이광수를 통해 확인할 수 있다는 생각이 드는데요. 이후 친일파로 돌아서 대표적인 민족 반역자로 활동한 이광수는 광복 후 반민 특위에 끌려갑니다. 그때 그가 이런 말을 했어요. 자기는 일본이 망할 줄 몰랐다고요.

다시 본론으로 돌아와서, 민족주의 진영처럼 내부 분열이 일어난 것은 아니지만 사회주의 진영도 문제가 있었습니다. 쟁의 활동을 활발하게 펼치는 사회주의 진영을 일제가 가만두면 안 되겠다며 엄청나게 탄압했거든요. 사회주의는 기본적으로 사유 재산을 인정하지 않잖아요. 그런데 사유 재산을 인정하지 않는 것은 일본의 정부를 부정한다는 뜻이라며, 일제가 이들을 잡아들이기 위해 법을 만듭니다. 바로 1925년에 제정한 **치안 유지법**이에요. 이렇게 압박이 심해지자 사회주의 진영은 **합법적으로 활동할 수 있는 공간**을 필요로 합니다. 어떻게 이 문제를 해결할까 고민하다, 결국 민족주의 진영의 비타협적 민족주의자들과 손을 잡아보기로 해요. 이걸 **민족 유일당 운동**이라고 하는데, 자치론을 배격하는 비타협적 민족주의 세력과 치안 유지법 제정으로 활동에 어려움을 겪던 사회주의 세력이, 민족이라는 이름 아래 하나로 뭉쳐 독립운동의 역량을 강화하고자 전개한 운동입니다. 이를 토대로 시험 삼아 **조선 민흥회**라는 걸 조직해봤는데, 꽤 괜찮았단 말이죠. 그러자 사회주의 진영에서 민족주의 진영과 함께 활동해보겠다는 **정우회 선언**을 발표합니다. 이렇게 좌우 합작이 성사되면서 만들어진 단체가 바로 **1927년**에 결성된 신간회예요. 정말 중요하니까, 꼭 기억해주세요. 구한말에 조직된 신민회와 이름이 비슷해서 헷갈릴 수 있어요. 신민회는 구한말의 애국 계몽 운동 단체, 1920년대의 신간회는 좌우 합작, 즉 민족 유일당 운동의 결과물, 이렇게 구분해서 기억해놓으셔야 합니다.

그럼 신간회가 어떤 조직이었는지 살펴볼게요. 우선 신간회를 이끈 대표적인 인물은 이상재입니다. 네, 앞서 민립 대학 설립 운동에도 나왔던 그 이상재입니다. 그리고 신간회는 특징이 하나 있는데, 바로 공개 단체라는 것입니다. 비밀 결사 조직이었던 신민회와의 차이점이죠. 공개 단체인 만큼 신간회는 **전국적**으로 **지회**를 결성합니다. 덕분에 신간회는 약 4만 명의 회원을 보유할 수 있었는데, 이는 일제 강점기 조직 중에서 최대 규모였어요. 좌우가 합쳐진 조직이니 규모가 상당했겠죠. 신간회는 일제 강점기 최대 규모의 민족 운동 단체였다는 것도 기억해두시고요. 또 신간회에는 자매단체가 있었는데, 여성들로 이루어진 **근우회**가 그곳입니다. 근우회는 여성 운동에서 다시 설명드릴게요.

다음으로 신간회의 활동을 살펴볼 텐데, 대표적인 활동은 바로 **광주 학생 항일 운동 후원**입니다. 광주 학생 항일 운동, 정말 중요합니다. 뒤에서 자세히 살펴볼 테니 일단 기억해두시고요. 광주 학생 항일 운동을 후원한 신간회는 이후 광주 학생 항일 운동에 **진상 조사단**을 파견하고 민중 대회까지 열려고 합니다. 하지만 민중 대회가 사전에 발각되면서 신간회 지도부가 경찰에 체포되고, 결국 1931년 신

1930년 1월 17일, 광주 학생 운동을 후원한 신간회 회원들이 강제 연행된 것을 보도한 기사

간회는 **해소**됩니다. 해소라는 단어가 생소하죠? 쉽게 설명하면 해체되었다는 뜻입니다. 그런데 해체라는 단어 대신 해소를 쓴 이유는, '완전히 없어지는 것이 아니라 더 나은 조직으로 발전하기 위해 잠시 해산하자'는 의미를 담았기 때문이에요. 그럼 이후 새로운 조직으로 거듭났느냐 하면, 그렇진 않습니다. 이걸로 끝이에요. 어쨌든 시험에 '해소'라는 키워드가 등장하면

1931년, 신간회 해소를 주장하며 출간된 책

신간회를 떠올리시면 되겠습니다.

　자, 신간회는 좌우 합작, 민족 유일당 운동을 배경으로 만들어진 단체라고 했잖아요? 아주 중요한 키워드라 다시 한번 말씀드리는데, 신간회가 만들어진 배경에 이슈가 하나 더 있습니다. 당시 중국 **베이징**에 안창호 선생이 주도했던 **한국 독립 유일당 북경 촉성회**라는 조직이 있었는데, 이들은 '주의·주장을 초월해 우리는 지금 하나로 합쳐져야 한다'고 강조했어요. 이런 조직들이 있었기 때문에 신간회도 탄생할 수 있었던 것이죠. 이렇듯 1920년대는 이념이 다른 조직이 서로 대립하는 것이 아니라 공통의 목표, 즉 일제 타도, 조국 해방이라는 목표를 위해 손을 잡는 것이 시대의 화두였습니다. 그리고 이런 시대 분위기 속에서 실제로 좌우가 손을 잡아 조직된 신간회는, 일제 강점기의 하이라이트라고 해도 과언이 아닙니다. 일제 타도라는 일제 저항의 가장 중요한 핵심 정신이 바로 이 신간회에 들어가 있다는 것, 꼭 기억하시길 바랍니다.

대중 운동, 의열 투쟁

앞서 민족주의 진영의 실력 양성 운동과 사회주의 진영의 쟁의, 그리고 민족주의 진영과 사회주의 진영이 손잡은 민족 유일당 운동의 결과물, 신간회를 살펴봤는데요. 1920년대에는 민족주의 운동과 사회주의 운동, 그리고 이들이 합작한 신간회 외에도 다양한 활동들이 굉장히 많았습니다. 이번에는 대중 운동과 의열 투쟁에 대해 살펴보겠습니다.

: 학생 운동을 포함한 다양한 대중 운동이 일어납니다 :

먼저 학생들이 주도했던 운동들을 살펴보겠습니다. 학생들은 나약한 존재가 아닙니다. 역사 속 학생들은 가장 먼저 일어나 원하는 바를 이루려고 했었죠. 학생들이 주도한 학생 운동 중 대표적인 것으로는 **6·10 만세 운동**이 있습니다. 1926년에 전개된 이 운동은 고종의 아들 순종, 즉 융희 황제의 죽음이 배경이 됩니다. **1926년 순종의 인산일**에 모인 많은 사람들이 함께 만세를 외치며 3·1 운동의 정신을 되새기고자 했던 거죠. 6·10 만세 운동은 사회주의 계열과 천도교 계열, 학생 단체가 계획했는데, 안타깝게도 6·10 만세 운동은 전국적으로 확산되지는 못합니다. 고종의 인산일에 크게 당했던 일제가 순종의 인산일에는 철벽 방어로 준비했기 때문인데요, 그래도 이런 노력들이 있었다는 사실, 기억하시면 되고요.

그리고 3년 후인 1929년, **광주 학생 항일 운동**이 전개됩니다. 이 운동은 광주의 한·일 학생 간 충돌이 발단이었어요. 좀더 설명하자면 광주와 나주를 오가는 통학 열차가 있었는데, 일본 학생들과 한국 학생들이 함께 타고 다녔죠. 그런데 어느 날 일본 학생이 한국 여학생의 머리댕기를 갖고 장난을 친 겁니다. 이 모습을 본 한국 남학생들은 가만히 있지 않았습니다. "이런!" 하면서 나주

역에 내려 일본 학생들과 한마디로 패
싸움을 벌여요. 결국 경찰이 출동해서
이들을 잡아가는데, 문제는 일본 학생들
에게는 아주 관대한 조치를 하는데 한
국 학생들에게는 굉장히 엄격한 조치를
취했다는 겁니다. 네, 차별이었죠. 당시
한국 학생들의 가슴에 늘 맺혔던 것이
바로 차별이었어요. 식민지 학생으로 살
면서 느끼는 차별, 이 차별에 대한 울분

이광춘 · 박기옥

나주역 한·일 학생 충돌 현장에 있었던 한국인 학생들

이 '빵' 하고 터져버린 것이 바로 광주 학생 항일 운동의 배경입니다. 당시 사
회주의의 영향 등으로 학생들이 굉장히 조직화되어 있었는데, 이 일이 알려지
면서 학생 시위가 전국적으로 확산됩니다. 이로 인해 광주 학생 항일 운동은
3·1 운동 이후 최대 민족 운동으로 그 규모가 커집니다.

여러분, 우리는 가끔 아이들에게 "너희가 뭘 안다고, 그냥 공부나 해"라고 말
하죠. 그런데 이건 매우 비역사적인 발언이에요. 일제 강점기와 우리 현대사를
들여다보면, 역사의 가장 중요한 순간마다 변곡점이 되었던, 역사의 물줄기를
바꿔냈던 주체는 어른이 아닌 학생이었다는 사실을 알 수 있습니다. 앞서 살펴
본 3·1 운동이 전국적으로 확산되는 데 결정적인 역할을 했던 것도 학생들입
니다. 서울에서 3·1 운동이 벌어지자 일제가 사람들을 모이지 못하게 하려고
휴교령을 내렸거든요. 그러자 학생들이 고향 등 지방으로 내려가 서울에서 벌
어졌던 3·1 운동 소식을 전하면서, 지역별로 만세 운동을 조직해 3·1 운동의
확산에 기여했던 겁니다. 그리고 일제가 얼마나 무섭습니까. 1920년대 문화 통
치를 표방하며 유화 정책을 펼치는 듯 보이지만, 결국 민족 분열을 위한 통치
였잖아요. 그런데 그런 일제에 맞서 '아니올시다'를 외치면서 식민지 조국의
해방을 외친 주체 세력이 6·10 만세 운동의 학생들, 광주 학생 항일 운동의
학생들이었단 말이에요. 이 전통은 현대사로도 넘어옵니다. 이승만 독재 정권
을 무너뜨리기 위해 앞장섰던 세력들 역시 학생들이었고, 그때는 심지어 초등
학생들까지도 나섭니다. 우리 근현대사 중심에 학생들이 있었고, 그들은 역사
의 거인이었다고 할 수 있습니다. 학생들이 늘 역사의 중심에 있었다는 사실,

기억해주시기 바랍니다.

6·10 만세 운동 관련 시험에 잘 나오는 것이 있습니다. 6·10 만세 운동의 주도 세력은 사회주의 진영이었지만 민족주의 세력도 도움을 줍니다. 사회주의 진영과 민족주의 진영이 손잡는 모습이 얼핏 보이죠? 네, 6·10 만세 운동이 **신간회** 결성의 배경 중 하나가 되는 거예요. 즉 6·10 만세 운동이 신간회 결성에 영향을 줬다는 사실이 매우 중요한 포인트입니다. 조선 민흥회, 정우회 선언, 한국 독립 유일당 북경 촉성회, 그리고 6·10 만세 운동이 모두 신간회 결성의 배경이 되었다는 것, 기억하시면 되고요. 이렇게 만들어진 신간회가 광주 학생 항일 운동이 일어났을 때 진상 조사단을 파견해 민중 대회를 개최하려 했다고 앞에서 설명했었죠? 선후 관계를 잘 봐야 합니다. **6·10 만세 운동 → 신간회 결성 → 신간회의 광주 학생 항일 운동 후원**으로 진행된 건데, 매우 중요하니까 꼭 기억해놓으시기 바랍니다.

1920년대에는 학생 운동 외에도 다양한 대중 운동이 전개되는데, 청년들이 뭉쳐서 진행했던 **청년 운동**도 있습니다. 대표적인 청년 조직으로는 1926년 만들어진 **조선 청년 동맹**이 있고요. 다음으로 **천도교**가 주도한 **소년 운동**이 있습니다. 천도교는 동학을 바탕으로 발전시킨 종교라고 했었죠? 동학의 교리는 인내천, 바로 '사람이 곧 하늘'이라는 의미였잖아요. 소년 운동은 이 인내천 사상을 바탕으로 '어린이들도 하나의 하늘이니, 소년들을 때리지 말라'며 어린이를 하나의 인격체로 대우하자는 운동이었어요. 옛날에는 아이들 인권이 존중받지 못했습니다. 술에 취한 아버지가 아이들을 때리는 일도 많았고, '어린이'라는 이름 자체도 존재하지 않았어요. 그래서 어린이도 어른과 마찬가지로 존중받아야 할 사람이라며 소년 운동을 펼친 단체가 천도교였고, 이를 주도했던 천도교 신자가 바로 **소파 방정환**입니다. '어린이'라는 용어는 소년 운동이 전개되면서 처음 사용됐는데, 이때 발행된 잡지 이름도 〈어린이〉입니다. 1908년 나온 〈소년〉이라는 잡지가 있는데, 간혹 헷갈리시는 분들이 있더라고요. 소년 운동 때 발간된 잡지는 〈어린이〉라는 것, 기억해두시고요.

이어서 여성 운동을 살펴볼 텐데, 여기서 앞서 말씀드렸던 단

방정환과 천도교 소년회를 중심으로 1923년 3월 창간한 잡지 〈어린이〉

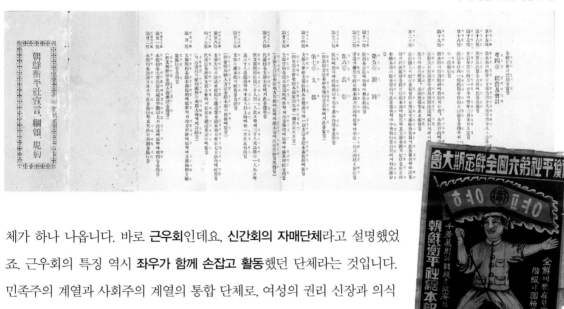

형평사 정기 대회 포스터

체가 하나 나옵니다. 바로 **근우회**인데요, **신간회의 자매단체**라고 설명했었죠. 근우회의 특징 역시 **좌우가 함께 손잡고 활동**했던 단체라는 것입니다. 민족주의 계열과 사회주의 계열의 통합 단체로, 여성의 권리 신장과 의식 계몽을 목표로 야학을 여는 등 다양한 활동을 펼쳤습니다.

이렇듯 다양한 대중 운동이 전개되는데 여러 운동 중에 시험에 잘 나오는 것이 있어요. 바로 1923년에 일어난 **형평 운동**입니다. '저울 형', '평등할 평', 즉 형평 운동은 저울처럼 평등한 사회를 추구했던 운동인데, 주체는 백정이었습니다. 백정은 도축업을 하는 사람들을 부르던 말이었잖아요. 고기의 무게를 달 때는 저울을 사용하고요. 즉 형평 운동은 이 저울처럼 평등한 사회를 만들자는 **백정들의 차별 폐지 운동**이었습니다. 1894년 갑오개혁으로 인해 신분제가 폐지되었음에도 불구하고, 여전히 사람들에게 '백정은 천민, 천한 것'이라는 의식이 남아 있었거든요. 그러자 백정들이 '왜 우리 아이들은 학교 가면 놀림감이 되고, 차별을 받느냐. 신분제가 폐지되었으니 그만하라'며

큰★별쌤의 사건 이야기
일제 강점기, 여성의 힘을 보여준 근우회

근우회는 1927년 5월에 조직된 항일 여성 운동 단체로 신간회의 자매단체이자 민족주의 계열과 사회주의 계열의 통합 단체였어요. '혁명은 부엌으로부터!'라는 슬로건으로 전국 순회강연, 야학, 여공 파업의 진상 조사, 문맹 퇴치 운동 등 여성 권리 신장과 의식 계몽을 위한 다양한 활동을 이어갔습니다. 더불어 〈근우〉라는 기관지도 발간했습니다. 1929년 후반에는 전국 지회 수가 70여 개까지 늘어났고, 도쿄와 간도 등 국외에 조직을 확장하기도 했습니다.

질문 있어요!

Q 소년 운동과 형평 운동 같은 경우, 민족주의가 전개했는지 사회주의가 전개했는지 뚜렷하게 구분 지을 수 없는 건가요?

A 소년 운동은 천도교 소년회에서 주도했고, 형평 운동은 백정들 사이에서 일어났어요. 성향에 따라 구분된다기보다 특정한 단체, 계층이 주도한 운동이라고 보시면 더 좋겠네요.

들고일어난 겁니다. 형평 운동이 전개된 지역은 **진주**인데, 진주에서 출발했던 또 다른 사건 혹시 기억나시나요? 네, 조선 후기 **임술 농민 봉기**도 진주에서 출발했었죠. 우리가 살펴보진 않았지만 임진왜란 때 적장을 안고 촉석루에서 뛰어내렸다고 전해지는 논개 이야기의 배경도 진주잖아요. 이러한 지역사를 이용한 문제도 시험에 잘 나오니 기억해두시기 바랍니다.

: 목숨 바쳐 저항한 의열 투쟁 :

학생 운동, 여성 운동 등 1920년대 이른바 '문화 통치'라고 하는 것의 틈새로 어떻게든 비집고 들어가 싸우고자 하는 의지들을 확인했는데요. 여기 결정타를 날린 것이 있습니다. 바로 일제의 간담을 서늘케 만들었던, **의열 투쟁**입니다. 의열 투쟁은 폭탄 투척이나 암살 등의 방식으로 독립운동을 한 것인데, 이를 이끌었던 조직이 바로 **의열단**입니다. 의열단은 1919년 3·1 운동의 영향으로 만들어진 조직으로, 주로 1920년대에 활동했습니다. 3·1 운동 이후 청춘들이 '나도 조국을 위해 뭔가 해야겠다'는 마음으로 누구나 들어가고 싶어 했던 조직이죠. 의열단 활동의 지침이라고 할 수 있는 선언서가 있는데, 바로 〈**조선 혁명 선언**〉이고요, 이것을 쓴 사람은 **신채호**입니다. 네, 민족주의 사학의 방향을 제시한 책《독사신론》을 저술하고, 대한민국 임시 정부가 위기를 맞아 국민 대표 회의가 열렸을 때 창조파를 대표했던 인물이죠. 신채호는 〈조선 혁명 선언〉에서 '폭력에 의해 혁명을 해야 한다', '폭력에 의해 타도해야 한다'는 지침을 줍니다. 사실 우리는 일반적으로 폭력은 무조건 나쁘다고 생각하고 물론 폭력은 나쁜 것이 맞습니다만, 나라의 주권과 자신의 자유를 빼앗겼을 때 사용되었던 폭력에 대해서는 선별적으로 접근할 필요가 있다는 생각이 듭니다.

의열단 단장은 **김원봉**이었고, 단원으로는 김익상, 김상옥, 나석주, 김지섭 등이 있습니다. 단원들의 활

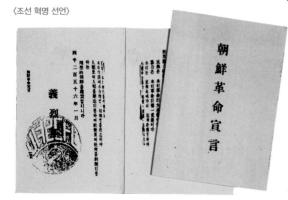
〈조선 혁명 선언〉

동을 구체적으로 살펴보면, 우선 **김익상**은 **조선 총독부**에 폭탄을 던졌습니다. 그는 조선 총독부 2층에 올라가 폭탄을 던진 후 놀라서 계단으로 뛰어 올라오는 헌병들과 마주칩니다. 그러자 김익상은 유유히 1층으로 내려가며 헌병들에게 "2층은 굉장히 위험하니 조심하시오" 하고는 사라집니다. 배포가 정말 대단하죠? 이분은 나중에 상하이에서 또 폭탄을 들고 등장합니다. 다음으로 **김상옥**은 우리나라 최고의 총잡이라고 할 수 있는데, **종로 경찰서**에 폭탄을 던졌습니다. 이때 김상옥 한 명을 잡

나석주 동상과 기념비(서울 중구)

기 위해 일본 경찰 천 명이 동원됩니다. 일 대 천의 시가전이 벌어진 거죠. 또 **나석주**는 **동양 척식 주식회사**와 **식산 은행**에 폭탄을 투척합니다. 그리고 **김지섭**은 **일본 왕궁**에 폭탄을 던졌던 인물인데, 예전에 제가 겪었던 그와 관련한 가슴 아픈 일화가 있어요. 오래전에 수능 한국사가 굉장히 어렵게 출제된 적이 있는데, 그중 의열단원을 고르는 문제가 하나 나왔어요. 보통 의열단원 관련 문제는 단장이 김원봉이라는 아주 쉬운 수준이거나, 좀 어려워지면 의열단의 활동 지침인 〈조선 혁명 선언〉을 신채호가 작성했다는 정도, 더 어려운 문제라면 김익상, 김상옥, 나석주를 찾는 문제 정도였어요. 그런데 당시 문제의 정답은, 교과서에도 이름이 잘 안 나오는 김지섭이었어요. 당시 수능 한국사 시험은 서울대에서 필수 과목이었기 때문에 전교 1~2등 하는, 성적이 우수한 친구들이 시험을 보고 있었거든요. 시험이 끝났는데 맨 뒤에 있던 어느 한 학생이 갑자기 시험지를 쫙 찢더니 쓰레기통에 던져버리고, 뒷문을 발로 뻥 차면서 "아, 이 김지섭 삐–"라고 육두문자를 내뱉고 나가더라고요. 하나를 틀리면 서울대에 못 가는 경우가 많았으니, 아쉬운 마음을 이해는 하지만 김지섭이란 분은 이 시대를 사는 학생에게 육두문자를 들을 분이 아니에요. 그러면 안 됩니다.

1923년 도쿄를 중심으로 관동 대지진이 벌어지자 일본인이 우리나라 사람들을 타깃으로 잡아요. '조선인들이 불을 지르고 다닌다', '조선 여학생들 치마 속에 폭탄이 숨겨져 있다', '조선인들이 우물에 독약을 풀고 있다'면서 학

김지섭과 그의 비문

살을 자행합니다. 대낮에 일본 민간인들이 낫을 들고 다니며 타깃을 찾아 다녔어요. '1부터 100까지 일본어로 이야기해보라' 하고 발음이 어눌하면 그 자리에서 죽이는 일이 벌어졌습니다. 그 모습을 본 김지섭이 '식민지로 산다는 게 이렇게 아픈 거구나, 어떤 법의 보호도 받지 못하고 대낮에 억울하게 죽을 수 있는 거구나, 이건 말이 안 된다'고 하면서 항의하기 위해 일본 왕궁에 폭탄을 투척했던 겁니다. 그리고 그 때문에 순국하시고요. 김지섭이 목숨을 바치면서까지 꿈꿨던 세상이, 바로 앞서 말한 그 학생이 살고 있는 세상이에요. 그런데 1등급을 받지 못했다고, 좋은 대학에 가지 못했다고 자신이 살아가는 세상을 만들어준 분께 육두문자를 던진다면 이 시대 교육은 죽은 게 아닐까요? 여러분, 왜 공부하십니까? 역사는 단순히 시험을 보기 위한 도구가 아니에요. 올바른 의식을 갖고 살기 위해 역사를 공부하는 겁니다. 네, 저도 책임이 있습니다. '그저 점수를 잘 받기 위한 강의만 하고 있었던 건 아닌가, 우리가 교육해야 하는 대상은 누구인가, 그들은 어떤 인재가 돼야 하는가'에 대해 다시 한번 고민해보는 계기가 되었습니다.

의열단원은 나라를 독립시키려고 청춘을 바치며 살았던 분들입니다. 일제에게는 너무 두려운 존재였죠. 의열단장이었던 김원봉에게 붙은 현상금이 지금 우리 돈으로 환산하면 320억 원이었습니다. 어마어마하죠. 독립운동가 중 가장 많은 현상금이 붙었던 인물이 김원봉이에요. 그런데 김원봉은 의열단 투쟁을 하다 고민에 빠집니다. '한 명 한 명 해치우고 나가는 이런 모습이 세상을 바꾸는 데 어떤 의미가 있을까?' 하고 고민하다 개별적 투쟁이 아닌 **조직화된 투쟁**을 시작합니다. 이후 김원봉을 포함한 일부 의열단원들은 1925년부터 **황푸 군관 학교**에 입교해요. 이곳은 중국의 육사라고 보시면 되는데, 김원봉이 황푸 군관 학교에 연결되면서 장제스를 포함한 중국 고위 인사들과 인맥을 형성하고, 이후 중국에서는 김원봉을 후원해주게 됩니다. 자세한 이야기는 1930년대 이후 저항에서 다시 설명드리겠습니다.

316

민족 문화 수호 운동

실력 양성 운동부터 쟁의, 대중 운동 등의 사회·경제적 민족 운동과 의열 투쟁까지 살펴봤는데요, 이번에는 문화 관련 운동을 살펴보겠습니다. 1920년대 민족 문화를 지키기 위한 다양한 움직임이 전개됐는데 구체적으로 무엇이 있었는지 함께 보시죠.

: 민족 문화를 지키기 위한 다양한 움직임 :

　민족 문화 수호 운동을 간단히 살펴볼 텐데, 먼저 국어 부분입니다. 열린 틈을 통해 국어를 지켜내기 위한 활동이 많이 일어나는데, 그중 대표적인 조직이 **조선어 연구회**입니다. 한글을 연구하고 보급할 목적으로 만들어진 단체인데, 한글날의 시초가 된 '**가갸날**'을 최초로 제정하고, 〈한글〉이라는 잡지도 간행했습니다. 조선어 연구회는 1930년대가 되면 **조선어 학회**가 되는데, 이와 관련해서는 다시 설명드릴 테니 일단 기억해두시고요. 그리고 1920년대는 사회주의가 굉장히 성장했다고 여러 번 말씀드렸잖아요? 그래서 국어 쪽에서도 사회주의 문학이 활성화됩니다. 대표적인 것이 **카프 문학**이에요. 영어로는 KAPF라는 약자를 사용하는데요, 여기서 P는 프롤레타리아를 뜻하는 말입니다.

　이번에는 역사를 한번 볼까요? 역사에서는 신채호 선생과 박은식 선생이 1920년대에 많은 활동을 합니다. 먼저 **신채호**는 《조선사연구초》와 《조선상고사》를 저술해 민족주의 사학의 기반을 마련했습니다. 《조선사연구초》에서는 **낭가 사상**을 이야기했는데, 낭가의 낭은

신채호 사당(충북 청주)

화랑의 '낭'자입니다. 화랑도를 보면 좋은 계곡과 물을 찾아다니며 호연지기의 모습을 보여주잖아요. 이것이 바로 우리의 민족성이라는 거죠. 그리고 묘청의 서경 천도 운동도 이 책에서 언급됩니다. 기억나시나요? 신채호가 《조선사연구초》에서 묘청의 서경 천도 운동을 '조선역사 일천년래 제일 대사건'이라고 규정했다는 것, 고려 중기 정치 부분에서 살펴봤었죠? 그리고 1920년대는 아니지만 1931년에 나온 《조선상고사》에서는 '역사는 아(我)와 비아(非我)의 투쟁'이라고 하며 아와 비아라는 철학적인 개념을 제시하기도 합니다.

다음으로 대한민국 임시 정부의 2대 대통령이기도 했던 박은식 선생은 국혼, 즉 나라의 혼을 강조한 분입니다. '우리는 나라를 잃어버렸지만, 역사를 잊지 않고, 혼을 잊지 않고 있으면 나라를 되찾을 수 있다'고 주장했죠. 박은식의 저서로는 1920년대 출간된 《한국통사》가 있는데, 여기서 통은 '아플 통' 자입니다. '한국의 아픈 역사'라는 이름을 지닌 이 책은 한국이 식민지로 넘어가기 직전인 개항기 역사를 다루었고요. 또 '우리 한국 독립운동의 피로 쓴 역사'라는 뜻의 《한국독립운동지혈사》라는 책도 썼습니다.

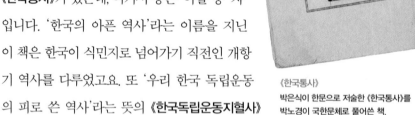

《한국통사》
박은식이 한문으로 저술한 《한국통사》를 박노경이 국한문체로 풀어쓴 책.

영화 중에는 1926년 많은 사람들의 눈물을 쏙 빼놓았던 나운규의 〈아리랑〉이 있습니다. 나라 잃은 민족의 애환을 다룬 〈아리랑〉이 인기를 얻으면서 많은 사람들이 다시 한번 식민지의 아픔을 이야기하고, 고발하게 되었죠. 마지막으로 종교에는 **원불교**가 있습니다. 원불교는 1916년 박중빈에 의해 창시된 종교로 1910년대부터 1920년대 사이 **새생활 운동**을 전개합니다. 금주, 금연 등을 통해 올바른 삶을 살자는 내용의 운동을 원불교가 추구했다 정도만 기억해두시면 되겠습니다.

국외 항일 투쟁

국내에서 있었던 정말 다양한 활동들을 살펴봤는데, 이제 1920년대 국외에서는 어떤 모습이 전개됐는지 알아볼 차례입니다. 1910년대 독립운동 기지에서 양성했던 군인들 기억하시나요? 만주 삼원보 지역에서 서로 군정서가 조직됐고, 북간도 지역에서는 북로 군정서와 대한 독립군이 만들어졌죠. 1910년대 세워진 기지와 군대는 1920년대 항일 무장 투쟁을 위한 준비 과정이었습니다. 그리고 그들이 드디어 항일 무장 투쟁을 본격적으로 시작합니다. 이제부터 만나보시죠.

: 국외 무장 독립 전쟁을 살펴보겠습니다 :

국외 항일 투쟁의 역사에서는 이동 경로가 매우 많아 화살표를 그을 거예요. 그런데 이 화살표는 그냥 선이 아닙니다. 추운 겨울 만주 벌판에서 칼바람을 맞으며, 조국 독립이라는 목표를 위해 아무도 가지 않았던 눈밭 위에 새긴 발자국, 그 발자국 하나하나가 연결된 것입니다. 이 발자국을 낸 사람의 이름 모두를 알 수는 없습니다. 그 시대의 아무개들이 겠죠. 하지만 그 아무개들이 낸 발자국 끝에는 조국 광복이라는 믿음, 해방된 나라에서만큼은 누구나 행복하게 살 수 있을 거라는 희망이 있었습니다. 이 많은 화살표에서 그들의 소중한 꿈을 꼭 읽어내길 바라며 본격적인 이야기를 시작해보겠습니다.

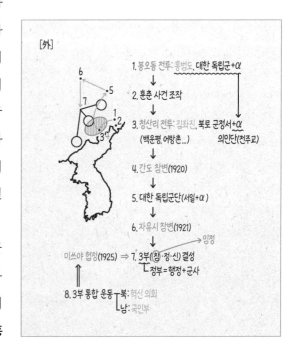

1910년대 국외 독립운동 기지를 통해 성장한 군인들이 활약한 첫 번째는 **봉오동 전투**였습니다. 봉오동은 두만강 건너편인데, 옆 지도에서 1번에 해당하는 곳입니다. 이 봉오동 전투를 이끈 인물은 **홍**

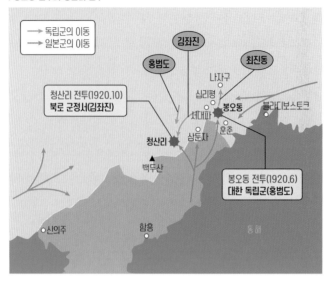

봉오동 전투와 청산리 전투

범도 장군입니다. 그가 이끌었던 부대는 **대한 독립군**인데, 북간도 지역에서 만들어진 조직이죠. 물론 대한 독립군만 봉오동 전투에 참여했던 것은 아니고 연합군이 함께 싸워, 승리를 거두었습니다.

그러자 일본이 이 지역의 독립군들을 몰아내기 위해 대규모 군대를 동원하려고 합니다. 하지만 이 지역은 일본 땅이 아니니 대규모 군대를 동원할 수 있는 명분이 필요했는데, 그래서 **훈춘 사건**을 조작합니다. 임오군란이 벌어졌을 때 일본 공사관이 공격을 받았다는 이유로 제물포 조약을 체결하고, 일본 군대를 조선에 주둔케 한다는 조항을 넣었잖아요? 그때와 같은 케이스를 만들기 위해, 훈춘 지역의 마적단을 매수해서 일본 영사관을 공격하게 만든 겁니다. 그 과정에서 일본인이 죽기까지 하는데, 그걸 빌미로 일본이 만주로 대규모 일본군을 파견했어요. 이제 전면전이 벌어질 참이니, 독립군 역시 백두산 근처에서 하나로 뭉칩니다. 이 백두산 근처에서 전개된 전투를 **청산리 전투**라고 합니다.

청산리 전투를 이끈 대표적 인물은 **김좌진** 장군이죠. 주력 부대는 역시 북간도 지역에서 조직된 **북로 군정서**입니다. 여기에 홍범도의 대한 독립군, **천주교**에서 조직한 항일 무장 투쟁 조직 **의민단**도 합류합니다. 청산리 전투는 전개 방식을 기억해놓으시면 되는데, 이 전투는 한 지역에서만 싸운 것이 아니라 백운평, 어랑촌 등 청산리 일대 지역을 옮겨가며 며칠 동안 계속 싸워갑니다. 이것이 바로 게릴라전이에요. 무기도 열악하고 인원도 적은 우리로서는 전투에서 이기는 방법이 기습전이었던 거죠. 지형을 이용해 치고 빠지는 확실한 승리법이었습니다. 실제로 청산리 전투에서 일본군이 산의 위와 아래에서 함께 공격을 했는데, 우리는 협공하는 상황만 만들어놓고 중간에서 빠집니다. 엄청나게 안개가 낀 곳에서 일본군끼리 서로 싸우게 만든 거죠. 이로 인한 일본군의 피해는 엄청났고, 결국 청산리 전투는 대승을 거둡니다.

봉오동 전투에 이어 청산리 전투까지 독립군에 패배한 일본은, 이에 대한 보복으로 엄청난 일을 일으킵니다. 간도 지역의 독립군을 토벌한다는 구실을 내세워 그 지방에 살고 있던 한인들을 무차별 학살한 겁니다. 너무 가슴 아픈 **간도 참변**이죠. 일제는 말 그대로 간도 지역을 쓸어버리는데, 이 지역을 전부 불태워버립니다. 그 과정에서 명동 학교도 불타버리고요. 결국 간도 지역에서 활동하기 어려워진 독립군들은 위쪽에 있는 **밀산부 한흥동**으로 이동합니다. 그곳에서 새롭게 정비해 만든 부대가 바로 **대한 독립군단**인데, 서일이라는 인물을 중심으로 해서 **김좌진, 홍범도** 등이 연합합니다.

정비를 마친 대한 독립군단은 약소민족의 독립운동을 지원하겠다는 러시아 혁명군의 약속을 믿고, 러시아령 자유시로 이동합니다. 그런데 이때 러시아에서 무장 해제를 하라고 제시합니다. 그리고 러시아 혁명군에 편입해 싸우라고 해요. 우리가 독립군인데 왜 거길 들어가겠어요. 그들의 제안을 거부하는 과정에서 총격전이 벌어지고 굉장히 많은 독립군이 피해를 입습니다. 이 사건을 **자유시 참변**이라고 합니다. 1921년 벌어진 사건이죠. '나라가 없다는 것이 이렇게 힘든 거구나'라는 생각이 들고, 마음이 참 아픕니다.

자유시 참변을 계기로 만주로 다시 내려온 독립군은 3부를 결성합니다. 참의부·정의부·신민부로 이루어진 3부는 일종의 정

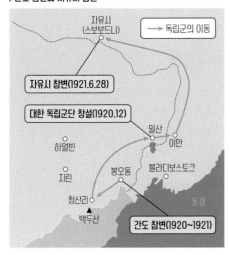

간도 참변과 자유시 참변

자유시
(스보보드니)
→ 독립군의 이동

자유시 참변(1921.6.28)

대한 독립군단 창설(1920.12)

하얼빈

지린

밀산

이만

봉오동

블라디보스토크

동해

청산리

백두산

간도 참변(1920~1921)

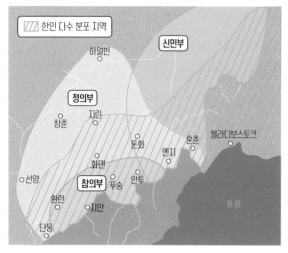

3부의 관할 지역

한인 다수 분포 지역

하얼빈
신민부
정의부
지린
창춘
돈화
옌지
훈춘
블라디보스토크
화뎬
선양
참의부 푸숭 안투
환런
지안
단둥
동해

부입니다. 여기서 행정과 군사를 담당했거든요. 특히 참의부는 대한민국 임시 정부와 연결되어 있습니다. 그런데 우리가 만주로 복귀해 3부를 결성하니, 일본은 황당해합니다. 분명히 밀어냈는데 다시 또 들어왔단 말이죠. 일제는 가만둬선 안 되겠다며 3부를 와해하기 위해 **1925년** 만주 지역의 중국 군벌과 **미쓰야 협정**을 체결합니다. 미쓰야 협정의 핵심은 '중국인이 만주 지역에서 활동하는 한국의 독립군들을 잡아서 일본에 넘기면, 돈을 주겠다'는 내용이에요. 이제 우리는 일본뿐만 아니라 중국의 눈도 피해야 하는 상황에 처한 겁니다.

미쓰야 협정으로 독립군 활동이 위축되자, 이 위기를 타개하기 위해 우리가 전개한 것이 **3부 통합 운동**입니다. '나눠 있지 말고 합치자'고 해서 그 결과 북과 남, 즉 북만주 지역과 남만주 지역으로 통합이 됩니다. **북만주 지역**에서는 **혁신 의회**, **남만주 지역**에서는 **국민부**로 조직이 통합·재편된 거죠. 혁신 의회와 국민부는 1930년대 항일 무장 투쟁으로 연결되는 조직이기 때문에 잘 기억해 두셔야 합니다.

이렇듯 국외 항일 투쟁을 벌였던 독립군의 이동 경로는 수천 킬로미터가 넘

큰★별쌤의 사건 이야기

러시아와의 대충돌, 자유시 참변

간도 참변 이후 만주의 여러 독립군 부대는 러시아가 지원해주겠다는 이야기를 듣고 1921년 러시아령 자유시로 이동합니다. 하지만 일본 측이 러시아에 우리 독립군을 받아주지 말라는 압박을 넣으면서, 러시아는 우리 군대에 무장 해제와 독립군의 러시아군 편입을 요청하지요. 그러나 러시아군에 편입되면 독립운동을 할 수 없었던 독립군은 끝까지 저항하고 결국 러시아의 붉은 군대가 독립군 부대를 포위, 사살합니다. 당시 한국의 독립군들이 모두 자유시에 집결해 있었기 때문에 자유시 참변으로 만주와 연해주 지역 독립군 세력이 상당히 큰 타격을 입었어요. 이후 김좌진은 만주로 내려가 3부를 구성하는 데 참여했지만, 홍범도는 자유시에 남았습니다.

습니다. 일제의 눈을 피하려고 낮도 아닌 밤에 두 발로 걸어서 이동했습니다. 평지도 아닌 산을 타고 말입니다. 이들이 이토록 길고 험한 길을 이동하면서 가졌던 꿈은, 우리 뒤에 오는 사람들에게만큼은 식민지 백성으로 살지 않게 해주겠다는 것이었어요. 많은 이동 순서와 인물들이 이어지고 있지만, 그저 외워야 할 대상으로만 보시지 말고, 이들의 이야기를 들어보며 사건을 만나봤으면 좋겠다는 생각입니다. 지금까지 1920년대 저항의 모습이었습니다.

큰★별쌤의
한번에 핵심 정리

1 민족주의 진영과 사회주의 진영의 운동

(1) 실력 양성 운동

물산 장려 운동	• 배경 : 회사령과 관세 폐지 → 민족 자본의 위기 • 전개 : 애국심에 호소한 국산품 애용 운동으로 평양에서 출발해 전국으로 확산 → 상품 가격 상승 → 사회주의 세력이 자본가의 이익만을 대변한다며 격렬하게 비판
민립 대학 설립 운동	• 배경 : 2차 교육령 발표로 한·일 간 학제 동일시 • 전개 : 이상재 등의 주도로, 고등 교육 실현을 위해 대학을 설립하자는 운동 전개 → 일제의 방해로 실패 → 일제가 회유책으로 경성 제국 대학 설립
문맹 퇴치 운동	• 〈조선일보〉가 주도한 문자 보급 운동이 대표적

(2) 소작 쟁의 · 노동 쟁의

개요	• 사회주의 진영이 쟁의, 즉 파업을 주도 → 1927년 조선 노동 총동맹, 조선 농민 총동맹 등이 조직됨
소작 쟁의	• 농민들이 주도한 쟁의로, 1923년 암태도 소작 쟁의가 대표적
노동 쟁의	• 노동자들이 힘을 합쳐 벌였으며, 1929년 원산 노동자 총파업이 대표적

(3) 신간회의 결성 배경과 활동

배경	국내	• 이광수 등이 자치론 주장 → 자치론자 vs 비타협적 민족주의자 • 치안 유지법 제정으로 사회주의 진영의 활동 위축 → 민족주의 진영의 비타협 민족주의자들과 연합 (민족 유일당 운동) → 조선 민흥회 조직, 정우회 선언 발표
	국외	• 중국 베이징에서 안창호 주도로 한국 독립 유일당 북경 촉성회 조직
활동		• 창립 : 1927년 비타협적 민족주의자들과 사회주의 세력이 연합해 결성, 공개 단체로 전국적으로 지회 결성 → 일제 강점기 최대 규모의 민족 운동 단체 • 광주 학생 항일 운동 후원 : 진상 조사단 파견, 민중 대회 계획 → 민중 대회가 사전 발각되면서 1931년 해소

2 대중 운동, 의열 투쟁

(1) 대중 운동

학생 운동	• 6·10 만세 운동(1926) : 순종 인산일에 개최, 사회주의 세력과 민족주의 세력의 연대 모색 계기 • 광주 학생 항일 운동(1929) : 광주의 한·일 학생 간 충돌이 계기 → 전국적인 항일 운동으로 확대(3·1 운동 이후 최대 규모의 민족 운동)

청년 운동	• 1926년 결성된 조선 청년 동맹이 대표 조직
소년 운동	• 방정환 등이 중심이 되어 천도교가 주도 → 잡지 〈어린이〉 발간, '어린이날' 제정
여성 운동	• 1927년 신간회의 자매단체인 근우회 결성
형평 운동	• 1923년 전개된 백정들의 차별 폐지 운동

⑵ 의열 투쟁(의열단)

개요	• 3·1 운동의 영향으로 김원봉이 결성 → 1920년대 폭탄 투척, 암살 등의 무력 투쟁 방식으로 전개
주요 활동	• 신채호의 〈조선 혁명 선언〉을 활동 지침으로 삼음 → 김익상(조선 총독부 폭탄 투척), 김상옥(종로 경찰서 폭탄 투척), 나석주(동양 척식 주식회사, 식산 은행 폭탄 투척), 김지섭(일본 왕궁 폭탄 투척)
변화	• 1920년대 후반, 조직화된 투쟁 시작 → 김원봉을 포함한 의열단원이 황푸 군관 학교 입교

3 민족 문화 수호 운동

국어·문학	• 조선어 연구회('가갸날' 제정, 잡지 〈한글〉 발행), 카프(KARF) 문학 등 사회주의 문학 활성화
역사	• 신채호 :《조선사연구초》,《조선상고사》 저술, 낭가 사상 강조 • 박은식 :《한국통사》,《한국독립운동지혈사》 저술, 국혼 강조
영화·종교	• 나운규의 〈아리랑〉 제작, 원불교가 새생활 운동 전개

4 국외 항일 투쟁

봉오동 전투	• 대한 독립군(홍범도) 등 연합군 부대가 봉오동에서 일본군 격파
청산리 전투	• 일제가 훈춘 사건 조작 후 만주로 대규모 부대 파견 → 북로 군정서(김좌진)를 중심으로 대한 독립 군, 의민단(천도교) 연합 → 백운평, 어랑촌 등에서 게릴라전을 펼치며 일본군 대파
독립군의 시련과 재정비	• 간도 참변 : 봉오동 전투와 청산리 전투에서 패한 일제가 간도 지역의 한인들을 무차별 학살하고 마 을을 불태움 → 독립군이 밀산에서 대한 독립군단 조직(서일을 중심으로 김좌진, 홍범도 등이 연합) → 러시아령 자유시로 이동 • 자유시 참변 : 러시아 혁명군의 무장 해제 요구를 독립군이 거부 → 많은 독립군의 희생 • 3부 결성 : 독립군의 만주 귀환 → 참의부, 정의부, 신민부 결성(행정+군사 담당) → 미쓰야 협정 (1925)으로 독립군 활동 위축 → 3부 통합 운동 전개 → 국민부(남만주), 혁신 의회(북만주)로 재편

37강

일제 강점기

1930년대 이후 저항

한·중 연합 작전

1930년대 이후 저항을 살펴볼 차례인데요. 만주 지역의 투쟁, 중국 관내 지역의 활동, 국내 활동 등 총 세 덩어리로 나누어 알아보려고 합니다. 우선 출발은 1930년대 초 만주에서 있었던 항일 무장 투쟁에 대한 이야기입니다. 일제의 만주 침략으로 중국 내에서 항일 감정이 높아지자, 만주의 독립군 부대와 항일 중국군이 연합 작전을 전개했는데요. 어떤 일들이 펼쳐질지 함께 보시죠.

: 1930년대, 저항의 형태가 달라집니다 :

1920년대와 비교해 1930년대는 저항의 형태가 달라집니다. 바로 1931년 벌어진 만주 사변 때문인데요. 일제의 만주 침략으로 중국인들은 일본이 자신들의 적이라는 사실을 깨닫게 되고, 일본과 맞서 싸우는 한국에 우호적인 모습을 보이면서 한국과 손을 잡습니다. 그러면서 1930년대에는 **한·중 연합 작전**을 펼칩니다. 1920년대만 해도 미쓰야 협정으로 중국인이 한국인을 잡아 일본에 넘기면 현상금을 받을 수 있었잖아요. 그렇게 양국의 상황이 좋지 않았는데, 1930년대가 되면서 상황이 아주 많이 달라진 것이죠. 그리고 이런 큰 변화가 이루어진계기는 바로 만주 사변이라는 걸 놓치지 마시기 바랍니다.

1920년대 미쓰야 협정으로 위기의식을 느낀 독립 운동가들이 흩어져 있던 **참의부·정의부·신민부**, 이 3부를 **통합**했죠. 그래서 **북만주 지역**에는 **혁신 의회**, **남만주 지역**에는 **국민부**가 생겼고요. 이 조직들이 1930년대에도 계속해서 활동하는데, 북만주 지역의 혁신 의회

1930년대 만주 지역에서의 한·중 연합 작전

독립군과 중국군의 활동 지역
1931년 이전의 일본군 점령지
1932년 일본군 점령지

한국 독립군(총사령 지청천)
❶ 쌍성보 전투(1932)
❷ 대전자령 전투(1933)

조선 혁명군(총사령 양세봉)
❸ 영릉가 전투(1932)
❹ 흥경성 전투(1933)

계열은 **한국 독립당**으로 재편되었고, 남만주 지역의 국민부는 그 산하에
조선 혁명당을 결성합니다. 이때 한국 독립당이 만든 부대는 **한국 독립군**,
조선 혁명당이 만든 부대는 **조선 혁명군**입니다.

양세봉 흉상(라오닝성)

여기서 중요한 내용입니다. 시험에 자주 나오기 때문에 기억해두셔
야 해요. 한국 독립군은 **지청천**이 이끌었습니다. 지청천은 나중에 한
국 광복군 총사령관이 되는 인물입니다. 그가 지휘한 한국 독립군이
한·중 연합 작전으로 일본에 승리를 거둔 전투 가운데 대표적인 게
바로 **쌍성보 전투**, **대전자령 전투**, 사도하자 전투입니다. 다음으로 조
선 혁명군을 이끈 인물은 **양세봉**이고, 그가 지휘한 조선 혁명군이
한·중 연합 작전으로 일본에 승리를 거둔 전투는 바로 **영릉가 전
투**와 **흥경성 전투**입니다. 모두 중요하니까 꼭 기억해두시기 바랍니다.

사실 1930년대 초반 이후부터는 만주 지역에서 항일 독립운동을 하기가 쉽
지 않습니다. 1931년 일제는 만주에 만주국이라는 **괴뢰국**을 세웁니다. 그 지
역을 점령한 거나 마찬가지죠. 상황이 이렇게 되자 한국 독립군 일부는 만리
장성 이남 쪽, 즉 중국 관내로 이동합니다. 그럼에도 만주 지역에서 명맥을 유
지하며 1930년대 중반 이후에도 계속 활동했던 부대도 있는데, 바로 **동북 항
일 연군**입니다. 이 동북 항일 연군 소속의 한국인들을 중심으로 조국 광복회를
조직했고, 조국 광복회 회원들이 벌였던 전투가 있는데 그것이 바로 **보천보 전**

괴뢰국
자주성이나 주체성 없이 다른 나
라의 지령을 받아 그 나라가 조
종하는 대로 움직이는 나라를 뜻
합니다.
▶ **傀** 꼭두각시 괴
▶ **儡** 꼭두각시 뢰
▶ **國** 나라 국

큰★별쌤의 사건 이야기
공공의 적을 향한 투쟁, 한·중 연합 작전

1931년 일어난 일제의 만주 침략 사건, 만주 사변으로 중국 내에서 일본에 대한 반감이 커지기
시작했어요. 그러면서 만주의 독립군 부대와 항일 중국군이 연합 작전을 펼칩니다. 먼저 양세
봉이 이끄는 조선 혁명군은 중국의 군대 및 의용군과 연계, 항일 투쟁을 전개해 1932년 영릉
가 전투와 흥경성 전투에서 일본을 크게 물리칩니다. 이후 조선 혁명군은 일본과 만주의 공격
이 거세지면서 어려움에 봉착하게 되고, 중국 공산당이 이끄는 동북 인민 혁명군 및 동북 항
일 연군과 연계해 활동하게 됩니다. 한편 지청천이 이끄는 한국 독립군은 중국의 호로군과 연
합해 1932년 쌍성보 전투와 대전자령 전투에서 일본군에 승리합니다. 한국 독립군은 1933년
중국 관내로 이동해 중국 군관 학교에 입학하거나 훈련을 받았어요. 이곳에서 배출된 인물 중
일부는 후에 한국 광복군의 주역이 됩니다.

투입니다. 북한이 그렇게 자랑하는 김일성 항일 무장 투쟁과 연관된 전투인데, 국내로 진공해서 일본군을 공격했던 전투였습니다.

지금까지 한·중 연합 작전으로 만주 지역에서 이루어진 항일 무장 투쟁의 역사를 살펴봤는데요. 1920년대 봉오동 전투와 청산리 전투에 이어, 1930년대도 자랑스럽게 싸운 많은 사람들이 있었습니다. 모든 이의 이름을 다 알 수는 없지만, 그 시대의 아무개들을 꼭 기억하면 좋겠습니다.

중국 관내 항일 운동

이제 중국 관내, 만리장성 이남으로 들어와보겠습니다. 중국 관내에서 우리가 잊지 말아야 할 조직이 있어요. 바로 1919년 3·1 운동의 결과 출범했던 대한민국 임시 정부입니다. 연해주의 대한 국민 의회, 그리고 상하이의 대한민국 임시 정부, 서울의 한성 정부가 합쳐져 상하이에 대한민국 임시 정부가 수립되었죠. 많은 어려움이 있었지만, 여전히 그 명맥을 이어가고 있습니다. 여기서는 1920년대 이후 대한민국 임시 정부의 흐름을 복습해보면서, 1930년대 중국 관내 항일 운동도 함께 알아보겠습니다.

: 1920년대 이후 대한민국 임시 정부의 흐름 :

우선 대한민국 임시 정부의 활동을 복습해보겠습니다. 대한민국 임시 정부는 1920년대 연통제와 교통국이 와해되다시피 하고, 초대 대통령 이승만이 국제 연맹에 청원을 넣는 바람에 엄청난 저항이 일어나는 등 위기가 왔었죠. 그 위기를 극복하기 위해 1923년 **국민 대표 회의**가 열렸고요. 여기서 **창조파**와 **개조파**가 대립하면서 결론을 내지 못한 채 더욱 위축되어갔다고 설명드렸어요. 그러다 대한민국 임시 정부가 아직 살아 있다는 사실을 알리기 위해 1931년 김구가 **한인 애국단**을 조직했죠. 한인 애국단의 대표적인 인물로 일본에서 일왕에게 폭탄을 투척한 이봉창, 중국 상하이 홍커우 공원에서 폭탄을 투척했던 **윤봉길** 등이 있었고요. 특히 윤봉길의 상하이 홍커우 공원 의거가 성공하면서 중국 정부가 '중국인 100만 대군이 하지 못할 일을 조선인 한 명이 해냈다'며 이 때부터 전폭적인 지원을 하기 시작했다고 했어요. 하지만 동시에 상하이 의거의 성공으로 일본의 압박이 거세져, 상하이에서는 더 이상 임시 정부를 운영하기 어려워졌죠.

상하이 시대를 마무리한 임시 정부가 대장정의 길을 걸어서 최종 정착지 **충칭**으로 들어간 것은 **1940년**이었습니다. 장장 8년 동안 이어진 6천 킬로미터의

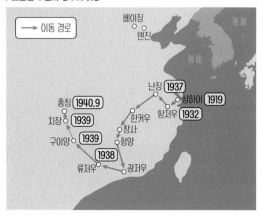

대한민국 임시 정부의 이동

→ 이동 경로

베이징
톈진
동해
황해
난징 1937
상하이 1919
중칭 1940.9
치장 1939
한커우
항저우 1932
창사
구이양 1939
형양
1938
류저우
광저우

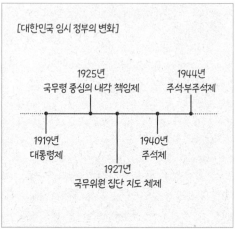

[대한민국 임시 정부의 변화]

1925년
국무령 중심의 내각 책임제

1944년
주석·부주석제

1919년
대통령제

1940년
주석제

1927년
국무위원 집단 지도 체제

질문 있어요!

Q 1930년대 만주의 한국 독립당과 1940년대 충칭의 한국 독립당이 있는데요, 지청천이 같은 당을 없애고 다시 세운 건가요? 당 이름은 똑같은데 만들어진 연도가 다르니 헷갈립니다. 정확히 알려 주세요.

A 만주에서 결성된 한국 독립당은 민족 유일당 운동의 일환으로 결성된 것으로, 그 산하에 한국 독립군을 조직하여 무장 활동을 벌입니다. 이후 신한 독립당으로 발전적 해체를 하게 되지요. 그리고 그 후, 상하이에서 임시 정부 요인들이 같은 이름의 한국 독립당을 조직합니다. 초반엔 한인 애국단이 활동했지만 윤봉길의 상하이 훙커우 공원 의거로 인해 조직 형태가 드러났고, 안창호가 체포된 이후 분열 양상이 드러나면서 이후 민족 혁명당에 합류했다가 탈당하면서 한국 독립당이 다시 만들어진 것이죠. 만주의 한국 독립당과 충칭의 한국 독립당은 이름만 같을 뿐, 다른 조직입니다.

대장정이었죠. 그 여정 속에서 대한민국 임시 정부가 만든 조직이 하나 있는데요. 바로 1935년 결성한 **한국 국민당**입니다. 그런데 1935년 굉장히 큰 이슈가 있었습니다. 중국 관내에 있던 모든 세력이 통합하려는 움직임이었는데요. 대한민국 임시 정부 계열, 특히 김구 계열은 여기 들어가지 않고 독자적으로 한국 국민당을 만들었습니다. 이 부분은 시험에 나올 확률이 거의 없으니 그냥 이 정도로만 이해하셔도 괜찮습니다.

그리고 1940년 충칭에서, 대한민국 임시 정부를 중심으로 여러 세력이 모입니다. 그렇게 만들어진 당이 바로 **한국 독립당**이죠. 이 당에 대해서는 이미 배웠습니다. 대한민국 임시 정부의 활동을 살펴보면서, 주석 체제로 전환할 때 임시 정부의 여당이라고 할 수 있는 한국 독립당을 만들었다고 했었죠. 그런데 한국 독립당, 여기서 말고 또 들어본 것 같지 않으세요? 안 들어봤다고 하면 엄청 심각한 겁니다. 바로 앞에서 한·중 연합 작전을 살펴볼 때 북만주 지역의 혁신 의회 계열이 한국 독립당으로 이어졌다고 했었잖아요. 왜 이름이 똑같냐고요? 당시 여러 단체에서 이름을 만들 때 옵션이 많지 않았어요. 한국, 조선 둘 중 하나가 들어갈 것이고, 독립이나 혁명 같은 키워드밖에 없으니 비슷해질 수밖에 없었죠. 1930년대 초반 북만주 지역에 있

韓國光復軍徵募第三分處委員歡送紀念 民卅三三六

한국 광복군 징모 제3분처 위원 환송 기념사진
한국 광복군 징모 제3분처는 초모 공작을 전개한 부대다.
사진 속에서 김구, 이시영, 조소앙 등을 찾을 수 있다.

었던 한국 독립당과 1940년 만들어진 한국 독립당은 이름은 같지만, 별개의
조직이라는 점을 알아두시면 되겠습니다.

1940년 충칭에서 대한민국 임시 정부 산하
부대라고 할 수 있는 **한국 광복군**이 만들어졌다
는 것도 앞에서 살펴봤는데요. 1943년 인도-
미얀마 전선에도 투입되었고, 미국 정보국 OSS
와 함께 국내 진공 작전도 전개했다고 설명했었
죠? 한국 광복군과 관련된 인물에는 총사령관
지청천이 있는데, 한국 독립군을 이끌어 쌍성보
전투와 대전자령 전투에서 승리를 거둔 인물이
기도 하죠. 이후 유신 체제 박정희 정부에 저항했
던 야당 인사 장준하도 한국 광복군에 들어옵니

지청천 일기

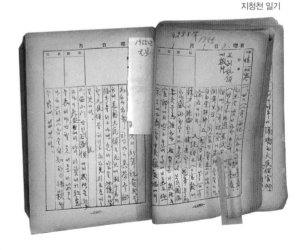

다. 자, 대한민국 임시 정부의 흐름을 정리해봤고요. 이어서 1930년대 중반 중국 관내에서 민족 운동을 벌였던 조직들을 살펴보겠습니다.

: 1930년대 민족 혁명당과 조선 의용대 :

사실 대한민국 임시 정부는 1940년 충칭에 오면서 힘이 강해진 것이고, 1930년대에는 임시 정부가 많이 위축된 상황이었습니다. 1930년대 중반 강력한 힘을 발휘했던 세력은 따로 있는데, 어떤 세력인지 또 무슨 활동을 했는지 살펴볼게요.

여기서 **김원봉**이 다시 등장하는데, 여러분 기억나시나요? 네, 의열단을 조직해 의열 투쟁을 벌였던 인물이죠. 맹렬히 투쟁을 전개하다가 개별적 투쟁으로는 한계가 있고 조직화된 투쟁으로 발전해야 한다는 판단 하에, 의열단원들과 함께 황푸 군관 학교에 들어갔다고 설명드렸어요. 쉽게 말해 중국의 육사라고 할 수 있는 황푸 군관 학교에서 군사 조직 문화를 배운 김원봉은 아예 학교를 만듭니다. **조선 혁명 간부 학교**가 그것이죠. 그리고 1935년에는 당까지 만들었는데, 그것이 **민족 혁명당**입니다.

바로 앞에서 1935년 중국 관내에 있던 모든 세력이 통합하려는 움직임이 있었다고 했잖아요. 그러니까 많은 독립운동가가 민족 혁명당으로 모인 겁니다. 그런데 너무 의열단 중심, 김원봉 중심으로 세력이 재편되는 양상이 드러나다 보니, 또 많은 사람들이 빠져나갑니다. 민족 혁명당에서 이탈한 사람들이 백범 김구 쪽에 참여하면서, 1940년대 대한민국 임시 정부의 힘이 강해지게 된 거죠. 어쨌든 민족 혁명당은 이후 또 다른 세력을 모아 1937년 **조선 민족 전선 연맹**을 구축합니다. 그리고 1938년 산하 부대로 **조선 의용대**를 창설합니다. 조선 의용대는 굉장히 중요한 역사적 의의가 있는데, 바로 **중국 관내에 생긴 최초의 한인 부대**라는 점입니다. 그냥 가볍게 생각하시면 안 됩니다. 중국 안에 다른 나라 군대가 만들어진 건데, 이게 용납이 될까요? 쉽게 이야기하면 우리나라에 지금

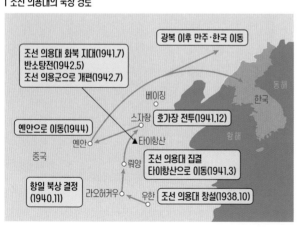

조선 의용대의 북상 경로

조선 의용대 화북 지대(1941.7)
반소탕전(1942.5)
조선 의용군으로 개편(1942.7)

광복 이후 만주·한국 이동

엔안으로 이동(1944)

호가장 전투(1941.12)

베이징

스자좡

▲타이항산

조선 의용대 집결
타이항산으로 이동(1941.3)

뤄양

항일 북상 결정
(1940.11)

라오허커우

우한

조선 의용대 창설(1938.10)

중국

한국

동해

황해

임시 정부 요인들(가흥에서)

일본 군대가 만들어지는 셈인데, 있을 수 없는 일이잖아요. 그 이유는 1937년 일본이 중·일 전쟁을 일으켜 중국 대륙을 침략했기 때문입니다. 그래서 있을 수 없는 일이 가능해진 거죠. 한·중 연합 작전이라는 시대정신과 일본을 향해 싸워야 한다는 공동의 목적에 맞아떨어졌던 덕분입니다. 여기에 더해 김원봉이 황푸 군관 학교에 입교하면서 만난 장제스, 당시 중국 국민당을 이끌고 있었던 장제스와 상호 신뢰가 구축됐기 때문에 가능했던 일이기도 합니다.

자, 이렇게 김구 라인과 김원봉 라인이 구축되어 있던 상황, 여기서 정말 중요한 흐름이 생깁니다. 바로 조선 의용대 일부가 **한국 광복군**에 **합류**하는 역사적인 사건입니다. 김원봉 등이 이끈 일부 세력이 1942년 한국 광복군에 합류하면서, 기존 멤버였던 지청천과 김원봉이 한국 광복군의 총사령관과 부사령관으로 활약하는 매우 중요한 역사적인 모습이 나타납니다.

사실 대한민국 임시 정부 진영은 민족주의적 성향이 조금 강합니다. 그런 것들을 탈피하기 위해 김원봉도 합류하지만, 여전히 민족주의적 성향이 강했습니다. 그래서 여기에 반발하며 대한민국 임시 정부 합류를 거부하는 사회주의 지향 세력들이 있었거든요. 조선 의용대 안에서도 대부분은 김

질문 있어요!

Q 한국 독립당과 조선 혁명당과 조선 의용대, 이들의 차이는 무엇인가요?

A 만주 지역에서 활동한 것이 한국 독립당과 조선 혁명당이고, 중국 관내에서 조직되어 활동한 것이 조선 의용대입니다. 그래서 활동 지역에 따라 나누어져 설명되어 있는 것입니다. 만주 사변은 1931년, 중·일 전쟁은 1937년입니다. 따라서, 한국 독립당과 조선 혁명당은 1931년 즈음, 조선 의용대는 1930년대 후반에 주로 활동한 것이죠.

원봉을 따라가지 않고, 독자적으로 움직입니다. 당시 중국 공산당은 마오쩌둥이 이끌고 있었는데, 그쪽에 합류하려는 움직임이 있었어요. 그 이동 과정에서 일본과 맞서 싸웠던 전투가 바로 1941년 **호가장 전투**입니다. 1942년 이들은 조직을 **조선 의용군**으로 재편하고, 이후 중국 사회주의자의 고향이라 불리는 옌안 지역으로 이동해 사회주의 쪽에 합류합니다. 즉 조선 의용대는 김원봉과 일부가 한국 광복군에 합류하고, 나머지 일부가 사회주의 쪽에 합류해 조선 의용군으로 재편되면서 분화된 것이죠.

지금까지 만주 지역과 중국 관내 등 국외에서 한·중 연합 작전을 통해 전투와 전쟁을 계속 이어가는, 자랑스러운 역사를 살펴봤습니다. 이제 국내로 돌아가보죠.

민족 문화 수호 운동

이번에는 1930년대 국내 상황을 보겠습니다. 당시 일제의 통치 정책은 민족 말살 통치였습니다. 이런 상황에서 민족 문화가 말살되는 것을 막기 위해, 과연 국내에서 어떤 노력을 했는지 살펴볼게요. 특히 국어와 역사 쪽에서 많은 활동이 있었습니다. 냉혹하고 엄혹한 시기에 우리의 정체성을 지키려고 했던 노력들, 지금부터 만나보시죠.

: 국어 관련 운동부터 보겠습니다 :

먼저 1920년대 민족주의 진영에서 주도했던 문맹 퇴치 운동이 1930년대도 여전히 이어져, **브나로드 운동**이라는 모습으로 전개됩니다. 브나로드는 러시아어로 '**민중 속으로**'라는 뜻입니다. 글자를 아는 지식인들은 민중 속으로 들어가라는 의미죠. '농촌에 가서 일주일만 있으면 글을 모르는 사람들에게 글을 알려줄 수 있는데 왜 가지 않는가?' 해서 운동이 전개됐는데, 이를 주도한 대표적 언론사는 〈**동아일보**〉입니다. 다만 브나로드 운동은 1930년대 초반까지만 활동하고 더 이상은 이어지지 못했습니다.

다음으로 1920년대 '가갸날'을 제정하고 〈한글〉이라는 잡지를 간행한 조선어 연구회가 1932년 **조선어 학회**로 이름을 바꿉니다. 최현배, 이극로 등이 활동한 조선어 학회는 《**한글 맞춤법 통일안**》을 마련하고 표준어를 제정하는 등 국어와 관련된 다양한 활동을 펼쳤습니다. 잡지 〈한글〉도 계속 발행하고 있었고요. 그리고 중요한 것이 조선어 학회가 《우리말 큰사전》 편찬을 시도했다는 점인데, 1942년 조선어 학회 사건이 벌어지면서 결국 실패하고 맙니다. 우리나라 말을 쓰지 못하게 하려던 일제가 그 말을 지켜내려는 시도를 용납하지 않았던 거죠. 《우리말 큰사전》은 결국 광복 이후에 편찬하게 됩니다.

〈한글 맞춤법 통일안〉

조선어 학회 회원들

그리고 국어 쪽에서 우리가 기억해야 할 시인들이 있습니다. 저항 시인과 친일 시인인데, 먼저 일제 강점기 대표적인 저항 시인은 바로 **윤동주**입니다. 윤동주는 앞에서 잠깐 이야기했었죠? 네, 1910년대 북간도 지역에 명동 학교가 세워졌는데, 천여 명에 불과한 졸업생 중에 윤동주처럼 엄청난 인재가 많이 나왔다고 했었죠. 윤동주의 시를 읽다 보면 공통으로 반복해서 등장하는 단어가 있습니다. 바로 '부끄러움'이에요. 일제 강점기 나의 이름과 나의 글과 나의 문자를 마음껏 쓸 수 없는 시기에, 어쩔 수 없이 일본식 이름을 지니고 일본의 글을 통해 문학을 공부하는 자신의 모습에 대한 부끄러움을 고백하면서, 시대의 문제점들을 폭로했던 거죠. 또 '참회', '반성'이라는 단어도 정말로 많아요. 일제 강점기라는 시대의 벽 앞에서 얼마나 괴로웠는지 윤동주의 시를 통해 잘 알 수 있습니다. 그의 시를 읽어보면 눈물이 나요. 윤동주는 거리로 뛰어나가 폭탄을 던졌던 인물은 아니지만, 그 시대를 살아가는 사람들이 얼마나 힘들고 아팠는지 시를 통해 표현했습니다. 1940년대 윤동주가 일본으로 유학을 가려고 하는데, 당시 일본 학교에 입학하려면 창씨개명을 해야 했습니다. 윤동주는 히라노마

윤동주의 친필 원고들

도쥬라는 일본식 이름으로 바꿨는데, 그의 시를 보면 무덤가에 자기 이름을 써본 후 지우는 모습이 나옵니다. 윤동주라는 이름을 쓸 수 없는 시대, 그래서 이름을 썼다가 덮어버리는 모습, 그리고 그것을 부끄러워하고 아파하는 모습이 나와요. 윤동주의 시를 읽으려면 일제 강점기, 특히 1938년 국가 총동원법 이후의 시대로 돌아가봐야 합니다. 그 시대를 살던 한 청춘이 얼마나 아프고 괴로웠는지 윤동주의 시를 통해 느껴보시기 바랍니다.

또 다른 저항 시인으로는 **이육사**가 있습니다. 윤동주가 감성적 시인의 모습이라면, 이육사는 지사적 풍모를 지닌 굵직한 저항의 모습을 보여줍니다. 이육사란 이름은 자신의 감옥 번호 '264'에서 따온 필명입니다. 〈절정〉, 〈꽃〉 등의 시를 쓴 그는 '동방은 하늘도 다 끝나고 비 한 방울 내리지 않는 그때에도 오히려 꽃은 빨갛게 피지 않는가'라고 이야기합니다. 하늘도 다 끝난 동방은 식민지 우리나라죠. 그곳에는 비 한 방울 내리지 않는다고 합니다. 비 한 방울 내리지 않는 세상, 절망이란 이야기죠. 이육사는 감옥에 무려 열일곱 번이나 들어가는데, 거기서도 자신의 신념을 굽히지 않습니다. 독립과 해방이라는 믿음이 있었기 때문이죠. 그는 오히려 해볼 만하다고 합니다. 왜? 꽃은 피기 때문이에요. 어떻게? 빨갛게. 이런 분들이 있었기에 우리의 일제 강점기는 저항의 역사였고, 자랑스러운 역사였다고 분명히 이야기할 수 있는 겁니다. 혹자는 일제 강점기 때 일본에 협력하지 않은 사람이 어디 있느냐며, 그 시대는 다

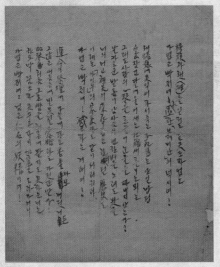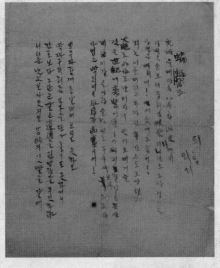

이육사의 친필 원고
〈편복(蝙蝠)〉
편복은 박쥐를 뜻하는 말로, 어두운 동굴에 꼼짝없이 매달려 살아가는 박쥐처럼, 일제 강점기 때 암울한 우리 민족의 현실을 표현했다.

그랬다고 얘기합니다. 그러니 반민족 행위자들에 대한 비판을 그만하라고요. 일제 강점기 때 누가 다 그랬습니까? 여기 감옥에 열일곱 번이나 들어가면서까지 일제에 저항했던 사람들, 이런 사람이 너무나 많은데 어디 감히 일제에 빌붙어서 호의호식했던, 그리고 그들 앞에 서서 같은 민족인 한국인들을 전쟁터에 끌고 나가기까지 했던 반민족 행위자들에게 면죄부를 주라고 할 수 있습니까? 이분들 앞에서 이제 그만하라는 얘기를 하는 건 예의가 아니라는 생각이 듭니다.

물론 윤동주, 이육사 같은 저항 시인만 있었던 것은 아니고 **친일 시인**도 있었습니다. 대표적인 인물로 **서정주**가 있습니다. 국어 쪽에서는 서정주를 어떻게 평가할지 모르겠지만, 역사학 쪽에서 서정주는 민족 문학의 대가로 평가하지 않습니다. 서정주는 친일의 시를 너무나 많이 남겼던 인물이에요. 우리나라 청년들을 전쟁터에 몰아넣기 위해 자신의 붓으로 일제를 위해 글을 썼던 흔적이 너무나 많은, 명백한 반민족 행위자입니다. 국어에서 서정주의 시를 읽을 때 이 사실 하나만큼은 잊지 않았으면 좋겠습니다. **노천명** 역시 친일 활동을 했던 시인인데요. 서정주, 노천명 등이 친일 활동을 한 시인이라는 것, 알아두시면 되겠습니다.

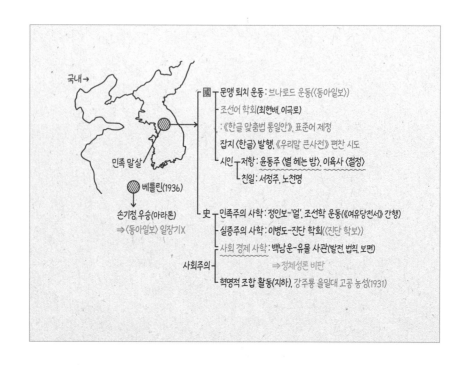

: 이어서 역사 연구의 흐름을 살펴볼게요 :

역사 쪽에서도 역시 많은 활동들이 있었는데, 먼저 **민족주의 사학**이 있습니다. 1910년대와 1920년대 활동했던 신채호와 박은식의 계보를 잇는 학문이라고 보면 되는데, 대표적인 인물로 **정인보**가 있습니다. 민족주의 사학은 정신을 강조하는데요, 정인보도 마찬가지로 '얼'을 강조하며 민족정신을 고취했습니다. 또한 1930년대에는 우리 문학과 민족 문화를 정리하는 **조선학 운동**도 많이 벌어졌는데, 대표적으로 다산 정약용의 문집을 정리한《여유당전서》등이 있습니다.

그리고 1930년대 말에는 **실증주의 사학**이 나옵니다. 민족주의 사학의 경우 역사에 역사가의 해석이 들어간다면, 실증주의 사학은 그것을 거부합니다. 역사가의 주관적 해석을 넣지 않고 객관적 사실, 있는 그대로의 역사만 이야기하라는 거죠. 하지만 "일제 강점기에 우리가 억압받고 있는 상황 속에서 관점을 넣지 않고, 있는 그대로의 역사를 이야기하라? 있는 그대로의 역사는 누구의 역사인가? 일제가 의도한 그 역사 아닌가?"라는 비판을 받기도 합니다. 어쨌건 이 실증주의 사학을 이끈 대표적인 인물은 **이병도**입니다. 이병도가 주도해 **진단 학회**를 만들고, 〈진단 학보〉도 발행했

《여유당전서》

〈진단학보〉

큰★별쌤의 인물 이야기
민족의 얼을 바로 세우다, 정인보

정인보는 신채호와 박은식의 민족주의 사학을 계승한 인물로, 일제가 날조한 역사 대신 우리의 역사 속에 흐르는 '얼'을 강조한 사학자입니다. '얼'이란 신채호와 박은식이 '낭가'와 '혼'을 통해 설명한 정신과 맥을 같이합니다. 정인보는 젊은 시절 중국에서 비밀 결사를 조직해 활동했으며 귀국 후에는 붓과 펜으로 일본과 싸웠습니다. 1930년대에는 안재홍 등과 함께 우리 민족의 고유한 특색과 전통을 찾아 주체성을 유지하려는 조선학 운동을 전개하기도 했지요. 혹독한 탄압 속에서도 역사 연구에 몰두했던 정인보는 "일언(一言)·일사(一事)·일행(一行)·일동(一動)의 모든 골자가 '얼'이어야 한다"고 강조했습니다.

습니다.

그리고 1930년대 꼭 기억해야 하는 사학이 있습니다. 바로 **사회 경제 사학**입니다. 역사 쪽이지만 사회주의의 영향을 받은 학문이에요. 대표적인 인물로는 **백남운**이 있고요. 사회 경제 사학은 사회주의에 영향을 받아 **유물 사관**의 입장에서 한국사를 이해하려고 했어요. 유물 사관의 핵심은 '역사는 발전한다'는 겁니다. 예를 들어 인류는 원시 공산주의에서 출발해 고대 노예제, 중세 봉건제, 근대 자본주의, 그리고 마지막으로는 사회주의와 공산주의로 발전해가는데, 이게 어디나 다 마찬가지라는 주장입니다. 모든 역사가 보편적 발전 법칙을 따른다는 것이죠. 그래서 백남운은 우리의 역사도 세계사의 보편적 발전 법칙에 따라 발전했다고 주장하며, 식민 사관 중 하나인 **정체성론**을 반박합니다. 정체성론은 우리의 역사가 발전하지 않았다는 내용이에요. '조선 역사는 일제 강점기 식민지가 되면서 서서히 변해나간 것이고, 한국인은 능력이 없는 민족이었으니 일본에 감사해야 한다'는 거죠. 그런데 사회 경제 사학은 모든 나라가 보편적으로 다 발전한다는 내용이니 정체성론을 비판할 수 있는 근거가 된 겁니다.

유물 사관
마르크스주의의 역사관을 지칭하는 말로 사적 유물론의 줄임말입니다. 세계사를 정신의 발전이 아닌 물질의 발전으로 보는 역사관이에요.
▸ **唯** 오직 유
▸ **物** 물건 물
▸ **史** 역사 사
▸ **觀** 보다 관

인권 탄압에 대항하여 을밀대 지붕 위에서 농성을 벌이는 여성 노동자 강주룡의 모습

다음으로 1920년대 사회주의자들이 결성에 앞장섰던 신간회는 1931년 해소됩니다. 그러면서 사회주의자들이 더는 합법적인 공간에서 활동하기 어려워져요. 일제가 가만 놔두지 않았거든요. 그래서 이제 사회주의자들, 그중에서도 혁명적 좌파들이 지하로 들어갑니다. 그 가운데 1930년대 특히 주목해야 할 노동자 투쟁이 하나 있습니다. **강주룡**이라는 여성이 평양 을밀대 꼭대기 위에서 농성을 벌였는데, 이것이 바로 1931년 일어난 강주룡 을밀대 고공 농성 사건입니다. 최초의 고공 농성 사건이었죠. 요즘도 노동자들이 크레인에 올라가서 시위하는 모습이 있잖아요. 그 모습의 첫 출발이 여기입니다.

이렇듯 1930년대 일제가 민족 말살 통치로 어머어마하게 찍어 누르는 상황에 국내에서 참 많은 활동이 벌어졌는데, 해외에서도 한 가지 사건이 있었습니다. 1936년 베를린 올림픽 마라톤에서 우리가 우승했거든요. 금메달을 딴 인물은 바로 손기정 선수였죠. 그런데 우리가 식민지다 보니 손기정 선수는 일장기를 달고 뛰었고, 여기에 분노한 몇몇 신문사들이 시상대 위에 올라간 손기정의 사진에서 일장기를 지웁니다. **일장기 말소 사건**이죠. 여러 신문사가 있었는데 브나로드 운동을 전개했던 〈동아일보〉도 포함됐습니다.

손기정 선수의 가슴에 일장기가 지워진 모습

1930년대는 아주 힘든 상황 속에서도 정체성을 지켜내려는, 정말 다양한 노력이 있었습니다. 정말 무서웠던 시기였는데 이것이 가능했다는 사실이 놀랍습니다. 그리고 정말 감사하다는 생각을 해봅니다.

건국 준비 활동

1930년 중국 관내에서 군사 조직이 만들어졌었죠. 서로 연합하고, 힘을 뭉쳐 일본과 맞서 싸웠던 이들은 1940년대가 되면 일본이 망하고 난 뒤 어떤 국가를 만들 것인가에 대한 진지한 준비를 시작합니다. 이에 대해 간략하게 살펴보도록 하겠습니다.

: 1930년대 이후 저항 운동 :

앞에서 배웠던 내용들부터 다시 한번 정리해볼게요. 먼저 1938년 조선 민족 전선 연맹의 산하 부대로 창설됐던 **조선 의용대**입니다. 이들 중 일부는 옌안 지역으로 가서 조선 의용군으로 재편되었고, 김원봉을 포함한 일부는 충칭으로 가서 대한민국 임시 정부의 산하 부대인 한국 광복군에 합류했다고 했었죠? 그런데 조선 의용군으로 재편될 당시 옌안에는 김두봉이라는 인물이 이끈 조선 독립 동맹이라는 조직이 있었어요. 즉 조선 독립 동맹의 조선 의용군으로 재편된 거죠.

일제 강점기에는 '쓰리봉'이 등장합니다. 원봉, 투봉, 쓰리봉에서 원봉은 누구일까요? 김원봉입니다. 투봉은 김두봉입니다. 쓰리봉은 양세봉이죠. 양세봉은 만주 지역에서 조선 혁명군을 이끌어 영릉가 전투, 흥경성 전투에서 승리를 거뒀던 인물이죠? 이 쓰리봉을 기억해두시면 좋겠습니다.

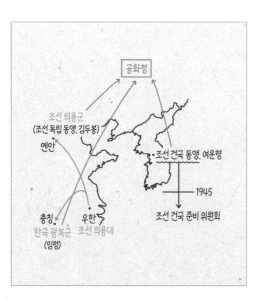

朝鮮義勇隊成立紀念　一九二八年十月十日

KOREAN VOLUNTEERS

조선 의용대 성립 기념식
1938년 10월 10일, 조선 의용대의 성립을 기념하기 위해 대원들이 한자리에 모였다. 맨 앞 줄, 깃발 중앙에 선 사람이 창설자 김원봉이다.

　　1940년대가 되니 이제 일본의 패망이 눈앞에 다가옵니다. 그러면서 국내에서도 일본이 망하고 난 뒤 우리의 국가를 어떻게 만들 것인가에 대한 고민을 위해 조직이 만들어지는데요. 바로 1944년 결성된 **조선 건국 동맹**입니다. 조선 건국 동맹을 이끌고 있던 인물은 **여운형**입니다. 조선 건국 동맹은 광복이 되고 나면 **조선 건국 준비 위원회**로 이름이 바뀌는데, 일단 기억해두시고요. 여하튼 1940년대 조선 건국 동맹이나 대한민국 임시 정부가 '일제가 패망한 뒤 우리나라의 형태'로 공통적으로 이야기하고 있는 것이 바로 **공화정**입니다. 왕이 없고, 국민이 대표를 뽑아 나라를 운영하는 공화정 형태로 합의를 본 상태였던 거죠.

　　이렇듯 1940년대가 되니 새로운 나라를 세우려는 시도들이 보입니다. 희망의 싹이 무럭무럭 솟아나고 있는 모습이 보이나요? 자, 과연 광복의 그날이 왔을 때 어떤 모습으로 역사를 만들어갈지 그 모습을 기대해주시기 바랍니다.

큰★별쌤의
한번에 핵심 정리

1 한 · 중 연합 작전

배경		• 1931년 만주 사변 → 중국 내 항일 감정 고조 → 한 · 중 연합 작전 전개
전개	한국 독립군	• 북만주 지역의 혁신 의회가 한국 독립당으로 재편 후 결성 • 지청천 지휘 → 쌍성보 전투, 대전자령 전투에서 승리
	조선 혁명군	• 남만주 지역의 국민부 산하에 조선 혁명당 조직 후 결성 • 양세봉 지휘 → 영릉가 전투, 흥경성 전투에서 승리
	동북 항일 연군	• 일제가 만주 사변 후 만주국 건설 → 독립군 일부는 중국 관내로 이동 • 조국 광복회 : 동북 항일 연군 소속 한국인들을 중심으로 조직 → 보천보 전투 전개

2 중국 관내 항일 운동

(1) 1920년대 이후 대한민국 임시 정부의 흐름

임시 정부의 이동	• 국민 대표 회의 개최(1923) → 김구가 한인 애국단 조직(1931), 이봉창 · 윤봉길 의거 → 상하이를 떠나 대장정 시작
한국 독립당 결성	• 1940년 결성, 대한민국 임시 정부를 이끎
한국 광복군 창설	• 대한민국 임시 정부의 산하 부대로 조직(1940), 총사령관 지청천 → 인도 - 미얀마 전선 투입(1943) • 미국 정보국 OSS와 국내 진공 작전 계획

(2) 1930년대 민족 혁명당과 조선 의용대

민족 혁명당		• 김원봉이 조선 혁명 간부 학교 설립 → 민족 혁명당 결성(1935)
조선 민족 전선 연맹		• 민족 혁명당을 중심으로 사회주의 계열들이 연합해 결성(1937)
조선 의용대	창설	• 조선 민족 전선 연맹의 산하 부대로 조직(1938), 중국 관내에서 결성된 최초의 한인 부대
	분화	• 김원봉 등이 이끈 일부가 한국 광복군에 합류(1942) → 지청천, 김원봉이 한국 광복군의 총사령관, 부사령관으로 활약 • 나머지는 옌안 지역으로 이동, 조선 독립 동맹의 조선 의용군으로 재편(1942)

3 민족 문화 수호 운동

국어	브나로드 운동	• 러시아어로 '민중 속으로' 의미, 〈동아일보〉 등이 주도
	조선어 학회	• 1920년대 조선어 연구회를 계승 → 《한글 맞춤법 통일안》 마련, 표준어 제정, 잡지 〈한글〉도 계속 발행 • 《우리말 큰사전》 편찬 추진 → 조선어 학회 사건(1942)으로 중단됨
	시인	• 저항 시인: 윤동주 〈별 헤는 밤〉, 이육사 〈절정〉, 〈꽃〉 등 • 친일 시인: 서정주, 노천명
역사	민족주의 사학	• 신채호, 박은식의 계보를 잇는 학문 → 정인보가 '얼'을 강조하며 민족정신 고취 • 조선학 운동 전개: 《여유당전서》 간행
	실증주의 사학	• 역사가의 주관적 해석을 배제하고, 객관적 사실에 근거한 연구 활동 전개 → 이병도 등이 진단 학회 조직, 〈진단 학보〉 발행
	사회 경제 사학	• 유물 사관을 바탕으로 세계사의 보편적 발전 법칙에 따라 한국사 연구 → 일제 식민 사관의 정체성론 비판
기타 활동		• 국내: 사회주의 세력이 지하에서 혁명적 조합 활동, 강주룡의 을밀대 고공 농성 사건(1931) • 국외: 베를린 올림픽 마라톤에서 손기정이 우승(1936) → 신문사들이 손기정 사진에서 일장기를 지움(일장기 말소 사건)

4 건국 준비 활동

조선 독립 동맹	• 김두봉 등이 옌안에서 조직 → 이후 조선 의용대 일부가 합류하며, 군사 조직으로 조선 의용군 편성
조선 건국 동맹	• 국내에서 여운형이 결성(1944) → 광복 후 조선 건국 준비 위원회로 개편
공화정 지향	• 조선 건국 동맹, 대한민국 임시 정부 모두 광복 후 공화정 지향

VIII

역사를 공부하면서 우리는 스스로에게 어떤 질문을 던질 수 있을까요?

합격의 감격뿐만 아니라 삶의 가치까지 터득할 수 있다면, 역사 공부로서의 목표는 다한 겁니다.

현대사를 살아온 사람들은 우리 아이들한테만큼은 이 지긋지긋한 가난을 물려주지 않겠다는,

그리고 민주주의가 가득한 나라를 만들겠다는 가슴 뭉클한 꿈이 있었습니다.

그 꿈을 위해 수십 번 감옥에 들어가고, 청춘을 바쳤죠.

지독했던 시절을 벗어나 이제 마지막, 민주주의의 꽃을 피운 사람들을 소환합니다.

광복과 민주주의의 발전

38강

현대

광복 ～
6·25 전쟁

광복

이제 현대사를 배워야 하는데요, 여기서 꼭 알아야 할 것이 있습니다. 바로 광복과 함께 찾아온 분단입니다. 이념이 다르다는 이유로 갈가리 찢어집니다. 자본주의 진영과 사회주의 진영으로 나뉘면서 서로 반목하고 심지어는 증오합니다. 그 과정에서 사람보다 이념이 먼저인 시대가 형성됩니다. 사람보다 이념이 먼저였을 때 어떤 모습이 나올까요? 우린 제주 4·3 사건, 여수·순천 10·19 사건, 그리고 6·25 전쟁에서 볼 예정입니다. 역사를 배우는 이유는 이념보다 사람이 먼저야 한다는 사실, 사람보다 이념이 먼저였을 때 우리가 어떤 아픔을 겪게 되는지 알기 위해서입니다. 그리고 그런 것들을 다시는 반복하지 않아야겠다는 생각을 하기 위해서겠죠. 이념보다 사람이 먼저임을 염두에 두기 바라면서, 이제 현대사를 시작해보겠습니다.

: 카이로 회담과 얄타 회담, 그리고 광복 :

1940년대에 들어서면서 제2차 세계 대전이 연합국 측에 유리하게 전개되며, 일본의 패망이 눈앞에 다가오고 있었습니다. 제1차 세계 대전이 끝났을 때 파리 강화 회의에서 전후 질서를 논의했듯이, 제2차 세계 대전이 끝나가자 세계열강이 모여 전후 질서에 대한 논의를 준비합니다. 1943년 이집트 카이로에서 미국·영국·중국의 대표가 모여 카이로 회담을 개최했는데, 놀랍게도 여기서 우리의 독립이 약속됩니다. 1945년 8월 15일 광복은 우리 힘으로만 찾은 것이 아닙니다. 물론 우리도 한국 광복군을 만들어서 국내 진공 작전 계획까지 세우고 있었어요. 하지만 일본이 너무 급하게 패망하는 바람에 어떻게 손써볼 수가 없었습니다. 그러면서 미국과 소련이 우리나라에 점령군 형태로 들어온 거죠.

카이로 회담
1943년 이집트 카이로에서 만난 각국의 대표들. (왼쪽부터) 중국의 장제스, 미국의 프랭클린 루스벨트, 영국의 윈스턴 처칠.

"그럼 우리가 굳이 싸울 필요가 있었나요? 안 싸워도 어차피 1945년 8월 15일이 왔을 텐데, 굳이 그렇게 많은 사람들이 죽어가며 싸울 이유가 없었잖아요"라는 질문을 가끔 받을 때가 있습니다. 그런데 여러분, 당시 외국 열강들이 과연 우리나라의 존재를 알기나 했을까요? 우린 식민지 상태였으니까 나라도 없었어요. 일제의 패망을 정리하는 과정에서 그냥 일본이 갖고 있었던 형태, 즉 일본과 우리나라는 원래처럼 일본이 관리하는 걸로 하고, 다른 나라들은 상관 말고 다 떠나라는 식으로 종전을 매듭지을 수도 있었던 거예요. 그럼 우리는 영원히 식민지에서 벗어나지 못했을지도 모릅니다. 실제로 영국이나 미국은 우리나라 독립에는 관심도 없었어요. 그런데 미국·영국·중국 수뇌부가 모인 자리에서 당시 많은 식민 중 유독 우리나라, 바로 '코리아'만 독립이 약속된 이유가 뭘까요? 그 중요한 국제회의에서 우리나라만 특수 조항으로 들어가 있어요. 이것은 무엇을 의미할까요? 우리는 싸웠기 때문입니다. 우리가 있음을, 우리가 존재하고 있음을 끊임없이 세계에 알렸기 때문에, 그 많은 청춘이, 그 수많은 사람들이 자신의 재산뿐만 아니라 모든 것을 내놓으며 싸웠기 때문에 '코리아'라는 존재를 세계가 알고 있었던 겁니다. 그래서 카이로 회담에서 유일하게 우리나라만 독립 약속이 명문화되었다는 것, 기억하셔야 합니다.

얄타 회담
1945년 2월 얄타에서 열린 정상 회담. (왼쪽부터) 영국의 윈스턴 처칠, 미국의 프랭클린 루스벨트, 소련의 이오시프 스탈린.

그리고 **1945년** 미국·영국·소련 3국의 대표가 모인 **얄타 회담**이 열립니다. 얄타 회담에서는 제2차 세계 대전에 소련이 참전하기로 결정됩니다. 이런 과정과 영향 속에 1945년 광복을 맞이하는 것입니다. 그렇다면 이때 우리 국민들은 어떤 활동을 하고 있었을까요? 바로 이어서 살펴보겠습니다.

: 조선 인민 공화국 선포와 미군정의 불인정 :

1940년대 국내에서는 여운형에 의해 **조선 건국 동맹**이 운영되고 있었고, 충칭에서는 김구에 의해 **대한민국 임시 정부**가 운영되고 있었죠. 그리고 1945년, 드디어 광복이 이루어졌습니다. 하지만 1945년 광복은 안타깝게도 분단과 함께 옵니다. 분단의 상황, 지금까지도 이어지고 있잖아요? 첫 번째 단추가 잘못 끼워지니 아직도 그 매듭을 풀지 못하고 있는 겁니다. 분단된 이유는, 앞서 말했듯 미국과 소련이 우리나라에 점령군 형태로 들어왔기 때문입니다. 북쪽에

일본의 항복
1945년 9월 2일 일본 외무대신 시게미쓰 마모루가 일본 도쿄만에 정박한 미군 전함 미주리호에서 항복 문서에 서명하고 있다. 그는 이날 맥아더 장군과 많은 미군들이 지켜보는 상황에서 다리를 절뚝거리며 나왔는데, 그 이유가 윤봉길 의사의 훙커우 공원 의거에 의해 한쪽 다리를 잃어 의족을 착용했기 때문이었다.

소련군이, 남쪽에 미군이 들어왔죠. 그러니까 이들은 우리나라를 해방시키려는 것이 아니라 점령하기 위해 들어온 거예요. 일본이 갑자기 패망하니, 일본의 식민지 한국을 점령하고 일본을 쫓아내기 위해 들어왔다는 이야기죠. 그리고 자신들의 편의를 위해 38도선을 쭉 그어버립니다. 우리 한반도의 운명이 이렇게 결정되고 말았습니다. 38도선은 군사적 경계선으로 실질적인 분단은 아니었지만, 여하튼 이 당시까지만 해도 분단이 이렇게 오래갈 거라고 생각했던 사람은 거의 없었을 겁니다.

다시 국내 조직 이야기로 돌아와보자면, 국내에서 활동하던 조선 건국 동맹은 광복이 되자마자 재빠르게 움직여, **조선 건국 준비 위원회**를 만듭니다. 줄여서 건준위라고 하는데, 건준위는 좌우 합작의 형태를 취하고 있었습니다. **중도 좌파인 여운형**과 **중도 우파인 안재홍**이 만나 조직을 이루었죠. 건준위는 광복이 되자마자 제일 먼저 치안을 신경 씁니다. 갑자기 일본이 패망했기 때문에 권력이 공백 상태가 되었잖아요. 무정부 상태가 된 거니 약탈과 폭력, 방화 등이 벌어질 수 있겠죠. 미국이 들어오기 전 8월 15일부터 9월까지 짧은 시간이었지만, 무정부 상태에서 치안을 유지하는 것이 정말 중요했을 겁니다. 그래서 건준위는 전국에 지부를 설치, 치안대를 조직해 치안과 질서 유지에 힘을 쏟았습니다.

건국 준비 위원회 발족식에 선 여운형

또한 건준위는 점령군 형태로 들어오는 미국보다 유리한 고지를 형성하기 위해, 미국이 들어오기 전에 나라를 선포합니다. **조선 인민 공화국**이라는 행정부를 선포하고, 지방에 **인민 위원회**를 구성해 중앙과 지방을 장악하려고 했죠. 그런데 미국이 들어오면서 **미군정 외에 모든 행정 조직을 인정하지 않겠다**고 합니다. **조선 인민 공화국**은 물론이고 **대한민국 임시 정부**조차 **부정**합니다. 일이 꼬이기 시작한 거예요. 대한민국 임시 정부가 어떤 조직입니까? 3·1 운동의 영향을 받아 조직되었고, 근거지를 찾기 위해 8년 동안 6천 킬로미터의 대장정을 거쳐 충칭까지 갔잖아요. 그곳에서 한국 광복군을 만들고 우리나라에 들어오기 위해 정말 노력했던 정부인데, 그 정부마저 인정하지 않는 거예요. 더욱이 미군정은 김구의 입국조차 막습니다. 결국 김구는 대한민국 임시 정부의 주석이 아닌 개인 자격으로 우리나라에 들어옵니다.

'뭔가 이상하다, 느낌이 안 좋다'는 생각이 드실 텐데요. 여기에 더해 미군정은 맥아더 포고문을 통해 일제 강점기 동안 일본을 위해 일했던 공무원들, 일본에 부역했던 사람들을 건드리지 말라고 합니다. 일제 강점기가 끝나고 제일 먼저 해야 할 일이 뭘까요? 정의를 세우는 일입니다. 일제에 빌붙어 성장했던 세력들을 벌하는 거죠. 그런데 미군정 입장에서는 이것이 그리 중요하지 않습니다. 빨리 안정화를 시키는 게 중요하기 때문에, 그간 일해온 사람들이 미군정을 위해 계속 일하는 것이 제일 좋겠죠. 그들에게 우리 민족의 정의는 관심 밖이에요. 이렇게 되면서 친일파 청산은 이뤄지지 않고, 미뤄지고 맙니다.

이후 우리의 문제는 제2차 세계 대전의 종결을 주도한 강대국에게 넘어갑니다. 1945년 12월 미국과 소련, 영국이 모여 **모스크바 3국 외상 회의**를 엽니다. 모스크바 3국 외상 회의는 광복 이후 결정적인 장면이라고 볼 수 있는데, 이 회의에서 굉장히 중요한 것들이 결정됩니다. '첫째, **임시 정부**를 수립한다. 둘째, **신탁 통치**를 하겠다. 셋째, 임시 정부 수립을 지원하기 위해 **미·소 공동 위원회**를 열겠다'였는데, 하나씩 보도록 하겠습니다.

먼저 한국인이 운영하는 임시 정부를 수립하겠다는 내용이 논의되는데요. 대신 일정 기간 신탁 통치를 하겠다고 합니다. 신탁 통치란 한 국가가 자체적으로 통치 능력을 갖출 때까지 다른 나라가 대신 통치하는 것을 말하는데, 즉 정부의 운영 관련 결정권은 신탁 통치 국가가 갖겠다는 거였죠. 이 신탁 통치 국가에 중국이 추가돼, 미국·영국·소련·중국 총 4개국에 의한 최고 5년간의 신탁 통치 실시를 결정합니다.

그런데 모스크바 3국 외상 회의가 열렸을 당시 국내에는 신탁 통치에 관한 내용만 알려졌었어요. 오보였던 거죠. 여하튼 이 내용만 듣고 누가 찬성을 하겠어요. 광복이 됐는데 또 신탁 통치를 한다니, 당연히 반대하겠죠. 그래서 당시 좌우익 모두 반대합니다. 그런데 얼마 뒤 좌익 세력이 모스크바 3국 회의에서 임시 정부 수립에 대한 내용을 알게 됩니다. 임시 정부가 수립되면 신탁 통치 기간을 줄일 수 있을 거라고 판단한 좌익 진영은, 찬성 입장으로 돌아섭니다. 즉 모스크바 3국 외상 회의에 총체적 지지 견해를 보이죠. 반면 우익 세력은 신탁 통치에 집중해, 어떤 경우라도 신탁 통치는 말이 안 된다며 결사반대합니다. 이렇게 **좌와 우**의 입장이 바뀌면서 둘 사이의 엄청난 **대립**이 벌어지게 됩니다. 좌에 해당하는 대표적인 인물로는 조선 공산당 출신의 박헌영이 있었고, 우익 진영에는 이승만과 김구가 있었습니다.

문제는 좌우 대립 과정에서 갈등의 골이 심해지고, 이것이 결국 나중에 전쟁, 동족상잔의 비극으로 연결된다는 것입니다. 그리고 또 하나의 문제점은 좌우 대립이 심각해지는 과정에서, 광복되자마자 처단했어야 할 친일파들이 계속 남아 있

모스크바 3국 외상 회의 지지 운동

신탁 통치 반대 운동

게 됐다는 것입니다. 맥아더 포고문에 의해 목숨을 부지했던 그들은, 좌우 대립으로 혼란한 틈 속에서 우익 세력으로 스르륵 스며듭니다. 그리고 처단돼야 할 이들이 좌익 세력을 때려잡는 **반공 투사**로 서서히 변신을 시도해요. 여기서 정말 비극이 시작됩니다. 일제 강점기 일제에 빌붙어 살던 이들이, 광복 공간에서 반공 투사로 자리 잡으며 친일파라는 자신들의 본질을 가리기 시작했던 겁니다. 저는 이게 그 어떤 것보다 더 아픈 일인 것 같습니다.

그리고 1946년 모스크바 3국 외상 회의에서 약속한 대로 **1차 미·소 공동 위원회**가 열립니다. 그런데 여기서 미국과 소련이 대립합니다. 임시 정부 구성에 참여할 단체의 자격을 두고 미국과 소련의 의견이 갈린 겁니다. **미국**은 **참가를 원하는 단체**는 **모두** 들어올 수 있게 해야 한다고 주장하고, **소련**은 모스크바 3국 회의 결정 사항을 지지하는 세력만 참여시키자고 맞섭니다. 모스크바 3국 외상 회의를 지지한 쪽은 좌익이고, 부정한 세력은 우익이잖아요. 그러니까 소련은 좌익만 들어오길 원한 거고, 미국은 인원수도 단체 수도 많은 우익이 들어와야 수월해진다는 입장이었던 거죠. 이렇게 서로의 의견이 충돌하면서 결국 1차 미·소 공동 위원회는 합의를 보지 못하고 휴회합니다.

: **그리고 좌우 합작 운동이 전개됩니다** :

1차 미·소 공동 위원회에서 소련과 미국이 대립할 때, 이를 눈여겨본 인물이 있습니다. 바로 **이승만**인데요. 잠시 정치인 이승만에 관한 이야기를 해볼게요. 그의 정치 생명은 대단합니다. 이승만

질문 있어요!

Q 소련이 좌익을 원한다는 사실은 모스크바 3국 외상 회의를 지지하는 세력이기 때문에 알겠는데, 왜 미국은 우파로 채워지길 원한 건지 잘 이해가 안 갑니다.

A 당시 국제 정세는 냉전 체계가 견고해지는 시기였습니다. 공산주의와 자본주의의 대립이 팽배해지는 와중에 열린 미·소 공동 위원회에 모스크바 3국 외상 회의에 찬성하는 단체만 들어온다면, 사회주의 세력이 다수를 차지하겠죠. 소련은 환영이겠지만, 자본주의 세력이던 미국의 경우 한반도를 공산주의 지역으로 만들고 싶지 않았던 겁니다. 그래서 찬성하지 않는 세력까지 모두 참여할 수 있도록 한 것이에요.

〈좌우 합작에 대한 성명〉

이 등장했던 시기는 대한 제국 시기인데, 만민 공동회에서의 연설로 일약 스타가 되었죠. 이승만은 정치 감각이 굉장히 뛰어납니다. 정치 감각이 뛰어나다는 말에 긍정이나 부정의 의미를 담지는 않겠습니다. 여하튼 이승만은 앞으로 어떤 일이 벌어질지에 대한 그림을 잘 그렸고, 실제로 그가 그린 대로 이루어지곤 했습니다.

1차 미·소 공동 위원회가 휴회되고 임시 정부 수립이 점점 늦어지자 이승만은 이렇게 생각합니다. '미국과 소련이 대립해? 이러면 한반도는 하나의 정부가 나오는 건 어렵겠어. 미국은 남쪽에, 소련은 북한에 있으니 이대로 굳어질 가능성이 있겠네'라고 판단한 거예요. 그리고 1946년 6월 정읍에 가서 '남한만이라도 빨리 정부를 수립해, 북쪽에 있는 소련을 격퇴하자'라고 주장합니다. 이승만의 발언을 들은 사람들은 '남한만 정부 수립을 먼저 해? 그러면 북한도 따로 정부가 수립될 수 있다는 얘기야? 뭐야, 우리 분단이야?'라고 생각하죠. 광복 이후 남과 북에 미국과 소련이 들어와 있는 상황이었지만, 그래도 많은 사람들은 우리나라가 분단될 거라고는 생각하지 않았어요. 그런데 이승만의 발언으로 자칫하면 분단될 수 있다는 위기의식이 더욱 고조됩니다.

좌우 대립이 갈수록 심화되고 이승만의 '정읍 발언' 이후 분단에 대한 위기감이 높아지자, 무슨 일이 있어도 분단은 막아야 한다는 생각으로 1946년 전개된 운동이 바로 좌우 합작 운동입니다. 매우 중요하니까 잘 알아두셔야 해요. 좌우 합작 운동을 이끌었던 인물은 여운형, 김규식입니다. 여운형이 좌라면, 김규식은 우였습니다. 두 사람은 좌와 우로 지나치게 기울었던 건 아니고, 중도 좌파와 중도 우파라고 볼 수 있어요. 극좌파와 극우파는 따로 있죠. 조선 공산당 출신의 박헌영이 극좌파, 이승만과 김구가 극우파였습니다. 여하튼 좌우 합작 운동은 중도에 있는 사람들을 중심으로 이루어졌는데, 초기에는 미군정도 지지해줄 정도로 합리적인 운동이었습니다. 좌우 합작 운동을 통해 좌우 합작 7원칙도 발표됐는데, 주요 내용은 미·소 공동 위원회를 빨리 재개하자는 것, **친일파를 처단하자**는 것, 그리고 **임시 정부를 수립하자**는 것이었습니다. 즉 모스크바 3국 외상 회의 내용을 전반적으로 수용하면서, 친일파 처단 문제까지도 포함한 거죠.

그런데 정치라는 게 참 묘합니다. 정치인들은 좌와 우의 선명한 색을 보여 줘야 힘을 받더라고요. 즉 중도에 있는 사람들이 융합하려고 하면 그 세력은 별로 힘을 받지 못합니다. 결국 좌우 합작 운동에 **박헌영과 이승만, 김구는 참여하지 않고**, 그러다 보니 힘을 잃게 됩니다. 또 **미군정도 지지를 철회**하고, 급기야 여운형까지 암살당하면서 좌우 합작 운동은 실패로 돌아갑니다. 아주 중요한 기회를 우리가 놓친 거라고 할 수 있어요.

이제 **1947년**이 되면서, 미국에서 **트루먼 독트린**이 나옵니다. 독트린은 '주의', '신조'라는 의미인데, 주로 나라가 표방하는 외교 노선의 기본 정책을 말해요. 트루먼 독트린은 미국 대통령 트루먼이 공산주의 세력의 확대를 막기 위해 터키와 그리스에 경제 원조를 제공하겠다고 선언한 것인데, 냉전의 신호탄을 쏘아 올린 엄청난 선언이었습니다. 열전은 포탄이나 총을 쏘는 거고, 냉전은 직접적으로 무력을 사용하진 않지만 어쨌든 서로 으르렁대면서 대립하는 겁니다. 트루먼 독트린이 냉전을 격화시킨 거나 마찬가지인데, 이후 소련을 중심으로 한 공산주의 진영과 미국을 중심으로 한 자본주의 진영 간의 냉전 시대가 시작됩니다. 자, 이런 상황에서 미국과 소련이 만나면 대화가 제대로 될까요? 그럴 리 없겠죠. **2차 미·소 공동 위원회**에서 만난 미국과 소련은 엄청나게 대립합니다. 이유는, 앞서 1차 미·소 공동 위원회 때와 변한 것이 하나도 없어요. 이번에도 임시 정부 구성에 참여할 단체의 자격 문제를 놓고 부딪칩니다. 그런데 상황이 좀 심각해지면서 결국 2차 미·소 공동 위원회는 **완전히 결렬**되고, 한반도 문제를 유엔으로 넘겨버립니다. 유엔으로 넘겨진 이후의 상황을 이어서 보도록 하겠습니다.

대한민국 정부 수립

강대국의 논리에 휘둘리고 있는 한반도의 상황. 우리 한반도의 운명은 어디로 가는 걸까요. 어디로 가야 옳은 걸까요. 여기서는 2차 미·소 공동 위원회가 결렬되고, 임시 정부 수립에 관한 문제가 유엔으로 이관되자 어떤 일이 벌어지는지 확인해보겠습니다.

: 5·10 총선거와 대한민국 정부 수립 :

임시 정부 수립에 관한 문제가 유엔으로 넘어간 후, **유엔 총회**에서는 **인구 비례에 의한 남북한 총선거**를 하라고 권고합니다. 그리고 이 문제를 해결하기 위해 **유엔 한국 임시 위원단**을 파견합니다. 그런데 **소련**이 유엔 한국 임시 위원단의 입북을 **거부**합니다. 당시 유엔은 미국의 입김이 굉장히 강한 상태였고, 또 북측보다 남측의 인구가 더 많았어요. 인구 비례에 의한 총선거를 실시하면, 인구가 더 많은 남측 주도로 정부가 세워질 거라고 판단한 소련이 유엔 파견을 거부한 겁니다. 공평하지 않다는 거죠. 결국 이 문제는 해결되지 못하고, 1948년 유엔 소총회로 다시 넘어갑니다.

유엔 소총회는 가능한 지역만이라도 총선거를 시행하라고 하는데, 그 결과 실시된 것이 바로 5·10 총선거입니다. 그런데 5·10 총선거는 국회 의원 선거였습니다. 왜 대통령이 아닌 국회 의원을 먼저 뽑았을까요? 나라가 운영되려면 법이 있어야 하고, 헌법을 만들려면 입법부인 국회가 필요하잖아요. 그래서 국회를 운영할 국회 의원을 먼저 뽑고, 그들에 의해 헌법이 만들어지면 그 헌법에 따라 대통령이 선출되고, 이런 순서로 진행되는 겁니다.

5·10 총선거는 우리나라 **최초의 보통 선거**로, 21세 이상의 모든 국민에게 투표권이 부여되었습니다. 그런데 이걸 너무 당연하게 받아들이시면 안 돼요. 보통 선거는 선거인의 자격에 재산, 신분, 성별 등의 제한을 두지 않고 남녀노소 누구나 일정한 나이가 되면 투표할 수 있도록 한 거잖아요. 우리 인류의 역사를 보면 모두 평등하게 투표권을 가지게 된 시기가 오래되지 않았습니다. 세계 선거사를 살펴보면 처음에는 소수 귀족들만이 투표권을 가지고 있었어요. 그러다 근대로 접어들면서 프랑스 대혁명이 벌어지고, 혁명의 기운 속에 노동자들이 들고일어난 겁니다. 처음에는 귀족들만 가지고 있던 투표권이 이후 자본가 남성, 노동자 남성으로 확장되고, 이후 여성들도 투표권을 갖게 되었죠. 여성들이 투표권을 가진 지는 100여 년밖에 되지 않습니

5·10 총선거 벽보용 홍보물

다. 그런데 우리는 혁명이나 투쟁 없이 1948년 5·10 총선거를 보통 선거로 치른 거죠. 엄청난 민주주의가 훅 들어와버린 겁니다.

그런데 문제는 5·10 총선거가 실시되면 남한만의 정부가 수립되는 것이고, 그것은 곧 남북의 분단으로 이어질 수밖에 없다는 사실이었습니다. 그래서 이 5·10 총선거를 격렬하게 **반대하는 세력**이 등장합니다. 좌익 세력뿐만 아니라 우익들도 5·10 총선거를 반대합니다. 우리가 이러려고 몇십 년 동안 독립운동을 해왔냐는 것이죠. 그중 대표적인 정치인이 **김구**입니다. 이와 관련해 김구의 **'삼천만 동포에게 읍고함'**이라는 유명한 연설문이 있습니다. 김구는 '나는 38도선을 베고 쓰러질지언정 남한만의 단독 정부 수립에는 참여하지 않겠다'고 선언합니다. 우리가 정말 존경해 마지않는 정치인 김구의 모습이 우뚝 솟아오르는 시점이, 바로 삼천만 동포에게 읍고하던 그때가 아니었나 싶습니다.

그리고 그즈음 너무 가슴 아픈 일이 벌어집니다. 바로 **제주 4·3 사건**입니다. 1948년 4월 3일, 제주도에서 좌익 세력과 일부 주민이 5·10 총선거와 단

독 정부 수립에 반대하는 무장봉기를 일으켰는데, 미군정이 경찰과 군인을 투입해 무차별적으로 진압한 겁니다. 이러한 상황은 정부 수립 후 1954년 9월까지 계속되었는데, 그 과정에서 봉기 세력뿐만 아니라 무고한 민간인들이 정말 많이 희생되었어요. 이게 너무 말이 되지 않는데, 예를 들어 제주도 지도를 놓고 산간 중턱에 원을 그립니다. 그리고 선을 딱 그어서 선 밑으로 내려오지 않고 선 안쪽, 즉 한라산 쪽에 계속 있는 사람들은 다 빨갱이라고 하는 거예요. 거기서 말도 키우고 농사짓는 사람들에게 내려오라고 하면, 그냥 내려오겠어요? 자기 터전인데 안 내려올 수도 있죠. 그런데 안 내려오면 무조건 빨갱이라고 하면서 죽인 겁니다. 제주도 어느 한 마을은 제삿날이 모두 똑같아요. 한날

제주 4·3 사건 당시 피란민들

한 마을 사람들이 몰살됐기 때문입니다. 정말 가슴 아픈 일입니다. 한 사람 한 사람이 다 중요하잖아요. 모두 소중하고 중요한 사람들인데, 그들의 인권을 무시한 채 그저 선 안쪽에 있느냐 없느냐를 따져서 무차별적으로 사람을 죽인다니 상상할 수도 없는 일입니다. 이념보다 사람이 먼저여야 하는데, 이념이 먼저였기 때문에 벌어진 일이 아닐까 싶습니다. 얼마나 무섭습니까. 제주도민들은 몇십 년 동안 말도 못하고 아프게 살아오다가, 2000년이 되어서야 제주 4·3 사건 진상 규명 및 희생자 명예 회복에 관한 특별법이 제정되

큰★별쌤의 사건 이야기

민족 분단을 막아야 한다, 남북 협상

소련이 북한에 유엔 한국 임시 위원단이 들어오는 것을 거부하자 유엔 소총회에서는 위원단이 접근 가능한 지역에서만이라도 총선거를 시행할 것을 권고합니다. 김구는 남한에서의 단독 선거가 결국 분단을 초래할 거라며 반대하고 김규식과 함께 남북 협상을 위해 평양으로 떠납니다. 당시 북한은 이미 정부 수립 단계에 있었고, 남한 역시 5·10 총선으로 정부 수립이 코앞인 상황이라 이들을 반대한 세력도 많았지요. 그러면서 김구와 김규식을 터무니없는 이상론자로 보기도 했습니다. 하지만 김구와 김규식은 김일성을 만납니다. 그리고 남한에서 정부 수립이 되지 않으면, 북한에서도 정부를 수립하지 않겠다는 약속을 받아냅니다. 그러나 결국 남한에서는 대한민국 정부가 단독으로 수립됩니다. 이후 북한에도 조선 민주주의 인민 공화국이 세워지지요. 이렇게 남북 협상은 실패하고, 김구는 이후 암살당합니다.

비서 선우진   차남 김신

남북 협상을 위해 38도선을 넘는 김구 일행

1948년 4월 22일 평양에서 열린 남북 지도자 회의에서
축사하는 김구

었습니다. 이 제주 4·3 사건으로 인해 5·10 총선거는 제주도 일부 지역에서는
제대로 치러지지 않았습니다.

한편 백범 김구는 계속 움직입니다. 삼천만 동포에게 읍고한 데서 그치지
않고, 직접 움직여 북한으로 갑니다. 이것이 바로 **남북 협상**입니다. 1944년 대
한민국 임시 정부가 개헌하면서 주석 김구, 부주석 김규식 체제가 되었잖아
요. 이 두 사람이 통일 정부 수립을 위한 남북 협상을 북측에 제안하고, 김일
성을 만나러 북한으로 간 겁니다. 그 결과 평양에서 당시 소련의 영향력 아래
이미 정부 수립 단계에 있었던 북한의 수장 김일성을 만났지만, 세계적 질서
속에서 운명을 좌우할 힘이 우리에겐 없었습니다.

결국 역사의 수레바퀴는 계속 굴러갔어요. 5·10 총선거가 열렸고, 선거를
통해 선출된 국회 의원들이 헌법을 만들었습니다. 이것이 바로 1948년 제정
된 **제헌 헌법**입니다. 헌법의 내용을 볼 때는 대통령을 어떻게 뽑는지가 중요
한데, 제헌 헌법에는 대통령을 국회의 **간접 선거**로 뽑는다고 나옵니다. 국민이
직접 대통령을 뽑는 게 아니라 **국회가 대통령을 뽑는다**는 거죠. 그 결과 **초대 대
통령**으로 **이승만**이 국회에서 선출되고, **1948년 8월 15일 대한민국 정부**의 수립
을 선포합니다.

1948년 8월 15일, 대한민국 정부 수립 국민 축하식

1948년 9월 9일, 조선 민주주의 인민 공화국 수립 축하 행진

: 제헌 국회의 활동들을 보겠습니다 :

드디어 수립된 대한민국 정부, 이제 정부가 해야 할 일이 있습니다. 바로 반민족 행위자들을 처벌해야죠. 그건 정의를 세우는 일이라고 했잖아요. 더 건강한 미래로 나아가기 위해 정리하고 역사화하는 작업이거든요. 너무나 중요하고, 당연히 해야 하는 거예요. 그래서 제헌 국회는 정부 수립 직후 **반민족 행위 처벌법**을 제정하고, **반민족 행위 특별 조사 위원회**를 설치합니다. 반민족 행위 특별 조사 위원회를 줄여서 반민특위라고 하는데, 반민특위는 친일파를 처벌하지 못하고 결국 실패로 돌아갑니다. 이승만 정부가 협조를 안 했기 때문인데요. 정부의 입장은 '남북이 대치하고 있는데, 내부에서 누구를 벌하고 이럴 때가 아니니 나중에 하자'는 거였어요. 그런데 이 과정에서 국회 프락치 사건이 벌어집니다. 프락치는 간첩이에요. 간첩이 지금 국회에 들어와 있는데, 누군지 보니 바로 반민특위 위원들이라는 거죠. 이건 냄새가 나죠. 공작이에요. 반민특위가 움직이지 못하도록, 북한과 내통했다는 혐의로 현역 국회 의원 10여 명을 검거·기소한 겁니다. 그 결과, 정부에 비판적이던 의원들이 제거되었고, 결국 반민족 행위 처벌법의 공소 시효를 1년 정도 대폭 단축시키는 개정안이 통과되었어요. 반민족 행위자들을 처벌하지 못하도록 만든 거죠.

2019년 12월, 독일의 메르켈 총리가 유대인을 학살했던 아우슈비츠 수용소에 가서 사죄했습니다. 메르켈 총리는 이전부터 과거 역사에 대해 계속해서 사과했는데, 수용소 방문은 이번이 처음이었어요. 수용소 앞에 서서 그가 뭐라고 했냐면, '사과하고 사죄하는 것이 바로 독일의 정체성'이라고 이야기합니다. 역사가 무엇인지 정확히 아는 겁니다. 끊임없이 먼 과거 이야기를 꺼내며 사과하는 건, 건강한 미래로 가기 위해서예요. 독일은 나치와 관련된 인물에게 공소 시효가 적용되지 않아요. 공소 시효란 어떤 죄를 지었을 때 일정 기간이 지나면 더 이상 그 범죄에 대해 공소를 제기할 수 없는 제도를 뜻하는데, 그게 나치 관련 인물에게는 적용되지 않는 겁니다. 그래서 독일은 지금도 가끔 90세 넘은 할아버지가 과거에 나치 활동을 했다는 이유로 끌려가기도 합니다. 우리도 마찬가지예요. 친일의 역사를 청산하는 것은 과거에 질질 끌려가는 게 아니라 더 나은 미래로 가기 위한 작업이라는 사실, 기억해주시기 바랍니다.

1949년 제헌 국회가 정부 수립 직후 반민족 행위자 처벌을 위해 설치한 반민특위는 결국 제대로 활동해보지도 못하고 해체되었습니다. 제헌 국회의 다음 활동은 국민들을 잘살게 하기 위한 경제 정책 수립이었습니다. 바로 **농지 개혁법**이지요. 토지를 나눠주는 겁니다. 농지 개혁은 경제 부분에서도 한 번 더 배울 텐데, 이건 성공합니다. 이렇듯 대한민국 정부 수립 이후 반민특위 활동, 농지 개혁 등의 활동이 전개됩니다. 그런데 대한민국 정부가 수립되자마자 북한에서도 조선 민주주의 인민 공화국이 수립됩니다. 남과 북에 서로 다른 정부가 들어서게 된 상황, 이것은 동족상잔의 비극 6·25 전쟁으로 이어집니다.

6 · 25 전쟁

이제 6 · 25 전쟁을 살펴볼 차례인데요. 북한에서는 6 · 25 전쟁을 조국 해방 전쟁이라는 표현으로 쓰고 있어요. '남한 정부는 미국의 식민지이므로, 우리는 이 나라를 해방시키기 위해' 전쟁을 일으켰다고 말합니다. 그런데 어떤 목적을 달성하기 위해 전쟁을 이용한다는 것이 합리화될 수 있을까요? 6 · 25 전쟁으로 얼마나 많은 사람들이 죽고, 또 얼마나 많은 이산가족들이 생겼는지 모릅니다. 그 목적이라는 것이 무엇인지 모르겠지만 어떤 경우라도 전쟁은 합리화될 수 없다는 것을 강조하면서, 6 · 25 전쟁에 대한 이야기를 시작하도록 하겠습니다.

: 6 · 25 전쟁의 과정과 결말을 보겠습니다 :

6 · 25 전쟁의 과정을 살펴볼 텐데, 우선 당시 북한은 소련과 중국으로부터 많은 지원을 받고 있었습니다. 반면 남한은 주한 미군이 단계적으로 철수하고 있었고, 더 나아가 **1950년** 초 미국에서 **애치슨 선언**을 발표합니다. 미국 국무장관 애치슨이 미국의 태평양 방위선을 밝힌 선언인데, 미국의 방어선에 일본까지만 포함되고 한국과 타이완은 제외되었어요. 이로 인해 김일성은 '미국이 남한을 버렸다'고 오판하고, 지금이 기회라고 생각한 거죠. 게다가 소련과 중국으로부터의 지원도 많으니 남침을 강행, 결국 1950년 6월 25일 전쟁이 일어납니다.

북한은 전격전을 펼칩니다. 북한군이 탱크를 앞세워 밀고 내려오니 당해낼 수가 없는 거죠. 이들이 남침 3일 만에 서울을 함락하고, 한 달여 만에 낙동강 방어선까지 밀고 내려왔습니다. 상황은 조만간 북한에 의해 통일되겠다는 생각이 들 정도였고, 남한 정부는 부산으로 수도를 옮겼습니다. 그런데 이때 불리한 상황을 반전시킨 사건이 하나 있습니다. 바로 **맥아더 장군의 인천 상륙 작전**입니다. 1950년 9월 15일, 맥아더 유엔군 사령관의 지휘 아래 인천에 상륙해 북한군을 공격하는 대규모 작전을 펼쳤죠. 그런데 당시 인천 상륙 사건 이

전에 경북 영덕 남정면 장사리 쪽에서도 상륙 작전이 있었습니다. 학도병들이 북한의 시선을 돌리기 위해 상륙 작전을 감행한 것이었죠. 정말 꽃다운 나이에 수많은 청춘들이 희생당해야만 했던 전쟁의 비극을 보여줍니다. 여하튼 인천 상륙 작전은 성공했고 전세를 역전시킨 국군이 북쪽으로 치고 올라갑니다. 국군과 유엔군이 서울을 수복하고 압록강 일대까지 진격하자, 이제 통일이 될 것만 같은데 이때 중국이 개입합니다. **중국군의 개입**은 6·25 전쟁을 나누는 굉장히 중요한 분기점이 되니까, 꼭 기억하셔야 합니다.

　중국군이 투입되면서 다시 남으로 밀고 내려오니 결국 우리가 철수를 합니다. 대표적인 것이 1950년 12월 **흥남 철수 작전**인데, 피란길에 오른 민간인을 배에 실어 흥남 항구를 통해 남쪽으로 철수했죠. 그러다 북한군이 더 밀고 내려오면서 1951년 1월 4일 다시 서울을 빼앗기고 국군과 유엔군은 38도선 이남 지역까지 퇴각하죠. 바로 **1·4 후퇴**입니다. 6·25 전쟁 과정에서 서울의 주인이 몇 번이나 바뀌었는지 볼까요? 북한이 1950년 6월 25일 처음 밀고 내려오면서 3일 만에 한 번 뺏기고, 9월 인천 상륙 작전으로 다시 찾았죠. 주인이 두 번 바뀌었어요. 그리고 1951년 1월 4일 서울을 또 뺏기고, 이후 70여 일 만에 재탈환합니다. 서울의 주인이 총 네 번 바뀐 거죠. 이런 상황이니 어떤 때는 서울에 국군이 들어오고, 어떤 때는 인민군이 들어옵니다. 태극기를 들어야 할지 인공기를 들어야 할지 모르는 거예요. 그래서 어떤 사진을 보면 한 할아버지가 한 손에는 인공기를, 한 손에는 태극기를 들고 있는 모습을 볼 수 있습니다. 얼마나 비극입니까. 이념 앞에 생존해야 하는 한 인간의 가슴에 두 개의 깃발, 인공기와 태극기. 그 한 장의 사진이 마음을 아프게 하더군요.

국군과 유엔군이 서울을 재탈환한 이후 38도선 부근에서 전선이 고착화되자, 소련에서 '이렇게 있다가는 안 되겠다'는 판단 아래 휴전을 제의합니다. 그래서 휴전 협상이 시작되는데 이 과정에서 이승만 정부가 격렬하게 저항합니다. 미국이 조금만 더 우리를 도와준다면 밀고 올라가서 상황을 종료할 수 있는데 이대로 끝낼 수 없다는 거죠. 휴전 협상의 핵심은 포로 송환 문제였습니다. 미국은 포로들의 의사를 존중해 그들이 가고 싶은 나라로 보내주자고 주장했고, 소련과 중국은 원래 속해 있던 곳으로 보내자고 주장했어요. **자유 송환** 대 **자동 송환**이 팽팽히 맞선 거죠. 이 문제가 빨리 해결되어야 하는데 매우 오래 걸리고, 그러다 보니 한 뼘의 땅이라도 더 차지하기 위해 격렬한 전투가 이어집니다. 백마고지 전투 같은 것들이 그래서 나온 거죠.

이렇듯 매우 큰 피해가 오고 가는 상황에서 엄청난 이슈가 터집니다. 바로 **반공 포로 석방**입니다. 지금 포로 송환 문제로 난리가 난 상황인데, 이승만 정부가 아무런 협의 없이 그냥 포로를 풀어줘버린 겁니다. 이로 인해 휴전 협상 자체가 위기에 빠지게 되자 결국 미국이 이승만 정부와 타협을 합니다. 이승만 정부는 '**전쟁이 끝나도 미군은 남는다**', 그리고 '**경제적으로 지원한다**'는 두 가지 조건을 보장받고, 결국 **1953년 휴전**이 성사됩니다. 1953년 7월 27일, 정전 협정이 체결되면서 협정에 따라 군사 분계선을 설정하고 비무장 지대, 바로

DMZ를 설치하게 됩니다. 그리고 전쟁 직후 한국과 미국은 이전의 약속을 토대로 **한·미 상호 방위 조약**을 체결합니다. 우리나라에 주한 미군이 주둔하는 출발점이 바로 여기죠.

이렇게 전쟁이 끝났습니다. 이 얼마나 아픈 일이었습니까. 광복 이후, 사람보다 이념이 먼저 앞섰기 때문에, 이런 비극이 일어났습니다. 다시는 비극을 반복하지 말아야 하고, 그러기 위해서는 반드시 역사를 공부해야 한다는 생각을 하면서 이야기를 마무리하겠습니다.

1 광복

(1) 광복 전후 국내외 상황

국외		• 카이로 회담(1943)에서 한국의 독립을 최초로 약속 • 얄타 회담(1945)에서 소련 참전 결정
국내	미군과 소련군 주둔	• 미군과 소련군이 38도선을 경계로 각각 남과 북에 주둔(점령군 형태로 들어옴)
	조선 건국 준비 위원회	• 여운형, 안재홍이 결성 → 전국에 지부 설치, 치안대를 조직해 치안과 질서 유지 → 조선 인민 공화국 선포(중앙), 인민 위원회 구성(지방)
	대한민국 임시 정부	• 미군정이 대한민국 임시 정부도 부정 → 김구 등이 개인 자격으로 귀국

(2) 모스크바 3국 외상 회의와 좌우 합작 운동

모스크바 3국 외상 회의 (1945)	결정 사항	• 1945년 12월, 미국 · 소련 · 영국이 모여 임시 정부 수립, 최대 5년간의 신탁 통치, 미 · 소 공동 위원회 설치 등 결정
	국내 반응	• 좌익: 신탁 통치 반대 주장, 모스크바 3국 외상 회의 결정 사항에 총체적 지지로 선회 • 우익: 김구, 이승만 등이 신탁 통치에 결사반대
	결과	• 좌와 우의 대립 심화
좌우 합작 운동 (1946~1947)	배경	• 임시 정부 구성에 참여할 단체의 자격을 두고 미 · 소가 대립하며 1차 미 · 소 공동 위원회 휴회 • 이승만의 정읍 발언: 남한만의 단독 정부 수립 주장 → 남북 분단에 대한 위기감 고조
	주도	• 여운형, 김규식 등 중도 세력이 주도 → 미군정이 지원
	전개	• 좌우 합작 7원칙 발표: 미 · 소 공동 위원회 속개, 친일파 처단, 임시 정부 수립 등 • 결과: 좌우익 세력의 외면, 미군정도 지지 철회, 여운형의 암살 등으로 실패
이후 과정		• 트루먼 독트린(1947) → 소련을 중심으로 한 공산주의 진영과 미국을 중심으로 한 자본주의 진영 간의 냉전 시대 시작 → 2차 미 · 소 공동 위원회 완전히 결렬 → 임시 정부 수립 문제가 유엔으로 넘어감

2 대한민국 정부 수립과 활동

(1) 대한민국 정부 수립 과정

유엔의 결정	• 유엔 총회에서 인구 비례에 의한 남북한 총선거 실시 권고, 한국 임시 위원단 파견 → 소련이 유엔 한국 임시 위원단 입북 거부 → 유엔 소총회에서 선거 가능 지역에서만 총선거 실시 결정(→ 남한에서 5·10 총선거 시행)
남한 단독 정부 수립 반대	• 남북 협상: 김구의 '삼천만 동포에게 읍고함'이라는 연설 → 김규식과 방북, 김일성과 만나 남북 협상을 통한 통일 정부 수립 노력 → 성과를 거두지 못하고 좌절 • 제주 4·3 사건: 1948년 4월 3일, 5·10 총선거에 반대, 좌익 세력과 일부 주민이 무장봉기 → 미군정이 무차별 진압, 이 과정에서 무고한 민간인들 희생, 제주도 일부 총선거 실시 X → 제주 4·3 사건 진상 규명 및 희생자 명예 회복에 관한 특별법 제정(2000)
5·10 총선거	• 1948년 5월 10일, 38도선 이남 지역에서만 실시, 우리나라 최초의 보통 선거 → 제헌 국회 구성
대한민국 정부 수립	• 제헌 헌법을 토대로 국회의 간접 선거를 통해 초대 대통령 이승만 선출 → 1948년 8월 15일, 대한민국 정부 수립 선포 → 같은 해 9월, 북한에서도 조선 민주주의 인민 공화국 수립

(2) 제헌 국회의 활동

반민족 행위 처벌법	• 정부 수립 직후 반민족 행위 처벌법 제정 → 반민족 행위 특별 조사 위원회(반민특위) 설치 • 이승만 정부의 비협조, 국회 프락치 사건 등으로 반민특위의 활동 제약 → 반민족 행위 처벌법의 공소 시효를 단축하는 개정안 통과 → 반민특위 해체(1949)
농지 개혁법	• 토지 분배를 통해 자영농 육성 목표

3 6·25 전쟁

배경	• 남쪽에서 미군이 철수, 소련과 중국의 대북 지원, 미국의 애치슨 선언
전쟁의 과정과 결과	• 북한군의 무력 남침(1950.6.25) → 북한군이 3일 만에 서울 점령 → 유엔군의 참전, 낙동강 방어선 구축 → 북한군이 한 달여 만에 낙동강 방어선까지 진격(수도를 부산으로 옮김) → 맥아더 장군의 인천 상륙 작전(1950.9.15) → 서울 탈환, 38도선 돌파, 압록강 일대까지 진격 → 중국군 개입 → 국군과 유엔군 후퇴, 흥남 철수 작전(1950.12) → 서울 함락(1951, 1·4 후퇴) → 70여 일 만에 서울 재탈환 → 38도선 부근에서 전선 고착화, 소련의 휴전 제의 → 휴전 협상(포로의 자유 송환 대 자동 송환으로 대립) → 이승만 정부가 반공 포로 석방 → 정전 협정 체결(1953.7.27) → 군사 분계선 설정, DMZ 설치 → 한·미 상호 방위 조약 체결(1953.10)

39강

현대

민주주의의 발전

이승만 정부

여러분, 투표하시나요? 총선, 대선, 지방 선거까지 여러 선거가 있는데 그때 받는 투표용지가 여러분에게 어떤 의미가 있는지 고민해봤으면 좋겠습니다. 몇십 년 전만 해도 내가 원하는 사람에게 투표할 수 없었습니다. 지지자들만 모여 체육관에서 대통령과 국회 의원을 뽑던 시대가 있었거든요. 지금 우리는 자유롭게 원하는 사람을 뽑습니다. 이렇게 되기까지 정말 많은 사람들이 광장에 나와 뜨겁게 싸웠습니다. 민주주의는 '피를 먹고 자라나는 꽃'이라고 하잖아요. 이제 함께 살펴볼 내용을 통해 '투표가 그냥 할 수 있는 것이 아니었구나'라는 사실을 깨닫게 될 겁니다. 우리가 자유롭게 투표할 수 있는 토대를 마련해준, 어려운 시대를 살아간 그분들에게 경의를 표하며 현대 정치사를 시작하겠습니다.

: 현대 정치사의 두 축, 개헌사와 저항사 :

정치사를 공부할 땐 크게 두 개의 축이 있습니다. 먼저 개헌사입니다. 헌법이 어떻게 바뀌었는지, 그 개헌사를 따라가볼 겁니다. 사실 헌법은 잘 바뀌는 게 아닌데, 우리는 무려 아홉 번이나 바뀌었어요. 우리보다 민주주의 역사가 훨씬 긴 미국의 경우, 헌법이 한 번도 바뀌지 않았습니다. 물론 약간의 수정은 있었지만 큰 틀이 바뀌지는 않았어요. 사실 미국 헌법에서 대통령을 뽑는 방법이 잘 이해되지는 않습니다. 국민이 원하는, 국민이 더 많은 표를 준 사람이 대통령이 되어야 하는데, 그렇지 않을 수 있더라고요. 이 문제는 미국인도 잘 알고 있는데요, 그럼에도 고치지 않는 이유는 헌법이기 때문입니다. 한 번 정한 룰, 그 룰을 토대로 약속을 지키면서 가는 것이 민주주의거든요. 룰을 쉽게 바꾸는 건 옳지 않다고 생각하는 거죠. 그런데 우리는 무려 아홉 번이나 바꿨어요. 대표적인 이유라면 '나 아니면 안 된다'는 생각을 꼽을 수 있는데, 이게 무슨 의미인지는 앞으로 현대 정치사를 살펴보면서 아시게 될 겁니다. 여하튼 이런 생각이 우리 현대 민주주의의 역사를 왜곡시킨 게 아닌가 싶습니다. 실제로 개헌해가는 과정에서 굉장히 독재적이고, 말도 안 되는 일들이 정말 많이 일어났습니다. 그래서 그에 저항하는 항쟁이 있었죠. 개헌사와 저항사, 이

두 개의 축으로 현대 정치사에 접근해보겠습니다.

: 발췌 개헌과 사사오입 개헌부터 보겠습니다 :

먼저 1948년 7월 17일 제정된 최초의 헌법, **제헌 헌법**부터 살펴보겠습니다. 헌법의 내용을 볼 때는 대통령을 선출하는 방식에 초점을 맞춰야 한다고 설명 드렸는데, 제헌 헌법에서는 국회의 간접 선거로 대통령을 뽑는다고 규정했어요. **국회가 대통령을 선출**하도록 한 거죠. 그리고 초대 국회, 즉 **제헌 국회의 임기는 2년**으로 정했습니다. 원래 국회 의원의 임기는 대통령과 마찬가지로 4년이에요. 그런데 제헌 국회는 헌법을 만들기 위해 조직된 터라 2년만 하기로 하고, 이후 정상적인 4년 임기의 국회 의원을 다시 뽑기로 한 겁니다.

제헌 국회의 활동은 앞에서 살펴봤습니다. 헌법을 제정했고, 친일파 처단을 위한 반민특위를 구성했고, 농지 개혁법도 제정했다고 했죠. 그리고 제헌 국회를 통해 이승만 정부가 출범하게 됩니다. 간접 선거를 통해 초대 대통령으로 이승만이 국회에서 선출되었고, 1948년 8월 15일 이승만 정부가 출범했죠. 이때 김구를 중심으로 한 일부 임시 정부 세력은 5·10 총선거에 참여하지 않았기 때문에, 이승만 정부에는 들어가지 않았습니다.

어느덧 2년의 시간이 흘러, 1950년 5월 다시 총선을 치러야 합니다. 이때는 5·10 총선거에 참여하지 않았던 임시 정부 세력들이 대거 들어갑니다. 그리고 뚜껑을 열었더니, 이승만을 지지했던 국회 의원들이 거의 낙선하는 결과가 나옵니다. 대통령의 임기는 4년이니 이로부터 2년 후, 다시 국회에서 대통령을 선출할 텐데 이제 이승만은 다음 대통령이 될 수 없는 상황이 펼쳐진 거죠. 그럼 그냥 약속대로 물러나면 되는데, 그게 민주주의인데, 여기서 첫 단추가 잘못 끼워집니다. '될 수 없는 상황'을 될 수 있도록 만들었죠. 즉 헌법을 바꾼 겁니다. **1차 개헌**의 핵심은 간선제에서 직선제로의 변경이었는데, 이를 **발췌 개헌**이라고 합니다. 정부가 제시한 대통령 직선제 개헌안과 국회가 제시한 의원 내각제 개헌안의 일부를 발췌했다고 하여, 발췌 개헌이라는 이름이 붙여졌

> **질문 있어요!**
>
> Q 이승만 정부는 반공을 우선시해야 하니 친일 청산을 미루자고 했잖아요. 이승만 정부에 이미 친일파들이 등용되어 있어서 비협조적이었던 건가요?
>
> A 미군정 하에서 일제 강점기의 체제가 유지됐다고 했죠? 상대적으로 정치 기반이 약했던 이승만은 그 자리를 지켰던 친일파들을 흡수해 자신의 정치 기반으로 삼았던 겁니다.

발췌 개헌
1952년 7월 4일, 부산의 피난 국회에서 통과된 대한민국 정부 수립 이후 첫 번째 헌법 개정입니다.
▶ 拔 뽑다 발
▶ 萃 모으다 췌
▶ 改 고치다 개
▶ 憲 법 헌

어요.

대통령 직선제, 즉 국민이 직접 대통령을 뽑는 선거로 바꾼 건데, 이유가 있습니다. 발췌 개헌은 1952년 7월에 단행되었거든요. 그때 우리는 6·25 전쟁 중이었죠. 전쟁 중에는 장수를 바꾸지 않는 게 좋다는 전략이 통할 수 있고, 그래서 이승만의 대통령 재선을 위해 직선제로 바꾼 겁니다. 그런데 야당 국회 의원들이 이걸 찬성했을까요? 당연히 안 했겠죠. 그러자 이승만 정부는 개헌안에 반대하던 국회 의원들이 탄 통근 버스를 통째로 경찰서로 끌고 갑니다. 그리고 갖은 협박을 통해 개헌에 찬성하도록 강요하죠. 개헌 찬반 투표를 진행할 때도 정치 깡패들을 깔아놓고 이들의 감시 하에 투표를 진행합니다. 거의 공개 투표나 마찬가지였죠. 이것이 **부산 정치 파동**입니다. 1952년 5월, 이승만 전부가 대통령 직선제 개헌을 통과시키기 위해 임시 수도였던 부산을 비롯한 일부 지역에 비상 계엄령을 선포하고, 개헌안에 반대한 국회 의원들을 체포·구금한 사건이죠. 이를 통해 1952년 7월, 1차 개헌을 통과시킬 수 있었던 겁니다.

이렇게 이승만은 재선에 성공해, 8년간 대통령직을 수행하게 됩니다. 그리고 다음 대선이 다가오는데, 여기서 '나 아니면 안 된다'는 생각이 또 나옵니다. 당시 헌법에서는 대통령의 임기는 4년이고, 1차에 한해 중임할 수 있다고 제한하고 있었거든요. 그런데 이미 한 번 중임을 했잖아요? 그래서 또 개헌합니다. 개헌 당시의 대통령에 한해 **중임 제한을 철폐**하도록 한 겁니다. 그러니까 당시 대통령, 즉 이승만은 죽을 때까지 대선에 나올 수 있도록 헌법을 개정한 건데, 1954년 추진된 **2차 개헌**을 **사사오입 개헌**이라고 합니다.

사사오입 개헌이라는 이름이 왜 붙여졌는지 설명드릴게요. 개헌을 하려면 국회 의원 정족수 3분의 2 이상이 찬성해야 합니다. 당시 국회 의원이 203명이었는데, 여기서 3분의 2를 계산하면 135.33이 나와요. 즉 203명 중 3분의 2 이상이면, 136명 이상이 동의해야 개헌이 가능했는데, 투표 결과 135표가 나왔어요. 한 표 차이로 개헌이 부결된 거죠. 그런데 갑자기 모 대학의 교수가 등장하더니 0.33명은 존재하지 않으니까 사

이승만의 거주지였던
서울 이화장

초대~제3대 대통령 이승만

376

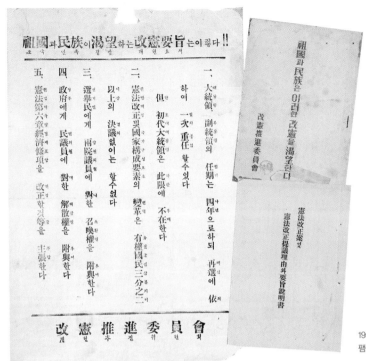

祖國과 民族이 渴望하는 改憲要旨는 이렇다!!
조국 민족 갈망 개헌요지

改憲推進委員會
개 헌 추 진 위 원 회

一、大統領 副統領의 任期는 四年으로하되 再選에 依
하여 一次 重任 할수있다
但 初代大統領은 此限에 不在한다

二、憲法改正및國家構成要素의 變革은 有權國民三分之二
以上의 決議없이는 할수없다

三、選擧民에게 民議員에 對한 解散權을 附與한다
兩院議員에 對한 召喚權을 附與한다

四、政府에게 民議員에 對한 解散權을 附與한다

五、憲法第六章經濟條項을 改正할것等을 主張한다

祖國과 民族을 위하여 改憲을 渴望한다

改憲推進委員會

憲法改正案및
憲法改正提議理由와要旨說明書

1954년 4월 17일, 개헌추진위원회가 발행한 팸플릿과 벽보 등의 사사오입 개헌 자료

람은 소수점을 쓰면 안 된다는 거예요. 소수점을 없애야 하는데 사사오입, 즉 4 이하는 버리고 5 이상은 올린다는 반올림 법칙에 따라, 203명 중 3분의 2는 135명이라고 주장합니다. 그리고 이 논리대로 개헌안을 통과시켜요. 그래서 대통령 중임 제한을 철폐시킨 2차 개헌을 사사오입 개헌이라고 하는 겁니다.

이런 식으로 계속 대통령이 되니 이승만 정부에 대한 불신과 불만이 팽배할 수밖에 없겠죠? 이걸 찍어 누르기 위해 만든 시스템이 바로 **1958년도 반공 체제**입니다. 어떤 식이냐면 "너 말 안 들어? 너 빨갱이지?" 이렇게 나오는 거예요. 이때 **신국가 보안법**을 만들면서 보안법 파동이 일어나기도 합니다. 보안법 파동은 1958년 국회에서 야당 국회 의원을 끌어내고 당시 여당이었던 자유당 단독으로 신국가 보안법을 통과시킨 사건을 말해요. 그리고 이 무렵 **진보당 사건**이라는 아주 유명한 사건이 벌어집니다.

1956년 제3대 대통령 선거에 후보로 나와 엄청난 지지를 받으며, 이승만의 강력한 라이벌로 부상했던 **조봉암**이라는 인물이 있는데, 그가 선거 이후에 진보당을 창당했어요. 그런데 이승만 정부가 '진보당의 통일 정책이 북한과 유사하니 너희는 빨갱이다'면서 진보당의 정당 등록을 취소시키고, 조봉암을

377

● 親愛하는 同胞여러분!

사형시킵니다. 이 진보당 사건으로 언론들은 난리가 납니다. 대표적으로 〈경향신문〉에서 강하게 비판했는데, 그러자 〈경향신문〉을 폐간시킵니다. 이렇게 1958년 이후 무시무시한 시스템을 만들어가고 있던 걸, 반공 체제라고 하는 거예요. 그리고 이 과정에서 1960년도에 다시 대선이 열립니다. 사사오입 개헌에 의해 이승만 대통령은 또 선거에 나올 수 있었겠죠. 그때 어떤 일이 벌어지는지 다음 장에서 보도록 하겠습니다.

장면 정부

어느덧 제4대 대통령 선거가 다가왔습니다. 그런데 1960년 대선의 포인트는 대통령이 아니었어요. 왜냐하면 이제 이승만 대통령의 나이가 너무 많았거든요. 독립 협회에서 활동을 시작해 일제 강점기를 지나 현대사까지 오는 동안, 어느새 연세가 여든여섯이었습니다. 다시 대통령이 된다고 해도 임기 중 돌아가실 수도 있는 상황이었죠. 대통령이 죽으면 그 자리는 부통령이 잇게 되거든요. 그래서 대통령이 아닌 부통령을 누구를 당선시키느냐가 대선의 핵심이었는데, 이로 인해 정말 말도 안 되는 일이 벌어집니다. 지금부터 확인해볼게요.

: 3·15 부정 선거와 4·19 혁명 :

당시 이승만 정부를 이끌던 여당은 **자유당**이었습니다. 자유당 정부가 내세운 부통령 후보는 이기붕이었는데, 문제는 이기붕이 인기가 없었다는 겁니다. 이승만이 여든이 넘은 고령이니 대통령이 사망할 시 대통령직을 승계하는 부통령 자리에 자유당 인사를 앉혀야 하는데, 이기붕이 인기가 없어 부통령에 떨어질 확률이 높았던 거죠. 그래서 자유당 정부는 또 약속을 어기고, 어마어마한 부정 선거를 자행합니다. 바로 1960년 **3·15 부정 선거**입니다.

한 마을에 100명의 유권자가 있다고 합시다. 그런데 이 마을의 투표함을 열었더니 이기붕 찬성표가 150표가 나온 거예요. 유권자가 100명인데, 어떻게 찬성표가 150표가 나오나요? 미리 표를 집어넣었다는 얘깁니다. 명백한 부정이죠. 그럼 선거를 대체 왜 합니까? 말도 안 되는 거잖아요. 이 모습을 본 학생들이 들고일어납니다. 학교에서 반장 뽑을 때도 이렇게는 안 한다는 거죠. 이 사건이 바로 4·19 혁명입

3·15 부정 선거를 다룬 기사

시위에 나선 서울 시내 각 대학교수들 플래카드에는 '학생의 피에 보답하라'고 적혀 있다.

니다. 4·19 혁명은 하나의 사건을 계기로 전국적 시위로 확산됐고, 이 와중에 정말 가슴 아픈 사건이 일어납니다. **마산에서 3·15 부정 선거를 규탄**하는 시위에 참여했던 **김주열** 학생이 실종됐는데요. 약 한 달 후인 4월 11일, 마산 앞바다에 최루탄이 눈에 박힌 상태로 김주열의 시신이 발견됩니다. 이 사건은 학생들이 분노하는 기폭제 역할을 합니다. **대학교수들**도 나서서 **시국 선언문**을 발표하며 '물러나라'고 투쟁하죠.

결국 4월 26일, 이승만 대통령이 **하야**하고, 이승만과 자유당 정부가 붕괴됩니다. 국민의 힘으로 정권을 바꿔낸 이 사건에, 그래서 '혁명'이라는 단어를 붙이는 겁니다. 우리 반만년 역사에서 민이 중심이 되어 집권 세력을 끌어내린 건 4·19 혁명이 최초가 아닐까 하는 생각이 듭니다.

: 이어서 장면 정부가 들어섭니다 :

갑자기 대통령이 하야했으니 과도기가 됐잖아요? 이 과도기를 수습하기 위해 허정이라는 인물을 중심으로 과도 내각이 구성됩니다. 그리고 이 **허정의 과도 내각**이 **3차 개헌**을 합니다. 3차 개헌의 핵심은 우리가 이제까지 보지 못했던 시스템 **내각 책임제**입니다. 대통령제로는 독재가 너무 심하다고 판단해서, 내각 책임제로 바꾼 것이죠. 일본이나 영국이 내각 책임제, 의원 내각제잖아요? 그런 시스템을 도입한 것인데, 당시 내각 책임제의 내용을 살펴보면 국회를 양원제로 구성했다는 것이 주요 내용입니다. 양원제는 미국의 하원 의원, 상원 의원처럼 **민의원, 참의원**이라는 시스템을 도입한 겁니다. 우리 역사에서 보기 드문 독특한 형태가 들어온 것이죠.

그리고 이 내각 책임제에서 출범한 정부가 바로 장면 정부입니다. 1960년 8

제2공화국 출범 경축식
1960년 10월 1일, 제2공화국 출범 경축식이다. 왼쪽은 제2공화국 대통령 윤보선, 오른쪽은 국무총리 장면. 제2공화국은 짧은 기간이었지만 우리나라 최초로 내각 책임제를 채택한 정부다.

월, 국회에서 대통령으로 윤보선을 선출하고 국무총리로 장면을 인준하는데, 내각 책임제다 보니 대통령은 의례적인 국가 원수 역할만 맡았고, 실권은 장면에게 집중되었죠. 그래서 장면 정부라고 하는데, 장면 정부는 민주당 정부였습니다. 민주당이 이끌고 국무총리가 정국을 책임지는, 내각 책임제 시스템으로 간 것이죠.

그런데 장면 정부는 혁명에 의해 들어선 정부다 보니 당연히 혁명 세력의 요구가 많을 수밖에 없어요. 먼저 **혁신계**가 **중립화 통일 방안**을 주장합니다. 혁신계는 진보 세력인데, 앞서 1958년 반공 체제 속 진보당 사건을 통해 거의 짓밟히다시피 했었어요. 그러다 장면 정부가 들어서자 다시 중립화 통일을 주장한 겁니다. 혁명에 나섰던 학생들도 마찬가지로 통일을 이야기했습니다. 학생들은 "가자, 북으로! 오라, 남으로! 이 땅이 뉘 땅인데 오도 가도 못하느냐!"라고 하면서 통일 운동을 합니다. 또한 1958년 반공 체제에서는 이야기하지 못했던 사건들, 특히 해방과 6·25 과정에서 이루어졌던 **양민 학살 사건 등의 진상 조사**에 대한 요구가 정부에 쏟아집니다.

하지만 장면 정부는 이런 요구들에 제대로 대응하지 못합니다. 그리고 이 과정에서 한 번 더 개헌을 하는데, **4차 개헌**은 1·2차 개헌과는 조금 다른 성격입니다. 1960년 진행된 4차 개헌에서 **소급 입법 개헌**이 이루어졌는데, 원래 법은 소급하지 않아요. 만들어진 시점 이후부터 적용되는 게 원칙입니다. 그런

소급 입법
법은 제정한 날부터 적용하는 것이 원칙이나, 소급 입법은 법 제정 이전 일까지 소급하여 적용할 수 있게 법을 제정하는 것입니다.
▶ 遡 거스르다 소
▶ 及 미치다 급
▶ 立 서다 립
▶ 法 법 법

데 소급 입법은 전에 있었던 상황을 지금 법에 소급시키는 거예요. 어떻게 보면 불합리한 거죠. 예를 들어, 지금까지는 안 그랬는데 오늘부터 지각하는 사람을 벌주기로 결정했다고 해봐요. 오늘 법을 정해서 앞으로 지각하면 천 원씩 내기로 했어요. 그런데 소급 입법은 법이 제정되기 이전에 지각했던 사람들까지 다 천 원을 내라고 하는 겁니다. 이렇게 불합리한 측면이 있는데 왜 소급 입법을 한 걸까요? 바로 **3·15 부정 선거 사범들**을 더욱 **확실하게 처벌**하기 위해서였습니다. 이제 이해가 되죠? 강한 벌을 주고, 다시는 이런 역사를 만들지 않기 위해서 소급 입법 개헌을 했던 겁니다.

여하튼 4·19 혁명으로 들어선 장면 정부가 계속되는 요구들에 제대로 대응하지 못하자, 이런 상황이 더 이상 지속되면 안 된다고 말하는 사람들이 등장합니다. 그런데 그 사람들은 군인이에요. 군인은 뭐 하는 사람이죠? 나라를 지키는 사람들이죠. 그런데 그 사람들이 정치도 하겠다는 겁니다. 그러면서 4·19 혁명으로 탄생했던 장면 정부가 무너집니다. 도대체 어떤 일이 벌어졌는지 바로 이어서 확인해보겠습니다.

박정희 정부

장면 정부를 부정하며 정치를 하겠다고 나선 군인들을 정치 군인이라고 합니다. 4·19 혁명으로 탄생했던 장면 정부가 박정희를 중심으로 한 군사 정변에 의해 교체됩니다. 이것이 바로 5·16 군사 정변입니다. 이 이후로 박정희 정부는 무려 18년 동안 이어갑니다. 길었던 18년의 박정희 정부 시기를 살펴보겠습니다.

: 박정희 정부가 출범합니다 :

박정희를 중심으로 한 군인들이 **5·16 군사 정변**을 통해 비정상적인 방법으로 정권을 장악했습니다. 이제 그들이 원하는 대로 마음껏 할 수 있는 조직을 만들어야 하겠죠. 그래서 **국가 재건 최고 회의**라는 조직을 만들어 군정을 실시합니다. 그리고 1962년 군정이 개헌을 추진하는데, 바로 **5차 개헌**입니다. 5차 개헌에서는 "내각 책임제? 우리에게 맞지 않아" 하면서 다시 대통령제를 채택하고, 대통령 직선제로 돌립니다. 양원제 역시 다시 **단원제**로 돌려놓습니다. 현재 우리나라가 단원제입니다. 상원, 하원으로 나누어 있지 않고 국회가 하나잖아요.

이렇게 5차 개헌을 통해 박정희 정부가 출범했는데, 박정희 정부가 해야할 가장 큰 일은 경제 발전이었습니다. 당시 우리가 너무 가난했기 때문에 경제 발전이 시급했거든요. 그런데 경제 발전을 하려면 돈이 필요하잖아요. 국내에는 돈이 많이 없으니까 외부에서 빌려와야 하는데, 우리가 너무 가난하니까 돈을 빌려주지도 않는 겁니다. 이를 해결하기 위해 박정희 정부는 광복 이후 수교가 단절됐던 일본과의 수교 재개를 선택합니다. 한·일 국교 정상화를 통해 식민지 통치에 대한 배상금을 받아내야겠다고 판단한 겁니다. 그런데 이 수교는 일제 강점기에 대한 사과보다는 경제적 지원을 우선시하는 모습을 보였고, 이에 학생들이 '있을 수 없는 일'이라며 들고일어납니다. **1964년** 일어난 **6·3 시위**가 그것인데, 정부 당국에서 진행하고 있는 **한·일 수교를 반대**하는 시위였습니다. 이때 나왔던 구호 중에 '**민족적 민주주의의 장례식**'이라는 내용이 있어요. '5·16 군사 정변을 통해 들어온 박정희 정부가 민족주의적인 모습으로 뭔가를 해보려는 긍정적인 면이 있는 듯했는데, 한·일 수교하는 모습을 보니 아니었구나' 한 거죠. 박정희 정부에 걸었던 기대감이 사라지고, 이들을 부정하는 모습이 나타나고 있다는 이야기입니다. 하지만 이런 시위에도 불구하고 **1965년**에 **한·일 협정**이 체결되면서 한·일 수교는 결국 이루어집니다.

그런데 이 과정에서 한국의 실세였던 중앙정보부장 김종필과 일본의 실세였던 외무장관 오히라가 한·일 수교에 대한 조건으로 주고받은 메모가 공개되면서 파문이 커집니다. 메모에 따르면, **일본은 독립 축하금**이라는 명목으로 우리에게 **무상 원조로 3억 달러, 유상 원조로 2억 달러**를 제공하기로 했습니다. 식민지 지배에 대한 반성이 아닌 '너희 독립했네. 1945년 축하해'라며 독립 축하금을 준 거예요. 이에 학생들이 분노하게 된 거죠. 그런데 박정희 정부로서는 돈이 급했어요. 경제 개발을 해야 하니 지금 이것저것 따질 수 있는 상황이 아니라고 판단해서, 이런 수교를 했던 겁니다. 하지만 이걸로도 돈이 부족해서 이번에는 **베트남**에 **파병**을 합니다. 당시 미국과 베트남이 전쟁 중이었거든요. 박정희 정부는 우리 군을 미군 측에 파병하면서 미국으로부터 경제 개발에 필요한 지원을 받습니다. 이것은 1966년 미국과 체결한 **브라운 각서**에 잘 나타나 있는데, 1964년부터 베트남에 국군을 파견한 박정희 정부는 브라운 각서 체결 후, 베트남에 추가 파병을 하고 미국으로부터 군사적·경제적 지원을 약속받았습니다.

: 3선 개헌(6차 개헌)이 진행됩니다 :

한·일 수교, 베트남 파병 등을 통해 돈을 확보한 박정희 정부는 경제 개발에 성공합니다. 1960년대 박정희 정부의 가장 큰 치적이라면 경제 성장이죠. 엄청난 고속 성장을 이뤄내는 과정에서 두 번이나 대통령에 당선되었습니다. 그럼 이제 두 번째 임기가 끝나면 그만둬야죠. 경제 개발했으니까 박수 받으

제5대 대통령 박정희 취임식
사진은 1963년 12월 17일, 중앙청 광장에서 대통령 취임사를 낭독하는 모습이다. 그는 제5·6·7·8·9대 대통령을 지냈다.

먼서 내려오면 되거든요. 그런데 여기서 또 '나 아니면 안 된다'는 모습이 나옵니다. 이로 인해 1969년 또 개헌이 이루어지는데, 그 이전에 벌어졌던 일들이 있습니다.

　1968년 정말 많은 일이 벌어집니다. 먼저 청와대로 간첩들이 내려오는 **청와대 간첩 습격 사건**이 일어납니다. 이때 잡힌 사람이 김신조입니다. 아니, 이게 얼마나 놀랄 일입니까. 무장간첩이 거의 청와대 뒷산까지 왔어요. 도대체 어떻게 휴전선을 뚫고 온 거죠? 게다가 며칠 뒤에는 **푸에블로호 납치 사건**이 벌어집니다. 미국 정찰선 푸에블로호가 북한에 납치된 거예요. 북한 측은 미국 배가 우리 영해에 들어와서 잡은 거라고 주장하는데, 미국은 북한이 그냥 납치한 거라고 주장합니다. 미국과 북한이 전면전을 벌일 듯한 일촉즉발의 상황, 또 한 번의 전쟁이 터질 것 같은 긴장감이 맴돌았죠. 그런데 이게 다가 아닙니다. 1968년 말에는 경북 울진에 **무장 간첩**이 **침투**하는 사건이 일어납니다. 한두 명도 아니고 떼로 내려온 무장 간첩들이 아예 남한에 살면서 간첩 생활을 하려고 했던 겁니다.

　이렇듯 뒤숭숭한 사건이 막 쏟아지듯 벌어지니, 집권 세력은 명분이 생기죠. '지금 위기 상황이다. 경제 성장을 해냈는데 이런 식으로 북한과의 관계가 험악해지고 있으니, 내가 정리하겠다. 한 번만 더 하게 해달라'는 겁니다. 그러면 어떻게 해야 하나요? 헌법을 바꿔야 하잖아요. 그래서 **1969년**에 **6차 개헌**을

헌법개정안게시

국민투표법 제23조의 규정에 의하여 1969년 8월9일에 공고 되고 1969년9월14일에 국회의 의결을 거친 헌법개정안을 다음과 같이 게시한다.

改正案

憲法中 다음과 같이 改正한다.

第36條第2項 "國會議員의 數는 150人以上 200人以下의 範圍 안에서 法律로 정한다"를 "國會議員의 數는 150人以上 250人以下의 範圍 안에서 法律로 정한다"로 한다.

第39條 "國會議員은 大統領·國務總理·國務委員·地方議會議員 기타 法律이 정하는 公私의 職을 겸할 수 없다"를 "國會議員은 法律이 정하는 公私의 職을 겸할 수 없다"로 한다.

第61條第2項但書를 다음과 같이 新設한다.
다만, 大統領에 대한 彈劾訴追는 國會議員 50人以上의 發議와 在籍議員 3分의 2以上의 贊成이 있어야 한다.

第69條第3項 "大統領은 1次에 限하여 重任할 수 있다"를 "大統領의 계속 在任은 3期에 限한다"로 한다.

附則
이 憲法은 公布한 날로부터 施行한다.
1969년9월18일
중앙선거관리위원회

1969년 9월 18일, 중앙선거관리위원회에서
발행한 6차 개헌안 게시문

유신 체제
'유신'은 유교 용어로 새로 고친다는 뜻입니다. 통일 주체 국민 회의에 의해 선출된 박정희가 입법·행정·사법 삼권을 모두 대통령에게 집중시켜 독재 정권의 체제를 이어나갔습니다.

▸ 維 매다 유
▸ 新 새롭다 신
▸ 體 몸 체
▸ 制 만들다 제

합니다. 다른 말로는 **3선 개헌**이라고도 하는데, 대통령의 3회 연임을 허용하는 3선 개헌안을 통과시켰기 때문입니다.

결국 3선 개헌으로 인해, 1971년 대통령 선거에 나선 박정희는 또다시 당선됩니다. 이제 세 번이나 대통령이 되었으니, 임기가 끝나면 그만둬야 하잖아요. 그런데 이젠 아예 대통령 선거 자체를 안 하려고 해요. 죽을 때까지 대통령이 되겠다는 생각을 합니다. 그러려면 또 헌법을 바꿔야 하는데 개헌을 할 명분이나 사건이 있었을까요? 네, 있었습니다. 이어서 살펴볼게요.

: 그리고 유신 체제 시대가 시작됩니다 :

몇 년 전까지만 해도 북한과 전쟁한다고 으르렁대던 상황이었는데, **1972년**이 되자 갑자기 통일을 한다고 합니다. 이런 드라마가 다 있을까요? 어느 날 갑자기 눈을 떠보니 남한과 북한이 **7·4 남북 공동 성명**을 발표한 겁니다. 우리나라 중앙정보부장 이후락이 북한에 가서 김일성을 만난 후, 분단 이후 최초로 통일과 관련한 공동 성명이 나오게 됐어요. 이게 가능했던 배경이 있는데, **1969년** 미국 대통령 닉슨이 해외 전쟁에 개입하지 않는다고 발표한 **닉슨 독트린**이 나오면서, 세계적으로 냉전이 완화되는 분위기였기 때문입니다. 앞서 미·소 공동 위원회가 결렬되는 배경 속에 트루먼 독트린이 있었다고 했잖아요. 트루먼 독트린으로 냉전이 시작됐고, 지금까지 냉전의 두 축인 소련과 미국이 북한과 남한 측에 서서 으르렁댔었는데, 닉슨 독트린을 통해 지금 서로 화해할지도 모르는 분위기가 조성된 겁니다. 그러자 "뭐야, 이거 어떻게 된 거지? 그럼 우리도 화해해야 하는 거야?" 하는 분위기 속에 7·4 남북 공동 성명이 나온 거죠.

그리고 이것이 개헌의 명분이 됩니다. 박정희 정부는 "진짜 통일될 수도 있으니까 똘똘 뭉쳐야 한다. 그렇지 않으면 우리가 북한에 의해 적화 통일이 될 수도 있다"고 주장하며, 평화적 통일을 위해 정치 체제를 개혁한다고 선언합니다. 그리고 헌법을 바꾸는데, 이것이 바로 **7차 개헌**, 그 유명한 **유신 헌법**입

유신 헌법 공포식

통일 주체 국민 회의 개회 안내서

니다. 유신 헌법에서는 대통령 선거를 간선제로 바꾸고, 임기는 6년으로 합니다. 그런데 사실 임기 6년은 의미가 없어요. 간선제를 통해 **통일 주체 국민 회의**에서 대통령을 뽑도록 했는데, 이 조직은 대통령을 지지하는 사람들끼리 모여 있었거든요. 7차 개헌의 명분이 평화적 통일이었잖아요? 그 명분에 따라 통일 주체 국민 회의를 설치한 건데, 실상은 대통령 지지자들을 모아놓은 조직이었던 겁니다. 통일 주체 국민 회의 체육관에서 투표를 했는데, 이때부터 '체육관 대통령'이 등장하죠. 이런 방법으로 종신 대통령, 즉 죽을 때까지 대통령을 할 수 있도록 만들어놨다는 이야기입니다.

게다가 유신 헌법은 **대통령의 권한**을 어마어마하게 **강화**시켜놓았습니다. 개헌에 따라 대통령은 **국회를 해산**시킬 수 있

질문 있어요!

Q 통일 주체 국민 회의에 의해 박정희가 계속 대통령을 할 수 있게 됐다고 하셨는데, 통일 주체 국민 회의에 참여한 사람들은 어떤 사람들인가요?

A 국민의 직접 선거로 선출된 대의원들이죠. 하지만 애초에 박정희 지지자들만이 대의원이 될 수 있는 구조였어요. '평화 통일을 위해 주권을 행사할 수 있는 인물'이라는 모호한 조항을 넣어, 그렇지 않은 인사들은 애초에 대의원의 후보조차 될 수 없었습니다.

고, **국회 의원의 3분의 1**을 **임명**할 수 있게 되었습니다. 아니, 국회 의원을 대통령이 뽑는다고요? 물론 명목상으로는 대통령이 추천하고 임명은 통일 주체 국민 회의가 한다고 돼 있었지만, 실질적으로 대통령이 뽑는 거나 마찬가지였죠. 그런데 국회는 입법부고, 대통령은 행정부잖아요. 국가의 권력은 삼권 분립, 즉 입법·사법·행정의 삼권으로 분리돼 있는 건데, 행정부의 수반이 입법부의 의원을 뽑는 거라니요. 기본적인 통치 원리마저 뒤흔들어놓은 겁니다. 여하튼 이렇게 대통령의 추천으로 뽑힌 사람들을 **유신 정우회**라고 해요.

대통령이 국회도 해산할 수 있고, 국회 의원도 직접 뽑고, 아무래도 문제가 심각하니 반발이 많겠죠? 그래서 유신 헌법에 **긴급 조치권**도 넣어놓습니다. 긴급 조치권은 쉽게 이야기하면 헌법을 정지시키는 거예요. 헌법은 최상위 법인데 정지가 되는 걸까요? 네, 유신 헌법은 그렇습니다. 긴급 조치권은 대통령이 판단해 국정 전반에 걸쳐 필요한 조치를 취할 수 있는 강력한 권한이었어요. 이렇게 사회가 말 그대로 '겨울 공화국'이 되고 맙니다. 1970년대는 정말 찍소리도 할 수 없는 환경이었는데, 예를 들어 머리도 내 마음대로 기를 수 없었습니다. 길거리에서 장발 단속을 해서, 머리가 긴 사람은 잡혀가 강제로 잘렸어요. 1895년 을미년에 있었던 단발령이 재현된 셈이었죠. 미니스커트도 단속의 대상이었습니다. 경찰이 자를 가지고 다니면서 무릎부터 스커트까지의 길이를 재기도 했죠. 유신 체제가 비정상적인 방법으로 정권을 유지하다 보니 이런 말도 안 되는 모습들이 나타났던 겁니다.

: 유신 정권에 대한 저항을 살펴보겠습니다 :

말도 안 되는 상황들이 벌어지니, 당연히 반발이 일어날 수밖에 없겠죠. 다양한 저항이 있었는데 하나씩 살펴보도록 하겠습니다. 첫 번째는 **언론 자유 수호 운동**입니다. 언론에서 정부를 엄청나게 공격했는데요, 〈동아일보〉의 경우 계속 정부를 비판하니까 정부 측이 광고주를 압박해서 신문에 실릴 광고가 끊기게 만듭니다. 그러자 〈동아일보〉는 광고가 없는 빈 면을 그대로 내보냈는데, 이를 **백지 광고 사태**라고 합니다. 백지 광고 사태는 몇 개월간 지속됐는데, 이 비어 있는 여백을 채우는 사람들이 나타나기 시작했습니다. 이름 없는 아무개들이 한 푼 두 푼을 보낸 겁니다. 그러면서 '언론의 자유를 위해 나의 도

시락 값을 보낸다' 같은 응원 문구들이 광고에 실렸고, 이렇듯 민주주의를 향한 열망이 광고란을 채우게 되었습니다.

학생들도 가만히 있지 않았습니다. 전국 민주 청년 학생 총연맹의 대학생들이 모여 시위나 신문 발행, 동맹 휴학을 벌였는데요. 전국 민주 청년 학생 총연맹을 줄여 '민청학련'이라고 하는데, 정부가 이들을 잡아들이면서 **민청학련 사건**이 벌어집니다. 민청학련 사건은 정부가 민청학련에 관련된 학생들이 모두 북한의 사주를 받은 **인민 혁명당**의 관련자라며 잡아간 사건입니다. 인민 혁명당 사건은 1960~70년대 중앙정보부가 '북한의 지령을 받는 지하 조직이 결성됐다'고 발표하면서 혁신계 인사와 언론인, 교수, 학생 등을 검거했던 사건이죠. 정부는 이 인민 혁명당 사건과 민청학련 사건을 연결했던 겁니다. 민청학련 사건 주요 인물에겐 사형 선고가 내려졌는데, 형이 확정된 지 18시간 만에 사형을 집행해버렸습니다. 이른바 **'사법사상 암흑의 날'**이라고 할 정도로 가슴 아팠던 사건입니다. 2009년 민청학련 사건 관련 학생들은 무죄를 선고받았습니다.

이렇듯 탄압이 계속됐지만, 유신 체제에 반대하는 움직임은 멈추지 않았습니다. **1976년**에는 **3·1 민주 구국 선언**이 발표됩니다. 명동 성당에서 3·1절 기념 미사가 열리는데, 미사 마지막에 함석헌, 김대중 등 재야인사가 3·1 민주 구국 선언을 낭독했어요. 이 일로 야당 지도급 인사들이 대거 잡혀 들어갑니다.

그리고 1979년 **YH 무역 사태**가 벌어졌습니다. YH 무역은 가발을 만드는 회

큰★별쌤의 사건 이야기
52년 만에 무죄로 밝혀진 1·2차 인민 혁명당 사건

1964년 중앙정보부가 '북한의 지령을 받고 대규모 지하 조직으로 국가 전복을 도모한 인민 혁명당이라는 정당이 있다'고 발표하면서 세상에 알려졌습니다. 그러나 수사 과정에서 전기 고문과 물고문 등이 있었고, 뚜렷한 증거 없는 기소로 의혹만 증폭시켰죠. 그리고 10년이 지난 1974년 유신 반대 투쟁을 벌였던 민청학련을 수사하면서, 이들의 배후 및 조종 세력으로 인민 혁명당 재건위를 지목합니다. 이들이 북한의 지령을 받은 남한 내 지하 조직이라고 규정하면서 민청학련에 관련된 253명이 구속·송치되었어요. 그리고 1975년 4월 8일, 여덟 명에 대한 사형이 확정되자마자 바로 다음 날 형이 집행되었습니다.

YH 사건 신민당사 농성 사진

1966년 설립된 YH 무역은 1970년대 초반 직원 4천여 명, 수출 순위 15위에 달할 정도로 급성장한 회사였다. 그러나 여성 노동자들은 12시간 이상 장시간 근무와 저임금에 시달렸고, 이후 가발 산업이 사양 산업이 되자 인원 감축, 위장 휴업, 하청화 등을 단행하고도 폐업을 맞고 말았다. 1979년 YH 노조는 회사 측에 철회를 요구하며 농성을 벌였다.

사였는데, 주로 여성 노동자들이 근무했습니다. 이곳이 문을 닫게 되자, 여성 노동자들은 "회사 문을 다시 열게 해달라. 여기서 잘리면 갈 데가 없다. 우리가 더 열심히 일하겠다"라고 외치지만 들어주지 않자 야당 당사에 들어와 도움을 요청합니다. 그런데 유신 정권이 공권력을 투입합니다. 공권력이 들어가기 어려운 곳이 세 군데가 있는데, 첫 번째가 야당 당사, 두 번째가 종교 시설, 세 번째가 학교입니다. 그런데 유신 정권은 마음껏 들어갔어요. 그리고 진압 과정에서 여성 노동자가 떨어져 사망하기까지 합니다. 야당을 이끌던 김영삼 총재는 이 사건에 항의하며, 외신 기자를 불러 모은 자리에서 '이런 독재 정부를 왜 외신 기자들은 보도하지 않느냐'고 격렬하게 비판합니다. 결국 김영삼은 품위 유지 위반이라는 죄목으로 국회 의원직에서 제명당하고 맙니다.

이처럼 유신 체제의 탄압과 그에 대한 저항이 나날이 거세지는 가운데, 1979년 부산과 마산에서 대학생을 중심으로 시위가 전개됩니다. 이것이 바로 **부·마 민주 항쟁**입니다. 학생들이 도서관 앞에서 "우리 동생과 친구들이 끌려가서 고문을 받고 있다. 우리가 여기서 공부만 할 수 없지 않겠는가?"라며 시위를 시작한 것이 부·마 민주 항쟁의 출발이었습니다. 그리고 부·마 민주 항쟁을 어떻게 진압할 것인가에 대한 논의 과정에서 박정희 대통령 측근들의 의견이 대립합니다. 결국, 중앙정보부장인 김재규가 대통령 박정희와 청와대 경호실장 차지철에게 총을 쏘는 **10·26 사태**가 1979년에 벌어지고, 박정희 정부가 무너집니다.

이것이 바로 18년 동안 이어진 박정희 정부의 모습입니다. 18년의 독재 정치가 끝났으니 이제 약속을 지키는 민주주의, 우리도 한번 해봤으면 하는데 이 바람은 이루어졌을까요? 다음 장에서 확인해보시죠.

전두환 정부

이제 정말 민주주의의 봄이 올까 했는데 군인들이 또 등장합니다. 왜? 5·16 군사 정변이라는 선례가 있잖아요. 이들을 새로운 군부 세력이라는 의미로 신군부라고 합니다. 이 신군부가 1979년 12·12 사태를 일으킵니다. 쉽게 말하면 또 다른 군사 정변, 쿠데타입니다. 결국 민주주의 사회는 또 저만치 멀어져버렸네요. 그럼 신군부가 만든 제5공화국을 만나보겠습니다.

: 신군부가 등장합니다 :

1979년 10·26 사태 이후 어수선한 정국을 정리한다는 명목으로, **신군부** 세력이 **12·12 사태**를 일으킵니다. 전두환과 노태우를 중심으로 하는 신군부 세력이 군사 반란을 일으켜 정권을 장악한 거죠. 박정희 정부에서 국무총리였던 최규하가 대통령이 되며 최규하 정부가 들어서긴 했지만, 실권자는 군부를 장악한 전두환이었습니다.

결국 이러한 비정상적인 행태에 저항하는 민주화 운동이 전개됩니다. 바로 1980년 5·18 민주화 운동입니다. 이 운동은 광주를 중심으로 진행됐는데, 1980년 5월 18일 광주에서 계엄령 철폐를 요구하는 시위가 벌어진 것이 출발이었습니다. 당시 전국적으로 **계엄령**이 **선포**된 상태였거든요. 계엄령은 곧 군

5·18 민주화 운동 추모탑

5·18 민주화 운동 당시 문화공보부에서 전남 도민과 학생들에게 배부한 전단들과 계엄사령관 경고문

인들이 모든 행정과 군사를 장악하고 있는 거예요. 그래서 시위대가 계엄령을 해제하고, 유신 헌법을 철폐하라고 주장합니다. 이때 신군부는 공수 부대까지 동원해 시위대를 무자비하게 진압했습니다. 이에 일부 시민들은 계엄군에 저항하기 위해 **시민군**을 조직해 맞섰고, 그러자 신군부는 광주 시민을 폭도로 몰고 광주를 고립시켰어요. 심지어 헬기까지 띄워 전남 도청에 고립된 시민군들을 무자비하게 진압했습니다. 이 과정에서 너무 많은 사람들이 죽었어요. 이때의 모든 기록은 현재 **유네스코 세계 기록 유산으로 등재**되었습니다. 이런 민주주의를 위한, 민주주의를 향한 투쟁의 여정을 기록하는 것이 세계가 다 함께 지켜야 할 유산이라고 생각했기 때문이죠.

5·18 민주화 운동을 무력으로 진압한 신군부의 중심 인물은 전두환과 노태우입니다. 두 사람을 중심으로 한 신군부는 5·18 민주화 운동 진압 후 **국가 보위 비상 대책 위원회**를 설치합니다. 이것을 줄여서 국보위라고 하는데, 5·16 군사 정변 때 만든 국가 재건 최고 회의와 성격이 비슷한 조직이에요. 국보위에서 제일 먼저 했던 것은 그 이름도 유명한 **삼청 교육대** 창설입니다. 폭력범, 사회 풍토 문란범 등을 소탕한다는 명목으로 군부대 내에 설치한 기관인데, 실상은 신군부에 저항하는 사람들을 가두는 곳이었습니다. 신군부에 저항하면

정신 교육을 시킨다며 삼청 교육대로 보내버렸어요. 그리고 이곳에선 연병장 끝자락에 개 밥그릇을 갖다 놓고 대각선으로 개처럼 기어서 먹게 시켰습니다. 한 인간의 기본적인 자존심을 파멸시킨 거죠. 또한 국보위는 언론 기본법을 만들어 언론에 재갈을 물리기도 했습니다.

　이때 이미 권력은 전부 전두환 손에 들어가 있었지만, 통일 주체 국민 회의에서 전두환을 제11대 대통령으로 선출합니다. 이후 개헌을 통해 전두환 정부가 출범하게 되죠. 8차 개헌의 내용을 살펴보면 대통령을 **간선제**로 뽑는데, 임기가 **7년 단임**입니다. 유신 체제에서는 임기가 6년이었고, 단임은 아니었어요. 투표 방식은 같았습니다. 체육관에서 박수 쳐서 뽑았죠. 유신 체제에 통일 주체 국민 회의가 있었다면, 전두환 정부에는 **대통령 선거인단**이 있었거든요. 하지만 7년 단임이면 한 번밖에 안 한다는 이야기인데, 이게 유신 체제때와 달랐던 거죠. 여하튼 8차 개헌에 의해 1981년 출범한 정부를 **제5공화국**이라고 합니다. 제1공화국은 이승만 정부, 제2공화국은 장면 정부, 제3공화국은 1960년대 박정희 정부, 제4공화국은 유신 체제의 박정희 정부, 그리고 제5공화국이 바로 전두환 정부입니다.

: 전두환 정부 정책과 6월 민주 항쟁 :

전두환 정부가 실시했던 정책은 유신 체제와는 조금 다릅니다. 강압적인 정

큰★별쌤의 사건 이야기

시민의 힘으로 민주화를 이루다, 6월 민주 항쟁

6월 민주 항쟁은 전두환 정부의 강압 통치, 민주화에 대한 국민의 열망, 국민의 대통령 직선제 개헌 요구로 일어난 민주화 운동입니다. 1987년 대통령 임기가 끝날 무렵, 또다시 대통령 간선제로 군인 출신 대통령이 당선될 것을 우려해 대통령 직선제를 요구하는 시위가 일어났습니다. 이 과정에서 대학생 박종철 군이 경찰의 고문으로 사망하지만, 전두환 대통령은 간선제 헌법을 바꾸지 않겠다고 선언하죠. 이에 1987년 6월 10일부터 약 20일간 대통령 직선제로 헌법을 개정할 것을 요구하는 대규모 민주화 시위 운동이 전국적으로 벌어집니다. 대학생, 직장인, 시장 상인, 농민까지 참여한 이 시위로 당시 여당 대통령 후보였던 노태우가 결국 국민의 요구를 받아들이겠다는 내용의 6·29 민주화 선언을 발표하면서 시위가 종결됩니다.

책과 함께 유화책도 실시하거든요. 예를 들어 **통금**을 **해제**합니다. 그전에는 자정, 밤 12시만 되면 사이렌이 울렸어요. 12시 이후에는 돌아다니면 경찰서에 끌려가니까 아버지가 12시 전에 헐레벌떡 들어오시던 기억이 나는데, 이 통금을 풀어준 겁니다. **과외**를 받거나 **학원**에 다니는 건 **불법**이었어요. 제 친구가 몰래 학원에 다녔던 기억이 납니다. 또 이때부터 **해외여행**도 **자유화**합니다. **교복**도 **자율화**되었고요. 그리고 **중학교 의무 교육**도 이뤄집니다. **프로 야구**도 **출범**하죠.

6월 민주 항쟁은 여러 가지 사건이 기폭제가 되는데요. 먼저 아무 혐의도 없는 대학생을 끌고 가서 물고문하다 결국 사망하게 한 **박종철 고문치사 사건**이 일어납니다. 그런데 경찰이 이 사건에 대해 발표할 때 조사 과정에서 책상을 '탁' 쳤더니 '억' 하고 심장마비로 죽었다는, 말도 안 되는 거짓말을 한 거죠. 이에 학생과 시민들은 직선제 개헌을 요구했죠. 그러나 전두환 정부는 국민들의 요구에도 아랑곳하지 않고 **1987년 4·13 호헌 조치**를 발표합니다. '지킬 호, 법 헌', 결국 당시 헌법을 지키겠다는 선언이죠. 대통령을 계속 간선제로, 즉 체육관에서 뽑겠다는 거였습니다. 하지만 국민들은 자신의 손으로 대통령을 뽑는 것을 원했거든요. 국민들의 저항 과정에서 시작된 것이 1987년 6월 민주 항쟁입니다.

기만적인 태도에 분노한 시민들이 광장에 나와 '호헌 철폐, 독재 타도'를 외칩니다. 그런데 시위 과정에서 연세대학교 학생 **이한열**이 최루탄에 맞아 쓰러지고, 사망하게 되죠. 더 이상 국민들의 분노를 막아내기 어렵게 되자, 결국 당시 집권당이었던 민정당을 이끌고 있던 노태우가 '체육관 대통령'을 이어받지 않겠다는 **6·29 민주화 선언**을 합니다. **대통령 직선제를 수용**하겠다는 겁니다.

이렇게 많은 희생 끝에 우리 손으로 직접 대통령을 뽑을 수 있게 된 것이죠. 지금 우리에게 주어지는 투표권에는 이런 과정을 거쳐왔다는 것도 기억해두시면 좋겠습니다.

노태우 정부 이후

39-5

직선제를 수용하겠다는 6·25 민주화 선언으로 실행된 개헌이 바로 9차 개헌입니다. 9차 개헌에서는 드디어 국민의 손으로 대통령을 뽑습니다. 임기는 5년 단임입니다. 1987년 항쟁에 의한 시스템이 지금까지 이어지고 있는 겁니다. 그 뒤로 이제 30여 년이 지났습니다. 아직 이 시스템 속에 살고 있으니 이제 다시 개헌해야 하지 않느냐는 논의가 이어지는 상황입니다. 비정상적인 방법이 아닌 정상적인 논의가 이뤄졌으면 좋겠습니다.

: 9차 개헌 이후 정부들을 보겠습니다 :

9차 개헌에 따라 **임기 5년의 대통령 직선제**가 결정됐고, 이것의 역사적 의의는 여·야 합의에 의해 이루어졌다는 사실입니다. 이렇게 9차 개헌에 의해 대통령 선거를 하는데 야당이 분열합니다. 야당 후보 단일화에 실패해 표가 갈리면서, 결국 **노태우 정부**가 출범하게 됩니다.

노태우 정부는 무엇을 했을까요? 가장 중요한 건 1988년에 서울 올림픽을 개최했죠. 전두환 정부 시기에 추진되었지만 개최는 노태우 정부에서 했습니다. 그리고 노태우 정부에서 가장 중요한 내용을 들어보라고 하면 **북방 외교**가 있습니다. 이때 사회주의 국가인 **중국, 소련** 등의 나라와 수교하는 모습이 나타난 겁니다.

그다음 **김영삼 정부**를 살펴볼게요. 김영삼 정부는 노태우 정부 때 일부만 시행됐던 **지방 자치제를 전면적으로 실시**합니다. 그리고 이때 **역사 바로 세우기** 작업이 시작됩니다. 그래서 12·12 사태를 일으키고 5·18 민주화 운동 당시 광주에서 무력 진압을 했던 전두환, 노태우 두 전직 대통령을 법정에 세웁니다. 또 금융 실명제를 실시하고, OECD에 가입하는 것도 이때입니다. 1997년 외환 위기 사태를 겪은 것도 김영삼 정부인데, 이 내용들은 뒤에서 자세히 살펴볼게요.

노태우 정부 이후 역대 대통령 취임식 ——

제13대 대통령 노태우

제14대 대통령 김영삼

제15대 대통령 김대중

제16대 대통령 노무현

김대중 정부는 **햇볕 정책**이 대표적이죠. 북한과의 관계를 개선하는 모습을 보여줍니다. 금 모으기 운동 등으로 외환 위기를 극복하고, 여성부도 신설했고요.

노무현 정부에서는 드디어 **호주제**가 **폐지**됩니다. 그리고 **한·미 FTA**의 정식 서명이 이루어집니다.

이렇게 짧은 기간에 이 땅의 민주주의 역사가 이뤄졌습니다. 그 과정을 보면 비록 '나 아니면 안 된다'는 생각들로 민주주의를 왜곡시키는 모습도 있었지만, 그 왜곡의 과정을 다시 원위치로 돌려놓기 위한 광장의 역사, 시민의 역사가 자랑스럽게 자리매김하고 있습니다. 이런 역사가 있기에 위정자들은 국민을 두려워할 수밖에 없습니다. 국민을 위해 봉사하지 않는 정치인이라면 언제든지 바로 아웃시킬 방법을 우리는 역사의 DNA를 통해 익힌 거죠. 우리의 민주주의는 짧지만 누가 봐도 자랑할 만한 역사가 있음을 확인했습니다. 그렇다면 정치사 말고 경제 쪽은 어떤 모습으로 이런 기적을 이뤄냈는지, 다음 강에서 확인해보도록 하겠습니다.

1 이승만 정부

발췌 개헌 (1차 개헌)	• 6 · 25 전쟁 중, 대통령 간선제를 직선제로 바꾸는 개헌 추진 → 개헌안에 반대하는 국회 의원들을 체포 · 구금(부산 정치 파동)
사사오입 개헌 (2차 개헌)	• 초대 대통령에 한해 중임 제한 철폐하는 내용의 개헌 추진 → 사사오입 논리로 개헌안 통과시킴
1958년 반공 체제	• 신국가 보안법 제정 → 보안법 파동, 진보당 사건: 진보당을 창당한 조봉암을 간첩 혐의로 구속 → 조봉암 사형 → 〈경향신문〉 폐간

2 장면 정부

4 · 19 혁명	• 원인: 자유당 정부의 3 · 15 부정 선거 • 전개: 부정 선거 규탄시위 → 마산 앞바다에서 시위 과정 중 실종된 김주열 학생 시신 발견 → 시위 전국 확산, 대학교수들 시국 선언문 발표 → 이승만 하야(4 · 26), 이승만과 자유당 정부 붕괴
허정 과도 내각	• 3차 개헌 → 내각 책임제 개헌, 양원제 구성 → 장면 정부 출범(대통령: 윤보선, 국무총리: 장면)
장면 정부	• 혁명 세력들의 요구가 쏟아짐: 혁신계의 중립화 통일 방안 주장, 학생들의 통일 운동, 양민 학살 등의 진상조사 요구 → 요구에 제대로 대응하지 못함 • 4차 개헌(소급 입법 개헌) 추진: 3 · 15 부정 선거범들을 확실하게 처벌하기 위한 목적

3 박정희 정부

5 · 16 군사 정변	• 박정희를 중심으로 한 군인들의 정권 장악 → 국가 재건 최고 회의 조직
1960년대 박정희 정부	• 성립: 5차 개헌(대통령 직선제, 단원제) → 박정희 정부 출범 • 한 · 일 수교 추진 → 학생들의 반발(1964, 6 · 3 시위) → 한 · 일 협정 체결(1965) • 베트남 파병: 미국이 베트남 전쟁에 파병 요청, 브라운 각서 체결(군사적 · 경제적 지원 약속)
3선 개헌 (1969)	• 1968년 청와대 간첩 사건, 푸에블로호 납치 사건, 경북 울진 무장 간첩 침투 등 북한의 도발 → 대통령 3회 연임을 허용하는 개헌 추진 → 1971년 박정희 당선
유신 체제	• 성립: 1972년 7 · 4 남북 공동 성명 발표(1969년 닉슨 독트린의 영향) → 유신 헌법 제정 → 대통령 선거를 간선제로 바꾸고 임기 6년으로 변경 → 박정희의 영구 집권 가능, 대통령의 권한 강화: 국회 해산권, 국회 의원 3분의 1 임명(유신 정우회), 긴급 조치권

유신 정권에 대한 저항과 정권 붕괴	• 언론 자유 수호 운동 → 〈동아일보〉의 백지 광고 사태 • 민청학련 사건: 관련자들의 사형 선고 후 24시간 내 집행하여 '국제 사법사상 암흑의 날'로 불림 • 김대중 등이 명동 성당에서 3·1 민주 구국 선언(1976) • YH 무역 사태(1979), 김영삼의 국회 의원직 제명 → 부·마 민주 항쟁 → 대통령 박정희 피살(10 ·26 사태)

4 전두환 정부

5·18 민주화 운동	• 배경: 12·12 사태로 신군부 세력이 정권 장악 → 전국적으로 계엄령 선포 → 계엄 철폐, 유신 헌 법 철폐 요구 • 과정: 광주에서 계엄령 철폐를 요구하는 시위 개최 → 신군부가 공수 부대까지 동원해 무자비한 진압 → 시민군 조직 → 광주 시민을 폭도로 몰고, 광주를 고립시킴 • 의의: 1980년대 이후 민주화 운동의 토대가 됨, 관련 기록물이 유네스코 세계 기록 유산에 등재
전두환 정부의 성립 과정	• 성립: 신군부가 5·18 민주화 운동 진압 후 국보위 설치(삼청 교육대 창설, 언론 기본법 시행) → 개헌 단행(대통령 선거인단이 7년 단임의 대통령 선출) → 전두환이 대통령으로 당선되며 제5공 화국 출범 • 정책: 통금 해제, 해외여행 자유화, 교복 자율화, 중학교 의무 교육 실시, 프로 야구 출범, 과외와 학원은 허용하지 않음
6·10 민주 항쟁	• 박종철 고문치사 사건 → 전두환 정부의 4·13 호헌 조치 발표 → 6월 민주 항쟁 → 이한열 최루탄 피격 → 노태우의 6·29 민주화 선언(대통령 직선제 수용) → 9차 개헌(5년 단임 대통령 직선제)

5 노태우 정부 이후

노태우 정부	• 서울 올림픽 개최(1988), 북방 외교 추진(사회주의 국가와 교류)
김영삼 정부	• 지방 자치제 전면 실시, 역사 바로 세우기 작업(전직 대통령 노태우, 전두환을 구속), 금융 실명 제 실시, OECD 가입, 외환 위기로 IMF에 지원 요청
김대중 정부	• 햇볕 정책, 금 모으기 운동 등으로 외환 위기 극복
노무현 정부	• 호주제 폐지, 한·미 FTA 정식 서명

40강

현대

경제 발전과
통일 정책

경제(이승만 정부)

1948년 8월 15일, 이승만 정부가 수립됐습니다. 태극기를 단 최초의 정부가 출범했던 거였죠. 이승만 정부는 제헌 국회를 통해 출범했는데, 이 제헌 국회의 활동으로는 제헌 헌법 제정이 있었습니다. 제헌 헌법에는 반민족 행위 처벌법과 농지 개혁법 등이 포함돼 있었고요. 이승만 정부와 관련된 사회·정치적인 내용은 앞에서 알아봤어요. 여기서는 농지 개혁을 포함해 이승만 정부가 펼쳤던 경제 정책을 살펴보도록 하겠습니다.

: 농지 개혁과 원조 경제 시스템 :

광복 이후 나라를 이끌기 위해서는 사람들을 잘살게 하는 경제 정책이 꼭 필요합니다. 그래서 이승만 정부는 토지 개혁을 통해 자작농의 수를 늘릴 수 있는 **농지 개혁**을 실시합니다. 농지 개혁법은 제정 헌법에 규정되어 있었어요. 이승만 정부는 이 농지 개혁법을 일부 개정하여 1950년 농지 개혁을 시행했습니다.

이승만 정부의 농지 개혁은 돈을 주고 토지를 사고파는 **유상 매입, 유상 분배** 방식으로 이루어집니다. 사회주의 국가인 **북한**은 **무상 몰수, 무상 배분** 방식으로 토지 개혁을 시행했는데, 우리는 **돈을 주고 토지를 매입**한 거예요. 한 가구당 3정보까지 토지를 소유할 수 있도록 하고, 3정보를 초과하는 토지는 국가가 매입했습니다. 1정보는 대략 3천 평 정도인데, 그럼 3정보는 약 9천 평 정도겠죠. 학교 운동장이 3천 평 정도니, 다시 말해 한 가구당 학교 운동장 크기의 땅을 세 개 정도만 소유할 수 있게 하고, 나머지 토지는 정부에서 사들이겠단 거였어요.

그런데 정부가 개인의 땅을 매입하려면 돈을 지불해야 하는데, 당시 정부가 가난해서 돈이 없었거든요. 그래서 나중에 주겠다면서 **지가 증권**을 **발행**합니

다. 지가 증권에서 증권은 증거가 되는 문서를 말해요. 즉 지가 증권에 토지를 매입한 가격을 기록하고 추후 정부에 청구할 수 있도록 한 겁니다. 문제는 농지 개혁이 6·25 전쟁 이전에 시행됐는데, 곧 전쟁이 터지면서 부자들이 다 임시 수도였던 부산으로 내려갔다는 거예요. 그때 그들이 지가 증권을 싸게 내놓으면서 가격이 엄청나게 폭락합니다. 무려 90퍼센트나 떨어졌는데, 예를 들어 만 원짜리 지가 증권이 천 원에 거래된 거예요. 정부에서는 이러면 안 되겠다고 판단해 한 가지 조건을 내겁니다. 1945년 8월 15일 광복 이전까지 한국 내에 있던 일제나 일본인 소유의 재산을 귀속 재산이라고 하는데, 이걸 매입하면 지가 증권의 가치를 100퍼센트 그대로 인정해주겠다고 한 겁니다. 즉 가치가 천 원으로 떨어졌어도 그냥 만 원으로 인정하겠다는 이야기였는데, 이 귀속 재산 관련해서는 뒤에서 좀더 자세히 살펴볼게요.

유상 매입을 했으니, 유상 분배도 해야겠죠. 농민들에게 유상 분배 방식으로 땅을 나눠줬는데, 이때도 돈을 받았습니다. **토지 1년 생산량의 150퍼센트**를 땅값으로 계산해서 받았는데, 예를 들어 설명해볼게요. 만약 한 토지에서 일 년에 100가마가 생산되면 그 땅값은 150가마가 되는 거죠. 그 150가마를 **5년 동안 분할 상환**하게 했는데, 그럼 1년에 대략 30가마씩 내면 되겠죠. 이렇듯 유상 매입, 유상 분배 원칙의 농지 개혁을 통해 자작농이 증가했고, 일본인이 지주가 되어 우리 농민들을 소작농으로 착취했던 **식민지 지주제**가 **청산**되었습니다.

이제 앞서 이야기했던 **귀속 재산**에 대해 살펴볼게요. 지가 증권의 가격이 90퍼센트 폭락하면서 휴지 조각이 되자, 정부에서 일본이 남기고 간 공장 등의 귀속 재산을 매입하면 지가 증권의 가치를 100퍼센트 그대로 인정해주겠다고 했잖아요. 그러자 값싼 지가 증권을 사들여 일본이 두고 간 공장을 매입한 사람들이 있었습니다. 그들이 지금 대한민국을 이끄는 유명 기업들입니다. 대표적으로 두산이 있는데, 두산 창업자가 일본인이 남기고 간 맥주 공장을 인수했고, 그것이 이후 OB맥주로 성장합니다. SK 역시 일본인이 남기고 간 직물 회사를 지가 증권으로 계약해서 인수했는데, 그것이 SK의 모태인 선경직물의 출발이었습니다. 한화 역시 일본이 남긴 화약 회사를 인수해 한국 화약을 설립합니다. 한국 화약을 줄여서 한화가 된 거죠. 이렇듯 농지 개혁과 귀속 재산 처리가 맞물려 있었다는 사실, 알아두시고요.

삼백 산업
1950년대 한국 산업에서 중추적인 역할을 했던 산업입니다. 흰색을 띠는 세 가지 산업, 밀가루(제분), 설탕(제당), 면직물(면방직 공업)을 지칭해요.
▶ 三 석 삼
▶ 白 희다 백
▶ 産 생산하다 산
▶ 業 업 업

이승만 정부의 경제 정책 관련, 농지 개혁과 더불어 기억해야 될 것이 **원조 경제**입니다. 광복 이후 우리나라에 남은 것이 별로 없었어요. 더욱이 6·25 전쟁을 치르며 완전히 황폐해졌죠. 그래서 미국이 우리를 많이 도와줬는데, 이것이 바로 원조 경제 시스템입니다. 원조는 미국이 남은 농산물을 우리에게 제공해주는 식으로 이루어졌는데 대표적인 것이 면화, 설탕, 밀가루 등이었습니다. 그런데 이것들의 공통점이 뭔가요? 색이 다 하얗죠. 그래서 이와 관련된 산업을 **삼백 산업**이라고 이야기합니다. 원조 경제로 면방직업, 제당업, 제분업 등의 삼백 산업이 발달하게 되는데요. 삼성전자의 출발 역시 설탕이었습니다. 설탕을 다루는 제일제당 공업 주식회사에서 삼성이 시작됐거든요. 즉 이승만 정부에서 이뤄진 농지 개혁, 지가 증권 발행, 귀속 재산 처리 등의 과정에서 지금의 대기업이 형성되었다는 사실을 알 수 있습니다. 이승만 정부의 경제 정책은 농지 개혁과 원조 경제라는 두 가지 키워드를 기억하시기 바라며, 이제 박정희 정부의 경제 정책으로 넘어가보겠습니다.

박정희 정부의 경제 정책 하면, 바로 경제 개발 5개년 계획이 대표적입니다. 사실 경제 개발 5개년 계획은 장면 정부에서 이미 설계도를 만들어놓았던 것인데, 그것을 박정희 정부에서 활용했던 거예요. 경제 개발 5개년 계획은 1960년대 1·2차가 추진되고, 1970년대 3·4차가 추진됐는데, 각각 어떤 내용을 중심으로 했는지 살펴보도록 하겠습니다.

: 1·2차 경제 개발 5개년 계획부터 보겠습니다 :

먼저 1962년부터 1971년까지 진행된 **1·2차 경제 개발 5개년 계획**부터 보겠습니다. 이때는 너무 가난해 돈이 없어서 **경공업**을 주력 사업으로 합니다. 매우 중요하니 꼭 기억하셔야 합니다. 특히 1차 때 값싼 노동력을 활용해 신발, 가방, 옷 등 큰 자본이 들어가지 않는 경공업 제품을 만들어 수출하는 데 집중했어요. 그리고 2차 때는 비료, 시멘트, 정유 산업 등 기간산업을 육성하고 도로 건설 등 사회 간접 자본 투자에 초점을 맞추었습니다. 여하튼 1·2차 경제 개발 5개년 계획은 경공업 중심의 경제 발전을 추진했다는 것, 기억하시면 되고요.

이어서 경제 개발 5개년 계획이 시행될 수 있었던 배경을 한번 볼게요. 박정희 정부는 **저임금·저곡가 정책**을 통해 정부 주도의 **수출 정책**을 쭉 밀고 나갑니다. 저임금, 즉 당시 노동력이 워낙 저렴하고, 또 풍부했거든요. 그만큼 원가를 낮출 수 있으니, 그걸로 경쟁한 겁니다. 지금 옷의 라벨을 보면 어느 브랜드든 '메이드 인 베트남', '메이드 인 차이나'가 대부분이에요. 노동력이 저렴한 곳에서 만들어야 단가를 낮출 수 있고 이를 통해 이득이 생기기 때문인데요, 1960년대 우리가 그랬던 겁니다. 당시 옷들을 보면 모두 '메이드 인 코

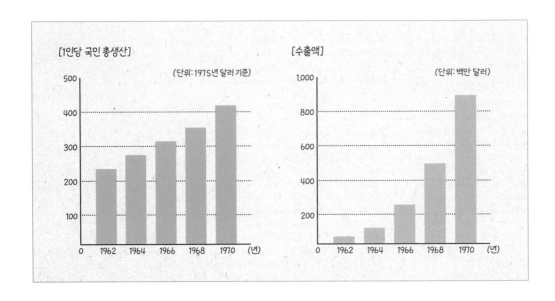

[1인당 국민 총생산] (단위: 1975년 달러 기준)

[수출액] (단위: 백만 달러)

리아'였어요. 지금 '메이드 인 코리아'는 귀하지만 말입니다. 또 저곡가 정책은 저임금을 유지하기 위해 쌀값을 낮게 유지시켰던 정책인데, 이렇듯 저임금·저곡가 정책을 추진했기에 정부 주도의 수출 정책을 펴면서, 경제 개발 5개년 계획을 시행할 수 있었던 겁니다.

그런데 경제 개발을 하려면 돈이 필요하잖아요? 이 자금을 끌고 온 방법은 앞서 설명했습니다. **한·일 수교**와 **베트남 파병**이었죠. 한·일 수교를 맺으면서 독립 축하금 명목으로 무상 원조와 유상 원조를 받았고, 또 베트남 전쟁 때 우리 군을 미군 측에 파병하면서 경제 개발에 필요한 지원을 받았다고 했죠? 베트남 파병 때는 미국과 **브라운 각서**를 체결했다고 했는데, 중요하니까 꼭 기억해두시고요. 여기에 더해 박정희 정부는 **독일**에 **광부나 간호사**를 **노동자**로 파

파독 간호사들

파독 광부들

견해, 그들의 임금을 담보로 자금을 빌리기도 했습니다. 이분들, 정말 고생
많이 하신 분들입니다. 광부들은 초기에 독일인도 들어가지 않는 천 미터 땅
속에 들어가야 했고, 간호사들은 시신 닦는 일부터 시작해야 했습니다. 이분
들의 노력이 있었기에 지금의 우리가 있다는 사실, 절대 잊어서는 안 되겠습
니다. 지금의 경제 개발, 한강의 기적을 이룬 사람들이 그 시대를 살았던 이
름 없는 아무개라는 걸, 우리의 아버지 어머니 세대라는 걸 잊지 마시기 바
랍니다.

: 새마을 운동과 3 · 4차 경제 개발 5개년 계획 :

1 · 2차 경제 개발 5개년 계획에 성공한 후 1970년대로
접어들었는데, 1970년대에는 큰 이슈가 굉장히 많이 있습
니다.

먼저 **경부 고속 국도**의 **개통**입니다. 1968년 2월에 공사를
시작했던 경부 고속 국도가 1970년 7월 완공되었고요. 또
새마을 운동이 이때부터 전개됩니다. 새마을 운동은 근면 ·
자조 · 협동 정신을 강조한 농촌 근대화 운동인데, 이후 도시
에도 확산돼 전국적인 의식 개혁 운동으로 이어졌습니다.

이런 식으로 경제가 성장하긴 했는데, 좋은 일만 있었던
건 아닙니다. 1960년대 저임금 · 저곡가 정책을 통해 정부
주도의 수출 정책을 펼쳤다고 했잖아요? 그런데 저
임금 · 저곡가의 기조 속에서는 노동자들과 농
민들이 희생할 수밖에 없거든요. 눈부신 경
제 성장의 이면에는 저임금에 시달리며 열
악한 환경에서 일하던 노동자들과 물가 상
승률보다 낮게 책정된 쌀값을
받아들여야 했던 농민들의 희
생이 있었습니다.

그리고 이 과정에서 우리
의 인권을 조금이라도 보장해

경부 고속도로 완공 소식을 실은 기사

배지

명찰

새마을기

407

청계천 버들다리에 있는
청년 전태일의 흉상

달라고 외쳤던 한 청년이 있었습니다. 1970년 **전태일 분신 사건**과 관련한 이야기입니다. 전태일은 청계천에서 일하는 노동자였어요. 당시 그곳에는 중·고등학생 나이밖에 되지 않는 어린 여성 노동자들 열 몇 명이 세 평도 채 안 되는 공간에 모여 미싱을 돌렸습니다. 환기구도 없는 밀폐된 공간에서 일하다 보니 폐병에 걸리는 일이 허다했는데, 그럼에도 불구하고 그냥 일할 수밖에 없었죠. 그런데 어느 날 전태일은 이런 열악한 상황을 막을 수 있는 법이 있다는 사실을 알게 됩니다. 바로 **근로 기준법**이었어요. 그는 그냥 법대로만 해달라고 요구합니다. 한 달에 일요일 두 번은 쉬게 해달라고요. 네, 당시 노동자들은 휴일 없이 매일같이 일했던 겁니다. 전태일은 하루에 무려 열여섯 시간 이상을 근무하는 상황에서, 최소한의 휴일이라도 보장해달라고 요구했습니다. 그런데 그 작은 요구조차 수용되지 않았습니다. 결국 전태일은 "근로 기준법을 준수하라. 나의 죽음을 헛되이 하지 말아달라"고 외치며 분신합니다. 전태일 분신 사건은 우리 노동 운동사에 굉장히 중요한 의미가 있습니다. 지금 우리는 하루 8시간, 주 52시간 노동 시간을 준수하고, 만약 시간 외 근무

큰★별쌤의 사건 이야기
우리 모두 잘 살아보세, 새마을 운동

새마을 운동은 가난에서 벗어나 모두 잘 살아보자는 구호를 바탕으로 시작된 운동이며, 농촌 경제 발전과 농가 소득 향상을 목표로 시작되었습니다. 박정희 정부는 성장 중심의 공업화 정책을 추진하기 위해 저임금 정책을 유지하고, 쌀 가격을 물가 상승률보다 낮게 책정하는 저곡가 정책을 폈어요. 그러자 공업 중심의 경제 개발로 농업의 중요도가 낮아져, 도시와 농촌 간의 소득 격차가 많이 벌어졌고, 이런 문제를 해결하기 위해 1970년 근면·자조·협동 정신을 강조한 새마을 운동을 전개한 것입니다. 1970년대 새마을 운동의 주요 과제는 생활 환경을 개선하고, 소득을 증대시키며, 의식을 개혁하는 것이었습니다. 이를 위한 다양한 사업이 실행되었고, 이후 새마을 운동은 도시로도 확산되었어요.

를 하면 주말 수당을 비롯한 여러 가지 수당을 받을 수 있습니다. 이런 것이 그냥 이루어진 게 아니라, 전태일 같은 분들의 노력과 희생이 있었기에 가능했던 일임을 기억하시기 바랍니다.

1970년 경부 고속 국도 개통, 새마을 운동, 전태일 분신 사건 등이 있었고, 1962년 시작되었던 1·2차 경제 개발 5개년 계획은 1971년 마무리됩니다. 그리고 1972년 **3차 경제 개발 5개년 계획**이 시행됩니다. 3·4차 경제 개발 5개년 계획은 1972년부터 1981년까지 추진됐는데, 이때의 주력 사업은 **중화학 공업**이었습니다. 자본이 어느 정도 축적되자 정부 주도로 철강, 화학, 조선 등 자본이 많이 투여되는 중화학 공업에 집중한 겁니다. 경상도 해안 지역에 제철, 조선, 자동차, 정유 등 대규모 공업 단지를 조성했는데 포항 종합 제철소, 즉 **포항 제철**도 이때 건설되었습니다. 포항 제철은 지금의 포스코죠. 그리고 이러한 경제 정책 추진으로 1977년 우리나라는 **수출 100억 달러를 달성**합니다. 그렇게 가난했던 나라가 수출로 많은 돈을 벌어온 겁니다. 정말 대단하죠. 이렇듯 '한강의 기적'이라 불리는 경제 발전이 1970년대에 이루어졌습니다.

그런데 1970년대 경제 발전이 쉬웠던 것만은 아닙니다. 대표적인 예로 1973년과 1978년, 두 차례에 걸쳐 **석유 파동**이 일어납니다. 국제 석유 가격이 폭등하면서 세계 경제가 큰 혼란을 겪었던 일인데요. 우리는 수출하는 나라였잖아요. 그런데 원유 값이 상승하면서 국제 경제의 인플레이션으로 수출액에 문제가 생긴 겁니다. 굉장한 타격을 입을 수밖에 없는데, 우리는 이 위기도 참 잘 극복했습니다. 1973년 1차 석유 파동 때는 중동 지역에서 석유 값이 비싸지니까, 아예 그곳으로 날아가 건물을 지으면서 돈을 벌어왔습니다. 이른바 '오일 달러'를 벌어서 위기를 모면한 거죠. 위기의 진원지에 가서 오히려 돈을 벌어오는 모습, 정말 대단하지 않나요? 이렇게 우리가 '한강의 기적'을 만들어낸 겁니다. 이 시대를 살아왔던 모든 분들께 진심으로 존경의 마음을 전합니다.

100억 불 수출의 날 기념우표

질문 있어요!

Q 박정희 정권 시절 경제 개발 5개년 계획으로 수출 100억 불을 달성했는데, 왜 무역 수지는 흑자를 기록하지 못했나요?

A 박정희 정부 시기에는 산업 기반을 마련하기 위해 많은 외채와 원재료 등을 외국으로부터 들여왔으며, 수출에 의존한 경제 정책이 시행되었습니다. 그래서 수출액은 컸지만, 무역 수지가 적자를 나타낸 것이죠.

경제(전두환 정부 이후) 40-3

1980년대는 세계 호황기와 함께 우리나라 경제도 호황기를 맞았습니다. 1990년대에 들어서면서 외환 위기라는 최대의 경제 위기를 겪기도 했지만, 온 국민이 힘을 합쳐 위기를 극복했고요. 여기서는 전두환 정부 이후 급변하는 우리의 경제 모습을 살펴보겠습니다.

: 전두환 정부의 경제 정책부터 볼게요 :

전두환 정부 시기 경제는 세계적 호황기와 맞물립니다. 특히 1986년부터 1988년 사이에 **3저 호황**의 시기가 있었어요. 3저는 **저금리, 저달러, 저유가**를 말하는데 3저 호황이란 국제 금리, 달러 가치와 석유 가격이 모두 낮아 경제 상황이 좋았던 것을 의미합니다. 하나씩 살펴볼게요.

먼저 저금리입니다. 금리가 낮으면 돈을 빌려오기 수월했겠죠. 공장을 짓는 데 필요한 자금 등을 낮은 금리로 쉽게 마련할 수 있었던 겁니다. 그다음은 저

큰★별쌤의 사건 이야기

새로운 무역 질서 정립, 우루과이 라운드

우루과이 라운드는 세계 각국의 관세 및 비관세 장벽을 없애기 위한 무역 협상으로 1993년 타결되었어요. 1986년 9월 남미의 우루과이에서 시작되었지만, 각 국가가 처한 다양한 입장 차이 때문에 오랜 협상에도 불구하고 수년 동안 합의점을 찾지 못했죠. 그러다가 수차례의 협상을 거쳐 1993년 모로코에서 완전 타결된 것입니다. 우루과이 라운드 타결로 1995년 세계 무역 기구(WTO)가 설립되었고, 우리나라의 경우 공업 산업의 수출 가능성이 열렸지만, 쌀 시장의 개방으로 농업 경쟁력이 약화되기도 했습니다.

우루과이 라운드 체결
반대 집회
우루과이 라운드 항의 집회 이후
구호가 적힌 플래카드를 앞세우
고 가두시위를 하는 시민들의 모
습이다. 그 옆으로 폴리스라인을
길게 친 전경들도 보인다.

달러예요. 달러 가치가 낮으니 달러를 빌려서 쓰기도 좋고, 제품을 수출해 버
는 돈이 원자재 수입에 드는 돈보다 상대적으로 많아서 이익을 취할 수 있었
어요. 마지막으로 저유가. 우리는 에너지의 상당 부분을 석유에 의존했기 때
문에, 석유 값이 싸면 쌀수록 좋거든요. 3저 호황 시기는 단군 이래 최대 호황
기라는 말이 들릴 정도로 정말 잘나갔습니다.

　그런데 우리나라가 어느 정도 경제 성장을 이루자, 선진국들이 이전과 달리
경제적 혜택을 없애게 됩니다. 그러면서 "너희들 문 좀 열어야겠어"라고 이야
기하는데, 이렇게 **우루과이 라운드 협상**이 **시작**됩니다. 1986년 9월 우루과이에
서 첫 회합이 열렸고, 이후 여러 차례의 협상을 거쳐 1993년 12월 타결되었죠.
1876년 조·일 수호 조규를 통해 우리가 첫 개항을 했잖아요? 이후 100여 년
이 지나 1986년, 세계 자본주의 시장에 우리의 빗장을 여는 우루과이 라운드
협상이 시작된 겁니다. 어찌 보면 두 번째 개항이라고도 할 수 있는데, 사실
우리에게는 조금 위기였어요. 이제까지는 개발 도상국으로 혜택을 보고 있었

는데, 이제 문을 열라고 하니 만만치 않았겠죠. 여하튼 우리나라는 1990년대 이후 우루과이 라운드에 따라 쌀 시장을 점차적으로 개방하게 됩니다.

그리고 전두환 정부 때 시행된 것 중 하나가, 1986년에 만들어진 **최저 임금법**입니다. 최저 임금법은 1970년대 근로 기준법을 준수하라고 분신했던 전태일의 목소리와 희생이 반영되어 나온 거라는 생각이 듭니다. 많은 사람들이 노동 문제에 관심을 갖게 되고 다양한 노동 운동이 벌어지면서 저임금 노동자 보호를 위한 최저 임금법이 제정된 거예요. 과거의 노력이 현재의 결실을 만든다는 것, 다시 한번 확인할 수 있겠습니다.

: 이어서, 김영삼 정부의 경제 정책입니다 :

노태우 정부 때는 경제 관련 큰 이슈가 없어서 넘어가고, 김영삼 정부 시기 경제 정책을 보도록 하겠습니다. 김영삼 정부에서는 **금융 실명제**를 실시합니다. 제가 어릴 때는 '우리 가족'이라는 이름으로도 통장을 만들 수 있었어요. 굳이 이 돈이 누구 돈이라고 이름을 정할 필요가 없었죠. 지금은 이렇게는 통장을 절대 만들 수 없잖아요? 확실한 사람 이름, 본인 이름으로만 통장 개설이 가능하죠. 이전에는 가명이나 차명으로도 통장을 만들 수 있었던 건데, 그러다 보니 검은돈이 쉽게 거래되는 등 많은 부정부패가 일어났습니다. 그래서 김영삼 대통령이 본인의 실제 이름으로만 금융 거래를 하도록 한 금융 실명제를 실시한 겁니다. 1993년 대통령 긴급 명령 형식으로 전격 실시됐는데, 당시 기자회견을 보면서 '긴급 명령'이라기에 큰일이 난 줄 알고 깜짝 놀랐던 기억이 납니다.

그리고 김영삼 정부 때 선진국 클럽이라고 할 수 있는 **경제 협력 개발 기구(OECD)**에 가입합니다. 세계 경제의 협력을 위해 만들어진 국제기구에 가입함으로써, 우리도 서서히 선진국 대열에 합류하는 모습이 나타난 거죠. 계속 끌어왔던 **우루과이 라운드 협상**도 **1993년** 드디어 **타결**됩니다.

자, OECD도 가입하고 이렇게 선진국 대열에 들어가는 줄 알았는데, **1997년 외환 위기(IMF 사태)**가 터지고 맙니다. 외환 위기는 쉽게 말하면 외환 달러가 부족해서 벌어진 일이에요. IMF는 '국제 통화 기금'이라는 국제기구인데, 1997년 말 외환 보유액 부족으로 경제 위기를 맞은 우리나라는 IMF에 긴급 자금 지원을 요청하게 됩니다. 온 국민이 열심히 노력해서 한강의 기적도 이루고 선진국 대열에도 합류했는데, 어느 날 갑자기 나라에 돈이 없다니, 어떻게 이런 일이 벌어지나 싶더라고요. 제가 1997년 2월에 대학을 졸업했는데, 그때만 해도 웬만하면 바로 취업이 됐거든요. 그런데 1997년 11월, 외환 위기가 터지면서 취업문이 바늘구멍처럼 좁아졌고, 취업 준비생들은 갑자기 섬에 갇혀버린 듯한 처지가 되고 말았습니다.

저는 우리 현대사를 두 시기로 나눠보라고 하면 외환 위기를 기준으로 하겠습니다. 외환 위기 이전과 이후의 모습이 너무 다르기 때문입니다. 비정규직, 계약직 같은 단어들이 외환 위기 이전에는 전혀 존재하지 않았거든요. 경쟁이 과도하게 치열해지는 등 외환 위기가 우리 모습을 많이 바꿔놨어요. 외환 위기는 경제뿐만 아니라 정치에도 영향을 끼쳤는데, 외환 위기라는 위기를 겪으면서 야당으로 정권이 교체됩니다. 이어서 살펴볼게요.

금 모으기 행사에 참여해
금을 기탁하는 시민들

: 마지막으로, 김대중 정부 이후의 경제 정책입니다 :

외환 위기 이후, 김대중 정부가 들어섭니다. 김대중 정부는 이 외환 위기를 극복해야 한다면서 **신자유주의**를 표방했어요. 사실 신자유주의 정책에는 IMF의 입김이 강하게 작용했는데, IMF에 자금 지원을 받은 이후 우리나라가 IMF의 경제 간섭을 받고 있었기 때문입니다. 여하튼 신자유주의 정책은 경쟁과 효율, 그리고 적자생존이 핵심이었는데 이를 추진하는 과정에서 기업 합병이나 정리 해고 등이 등장하고, 노동 시장의 유연성이라면서 비정규직이 급증하게 됩니다. 이 과정에서 **노사정 위원회**를 설치하기도 했습니다.

그런데 이때 국민들은 역시나 가만히 있지 않았습니다. 외환 위기를 극복하기 위해 국민이 자발적으로 전개한 운동이 있는데, 바로 **금 모으기 운동**입니다. 금 모으기 운동은 정말 놀라운 일입니다. 나라가 망하면 우리나라 화폐는 아무런 가치가 없어요. 그냥 휴지조각이나 마찬가지죠. 그래서 이럴 땐 돈이 아닌 금을 가지고 있어야 하는데, 금이 있으면 **기축 통화**인 달러를 살 수 있거든요. 그런데 나라가 망했다고 하는데, 사람들이 금을 내놓은 겁니다. 세계인들은 이해하지 못했어요. "이 사람들 왜 이래? 이럴수록 금을 갖고 있어야 하는데, 그걸 내놓다니!" 금 모으기 운동은 '제2의 국채 보상 운동'이라는 평가를 받을 정도로 세계가 깜짝 놀랐던 사건이었고, 우리의 저력을 보여준 모습이었습니다. 그리고 이런 노력 덕분에 우리는 외환 위기를 조기에 극복할 수 있었습니다.

마지막으로 **자유 무역 협정(FTA)** 관련한 내용을 살펴볼게요. FTA는 나라와 나라 사이의 관세를 없애는 협정인데, 우리나라가 최초로 FTA 협정을 맺은 나라는 칠레입니다. 김대중 정부 때 **한·칠레 FTA**에 **정식 서명**했죠. 서명일 기준으로 봤을 때 김대중 정부가 거의 끝나가는 시기였기에, 발효는 노무현 정부 때 이루어졌습니다. 한국과 미국 간의 자유 무역 협정, 한·미 FTA도 정식 서명은 노무현 정부 시기, 발효는 이명박 정부였음을 추가로 알아두세요.

이렇게 현대의 경제 정책을 정부 시기별로 살펴봤습니다. 이제 마지막으로 통일 정책을 살펴볼 차례인데요, 완강의 고지가 눈앞에 다가왔네요. 바로 이어서 고지를 정복해보겠습니다.

기축 통화
국제 간 결제나 금융 거래의 기본이 되는 통화로 1960년대 미국의 트리핀 교수가 주장한 용어입니다. 현재 달러화와 유로화 등이 기축 통화로 취급되고 있어요.
▶**基** 기초 기
▶**軸** 굴대 축
▶**通** 통하다 통
▶**貨** 재물 화

시대마다 과제가 있다고 얘기했었죠? 100년 전 개항기 때는 신분제 해방, 일제 강점기 때는 식민지로부터의 해방, 그리고 현대에는 가난과 독재로부터의 해방이라는 과제가 있었습니다. 지금 우리는 식민지나 신분제 시대에 살고 있지 않아요. 절대 빈곤에서도 벗어났고, 대통령을 우리 손으로 뽑고 있습니다. 역사의 엄청난 선물들을 자연스럽게 누리고 있죠. 그런데 이 선물이 그냥 온 것이 아니라는 사실, 역사에서 배우셨죠? 그럼 우리 시대의 과제는 무엇일까요? 여러 가지가 있겠지만, 저는 그중 하나가 바로 통일이 아닐까 생각합니다. 마지막 주제는 통일에 대해 다뤄봅니다.

: 박정희 정부의 통일 정책부터 볼게요 :

통일은 단순히 진영 논리로 설명할 수 없습니다. '통일은 진보 세력만 이야기하는 거다? 통일을 이야기하면 빨갱이다?' 이런 개념이 아니라는 거죠. 역사를 살펴보면 통일을 얘기할 때는 진영과 좌우를 떠나, 보수 혹은 진보 정부를 떠나 모두가 이야기하고, 실천하려고 노력했습니다. 통일은 우리 민족의, 우리 시대의 과제이자 정신이니까요. 통일을 얘기할 땐 진영 논리와 연결하지는 않았으면 좋겠다는 말씀을 드리며, 본격적인 이야기를 시작해보겠습니다.

먼저 통일의 문을 열었던 정부는 박정희 정부입니다. 우리가 이른바 보수 정부라고 하는 박정희 정부에서 통일의 단추를 열었어요. 그리고 이때 정해졌던 통일 3대 원칙이 지금까지 이어지고 있습니다. 앞서 1972년 7·4 남북 공동 성명이 발표됐다고 했던 것, 기억나시나요? 1969년 닉슨 독트린으로 인한 냉전 완화를 배경으로 공동 성명이 나올 수 있었다고 했었죠. 닉슨 독트린 이후 냉전이 완화되는 가운데, 남북 간의 교류가 서서히 시작됐는데 그 첫 번째가 바로 1971년 열린 **남북 적십자 회담**입니다. 이산가족 문제를 해결하기 위해 남과 북의 적십자 단체 책임자들이 모였던 회담인데, 이런 교류가 늘어나면서 물꼬가 트인 거죠. 그리고 이 과정에서 너무나 놀랍게도 중앙정보부장 이후락

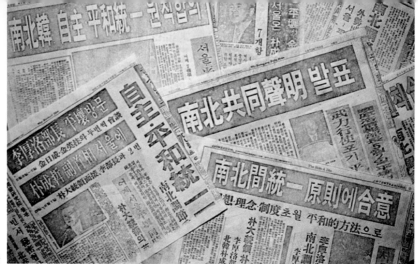
1972년, 남북 공동 성명 발표 관련 신문 기사

과 김일성이 평양에서 만나는 역사적 사건이 벌어지게 됩니다. 그때 이후락이 너무 긴장해서 독약이 든 캡슐을 들고 갔다고 합니다. 무슨 일이 생기면 독약 캡슐을 콱 깨물고 죽으려고요. 그 정도로 이전까지 서로 으르렁대며 살아왔던 것이니, 이후락과 김일성의 만남은 실로 엄청난 사건이었습니다.

그리고 이 엄청난 사건을 계기로 발표된 7·4 남북 공동 성명에서 합의한 것이 바로 **통일 3대 원칙**입니다. 1972년 '**자주, 평화, 민족 대단결**'이라는 평화 통일의 3대 원칙에 합의한 7·4 남북 공동 성명이 서울과 평양에서 동시에 발표되었어요. 자주와 평화와 민족 대단결, 너무 중요하죠. 앞으로 통일이 될 때 이 원칙이 계속해서 유효하게 작용할 거예요. 한편 7·4 남북 공동 성명의 합의 사항들을 추진하고, 남북 문제를 더 적극적으로 해결하기 위해 **남북 조절 위원회**가 설립됩니다. 여러분, 남북 조절 위원회라는 키워드가 나오면 무조건 7·4 남북 공동 성명, 박정희 정부와 연결지어 생각해야 합니다.

그런데 사실 7·4 남북 공동 성명은 성과를 거두지는 못했어요. 남측에서는 유신 헌법, 북측에서는 사회주의 헌법이 만들어지면서, 유신 체제와 김일성 유일 체제를 더욱 강화하는 데 7·4 남북 공동 성명이 활용되었다는 아쉬움이 있습니다. 하지만 보수 정부였던 박정희 정부에서 통일의 물꼬를 열었다는 것은 큰 역사적 의의가 있습니다.

: 다음은 전두환 · 노태우 정부의 통일 정책입니다 :

다음으로 **전두환 정부** 시기를 볼게요. 이때는 남북 간 합의를 볼 수 있는 상황은 없었어요. 1984년 서울에 큰 홍수가 나서 한강이 넘치고 피해가 엄청났는데, 그때 북한에서 "우리는 같은 민족 아닙니까. 쌀을 좀 드리겠습니다"라면서 수해 물자를 지원해주겠다고 했어요. 우리 정부는 받아야 하나 말아야 하나 고민하다, 결국 수해 물자를 받습니다. 그리고 이 일을 계기로 놀라운 사건, **최초의 남북 이산가족 상봉**이 1985년에 이루어집니다. 남북 이산가족 문제는 너무 가슴 아픈 일입니다. 생각해보세요. 이념이 다르다는 이유로 내가 낳은 자식을 만날 수 없고, 나의 아버지 어머니를 만날 수 없다니요. 여하튼 그 이산가족들이 처음으로 상봉했던 게 1985년, 전두환 정부 시기라는 것, 기억해두시고요.

이제 **노태우 정부**로 들어옵니다. 노태우 정부 때는 중국·소련과 수교하며 **북방 외교**에 힘썼다고 했었죠. 그런 과정에서 북한과의 관계도 많이 좋아지고, 1990년에는 남북한 총리를 단장으로 하는 남북 고위급 회담이 열립니다. 7·4 남

질문 있어요!

Q 각 대통령의 통일 관련 정책이 시험에서는 조항을 중심으로 문제가 나오던데, 각 합의서에서 캐치해야 하는 단어가 있나요?

A 7·4 남북 공동 성명은 통일의 3대 원칙이 나오면 찾아내실 수 있고요. 남북 기본 합의서는 화해 및 불가침, 교류 협력에 관한 내용이, 6·15 남북 공동 선언은 남측의 연합 제안과 북측의 연방제안의 공통성 인정과 경제 협력, 남북 이산가족 상봉 등의 내용이 담겨 있습니다. 10·4 남북 공동 선언은 군사적 대결 종식과 평화 체제 정착에 관한 내용이 실려 있습니다.

북 공동 성명은 비공식 회담에서 출발했지만, 1990년 남북 고위급 회담은 공식 회담이었습니다. 1992년까지 8회에 걸쳐 회담을 진행하면서, 1991년 남북 기본 합의서가 채택됩니다. 남북 기본 합의서는 화해와 불가침, 교류 협력 등에 공동 합의한 것으로 통일의 3대 원칙보다 한 단계 업그레이드된 모습이라고 할 수 있습니다. 노태우 정부 역시 우리가 얘기하는 보수 정부잖아요. 보수 정부에서 이렇게 열심히 통일의 토대를 쌓아놓고 있었던 건데, 통일은 일부 진영의 논리가 아니라는 사실을 여기서도 확인할 수 있는 겁니다.

남북 기본 합의서의 내용을 살펴보자면, 일단 남북 관계를 규정짓습니다. 나라와 나라 사이의 관계라고 하기엔 애매하니, 잠정적 특수 관계로 설정한 거예요. 그다음 남북 간의 교류를 민족 내부의 교류로 봅니다. 한 발짝 진전하고 있는 모습이 보이죠? 그런데 이게 다가 아닙니다. 남북 고위급 회담이 1990년부터 1992년까지 진행됐다고 했잖아요? 회담이 시작된 후 1991년 남북이 동시에 유엔에 가입합니다. 순서상으로는 **남북 유엔 동시 가입**이 첫 번째고, **남북 기본 합의서** 채택이 두 번째예요. 그리고 세 번째는 **한반도 비핵화 공동 선언**입니다. 이렇게 노태우 정부에서는 남북 관계를 활성화하기 위한 다양한 노력을 했다는 것, 기억해두시면 되겠습니다.

: 마지막으로, 김대중 정부 이후의 통일 정책입니다 :

이제 김영삼 정부로 넘어오는데, 1994년 김일성이 사망합니다. 이로 인해 더 이상 이야기가 진전되지 않아요. 북한은 상을 당하면 몇 년간 상을 치른다고 해요. 실제로 나라 최고 지도자가 사망했는데 외교적인 움직임을 보이기는 어려웠겠죠. 그래서 김영삼 정부에서 민족 공동체 통일 방안을 제시하였으나, 성과를 거두지는 못합니다.

그리고 **김대중 정부**로 들어와서, 김일성의 뒤를 이은 김정일 국방위원장과의 관계를 크게 개선합니다. 김대중 정부가 펼쳤던 대북 화해 협력 정책을 **햇볕 정책**이라고 하죠. 햇볕 정책의 상징적인 모습으로는 현대 정주영 명예회장의 소 떼 방북을 들 수 있습니다. 정주영 명예회장의 고향이 이북인데, "옛날에 거기서 소를 한 마리 끌고 내려와 장사를 시작해서 지금의 현대를 만들어 놓았다. 그래서 이제 갚으러 간다"며 소 떼를 차에 실어서 휴전선을 넘었습니다. 당시 엄청난 화제를 불러일으켰던 사건인데, 아마 통일이 되면 가장 먼저 이야기될 장면이 아닐까 하는 생각이 듭니다. 이렇듯 소 떼가 휴전선을 넘는 등 해빙기 분위기에서 **1998년 금강산 해로 관광**도 시작됩니다. 바닷길을 통해 금강산을 가는 여행이었죠.

그리고 드디어 2000년, 6·15 남북 공동 선언을 합니다. 정말 역사적인 장면이죠. 김대중 대통령과 김정일 국방위원장이 평양에서 최초의 남북 정상 회담을 개최하고, 6·15 남북 공동 선언을 채택했던 겁니다. 6·15 남북 공동 선언의 내용을 보면, 통일 방식의 차이점을 극복하려는 노력이 보입니다. 남한은 늘 연합제 방식의 통일을, 북한은 연방제 방식의 통일을 지향했는데, 6·15 남북 공동 선언에서는 이 둘의 방식에 유사점이 있다고 봤어요. 자, 설명을 드릴게요.

남한이 지향한 연합제는, 유럽 연

정주영 회장의 북한 방문

418

2000년, 남북 공동 선언 발표 기념주화들

합을 떠올리면 됩니다. 유럽 연합은 나라와 나라끼리 경제 공동체로 형성되어 있잖아요. 이런 방식으로 통일을 하자는 게 남한의 입장이었어요. 그리고 북한이 지향한 연방제는 미국을 떠올리시면 되는데, 미국이라는 나라 안에 여러 주가 독립적으로 존재하고 있잖아요. 북한은 이런 방식의 통일을 원했던 거예요. 그런데 이 두 개의 방식이 부딪히니까 대화가 안 되는 거죠. 그래서 북한이 지향하는 **낮은 단계의 연방제**, 즉 아주 초기적 단계의 연방제와 **남한의 연합제** 모습에 **유사성**이 있으니, 여기에 맞춰가자고 통일 방안을 상정했던 겁니다.

6·15 남북 공동 선언 이후 엄청난 변화들이 생깁니다. 먼저 **개성 공단** 조성이 시작됩니다. 개성 공단 건설에 착공한 건 노무현 정부 때인데, 개성 공단 관련 논의는 6·15 남북 공동 선언 이후 김대중 정부 때 이루어져, 공단 조성의 단초가 되었습니다. 그리고 **경의선**이 다시 연결됩니다. 1906년 개통되었다가 분단 이후 운행이 중단되었던 경의선이 운행을 재개한 거죠. 또 **이산가족 상봉**도 이뤄집니다. 마지막으로 **금강산 관광**을 해로가 아닌 **육로**로도 할 수 있는, 금강산 육로 관광이 추진됩니다. 이런 김대중 정부의 모습은 그다음 정부에서도 계속 이어져, 노무현 정부 시기인 2007년 2차 남북 정상 회담이 열리고, 10·4 남북 공동 선언도 발표됐어요.

자, 이렇게 통일 정책을 마지막으로 40강을 모두 완강했습니다. 이제 이 뒤에 나오는 부분은 진짜 통일에 관한 이야기가 되었으면 좋겠습니다. 여기까지 함께하신 분들은 꼭 합격하실 겁니다. 파이팅!

연방제
국가의 권력이 중앙 정부와 주에 동등하게 분배된 정치 형태예요. 연방제를 실시하는 국가를 연방 국가 혹은 연합 국가라고 부릅니다.

▶ **聯** 잇다 연
▶ **邦** 나라 방
▶ **制** 제도 제

큰★별쌤의
한번에 핵심 정리

1 이승만 정부의 경제 정책

농지 개혁	• 유상 매입 · 유상 분배의 방식으로 농지 개혁 시행 → 식민지 지주제 청산
	  - 유상 매입: 한 가구당 3정보 이내로 토지 소유 제한, 나머지 토지는 국가가 매입하되 현금 대신 지가 증권 발행
	  - 유상 분배: 토지 1년 생산량의 150퍼센트를 땅값으로 계산, 5년 동안 분할 상환

귀속 재산 처리	• 일본이 남기고 간 공장 등의 귀속 재산을 처분 → 이 과정에서 지금의 대기업들 형성
원조 경제	• 면화, 설탕, 밀가루 등 미국이 남은 농산물 원조 → 면방직업, 제당업, 제분업 등의 삼백 산업 발달

2 박정희 정부의 경제 정책

1 · 2차 경제 개발 5개년 계획	• 1962~1971년 경공업 중심의 경제 발전 추진 • 저임금 · 저곡가 정책을 토대로 정부 주도의 수출 정책 전개 - 저임금으로 가격 경쟁력 확보, 저임금 유지를 위해 쌀값을 낮게 유지하는 저곡가 정책 전개 • 경제 개발을 위한 자금은 한 · 일 수교, 베트남 파병(브라운 각서), 파독 노동자(광부, 간호사)의 임금을 담보로 한 대출 등으로 마련
1970년 경제 관련 이슈	• 경부 고속 국도 개통, 새마을 운동 전개 → 근로 기준법 준수를 요구하며, 전태일 분신
3 · 4차 경제 개발 5개년 계획	• 1972~1981년 중화학 공업 중심의 경제 발전 추진 → 포항 제철 건설 등 • 1977년 수출 100억 달러 달성 • 1973년, 1978년 석유 파동

3 전두환 정부 이후의 경제 정책

전두환 정부	• 1986~1988년 저금리 · 저달러 · 저유가의 '3저 호황' → 수출이 크게 늘어나 최대 호황기 누림 • 1986년 우루과이 라운드 협상 시작(1993년 타결), 노동자 보호를 위한 최저 임금법 시행
김영삼 정부	• 금융 실명제 실시: 1993년 대통령 긴급 명령 형식으로 실시 • 경제 협력 개발 기구(OECD) 가입, 우루과이 라운드 협상 타결 • 1997년 외환 위기 발생

김대중 정부	• 신자유주의 정책 추진 → 합병, 정리 해고, 비정규직 등장, 노사정 위원회 설치 • 금 모으기 운동 전개: 제2의 국채 보상 운동 → 외환 위기 조기 극복의 동력 • 한 · 칠레 자유 무역 협정(FTA) 정식 서명(→ 노무현 정부 때 발효)
노무현 정부	• 한 · 칠레 FTA 발효, 한 · 미 FTA 정식 서명 (→ 이명박 정부 때 발효)

4 통일 정책

박정희 정부	• 남북 적십자 회담(1971): 이산가족 문제 해결을 위해 회담 진행
	• 7 · 4 남북 공동 성명 발표(1972)
	  - 통일의 3대 원칙(자주, 평화, 민족 대단결) 합의, 남북 조절 위원회 설치
	  - 남한에 유신 헌법, 북한에 사회주의 헌법이 만들어지면서 남북 독재 체제 강화에 이용 → 남한에
	   유신 체제, 북한에 김일성 유일 체제 확립

전두환 정부	• 남한 홍수 피해 → 북한이 수해 물자 지원 → 최초의 남북 이산가족 상봉(1985)
노태우 정부	• 중국, 소련과 수교하며 북방 외교 추진 → 남북 관계 개선 → 남북한 유엔 동시 가입(1991) • 남북 고위급 회담(공식 회담) 개최, 남북 기본 합의서 채택(1991) → 화해와 불가침, 교류 협력 등에 공동 합의 • 한반도 비핵화 공동 선언 발표

김대중 정부	• 대북 화해 협력 정책(햇볕 정책) 추진 → 정주영의 소 떼 방북, 금강산 해로 관광 시작(1998)
	• 최초의 남북 정상 회담 개최, 6 · 15 남북 공동 선언 발표(2000)
	  - 북한이 지향하는 낮은 단계의 연방제와 남한의 연합제 간의 유사성 인정
	• 6 · 15 남북 공동 선언 이후 개성 공단 조성 시작, 경의선 다시 개통, 이산가족 상봉, 금강산 육로 관
	  광 추진

노무현 정부	• 2차 남북 정상 회담 개최, 10 · 4 남북 공동 선언 발표

사료 제공과 이용을 허락한 곳

- 이 책은 아래의 단체 및 저작권자의 도움으로 만들어질 수 있었습니다. 원본을 제공해주시고 허락해주신 분들께 다시 한번 감사드립니다.

- 이 책에 수록된 사진들은 대부분 합법한 과정을 거쳐 원본 제공과 이용 허락을 받았습니다. 그러나 일부 출처가 불명하거나 잘못 들어간 경우, 사실을 확인하는 대로 통상의 기준에 따라 승인 절차를 밟고 바로 잡도록 하겠습니다.

- 소장처는 가나다순이며, 해당 사진은 본문에 나오는 순대로 실었습니다. 아래는 소장처에서 명시한 이름으로, 본문에 나오는 사진 설명과는 다소 다를 수 있음을 알립니다.

3·15의거기념사업회
시위에 나선 서울 시내 각 대학교수들

e영상역사관
제2공화국 출범 경축식

강진군다산박물관
다산 유고 마과회통

강화역사박물관
수자기

경상북도산림과학박물관
임원경제지

경향신문
유신 헌법 공포식
서울 - 부산 간 고속도로 개통
KBS가 주관하는 금모으기 행사에서 금을 기탁하는 시민들
정주영 회장의 북한 방문

국가기록원
박문국 편집실
3·1 운동 당시 만세를 부르는 군중들 모습
조선어 학회 수란 동지회
신탁 통치 반대 시위 광경
대한민국 정부 수립 축하식
박종철 추도 시위
남북 공동 성명 발표 관련 신문 기사

국립고궁박물관
영조 어진

국립민속박물관

공명첩
정감록
발해고
조선강역지
동국지도
경성남별궁 사진엽서
대한 제국 전답 관계
일 원권
이전 오분 백동화
독립신문
5·10 총선거 벽보용 홍보물
새마을기
새마을 명찰
새마을 배지

국립수목원 산림박물관

색경

국립제주박물관

동의수세보원

국립중앙박물관

송시열 초상
속대전
대전통편
담배 썰기,《단원 풍속도첩》
장터길,《단원 풍속도첩》
상평통보
대장간,《단원 풍속도첩》
자리 짜기,《단원 풍속도첩》
금란계첩

제세주법상 최제우
반계수록
성호사설유선
목민심서
혼천의
동사강목
해동역사
김정희 필 세한도
동국지리지
택리지
대동여지도
대동여지전도
동의보감
침구경험방
별춘향전
심청전
홍길동전
아기 업은 여인
춤추는 아이,《단원 풍속도첩》
호작도
영통동구도
추사 김정희 선생이 쓴 서첩
당백전
채용신 필 최익현 초상
척화비
1876년 1월 강화도 수호조약 강요 무력시위
한성순보 제7호(1883.12.29)
서울 서대문 독립문과 영은문 주초
대한매일신보
한성주보
만세보 제111호(1906.11.7)
윤봉길 의사 선서문
여유당전서

국립진주박물관

형평사 정기 대회 포스터

국립한글박물관

대한 자강회 월보 제12호

금수회의록

한글 창간호 제1권 제1호(조선어 학회, 1932)

월하가인 권상, 하(필사본, 1911년 추정)

어린이 통권 제57호

한국통사

한글 마춤법 통일안(조선어 학회, 1933)

나주학생독립운동기념관

나주역 한·일 학생 충돌 현장에 있었던 한국인 학
생들

대통령기록관

제5대 대통령 박정희 취임식

제13대 대통령 노태우 취임식

제14대 대통령 김영삼 취임식

제15대 대통령 김대중 취임식

제16대 대통령 노무현 취임식

대한민국역사박물관

제국신문 1903년 7월 11일자

조선 형평사 선언 강령 규약

진단 학보 제18호

좌우 합작에 대한 성명

사사오입 개헌 자료

제3대 대통령 선거 진보당 후보 조봉암 전단

중앙선거관리위원회에서 발행한 6차 개헌안 게시문

통일 주체 국민 회의 안내서

5·18 민주화 운동 당시 문화공보부 전단

5·18 민주화 운동 당시 계엄사령관 경고문

100억 불 수출의 날 기념우표

남북 공동 선언 발표 기념주화들

독립기념관

갑신정변 주역들

여순 감옥 수감 중 안중근 사진(1909)

법정으로 끌려가는 신민회원(105인 사건)

남한 대토벌 작전에 의해 일본군에 체포된 호남 의
병장들(1909)

도산 안창호 일기(1920, 등록문화재 제721호)

파리 평화회 임시 정부 대표단(한국평론 1919년 6월
호 삽도)

독립 공채(10달러, 50달러, 100달러 앞뒤)

대한민국 임시 정부 내무총장 겸 국무총리 대리로
활약할 당시의 안창호 사진

김구 윤봉길 사진(도왜실기(屠倭實記, 1946) 삽도)

윤봉길 의사 홍구 공원 폭탄 투척 의거 후 기념식장
(1932.4.29)

인도·버마 전선에 파견된 영국군 배속 파견 광복군

한국 독립당 주요 인사 환국 기념(1945.11.3, 중경
임시 정부 청사)

조선 혁명 선언(朝鮮革命宣言)

한국 광복군 징모 제3분처 위원 환송 기념(1941.3.6)

대한민국 임시 정부 요인(가흥, 1933)

조선 의용대 성립 기념(1938.10.10)

동학농민혁명기념관

사발통문

장태

문화재청

진천 정철 신도비

남양주 광해군 묘

영창 대군 묘

창덕궁 주합루

수원 화성(장안문)

비변사등록

제주 속오군적부

청주 최명길 신도비

김상헌 선생 묘(신도비)

대동법 시행 기념비

고창 선운사 동불암지 마애여래좌상

정제두 묘

반계 선생 유적지(서당 입구)

이익 선생 묘(사당, 현판)

구례 화엄사 각황전

김제 금산사 미륵전

보은 법주사 팔상전

논산 쌍계사 대웅전

부안 개암사 대웅전

서울 운현궁(솟을대문)

경복궁 근정전

괴산 송시열 유적(만동묘 터)

정족산성(삼랑성)

양헌수병인양요 관련 문적(병인일기)

남연군의 묘

남연군 비

연기 척화비

청주 척화비

함평 척화비

여산 척화비

구미 척화비

순흥 척화비

장기 척화비

양산 척화비

산청 척화비

남해 척화비

기장 척화비

가덕도 척화비

김옥균 선생 사당

우정총국

만석보지

장성 황룡 전적(동학 농민군 승전 기념탑)

진천 이상설 생가

서울 독립문

덕수궁 석조전 동관

명동성당

배재학당 전경(동관)

박상진 의사 생가

청주 신채호 사당 및 묘소

윤동주의 친필 원고들

편복

서울 이화장

5·18 민주화 운동 추모탑

미국 국립문서기록관리청

카이로 회담

얄타 회담

일본의 항복

제주 4·3 사건 당시 피란민들

인천 상륙 작전 수행 직전의 맥아더 장군

민주화운동기념사업회

우루과이 라운드 체결 반대 집회(박용수)

백범김구선생기념사업협회

선서문을 달고 수류탄을 들고 서 있는 이봉창

이봉창의 한인애국단 선서문
1948년 4월 방북 직전 38선에서의 김구와 일행
평양 남북 지도자 회의에서 축사하는 김구

부산광역시시립박물관

경성 동양 척식 주식회사(사진엽서)

삼성미술관 리움

정선 필 인왕제색도
정선 필 금강전도

서울역사박물관

경운궁
조선 총독부 중추원 직원 일동
황국 신민 서사
YH 사건 신민당사 농성 사진

성호박물관

열하일기

수원광교박물관

곤여만국전도(사진엽서)

숭실대학교 한국기독교박물관

한·일 통상 조약 체결 기념 연회도

실학박물관

김육 초상

위키백과

허목 초상
병인양요 당시 강화도 일대 그림
절두산 척화비
신헌 초상
별기군
조선의 조복을 입고 관대를 두른 묄렌도르프
제물포 조약(원문 1~4쪽)
만년의 유길준
군국기무처
시모노세키 조약 조인식
고종
러시아 공사관(1900년경)
이토 히로부미와 영친왕(1905)
덕수궁 중명전에 전시된 을사늑약 문서
헤이그 특사
민영환
시일야방성대곡
서울 전차
사민필지(서문)
호머 헐버트
나철
박은식
시메옹 베르뇌가 심문을 받는 모습
조선 총독부 청사
경성 제국 대학(의학부 교사)
미나미 지로
'끌려감'
데라우치 마사타케
사이토 마코토
민립 대학 기성회 광고
신간회 회원들의 강제 연행 보도 기사
1931년 신간회 해소를 주장했던 책의 표지
일장기가 지워진 손기정 선수의 사진
건국 준비 위원회 발족식에 선 여운형

이승만

3·15 부정 선거를 다룬 기사

육군박물관

군적

청주고인쇄박물관

동국문헌비고

최태성

여유당

한국영상자료원

영화 〈아리랑〉 촬영 현장

한국전력 전기박물관

경복궁의 전기시등도

한성 전기 회사의 사옥

한성 전기 회사 직원들(1899)

화성시역사박물관

지가 증권

감수 | 정흥태

서울대학교 역사교육과를 졸업한 뒤 역사교사가 되었고 가락고등학교, 국악고등학교 등을 거쳐 현재는 세곡중학교에서 역사를 가르치고 있다. EBS 한국사 객원 교과위원으로서《수능특강》및《수능완성》한국사 교재 개발에 참여했으며, EBS의《7030파이널 한국사》,《한국사N제》,《수능기출플러스 한국사》, 그리고《큰★별쌤 최태성의 한국사 1500제》등을 집필했다. 또한 한국사 능력검정시험과 서울시 교육청의 전국연합학력평가 출제에도 참여했다.

큰★별쌤 최태성의 강의 한국사능력검정시험
심화 1·2·3급 하

초판 1쇄 인쇄 2021년 2월 1일
초판 1쇄 발행 2021년 2월 8일

지은이 | 최태성

발행인 | 박재호
편집팀 | 고아라, 홍다휘, 강혜진
마케팅팀 | 김용범, 권유정
총무팀 | 김명숙

디자인 | 표지 이석운 **본문** 한희정, 김윤남
정리·교정교열 | 김선녀 **감수** | 정흥태 **저자사진** | 이다혜
모두의 별★별 한국사 연구소 | 곽승연, 이상선, 김혜진
종이 | 세종페이퍼 **인쇄·제본** | 한영문화사

발행처 | 생각정원
출판신고 | 제25100-2011-000320호
주소 | 서울시 마포구 양화로 156(동교동) LG팰리스 814호
전화 | 02-334-7932 **팩스** | 02-334-7933
전자우편 | 3347932@gmail.com

ⓒ 최태성 2021

ISBN   979-11-91360-02-8 (04910)
        979-11-91360-00-4 (세트)

한국사능력검정시험, 접수부터 합격까지

큰★별쌤의 라이브방송과 함께

▶ 최태성1TV에서

D-28
금 22시

한능검 시작합시다!

"한능검 접수와 함께 스타트~"
큰★별쌤의 합격 열차에 탑승하세요.

D-21
금 22시

한능검 아직도 구석기니?

"열공 부스터를 달아봅시다."
큰★별쌤과 함께 쭉쭉 진도를 빼봅시다.

D-14
금 22시

한능검 긴급 점검

"2주. 이제 총력전이다."
큰★별쌤의 특급 진단과 함께
중간 점검하는 시간을 가져보세요.

D-7
금 22시

한능검 7일의 기적

"포기하지 마! 아직 7일이나 남았어."
큰★별쌤이 기적과 같은 일주일을 보내는
방법을 알려드립니다.

D-1
금 22시

한능검 전야제

"내일 시험지 보고 깜놀할 준비해."
큰★별쌤의 예언과도 같은 족집게 강의.
2만 동접(?) 전설의 라방 꼭 챙기세요.

D-DAY

시험 당일 가답안 공개

"두구두구~ 과연 나는 합격?"
시험이 끝난 직후, 큰★별쌤과 함께 바로
가답안을 채점해보세요.

큰★별쌤의 가답안은
인스타그램, 페이스북, 트위터에서도 확인할 수 있습니다.

📷 인스타그램 https://www.instagram.com/bigstarsam
f 페이스북 https://www.facebook.com/imbigstar
🐦 트위터 https://twitter.com/bigstarsam

D+14
금 22시

한국사능력 검정시험 쫑파티

"시험 결과가 나오는 날, 모두 모여라."
다 같이 모여 큰★별쌤과 함께
의미 있는 마무리를 해요.

큰★별쌤 최태성의

모두의

한국사능력검정시험

한국사 강의

심화 1·2·3급 하

별책부록

큰★별쌤 최태성의

한국사

수능+한국사능력검정시험

강의

심화 1·2·3급 **하**

별책부록

이투스북

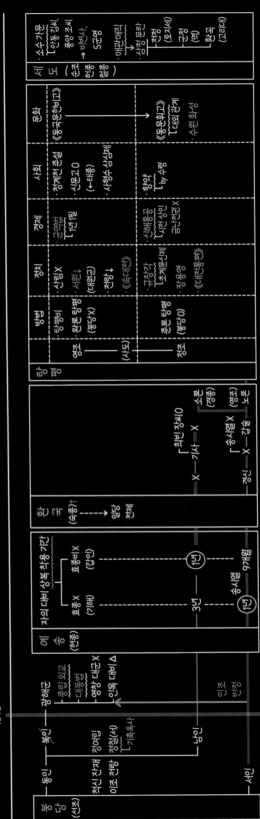

1 붕당 정치의 전개

선조	• 척신 전서의 청산과 이조 전랑 임명 문제를 두고 붕당이 대립하면서 동인과 서인 형성 → 정철을 중심으로 한 서인이 정여립을 역모로 몰아 동인 숙청(기축옥사) → 정철의 건저의에 대한 선조의 분노를 두고 서인 처리 문제를 두고 동인이 북인과 남인으로 나뉨
광해군	• 예란 이후 북인만 손을 잡고 외교, 대동법 시행
인조	• 서인이 인조반정을 일으켜 광해군과 북인 정권 무너뜨림 → 이후 서인과 남인에 의해 정국 유지

2 예송~환국 정쟁

(1) 예송(현종)

개요		• 효종, 효종비 사망 → 인조의 계비인 자의 대비의 상복 착용 기간을 두고 남인과 서인이 대립
기해예송	발단	• 효종 사망
	전개	• 남인: 장남에 준하는 3년 주장 • 서인: 차남에 준하는 1년 주장
	결과	• 서인 승리
갑인예송	발단	• 효종비 사망
	전개	• 남인: 1년 주장 • 서인: 9개월 주장
	결과	• 남인 승리

(2) 환국 정쟁(숙종)

개요	• 숙종이 즉위 → 현종(일당 전제)으로 왕권이 강화 → 조선 시대 가장 강력한 왕권 구가
경신환국	• 남인이 권력을 잃고 서인이 득세함
기사환국	• 남인(+희빈 장씨)의 기사환생, 서인 축출(인현 왕후 폐위)
갑술환국	• 남인이 실권하면서 희빈 장씨 폐위 → 희빈 장씨가 사약을 받고 죽음
결과	• 남인 몰락, 서인이 정권 장악 → 소론이 지지한 경종이 죽하나 일찍 사망하고, 노론이 지지하던 영조가 즉위함

3 탕평 정치, 세도 정치

(1) 영조의 탕평 정치

붕당	• 탕평비 건립: 영조가 표방하는 탕평책을 명문화 • 완론 탕평: 붕당 지체를 인정하지 않음
정치	• 산림을 인정하지 않음 • 붕당의 근거지로 변질된 서원 정리(→ 이후 흥선 대원군이 서원 또 한 번 정리) • 이조 전랑의 권한 약화 • 법전《속대전》발행,《경국대전》(성종)의 속편 격
경제	• 균역법 시행: 1년에 군포 1필 징수(감세 정책)
사회	• 청계천 준설, 신문고(태종 때 출발) 부활, 사형수 삼심제 실시
문화	• 백과사전《동국문헌비고》편찬 작업 단행

(2) 정조의 탕평 정치

붕당	• 준론 탕평: 붕당을 인정하는 대신, 왕이 시시비비를 가리며 심판 역할
정치	• 규장각 설치 → 초계문신제 실시: 왕권 강화를 위한 신진 세력 양성 • 장용영 설치: 친위 부대, 왕권을 지키기 위해 군사력 강화 목적 • 법전《대전통편》편찬
경제	• 신해통공: 시전 상인의 금난전권 폐지
사회	• 수령의 권한 강화: 수령이 향약을 직접 관장
문화	•《동국문헌비고》편찬 계속, 대외 관계를 정리한《동문휘고》편찬 • 수원 화성 축조

(3) 세도 정치

배경	• 정조 사후, 순조 - 헌종 - 철종 즉위 → 세도 정치 전개 • 소수 가문(안동 김씨)이 비변사와 5군영을 장악 → 권력 독점
매관매직	• 관직을 돈으로 사고팔게 되면서, 백성 수탈 횡행
삼정 문란	• 매관매직의 폐해로, 전정(토지세), 군정(군포), 환곡(국가 대여)에서 엄청난 문제 발생 → 농민 봉기 다수 발생

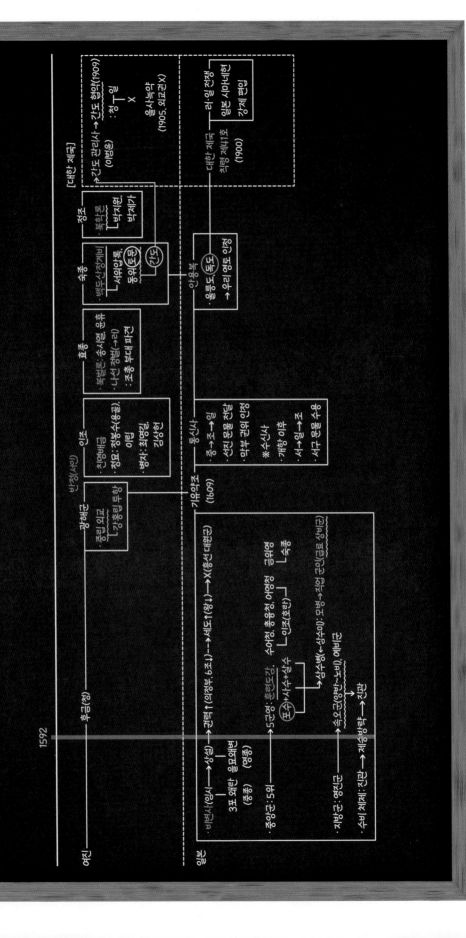

1 조선 후기 조직의 변화

비변사

임진왜란 이전	• 3포 왜란(중종) 때 임시 기구로 설치 • 을묘왜변(명종)이 일어나면서 상설 기구로 변화
임진왜란 이후	• 왜란을 거치며 비변사의 권한 강화 → 의정부·6조의 역할과 기능 축소 • 세도 정치 때 권력의 정점에 달함 → 왕권 약화 • 흥선 대원군 때 폐지

중앙군

임진왜란 이전	• 5위: 의무병 기반, 병농 일치제
임진왜란 이후	• 5군영 체제로 변화: 훈련도감, 어영청, 총융청, 수어청, 금위영 - 훈련도감: 포수·사수·살수의 삼수병 구성(직업 군인) - 어영청, 총융청, 수어청: 인조 때 후금을 견제해서 만들어짐 - 금위영: 숙종 때 만들어짐. 이로써 5군영 체제 완비

지방군

임진왜란 이전	• 영진군
임진왜란 이후	• 속오군: 양반에서 노비까지 모두 모이는 일종의 예비군

방어 체제

변화 흐름	• 진관 체제(15세기) → 제승방략 체제(16세기) → 진관 체제 복구, 속오군 체제(임진왜란 이후)

2 외교(여진)

(1) 북벌론의 등장

광해군	• 중립 외교 전개(강홍립 투항) → 인조반정(서인)
인조	• 서인이 주축이 되어 친명배금 정책 전개 - 정묘호란 발생: 정봉수(용골산성), 이립(의병) - 병자호란 발생: 최명길, 김상헌
효종	• 청을 처벌하자는 북벌론 전개(송시열 등용, 운휴) → 군대 강화를 통해 자신들의 세력을 강화하려는 의도 • 나선 정벌: 러시아를 함께 치자는 청나라의 파병 요청 → 조총 부대의 활약으로 큰 승리

(2) 간도 문제

숙종	• 백두산정계비: 비석에 '서위압록', '동위토문'이라고 새김 → 청나라와 조선의 경계는 서쪽으로는 압록강, 동쪽으로는 토문강이라는 경향 → 토문강에 대한 해석에서 간도 문제 발생
대한 제국 시기	• 이범윤을 간도 관리사로 임명해 파견 → 1909년 청나라와 일본이 간도 협약 체결(대한 제국 1905년 을사늑약으로 외교권을 강탈당한 상태로, 협상에 참여하지 못함) → 간도 협약으로 청나라는 간도를, 일본은 만주 지역의 철도 부설권을 취득함

3 외교(일본)

광해군	• 임진왜란 이후 도쿠가와 이에야스가 에도 막부를 엶 → 도쿠가와 이에야스의 화해 요청으로, 1609년 기유약조 체결 → 끊어졌던 외교가 재개됨
인조	• 통신사 파견 재개 - 중국에서 들여온 선진 문물을 일본에 전파(중국 → 조선 → 일본) - 에도 막부의 권위를 인정해주는 역할 • 개항 이후에는 수신사가 활동 • 일본에 들여온 서양 문물을 조선에 들여오는 역할(서양 → 일본 → 조선)
숙종	• 독도 문제 대두 - 조선은 초기부터 찾은 왜구의 침입으로 주민을 보호하기 어려워, 울릉도와 독도를 비워둠(공도 정책) → 일본인들이 울릉도에 들어와 자기네 땅이라고 주장 - 안용복이 일본으로 건너가 울릉도와 독도가 조선 영토라는 확약을 받아냄 → 지금 우리가 독도를 우리 땅이라고 하는 중요한 역사적 근거
대한 제국 시기	• 1900년 울릉도와 독도의 영유권을 명확히 하는 '대한 제국 칙령 제41호' 선포 → 일본이 러·일 전쟁을 일으키면서 독도를 일본 시마네현에 강제 편입

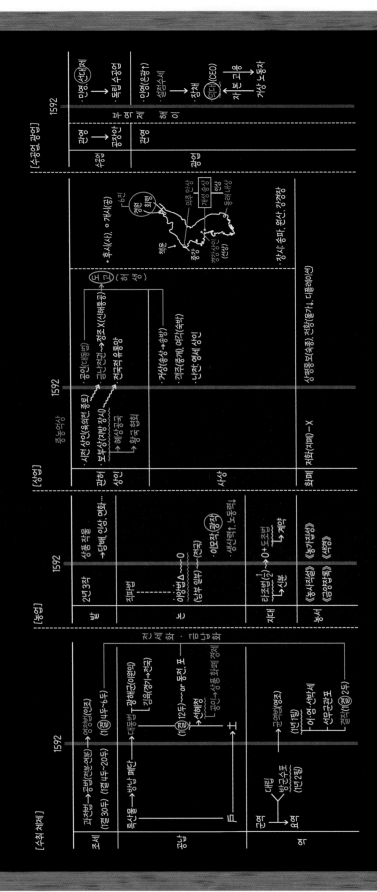

1 조선 후기의 수취 체제

조세 (영정법)	• 인조 때 영정법으로 변화 • 토지 1결당 쌀 4~6두로 고정
공납 (대동법)	• 특산물을 걷는 공납이 방납의 폐단으로 농민 부담 증가(전기) → 대동법 시행(후기) • 광해군 때 이원익의 주도로 경기도 지역에서 실시 → 김육의 노력으로 확대 실시 • 토지 1결당 쌀 12두 징수 · 지역에 따라 동전 · 포 등으로도 징수 → 쌀을 거두는 관청인 선혜청 설치 → 선혜청에서 쌀을 받아 양심, 관청에 필요한 물건을 사오는 공인 등장 → 상품 화폐 경제의 발달
역 (균역법)	• 조선 전기 군역의 요역화 현상으로 대립과 방군 수포(1년 2필) 횡행 → 영조 때 1년에 1필만 부과하는 균역법 시행(감세) • 부족해진 재정을 메우기 위해 어장세 · 염세 · 선박세 신설, 선무군관포 징수, 결작(1결당 2두) 징수

2 농업

밭농사	• 2년 3작 일반화(전기) → 담배, 인삼, 면화 등 상품 작물 재배(후기)
논농사	• 직파법 중심 모내기법(이앙법)은 남부 일부 지역에서만 시행(전기) → 모내기법 전국 확산(후기) • 모내기법 확산에 따라 이모작과 광작이 가능해짐 → 생산력↑, 노동력↓
지대	• 수확물의 1/2을 지대로 내는 타조법(전기) → 도조법 시행(후기) - 도조법은 신분이 아니라 계약에 의해 운용
농서	• 《농사직설》, 《금양잡록》(전기) → 《농가집성》, 《색경》(후기)

3 상업

공인		• 후기에 대동법을 통해서 등장한 상인
	시전 상인	• 전기: 시전 상인은 가게당 한 가지 물품에 대한 독점 판매권 소유 → 이들 중 육의 전은 종로에 위치함 • 후기: 육의전을 제외한 시전 상인의 금난전권을 폐지하고 신해통공 전기(정조)
	보부상	• 전기: 지방 장시를 오가며 활동 • 후기: 장시와 장시를 연결하며 전국적 유통망 확립 • 개항 이후: 해상공국에 소속 혈구 협회 조직

사상	• 거상: 개성 송상, 의주 만상, 평양 유상, 동래 내상(부산), 경강상인(서울 한강 유역) 등이 대표적. 개성 송상은 전국에 지점인 송방 설치 • 객주(중개업)와 여각(숙박업): 중간 상인 • 난전: 영세 상인 • 관허 상인 가운데 공인과 시전 상인, 사상 가운데 경강상인 묶어 독점적 도매상인 도고라 칭함
무역	• 개시 무역(공무역)과 후시 무역(사무역) 전개 • 개시 무역: 국가 대 국가의 공식 사절단과 하는 무역. 경원 개시, 회령 개시가 대표적이며 중강 개시(의주)도 있음 • 후시 무역: 민간인들끼리 하는 무역. 책문 후시 • 개성 송상은 의주 만상(중국과 교역)과 동래 내상(일본과 교역) 사이에서 중계 무역 담당. 인삼으로 성장함 • 장시: 송파장, 원산장, 경강장 등에서 보부상들이 오가며 교역 활동
화폐	• 조선 전기에 조선통보와 저화라는 화폐가 있었으나 거의 사용되지 않음 • 조선 후기 숙종 때 상평통보를 널리 사용 → 사람들이 화폐를 쌓아두면서 유통 화폐가 부족한 전황 발생 → 화폐 가치가 올라가고 물가는 떨어지는 디플레이션 발생

4 수공업, 광업

수공업	• 전기에는 관영 수공업 → 공장안(물건을 만드는 장인들의 리스트) 작성 • 후기: 모내기법과 대동법으로 민영 수공업 발달 - 선대제 성행: 공인, 거상이 필요한 물건 제작을 위해 수공업자에게 미리 자금 지불 - 독립 수공업 발달: 자기 자본으로 물건을 만들고, 직접 가격도 정해서 판매
광업	• 전기에는 관영 광업 성행 • 후기, 부역제의 해이 속에서 민영 광업(은광) 활성화 - 설점수세: 광산을 설치하고 광산에서 돈을 받아 세금으로 내는 제도 → 몰래 채굴하는 잠채 성행 - 덕대: 전문 경영인인 덕대는 가산으로부터 자본을 투자받아, 노동자를 고용해 광산 경영

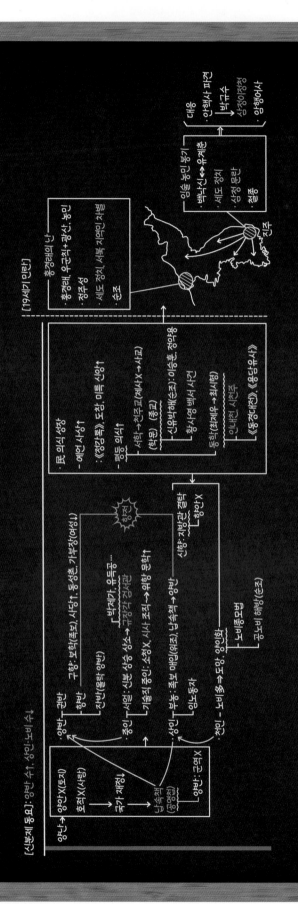

[신분제 동요]: 양반 수↑, 상민·노비 수↓

양난 → 양인X(토지)
호적X(사람)
국가 재정↓
납속책(공명첩)
양반: 군역X

양반 ┬ 권반
　　 ├ 향반
　　 └ 잔반(몰락 양반)

중인 ┬ 서얼: 신분 상승 상소 → 규장각 검서관
　　 └ 기술직 중인: 소청X, 서사 조직 → 위한 문학↑

박제가: 유득공 …

상민 ┬ 부농: 족보 매입(위조), 납속책 → 양반
　　 └ 임노동자

천민 - 노비 多→도망, 양인화
　　　 노비종모법
　　　 공노비 해방(순조)

신향: 지방관 결탁
　　　└ 향안 X

[19세기 민란]

민 의식 성장
- 예언 사상↑
　:《정감록》도참, 미륵 신앙↑
- 평등 의식↑
　서학=천주교(제사X→사교)
　(학문)　(종교)
　└ 신유박해(순조): 이승훈, 정약용
　　황사영 백서 사건
　동학(최제우→최시형)
　　인내천 사상
　　《동경대전》,《용담유사》

홍경래의 난
- 홍경래, 우근겸 + 광산 노인
- 정주성
- 세도 정치, 서북 지역인 차별
순조

임술 농민 봉기
백낙신 ⟷ 유계춘
- 세도 정치
- 삼정 문란
철종

대응
- 안핵사 파견
　박규수
　└ 삼정이정청
　암행어사

1 신분제의 동요

(1) 양난이 신분제에 미친 영향

배경	• 왜란과 호란 등의 영향으로 양반(토지 대장)과 호적 소실 → 국가 재정 추락 → 납속책 시행, 공명첩 발급
결과	• 이모작과 모내기법으로 돈을 벌고 광작 경영을 하면서 돈을 번 상민들이 양반 직을 사게 되자 양반 수가 증가하고 상민과 노비 수는 감소 → 신분 사회 동요

(2) 신분 제도의 변화

양반	• 예송, 환국 정쟁 등을 가지며 양반층이 권반, 향반, 잔반으로 분화 　- 권반: 환국 정쟁 속에서 여전히 권력을 쥐고 있었던 양반 　- 향반: 정치 투쟁에서 밀려나 향촌에 있었던 양반 　- 잔반: 완전히 몰락한 양반
서얼	• 신분 상승 상소 → 정조 때 서얼 등용이 이루어짐, 규장각 검서관으로 많이 등용(박제가, 유득공)
기술직 중인	• 소청 운동 전개 • 통역관, 역관들은 청나라를 오가며 부 축적, 양반처럼 시를 짓고 그림을 그리는 모임 시 '사' 조직(→ 위항 문학 발달)
상민	• 농민층이 광산을 경영하는 덕대 밑에서 일하는 임노동자와 광작 경영을 하는 부농으로 분화 • 부농은 족보를 매입하거나 위조, 납속책을 통해 양반이 되기도 함
천민	• 노비 대다수가 도망 • 부자가 된 노비이 양반이 되면서 세금 징수 대상이 줄어들자, 천민의 양인화 추진 　- 노비종모법: 자녀가 어머니의 신분만 따르도록 제한 　- 공노비 해방(순조)

(3) 향촌 질서의 변화

개요	• 구향(원래 조재하던 향반)과 신향(상민에서 신분 상승한 양반)의 대립 → 향전 발생

구향	• 신향과의 차이를 보여주기 위해, 보학(족보 연구)가 발달, 자신의 조상을 모시는 사당 다수 설립, 동성끼리 모여 사는 동성촌 형성 → 가부장적 문화가 나타나고 여성의 지위 하락
신향	• 지방관과 결탁하여 새로운 향안에 자신들의 이름을 올림

(4) 민(民) 의식의 성장

예언 사상		• 《정감록》 등의 예언 사상(도참)과 미륵 신앙 유행
종교	개요	• 천주교가 전래되고 동학이 발생하며 평등 의식 고취 → 천주교와 동학 모두 신분제 사회를 정면으로 부정
	천주교	• 서학으로 전래, 제사를 금하는 교리에 따라 사교로 규정됨 → 정부와 서학의 대립 　- 신유박해(순조): 이승훈, 정약용 등 연루 　- 황사영 백서 사건 발생
	동학	• 서학이 확대되는 것에 대한 반발로 등장, 최제우가 창시 　인내천, 시천주의 사상 　경전인 《동경대전》, 포교 가사집인 《용담유사》 간행

2 19세기 농민 봉기

홍경래의 난(순조)		• 서북 지역민들에 대한 차별과 삼정의 문란으로 발발 • 홍경래 우군칙 주도, 광산 노동자와 농민들의 참여 → 청천강 이북의 여러 고을 점령 • 정주성 전투에 패하면서 실패
임술 농민 봉기(철종)	개요	• 19세기 중반 세도 정치 시기, 매관매직 성행 → 삼정의 문란 → 백성들이 들고일어난 농민 봉기 발생, 전주에서 일어나 전국으로 확산 • 진주 농민 봉기의 경우, 유계춘이 주도해 전주의 탐관오리였던 백낙신 타도 주장
	대응	• 안핵사 파견: 박규수 → 삼정이정청 설치, 암행어사 파견

조선 후기(문화1)

[양명학]
- 성리 지행합일
- 정제두 ⇒ 강화학파

[실학]

구분	중농학파(경세치용 학파)	중상학파(이용후생 학파)(북학파)→청
주장	토지 분배 → 자영농 육성	토지 생산성↑, 상공업↑, 청 문물 수용

인물

중농:
- 유형원《반계수록》
  → 균전론(신분 차이O)
- 이익《성호사설》
  → 한전론(영업전)
  → 6좀 [노비, 과거, 노비] 애매O
     슬렁, 미신, 게으름
  → 애매 X

- 정약용《경세유표》,《흠흠신서》,《목민심서》
  → 정전론: 공동 소유·공동 경작
  → 여전론: 공동 소유·공동 경작
  → 노동량에 따라 분배
  → 정전제:

1	2	3
4	5	공동 경작
6	7	8

중상:
- 유수원《우서》
  → 사농공상X → 직업적 평등
- 홍대용《임하경륜》,《의산문답》
  → 문벌제도 X
  → 혼천의, 지전설 무한 우주론
- 박지원《열하일기》
  → 수레, 선박, 화폐O
- 박제가《북학의》
  → 수레, 선박
  → 소비론

[국학]

구분	내용
역사	안정복《동사강목》: 정통성
	한치윤《해동역사》: 외국 문헌 이용 ┌고조선~고려
	김정희《금석과안록》,《북한산비》→진흥왕 순수비, 주사체, 세한도(제주)
	이종휘《동사》: 고구려 ┐ 만주로 시야 확대
	유득공《발해고》: 남북국 ┘
	이긍익《연려실기술》: 조선사
지리 — 지리서	역사: 한백겸《동국지리지》, 정약용《아방강역고》
	인문: 이중환《택리지》
지도	정상기《동국지도》: 최초로 100리 척 사용
	김정호《대동여지도》: 목판, 지도첩
백과사전	이수광《지봉유설》, 이익《성호사설》, 서유구《임원경제지》
	《동국문헌비고》: 영조~정조
한글	신경준《훈민정음운해》

(사역원 활용 → 외국어 학습)

1 양명학과 실학의 발달

(1) 양명학의 등장

발전	정제두에 의해 체계화, 강화 학파 형성
특징	아는 것과 실천하는 것이 같아야 한다는 지행합일을 주장, 실천을 통해 얻는 지식 중시

(2) 실학의 발달

발전	성리학에 대한 학문으로 등장
특징	실사구시가 핵심, 민족적·자주적 성격 → 추후 국학으로 연결 소중화 의식(우리가 중국의 법통을 이어받은 또 다른 중국이라는 의식)을 토대로 한 자신감 속에서 우리 것을 연구하는 분위기로 나타남

(3) 농업 중심의 개혁론(중농학파)

정의	농업을 중시한 학자들. 경세치용 학파라고도 부름
주장	토지 분배 → 자영농 육성
유형원	《반계수록》 저술: 균전론 주장 - 신분에 따라 토지 차등 분배
이익	《성호사설》 저술: 균전론에 대한 보완책으로 한전론 주장 - 매매가 불가한 '영업전' 설정, 영업전을 제외한 토지만을 매매 기능 - 6좀: 양반, 과거제, 노비, 미신, 승려, 게으름을 조선 사회를 어지럽히는 여섯 가지 직폐로 지적
정약용	《경세유표》, 《흠흠신서》, 《목민심서》 저술 - 《경세유표》: 한 나라를 운영하는 규정하고 큰 개혁안을 담은 책 - 《흠흠신서》: 재판을 하는 관리들이 참고해야 할 형법서 - 《목민심서》: 지방관들이 어떻게 지역을 다스려야 되는 것인가에 대한 책 - 여전론: 토지를 공동으로 소유하고 경작한 뒤, 노동량에 따라 수확물을 분배하자는 주장 - 정전제: 토지를 우물 정(井)자 모양으로 나눈 후, 정중앙 땅만 공동 경작 주장

(4) 상업 중심의 개혁론(중상학파)

정의	상업을 중시한 학자들. 이용후생 학파, 북학파라고도 함
주장	토지 생산력 증대, 상공업 발전, 청 문물 수용 주장
유수원	《우서》 저술: 사농공상 차별 폐지 → 직업적 평등 주장
홍대용	《임하경륜》, 《의산문답》 저술: 문벌제 폐지 주장, 혼천의 제작, 지전설·무한 우주론 주장
박지원	《열하일기》 저술: 수레와 선박, 화폐 이용 주장
박제가	《북학의》 저술: 수레와 선박 이용 주장, 소비 촉진 주장

2 국학의 발달

역사	안정복의 《동사강목》: 고조선부터 고려까지 여러 왕조들의 정통성 서술 한치윤의 《해동역사》: 외국 문헌을 인용해 고조선~고려의 역사 서술 김정희의 《금석과안록》: 북한산비와 황초령비의 비문을 해석해 진흥왕 순수비임을 밝혀냄 이종휘의 《동사》: 고구려에 집중해 우리 역사 기록 유득공의 《발해고》: 남북국 시대의 역사 기록 → 《동사》와 《발해고》는 만주로 시야를 확대했다는 역사적 의의 이긍익의 《연려실기술》: 조선사 서술
지리 – 특징	상업적 활용을 위해 지리서와 지도 제작
지리 – 지리서	역사: 한백겸의 《동국지리지》, 정약용의 《아방강역고》 인문: 이중환의 《택리지》
지리 – 지도	정상기의 《동국지도》: 최초로 100리 척 사용 김정호의 《대동여지도》: 목판으로 제작한 지도첩
백과사전	이수광의 《지봉유설》, 이익의 《성호사설》, 서유구의 《임원경제지》 《동국문헌비고》: 영조 때 국가적 사업으로 출발해 정조 때 간행
한글	신경준의 《훈민정음운해》

[과학 기술의 발달]

서양 문물　곤여만국전도(세계 지도) → 성리학적 세계관 X

천문학　시헌력(김육, 서양 역법), 지전설(김석문, 이익, 홍대용)

의학	《동의보감》: 허준, 광해군
	《침구경험방》: 허임
	《마과회통》: 정약용, 종두법(천연두) ↘ 을미개혁
	《동의수세보원》: 이제마 → 사상 의학
농서	《농가집성》: 신속, 모내기법(이앙법)
	《색경》: 박세당(←서문중), 상품 작물
	《임원경제지》: 서유구, 백과사전

[서민 문화의 발달]

- 배경 : 상품 화폐 경제↑
　　　　서당 교육↑
- 특징 : 해학, 풍자(비판)

판소리	창+사설 = 신재효 정리
탈춤	탈 + 산대놀이
문학	·한글 소설: 《홍길동전》, 《춘향전》, 《심청전》 → 서얼, 천민
	·사설시조: 형식 파괴
한문학	·박지원: 《양반전》, 《허생전》, 《호질》 ← 정조 '문체반정'
	·중인: 시사 조직
회화	·진경 산수화: 정선 (인왕제색도, 금강전도)
	·풍속화: 단원 김홍도, 혜원 신윤복, 강세황(영통동구도→서양화 기법), 장승업
	·민화: 까치와 호랑이
	·궁사체: 김정희(세한도)
건축	·17C - 양반, 지주: 구례 화엄사 각황전, 김제 금산사 미륵전, 보은 법주사 팔상전
	└ 권문 유패 └ 현존 유일 조선 목탑
	·18C - 부농, 상인: 논산 쌍계사, 부안 개암사
	정조: 수원 화성(정약용-거중기, 배다리)

1 과학 기술의 발달

(1) 서양 문물의 수용

배경	중국 중심의 세계관, 양반 중심의 세계관, 즉 성리학적 세계관으로는 설명할 수 없는 모습이 등장
특징	《곤여만국전도》 등장: 서양 지도의 영향을 받아, 세계를 그대로 담은 지도. 중국과 우리 중심으로 공간을 예속했던 조선 전기의 《혼일강리역대국도지도》와는 완전히 다른 세계관을 보여줌

(2) 과학 기술의 발달

천문학	• 이수광: 서양의 서적의 영향을 받아 편찬된 역서(감문 도입 주도) • 지전설: 김석문 이익, 홍대용 등이 주장
의학	• 허준의 《동의보감》: 광해군 때 완성. 당시 중국과 우리나라의 의학서를 연구하여 집대성한 의학 서적 • 허임의 《침구경험방》: 침을 놓는 방법을 쓴 의서 • 정약용의 《마과회통》: 홍역과 마마(천연두)를 다룬 책. 종두법 연구 • 이제마의 《동의수세보원》: 사람의 소음인 소양인의 사상 의학 확립 　- 이 책에서 태양인, 태음인, 소음인, 소양인의 네 가지 체질로 분류
농서	• 신속의 《농가집성》: 모내기법(이앙법) 설명 • 박세당의 《색경》: 상품 작물 재배법 소개. 박세당은 당시 사변난적으로 공격받음 • 서유구의 《임원경제지》: 백과사전적 농서

2 시민 문화의 발달

(1) 민이 중심이 되는 문화의 발달

발전	• 모내기법의 확산 속에 경제적 수준 상승 → 상품 화폐 경제의 발달 → 시민 문화의 발달 • 서당 교육의 활성화 → 서민의 의식 수준 높아짐
특징	해학, 풍자(양반 사회 비판)
판소리	창+서설, 신재효가 정리
탈춤	탈을 쓰고 춤추는 것. 산대놀이 등으로 양반을 풍자

한글 문학	한글 소설	• 《홍길동전》: 허균이 쓴 최초의 한글 소설 • 《춘향전》, 《심청전》 → 한글 소설이 엄청난 인기를 끌면서 책쾌와 전기수 등장
	사설시조	양반들 중심이었던 정형화된 형식 파괴, 자유로운 이야기를 담아낸 문학
한문학		• 박지원의 《양반전》, 《허생전》, 《호질》이 대표적 　- 《양반전》: 양반 수가 증가하고 상민과 노비 수도 감소하는 당시 조선 후기 사회의 신분제 동요를 볼 수 있음 　- 《허생전》: 조선 후기 상품 화폐 발달로 등장한 독점 도매상인 도고의 모습을 볼 수 있음 　- 《호질》: 양반 세력의 위선에 대한 비판을 볼 수 있음 • 중인층은 시사 조직해 활동

(2) 예술의 새 경향

회화	진경 산수화	• 겸재 정선의 《인왕제색도》, 《금강전도》 • 우리 주변에서 볼 수 있는 사람들의 모습을 그림
	풍속화	• 단원 김홍도, 혜원 신윤복이 대표적(+장승업) • 강세황의 《영통동구도》: 서양화 기법인 원근법 사용
	민화	• 주로 까치와 호랑이가 주인공. 물고기와 내비도 그림 → 다산과 풍요 기원
	추사체	• 추사 김정희의 금씨체. 김정희가 《세한도》도 그림
건축	17세기	• 양반, 지주층 중심 → 사찰 건축 활발 • 구례 화엄사 각황전, 경제 금산사 미륵전, 보은 법주사 팔상전이 대표적
	18세기	• 부농과 상인 성장 등장: 논산 쌍계사, 부안 개암사가 부농과 상인의 후원으로 건축 • 정조의 수원 화성: 정약용이 거중기로 건축. 수원 행차 때 한강을 건너가 위한 배다리도 제작

28강 개항기(흥선대원군)

[대내 정책]

19C
(정치) · 세도 정치
(경제) · 삼정 문란 ↓
· 상징: 이양선 ↓
· 수령·이정 농단
  └ 삼정이정청 X
  (by 박규수)

흥선대원군
(고종 父)

왕권 강화
· 비변사 X = 의정부(행정)+삼군부(군사)
· 《대전회통》《육전조례》
· 경복궁 중건(←원납전 당백전 묘지림)
· 서원↓ (47개소, 만동묘 X)

민생 안정
· 전정: 양전 사업 → 재향↑
· 군정: 호포제 → 양반 O
· 환곡(군무향): 사창제(이진)

→ 최익현 탄핵(?) 상소 → 고종 친정
└ 개항 X
  을사의병

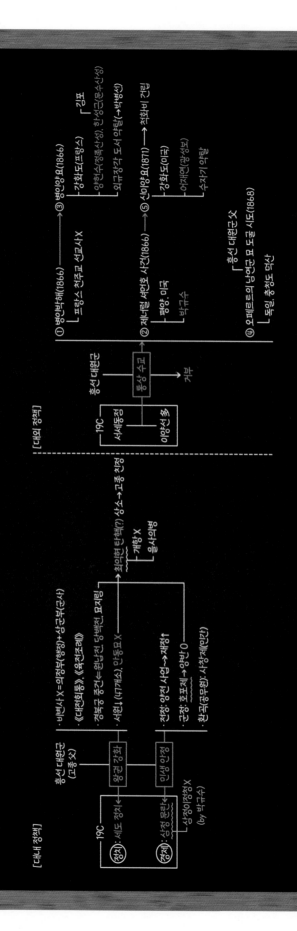

[대외 정책]

19C
서세동점
이양선多
흥선대원군 → 통상 수교 → 거부

① 병인박해(1866)
  └ 프랑스 천주교 선교사 X
→ ③ 병인양요(1866)
  └ 강화도(프랑스)
    · 양헌수(정족산성), 한성근(문수산성)
    · 외규장각 도서 약탈(→박병선)
      ┌ 김포

② 제너럴 셔먼호 사건(1866)
  └ 평양: 미국
    └ 박규수
→ ⑤ 신미양요(1871)
  └ 강화도(미국)
    · 어재연(광성보)
    · 수자기 약탈 → 척화비 건립

④ 오페르트의 남연군 묘 도굴 시도(1868)
  ┌ 흥선대원군 父
  └ 독일, 충청도 덕산

1 흥선 대원군의 대내 정책

(1) 흥선 대원군의 개혁 정치

배경	• 19세기 후반, 소수 가문에 의해 모든 것이 좌우되는 세도 정치 성행 → 왕권 약화와 삼정(전정·군정·환곡)의 문란 심화
결과	• 양반들의 붕당 목수 → 최익현의 상소를 계기로 흥선 대원군 섭정이 마무리 → 고종의 친정 시작
의의	• 왕권 강화와 민생 안정에 기여
한계	• 조선 왕조 시대 체제의 복원에 힘씀, 근대 사회로 나아가려는 의지가 약했음

(2) 왕권 강화 정책

비변사 폐지	• 행정, 군사, 외교를 모두 담당하고 있던 비변사의 기능 축소·폐지 → 행정은 의정부로, 군사는 삼군부로 넘기며 의정부와 삼군부의 기능을 부활시킴
법령 정비	• 법령을 정비하여 반포함 - 《대전회통》: 조선 전기와 후기를 아우르는 통일 법전 - 《육전조례》: 6조 관아의 사무 처리에 필요한 행정 법규 등을 제정
목적	• 왕실의 권위와 위엄 회복 → 임진왜란 때 불타버린 뒤 몇백 년 동안 폐허 상태로 있던 경복궁의 중건 결정
경복궁 중건	• 중건에 필요한 비용을 마련하기 위해 원납전 강제 징수 • 고액 화폐인 '당백전' 발행 : 상평통보의 100배 가치 • 양반들이 정비해둔 묘지림을 베어 경복궁 목재로 사용
결과	• 고액 화폐를 대량 유통하면서 인플레이션 현상 발생 • 원납전, 묘지림 등의 문제로 인한 양반의 불만 고조
배경	• 서원이나 만동묘에서 제사를 지내면 인근 마을의 수탈이 심각
서원 정리	• 전국의 서원 중 47개만 남기고 모두 없앰 • 만동묘(임진왜란 때 조선을 도와줬던 명나라의 황제를 모시던 곳) 폐지
결과	• 유생들의 기반인 서원과 선비들의 회합 장소였던 만동묘를 폐지함으로써, 이들의 반발 고조

(3) 민생 안정 정책 : 삼정의 문란 시정

전정	• 양반들의 탈세(소유한 토지를 신고하지 않음) → 양전 사업 실시 • 양전 사업 : 토지 조사를 통해 토지마다 세금을 매겨 새로운 세수원 확보 → 국가 재정 확충
군정	• 호포제 실시 : 이전까지 징수 대상이 아니었던 양반에게도 군포 징수
환곡	• 춘대추납의 과정에서 관리들이 고리대 폭리를 취함 → 국가를 빌릴 필요가 없는 사람에게도 무조건 할당하는 문제 발생 → 사창제 시행 → 마을 단위로 사창을 설치하고, 민간인이 운영함

2 흥선 대원군의 대외 정책

(1) 통상 수교 거부 정책

배경	• 서양 세력이 동족으로 몰림 듯이 오는 서세동점의 시기 → 이양선 다량 출몰 → 통상 수교 요구	
병인박해 (1866)	과정	• 조선 후기 천주교 확산 → 병인년, 프랑스 선교사 아홉 명과 8천여 명의 천주교도들 처형
	결과	• 병인양요로 연결됨
제너럴 셔먼호 사건 (1866)	과정	• 미국의 배 제너럴셔먼호가 대동강을 따라 평양으로 들어옴 → 선원들이 민가를 닫전 →평안 감사 박규수를 필두로 한 사람들이 제너럴셔먼호를 불태움
	결과	• 신미양요로 연결됨
오페르트 도굴 사건 (1868)	과정	• 독일 상인 오페르트가 흥선 대원군의 아버지인 남연군의 묘(충청도 덕산 쪽 위치) 도굴 시도 → 시신을 탈취해 흥선 대원군과 통상 수교 협상을 하려는 계획
	결과	• 서구 세력에 대한 흥선 대원군의 반발심이 더욱 커짐

(2) 병인양요와 신미양요

병인양요 (1866)	원인	• 프랑스가 병인박해를 구실로 조선 침략
	과정	• 프랑스군이 강화도 침공 → 정족산성(양헌수)과 문수산성(한성근)에서 프랑스군 격퇴
	결과	• 프랑스군이 퇴각 과정에서 외규장각의 의궤, 서책 등을 약탈 → 약사하자 박병선의 노력으로, 현재 임대 형식으로 한국에 돌아옴
신미양요 (1871)	원인	• 미국이 제너럴셔먼호 사건을 구실로 조선 침략(강화도 침공)
	과정	• 어재연 장군이 이끄는 조선 수비대가 광성보에서 항전 → 어재연 전사 → 미군이 철수하면서 수자기 약탈
척화비 건립		• 흥선 대원군이 신미양요 이후 전국 각지에 세움 • '서양 세력과 손잡자고 하는 것은 나라를 팔아먹는 매국'이라고 명확히 규정

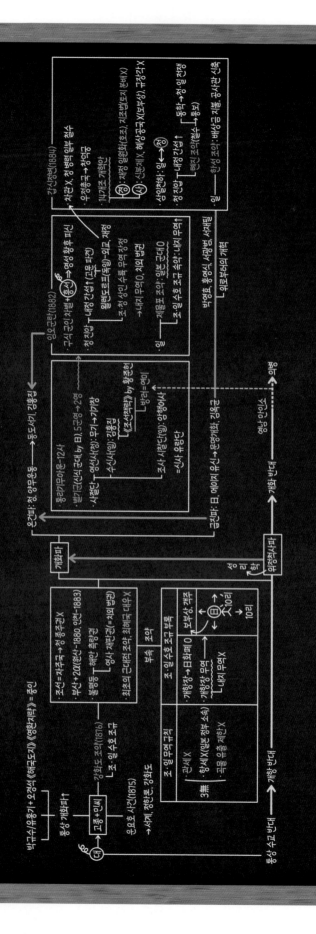

1 조·일 수호 조규(강화도 조약)

배경	• 통상 개화론 성장: 박규수, 유흥기, 오경석(《영환지략》, 《해국도지》) 등 • 조선 정부가 일본 서계(외교 문서) 거부 → 일본 내 정한론 대두 → 강화도에서 운요호 사건 (1875) 발발
내용	• 조선을 자주국이라고 명시: 청의 종주권 부정 의도 • 개항 요구: 부산에 이어 원산(1880), 인천(1883) 개항 • 해안 측량권, 영사 재판권(치외 법권) 규정
특징	• 최초의 근대적 조약이자 일본에 유리한 불평등 조약 - 불평등의 핵심 내용: 일본의 조선 침략 발판 마련 • 일종의 관점 조항인 최혜국 대우는 조약에 포함되지 않음
부속 조약	조·일 무역 규칙 / 일본 상품에 대한 관세, 일본 정부 소속 배의 무세, 곡물 유출 제한 규정 → 모두 없음 조·일 수호 조규 부록 / 개항장에서 일본 화폐 사용 가능, 일본 상인이 개항장 내에서만 무역 가능(← 내지 무역 X)

2 개화 정책 추진

(1) 위정척사파와 개화파

위정척사파	• 통상 수교를 거부했던 세력들로 조·일 수호 조규가 체결되자 개항 반대, 개항 후 개화 반대 → 성리학적 질서를 해치는 모든 흐름에 반대
개화파	• 온건 개화파: 청의 양무운동을 모델로, 동도서기 주장(김홍집) → 실질적인 개화 주체 세력 • 급진 개화파: 일본의 메이지 유신을 모델로 문명개화론 주장(김옥균)

(2) 개화 정책의 추진

제도 개혁	• 통리기무아문: 1880년대 개화 정책을 이끌어나갔던 기구, 통리기무아문 밑에 실무를 담당하는 12사 설치 • 신식 군대 별기군 설치(일본인 정교관 지휘) → 구식 군대인 5군영을 2영으로 축소 개편
사절단 파견	영선사 • 청나라에 파견, 신식 무기를 배워오는 역할 → 기기창 설치 수신사 • 조·일 수호 조규 체결 후 1차 수신사 김기수 파견 • 2차 수신사 김홍집 파견 → 청나라 외교관인 조선의 외교 방향에 대해 쓴 책 《조선책략》(《조선책략》)을 가지고 귀국 → 미국과 연합해야 한다는 내용에 반발한 영남 지역 유생 1만 명이 상소를 올림(영남 만인소 사건) 조사 시찰단 • 개화 정책에 대한 반발심이 커진 상황에서, 암행어사의 형식으로 일본에 비밀리 파견

3 임오군란

배경	• 별기군 창설과 구식 군인의 차별 대우 → 구식 군인의 월급이 1년 치가 밀린 가운데, 13개월 만에 월급으로 받은 쌀에 모래가 섞임 • 일본의 경제 침탈로 생활 악화
과정	• 구식 군인이 일본 공사관과 궁궐 습격 → 흥선 대원군 재집권, 명성 황후의 민씨 세력이 청에 원병 요청 도움을 청함 → 청군이 임오군란 진압, 흥선 대원군 납치 • 청의 내정 간섭: 고문 파견(독일인 묄렌도르프가 외교와 재정 담당)
결과	• 조·청 상민 수륙 무역 장정 체결: 청 상인이 내지 무역 가능 • 제물포 조약 체결: 일본이 배상금 지불과 일본 공사관 경비를 위한 일본군 주둔 허용 요구 → 조·일 수호 조규 속약으로 추가 조약이 붙어, 내지 무역이 가능해짐

4 갑신정변

(1) 갑신정변의 배경과 과정

배경	• 청·프 전쟁 발발로 조선에 주둔하던 청나라 병력 일부가 빠져나가감 → 급진 개화파는 청이 내정 간섭을 벗어날 기회로 판단

과정	• 우정총국 개국 축하연을 이용해 급진 개화파(김옥균, 박영효, 홍영식, 서광범, 서재필)가 민씨 세력들을 제거하며 정변을 일으킴(1884) → 창덕궁으로 이동해 고종과 명성 황후 확보 후 개혁 정강 발표
	• 갑신정변의 개혁 정강(14개조 개혁안)
	  - 정치: 청에 대한 사대 외교(조공) 폐지, 입헌 군주제 지향
	  - 경제: 호조로 재정 일원화
	  - 민씨 세력이 또다시 청나라에 도움을 청하며, 3일 천하로 끝남

결과	• 갑신정변 진압 과정에서 청나라와 일본군이 소규모 전투를 벌임 → 전쟁에 대한 위기의식으로 조선에서 양국 군대 철수, 추후 조선에 군대 파병 시에는 상대방에게 통보하겠다는 내용의 조약 체결 텐진 조약 • 갑신정변 진압 과정에서 청나라와 양국 군대 철수, 추후 조선에 군대 파병 시에는 상대방에게 통보하겠다는 내용의 조약 체결 한성 조약 • 갑신정변 때 일본 공사관이 불탄 것을 빌미로 배상금 지불, 공사관 신축 등을 내용으로 한 조약 체결
의의와 한계	• 근대 사회로 가기 위한 개혁 운동: 신분제 등 특권을 없애고 불투명한 것을 투명하게 하려는 시도 • 엘리트들이 중심이 된 위로부터의 개혁이라는 한계

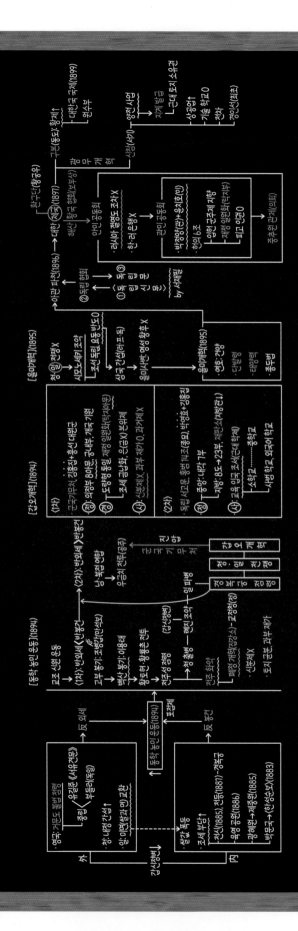

1 갑신정변 이후의 국내외 정세

국외	• 청의 내정 간섭 심화 → 조선 정부가 러시아에 도움 요청 → 영국이 러시아의 남하를 막는다는 구실로 거문도 불법 점령 → 조선 내에서 중립화론 대두 by 유길준(《서유견문》), 독일 외교관 부들러 • 일본은 미면(쌀과 면제품) 교환에 집중
국내	• 일본이 미면 교환 시스템이 확장되면서 설값 획득 • 개화 정책 추진에 필요한 자금 충당을 위해 조세 부담 심화 → 전신(1885), 전등(1887, 경복궁), 육영 공원(1886), 광혜원(1885, 후후 제중원), 박문국(1883, 〈한성순보〉) 등에 조세 투어

정치	• 왕실에 관한 업무를 총괄하는 궁내부 설치, 의정부 6조를 의정부 80문으로 개편	• 중앙을 내각 7부로 개편, 지방의 8도 체제를 23부 체제로 개편, 재판소 설치(→ 지방관의 권한 약화)
경제	• 도량형 통일, 재정을 탁지아문으로 일원화, 조세의 금납화, 은 본위제 시행	
사회	• 신분제 폐지, 과부의 재가 허용, 과거제 폐지 → 갑신정변이나 동학 농민 운동에서 주장했던 것이 실제로 시행된 것	• 교육 입국 조서 반포 → 근대식 학교 → 한성 사범 학교, 외국어 학교, 연조제 폐지

(2) 을미사변과 을미개혁(1895)

을미사변	• 청·일 전쟁에서 일본이 승리 → 시모노세키 조약 체결(조선의 자주독립 선언, 일본의 랴오둥 반도 차지)→러시아·프랑스·독일이 삼국 간섭 → 일본이 랴오둥반도 일으킴 → 명성황후 시해
을미개혁	• 연호 '건양' 사용 • 단발령 시행, 태양력 사용, 종두법 시행

4 독립 협회, 대한 제국

개요	• 고종의 아관 파천 → 〈독립신문〉을 만들던 사람들이 독립 협회 창립, 독립문 건설을 목표로 함 • 독립 협회의 환구 요청으로 고종이 환구단에서 대한 제국 선포(1897)
독립 협회 활동	**만민 공동회** • 고종이 대한 제국 선포와 황제 즉위로 힘을 얻으나 독립 협회가 만민 공동회 개최 - 러시아의 절영도 조차 저지, 한·러 은행 폐쇄 **관민 공동회** • 만민 공동회의 성공 이후, 관과 협을 합쳐 관민 공동회 개최: 박정양(관) + 윤치호(민) • 헌의 6조 결의: 입헌 군주제 지향, 재정의 일원화(탁지부), 피고의 인권 존중 주장

광무개혁	• 중추원 관제 선포: 입헌 의회 설립 운동 → 고종의 황권 강화, 군제 동원해 독립 협회 해산시킴
	• 황제로 즉위한 고종이 광무개혁 단행: 구본신참을 기본 방향으로 삼음
	  - 구본: 황제권 강화를 위해 대한국 국제 선포(1899), 원수부 설치
	  - 신참: 양전 사업(→지계 발급: 근대 토지 소유권 확립), 상공업 진흥, 기술 학교 건립, 전차, 경인선(우리나라 최초의 철도) 개통

2 동학 농민 운동

배경	• 조세 부담과 외세의 정치·경제 침투로 반봉건과 반외세라는 시대의 과제 대두 → 1차 동학 농민 운동은 반봉건의 성격이, 2차 동학 농민 운동은 반외세의 성격이 강함 • 민들이 중심이 된 아래로부터의 개혁 운동
1차 동학 농민 운동	• 교조 신원 운동: 동학 교조 최제우의 명예 회복을 위한 운동 → 실패 → 1차 동학 농민 운동의 출발 • 고부 봉기: 조병갑이 세금을 더 수하려고 만석보를 쌓게 함 → 농민들의 봉기로 조병갑이 물러남 • 백산 봉기: 안핵사 이용태가 고부 봉기 참여자 처벌 → 실질적인 동학 농민 운동 • 황토현 전투·황룡촌 전투: 관군과 부딪친 전투에서 모두 농민군이 승리 → 전주성 점령 ⇒ 조선 정부가 청에 도움 요청 → 청군이 파병하자 일본도 톈진 조약을 근거로 파병 → 정부와 농민군이 전주 화약을 체결해 농민군 자진 해산 → 농민군은 집강소(+정부는 교정청) 설치 후, 폐정 개혁(신분제 폐지·토지 균분·과부 재가 허용 주장) 진행
2차 동학 농민 운동	• 일본이 조선 정부의 군대 철수 요구 거부 → 일본군이 경복궁 점령(청일 전쟁 공격 기습 공격 → 청·일 전쟁 발발)→동학 농민군이 2차 봉기 → 남·북접이 연합해 우금치 전투에서 일본군과 싸우나 패배

3 갑오개혁

(1) 1·2차 갑오개혁(1894)

	1차 갑오개혁	2차 갑오개혁
배경	• 일본이 개혁을 압박하며 군국기무처 설치 • 김홍집(+흥선 대원군이 중심이 되어 추진	• 일본이 청·일 전쟁에서 승기를 잡으며, 그 중에게 종묘에서 독립 서고문을 낭독하고 홍범 14조를 반포하도록 함 • 박영효(+김홍집)를 개화의 중심에 세움

개항기(국권 침탈과 저항)

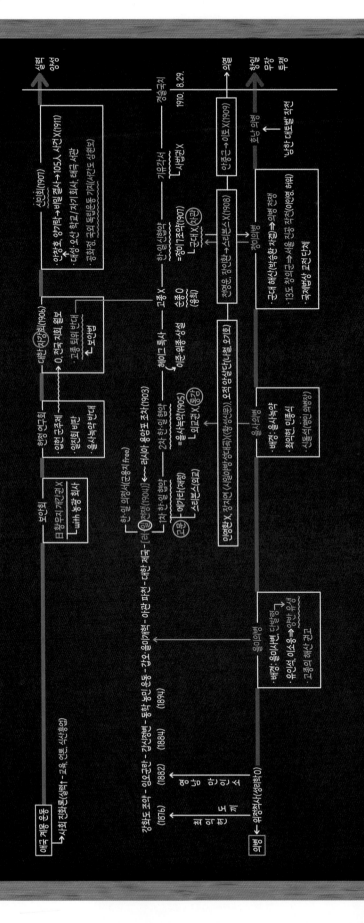

애국 계몽 운동
└ 사회 진화론(실력↑ 교육, 언론, 식산흥업)

보안회
日 황무지 개간권 X
└ with 농광 회사

헌정 연구회 ── 대한 자강회(1906) ─────── 신민회(1907)
입헌 군주제   ・안창호, 양기탁 → 비밀 결사 → 105人 사건 X(1911)
의회화 반대   0. 전국 지회, 월보   ・대성·오산 학교/자기 회사, 태극 서관
을사늑약 반대   고종화 반대 ← 보아별   ・공화정, 국외 독립운동 기지(서간도 삼원보)

강화도 조약 – 임오군란 – 갑신정변 – 동학 농민 운동 – 갑오 을미개혁 – 아관 파천 – 아란 제국 – 러일 전쟁(1904) – 러시아 용암포 조차(1903)
(1876)   (1882)   (1884)   (1894)

한·일 의정서(군용지 free)
   한·일 일협   1차 한일 협약   2차 한일 협약   을사늑약(1905)   헤이그 특사
   메가타(재정) 1차 한일 협약   스티븐스(외교)   └ 외교권X, (통감)   이토 히로부미 상설
고문   고종 X

면영환X, 장지연〈시일야방성대곡〉(황성신문), 오적 암살단(나철·오기호)
                    정미의병

을사의병
・배경 : 을사늑약
・최익현, 민종식
신돌석(평민 의병장)

한일 신협약 ── 기유각서 ── 경술국치
= 정미7조약(1907)   └ 사법권X   1910. 8.29.
└ 군대 X(시위대)

정미의병
・전봉준, 장인환 → 스티븐스X(1908)
・근대 해산(박승환) → 의병 전쟁
・13도 창의군 → 서울 진공 작전(이인영, 허위)
・국제법상 교전단체

안중근 → 이토X(1909)

호남 의병
  ↑
'남한 대토벌' 작전

실력
양성

의병
무장
투쟁

항일
무장
투쟁

의병 ── 위정척사(성리학0)

임오의병
・배경 : 을미사변, 단발령┐
  유인석, 이소응 ⇒ 유배·유생
  고종의 해산 권고

1 일제의 국권 침탈 과정

러·일 전쟁 발발(1904)	• 대한 제국을 둘러싼 러·일의 팽팽한 대립 → 러시아의 용암포 조차 사건(1903) 계기로, 전쟁 발발 → 일본의 강요로 한·일 의정서 체결(군용지 허용)
1차 한·일 협약	• 러·일 전쟁에서 일본이 승기를 잡으면서 체결(제정), 스티븐스(외교) 등이 고문 파견 → 고문 정치 전개
2차 한·일 협약 (을사늑약)	• 일본이 러·일 전쟁에서 완전히 승리한 후 체결(1905) → 외교권 강탈, 통감 부임 고종이 을사늑약의 부당함을 알리기 위해 헤이그 특사 파견(이준, 이위종, 이상설) → 일본이 이를 구실로 고종 강제 퇴위시킴
한·일 신협약 (정미7조약)	• 순종 즉위 후 체결 → 군대 해산, 통감의 권한 강화로 일본인의 차관 임명(차관 정치)
기유각서	• 사법권 강탈
경술국치	• 1910년 8월 29일, 한국 병합 조약 체결

헌정 연구회 (1905)	• 입헌 군주정 수립 주장 • 매국 단체인 일진회 강력 비판, 일진회의 체제 반대 운동 전개
대한 자강회 (1906)	• 헌정 연구회 계승, 입헌 군주정 지향 • 실력 양성을 위해 전국 각지에 지회를 두고 월보 간행 • 고종의 강제 퇴위에 대한 반대 운동 전개
신민회 (1907)	• 결성: 안창호, 양기탁 등이 조직한 비밀 결사 조직 • 활동: 교육, 언론, 식산흥업 모두 전개 - 교육: 대성 학교(평양), 오산 학교(정주) 설립 - 식산흥업: 자기 회사 설립, 태극서관 운영 - 언론: 양기탁이 〈대한매일신보〉를 통해 언론 담당 • 특징: 양기탁 지향, 국외 독립운동 기지 건설 추진(서간도 지역 삼원보에 독립운동 기지 건설 준비) • 해체: 105인 사건(1911)이 계기가 됨

2 항일 의거 활동

국내 활동	• 을사늑약에 대한 저항 - 민영환이 유서를 남기고 자결 - 장지연이 〈황성신문〉에 논설 '시일야방성대곡' 게재 - 오적 암살단: 나철, 오기호 등이 중심이 되어 을사오적을 처단하기 위해 조직
국외 활동	• 외교 고문이었던 스티븐스를 장인환과 전명운이 미국 샌프란시스코에서 처단(1908) • 안중근이 하얼빈역에서 이토 히로부미 처단(1909)

3 애국 계몽 운동

개요	• 사회 진화론에 영향을 받아 실력 양성을 통해 국권을 회복하자는 조직적 활동 → 교육, 언론, 식산흥업 강조
보안회 (1904)	• 일본의 황무지 개간권 요구 저지(+ 농광 회사)

4 의병 활동

개요	• 통상 수교 반대, 개항 반대, 개화 반대를 외치던 위정척사파가 실력 투쟁에 나섬 → 의병 투쟁
을미의병	• 원인: 을미사변, 단발령 시행 → 성리학적 질서를 중시하는 양반 유생들의 반발 • 대표 인물: 유인석, 이소응(양반 유생) • 해산: 고종이 아관 파천을 하면서 단발령 철회 → 고종의 해산 권고로 자진 해산
을사의병	• 원인: 을사늑약 체결에 따른 외교권 강탈 • 대표 인물: 최익현, 민종식(양반), 신돌석(평민) • 특징: 신돌석이라는 평민 출신의 의병장 등장
정미의병	• 원인: 고종의 강제 퇴위와 한·일 신협약의 체결에 따른 군대 해산 • 특징: 해산 군인의 합류로 조직력과 전투력 강화, 의병 전쟁화 • 활동: 13도 창의군을 결성해 서울 공격(서울 진공 작전), 국제법상 교전 단체 승인 요구
호남의병	• 정미의병의 연장선상에서 활동, 일본이 이른바 '남한 대토벌 작전' 시행 → 일제의 탄압으로 활동들이 어려워진 사람들이 만주 쪽으로 이동, 경술국치 이후 항일 무장 투쟁으로 연결

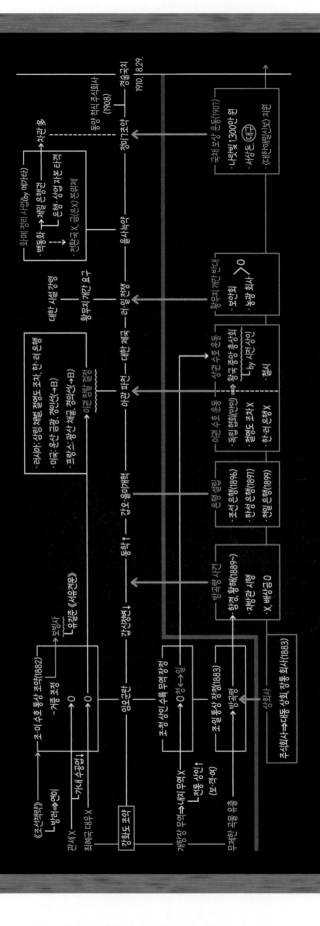

1 열강의 경제 침탈

(1) 개항 초기 경제 침탈

조·일 수호 조규(1876)	• 관세·양세·곡물 유출 제한이 없으며, 최혜국 대우 설정되지 않음 • 개항장 무역: 개항장 10리 이내에서만 무역 가능
조·미 수호 통상 조약(1882)	• 황준헌의 《조선책략》 중 '방러 → 연미'를 토대로 미국과 체결 • 거중 조정 규정, 관세 설정, 최혜국 대우 설정 → 이후 최혜국 대우 규정이 다른 나라에도 계속 작용 • 조약 체결 후 보빙사 미국 파견 → 보빙사 일원인 유길준이 귀국 후 《서유견문》 저술
조·청 상민 수륙 무역 장정(1882)	• 임오군란 이후 체결 청의 내정 간섭 심화 • 청 상인에게 내지 통상권 인정 → 내지 무역 가능 → 객주, 보부상 등 전통 상인들이 타격을 입음
조·일 통상 장정(1883)	• 무제한으로 곡물이 유출되지 않는 조항인 '방곡령' 규정 • 최혜국 대우 적용 → 일본 상인의 내지 무역 가능

(2) 열강의 이권 침탈

배경	• 1896년 아관 파천 후 러시아의 이권 침탈 심화 → 일본, 미국, 프랑스 등이 최혜국 대우를 내세움
러시아	• 삼림 채벌권(압록강과 두만강, 울릉도 등지) 차지 • 절영도 조차 요구, 한·러 은행 설립 → 독립 협회의 만민 공동회에서 저지
미국	• 운산 금광의 채굴권 차지, 경인선 부설권 차지(→ 추후 일본에 넘어감)
프랑스	• 경의선 부설권 차지(→ 추후 일본에 넘어감)
일본	• 경부선 부설권 차지 → 경인선, 경의선, 경부선 모두 일본이 놓음

(3) 일본의 토지 약탈과 금융 지배

토지 약탈	• 한·일 의정서에서 이권을 더욱 강화하기 위해 '대한 시설 강령' 작성 → 황무지 개간권 요구 • 동양 척식 주식회사 설립(1908): 1910년 토지 조사 사업을 시행하며 계획적으로 토지 약탈
화폐 정리 사업	• 시행: 1차는 한·일 협약 때 파견된 재정 고문 메가타가 주도 • 내용: 백동화를 일본 화폐로 교체 - 일제의 등가 교환이 이루어지지 않음. 교환이 거부되기도 함. 백동화를 만들던 전환국 폐지, 금 본위제 시행 → 백동화를 바꿔줄 은행권을 만들기 위해 일본으로부터 차관을 빌리도록 강요 • 영향: 국내 은행 자본가와 상업 자본이 타격

2 경제적 구국 운동

(1) 경제 주권을 지키기 위한 다양한 노력들

상회사 설립	• 조·청 상민 수륙 무역 장정을 통해 외국 상인의 내지 무역 → 거대 자본에 맞서기 위해 상인들 연합 → 상회사 설립 • 대동 상회와 장통 회사가 대표적
방곡령 선포	• 방곡령: 지방관이 곡물 가격 폭등과 식량 부족 현상을 방지하기 위해 곡물의 반출을 금지하는 명령 → 1883년 조·일 통상 장정에서 관련 규정 마련(방곡령 시행 1개월 전 일본 상인에게 개통보 조건) • 시행: 조·일 통상 장정을 근거로 지방관들이 방곡령 선포 → 일본 측 항의로 번번이 해제 -1889~1890년 함경도, 황해도 지역에서 방곡령 시행 → 일본이 1개월 전 통보가 위반이라며 배상금 지불 요구 → 방곡령 철회, 배상금 지불
은행 설립	• 1894~1895년 갑오·을미개혁으로 조세의 금납화 → 조선 은행(1896), 한성 은행(1897), 대한 천일 은행(1899) 설립 → 일제의 화폐 정리 사업 이후 몰락

(2) 이권 수호 운동부터 국채 보상 운동까지

이권 수호 운동	• 아관 파천 이후 열강의 이권 침탈 심화 → 독립 협회가 만민 공동회를 개최하여 러시아의 절영도 조차 요구 저지, 한·러 은행 폐쇄
상권 수호 운동	• 조·청 상민 수륙 무역 장정으로 외국인의 내지 무역 가능 → 시전 상인들이 중심이 되어 만든 황국 중앙 총상회가 상권 수호 운동 전개
황무지 개간권 요구 반대 운동	• 일제가 대한 시설 강령을 통해 황무지 개간권 요구 → 보안회와 농광 회사가 반대 운동 전개 → 일본의 요구 철회
국채 보상 운동	• 개요: 1907년 전개 → 나랏빚 1,300만 원을 갚자는 운동 • 전개: 서상돈의 주도로 대구에서 시작 → 《대한매일신보》 등 언론의 지지로 전국 확산

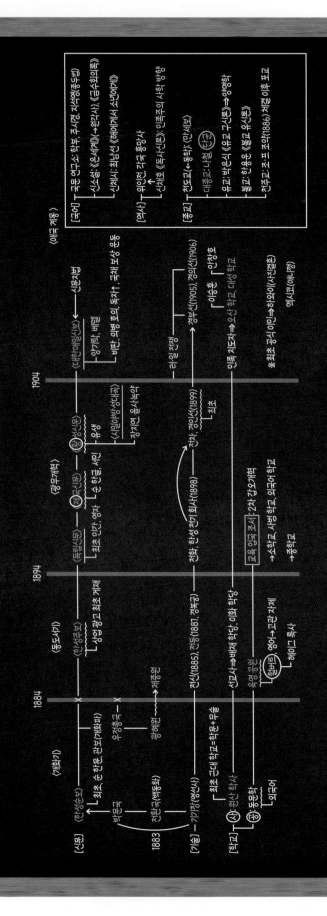

3 근대 교육의 발달

(1) 근대적 학교와 학제의 탄생

사립 학교	1880년대	• 원산 학사(1883): 우리나라 최초의 근대식 사립 학교, 한문+무술 교육 • 1884년 이후, 외국 선교사들이 학교 건립: 배재 학당, 이화 학당, 경신 학교 등
	1900년대	• 애국 계몽 운동 시기, 정주의 오산 학교(이승훈), 평양의 대성 학교(안창호) 등 설립
공립 학교	1880년대	• 동문학(1883): 외국어 교육 • 육영 공원(1886): 최초의 근대식 공립 학교 - 헐버트 등 미국인 교사 초빙, 고관 자제를 대상으로 한 근대 한문 교육
	1890년대	• 2차 갑오개혁 때 교육 입국 조서 반포 → 소학교, 사범 학교, 외국어 학교 등 설립 → 한성 중학교(1899)까지 이어짐(한성 중학교)

(2) 국외 이민

노동 이민	• 1904년을 전후해 공식 이민이 시작 → 하와이(사탕수수, 사진결혼), 멕시코(에네켄)

4 문예, 국학, 종교의 변화

문예	문학	• 신소설: 《은세계》(→우리나라 최초의 극장 원각사에서 연극으로 상연), 《금수회의록》 등 • 신체시: 최남선의 〈해에게서 소년에게〉
국학	국어	• 국문 연구소(1907): 한글 연구와 통일 문자 체계를 정리하기 위해 설립된 기구, 주시경, 지석영 등이 활동
	국사	• 특징: 위인전 보급, 여러 나라의 흥망사에 관한 책이 많이 나옴(신채호) • 신채호의 《독사신론》: 민족주의 사학의 방향을 제시 → 일제 강점기에 민족주의 사학 유행
종교		• 천도교: 동학을 천도교로 개칭, 기관지 〈만세보〉 간행 • 대종교: 1909년 나철 등을 중심으로 창시 → 단군을 믿는 종교 → 일제 강점기 활약 • 유교: 박은식이 유교 구신론 주장 • 불교: 한용운이 불교 유신론 주장 • 천주교: 병인양요으로 포교 시기가 늦어짐 → 1886년 조선과 프랑스가 조약 체결 후 포교

1 언론의 발달

〈한성순보〉
- 우리나라 최초의 신문, 박문국에서 인쇄(열흘에 한 번)
- 순 한문 신문, 정부에서 시행하는 정책을 알리는 관보의 성격을 띰

〈한성주보〉
- 갑신정변으로 〈한성순보〉가 문을 닫은 이후, 국한문 혼용체의 주간 신문으로 발행
- 우리나라 역사상 최초로 상업 광고 게재

〈독립신문〉
- 우리나라 최초의 민간 신문
- 한글판과 함께 영문판도 간행 → 외국인에게 국내 사정 전달

〈제국신문〉
- 순 한글 신문, 서민층이 주로 읽음

〈황성신문〉
- 국한문 혼용 신문, 유생들이 주로 읽음
- 을사늑약 때 장지연이 쓴 '시일야방성대곡'을 게재

〈대한매일신보〉
- 신민회 회원 양기탁과 영국인 베델이 운영
- 외국인이 운영하는 관계로 치외 법권이 적용되어 일본도 함부로 하지 못함 → 일본에 비판적인 기사와 의병 투쟁에 호의적인 기사를 많이 보도, 국채 보상 운동도 적극 홍보
⇒ 일제가 신문지법을 만들어 탄압

2 근대 기술의 도입

근대 시설 (1883)	• 박문국: 〈한성순보〉 발간, 신문·잡지 등이 편찬과 인쇄 • 전환국: 백동화 발행 • 기기창: 청에 파견된 영선사가 돌아와 만든 근대 무기 제조 공장
근대 시설 (1884~)	• 우정총국: 1884년 설치되나 갑신정변이 터지면서 운영이 일시 중단됨 • 광혜원: 갑신정변 때 다친 민씨들을 치료해준 미국인 선교사 알렌의 요청으로 설립한 우리나라 최초의 근대식 병원(→ 나중에 제중원으로 바뀜)
통신 (1884~)	• 전신: 1885년 처음 설치 • 전등: 1887년 경복궁에서 처음 불을 밝힘
1890년대	• 전화: 1898년 처음 가설 • 전기: 1898년 한성 전기 회사 설립 → 1899년 전차 운행 • 철도: 1899년 우리나라 최초의 철도 경인선 개통(러·일 전쟁 이전) ↔ 러·일 전쟁을 수행하기 위해 만든 철도 경부선(1905), 경의선(1906)과 구분

일제 강점기(식민 통치)

정책
10 20 30
內
外
저항 ─ 자금

[무단 통치]

통감 --→ 총독: only 군인(무관)
　　　└ 중추원: 자문
　　　　　└왜국(역사)

[정치]
·헌병 경찰: 즉결 처분, 태형(only 한국인)
·언론·출판·집회·결사 자유 X
·관리, 교사: 칼 찬 교사, 교육 차별(학제: 보통 4년 vs 日 6년)

[토지 조사 사업]

[경제]
·신고 증가 ⇒ '근대적 토지 소유권 확립', 재정 확보
·도지권(=경작권) 부정 ⇒ 계약제 높인
~령: 회사령, 삼림령, 광업령...
　└하가제 →민족 자본↓

3·1 운동
(1919)

[이른바 '문화 통치'] → 민족 분열 ----- 기만

운란 0 ----------- X
자치: 도 평의회, 부 연 협의회 ----- 日人
조선사 편수회(식민 사관: 당파성, 정체성) 日人
보통 경찰: 즉결 처분, 태형 ----- 수↑, 치안 유지법(1925)
(조선일보, 동아일보) 0 ----------- 검열, 정간
2차 교육령(학제 통일) ----------- 경성 제국 대학

[신민 증식 계획]

·증산 0, 증수량<목표 반출량 --- 미곡 감수 수입
·개량, 개간, 품종, 수리 시설 --- 비용 농민 전가
·쌀 단작화, 상품화
·X(신교제), 관세 철폐X ⇒ 물산 장려 운동

1910
1920
1930~1945

대 공 황

(1929)
⇒수요 < 공급

·만주 사변(1931)
·중·일 전쟁
·태평양 전쟁(1941)

[민족 말살 통치]

·창씨개명, 황국 신민 서사 암송
·신사 참배, 궁성 요배
·청구 하회 ← 간단 하회, 신체호, 백음
·사용별 보호 관청령(1936), 사상범 예방 구금령(1941)
·X 폐간(1940)
·조선어X(조선어 하회 사건 1942), 국민한 교육(1941)
·농촌 진흥 운동(~1940) X
·남면북양 정책
·병참 기지화 정책

국가 총동원법
(1938)

物: 지유, 지하, 공출, 배급
人: 지원, 징병, 징용, 일본군 '위안부'
물적 자원: 공출, 배급

1 1910년대 식민 지배 정책: 무단 통치

통치 정책
- 총독 파견: 오로지 무관 출신만 가능
- 중추원은 조선 총독부의 자문 기구로 기능하며, 역사 왜곡 자행
- 헌병 경찰 시대: 헌병 경찰이 즉결 처분권으로 태형 집행 → 태형은 오직 한국인에게만 적용(조선 태형령)
- 언론, 출판, 집회, 결사의 자유 없음
- 학교 교사가 칼을 차고 수업 진행; 1차 조선 교육령을 통해 한국인의 보통학교 수업 연한을 4년으로 단축(일본인은 6년) → 차별 차별

경제 정책
- 토지 조사 사업: 신고주의와 증거주의로 진행
  - 내용: 토지를 소유한 사람이 증거를 토대로 직접 신고한 토지만 소유권 인정 → 신고하지 않은 토지는 조선 총독부에 귀속
  - 목적: 일본은 '근대적 토지 소유권'을 확립한 것이라고 주장하나, 진짜 목적은 식민 통치에 필요한 제정 확보
  - 영향: 농민의 도지권(경작권)이 부정당함 → 계약제 농민의 수가 늘어남
- 회사령 시행: 회사 설립 시 조선 총독의 허가를 받도록 규정 → 민족 자본의 타격을 입고 성장을 저하
- 삼림령과 광업령 공포

2 1920년대 식민 지배 정책: 문화 통치(민족 분열 통치)

(1) 1920년대 일제의 정치 정책

배경
- 1919년 3·1 운동으로 무단 통치의 한계 인식 → 이른바 '문화 통치' 표방

본질
- 친일파를 기우고, 우리 민족을 분열시키려는 기만적 민족 분열 통치

통치 내용
- 조선 총독에 문관 출신도 임명 가능 → 한 번도 문관 출신이 임명되지 않음
- 도 평의회, 부·면 협의회 구성: 대부분 일본인으로 구성
- 조선사 편수회 설치: 식민 사관에 입각해 역사 왜곡(당파성론, 정체성론 등)
- 보통 경찰제 실시: 헌병 경찰에서 태형 폐지 → 경찰 수를 늘려 감시 강화 → 치안 유지
- 〈조선일보〉와 〈동아일보〉의 발행 허용 → 검열, 정간, 삭제 등으로 언론 탄압
- 2차 교육령: 학제를 동일시(한국인 교육 기간을 6년으로 연한) → 대학을 세우지는 못하게 됨 → 일제가 경성 제국 대학 설립

(2) 1920년대 일제의 경제 정책

산미 증식 계획 (1920~1934)	• 추진: 개간, 개간, 종자, 수리 시설 확충 등을 통해 쌀 생산량의 확대 꾀함 → 모든 비용을 농민에게 전가, 농민의 삶 피폐 • 결과: 쌀 생산량(증산량)이 다소 늘어나나 일제가 목표로 수탈량이 그보다 많음 → 한국인은 만주에서 아주 값싼 잡곡을 수입해야 식량 보충
회사령 · 관세 폐지	• 회사령을 신고제로 전환, 일본 거대 자본이 한국에 들어옴 → 관세 폐지 ⇒ 물산 장려 운동

3 1930년대 이후 식민 지배 정책: 민족 말살 통치

(1) 1930년대 이후 일제의 정치 정책

배경	• 1929년 대공황 발생 → 공급이 수요보다 많아짐 → 일본이 침략 전쟁 확대 → 만주 사변(1931), 중·일 전쟁(1937), 태평양 전쟁(1941)
목적	• 한국인의 민족의식을 말살해 일본인으로 동화 → 한국인을 침략 전쟁에 적극적으로 동원함
통치 내용	• 창씨개명: 한국인의 성과 이름을 일본식으로 바꾸도록 강요 • '황국 신민 서사' 암송 강요 • 종교: 신사 참배, 궁성 요배 강요 • 역사: 식민 사관을 바탕으로 연구하는 청구 학회 조직 → 중추원, 조선사 편수회, 청구 학회는 모두 식민 사관을 만들던 조직 • 사상범 보호 관찰령(1936), 사상범 예방 구금령(1941) 시행 • 교육: 한국어 사용 금지(→ 1942년 조선어 학회 사건), 국민학교령(1941) 선포

(2) 1930년대 이후 일제의 경제 정책

농촌 진흥 운동	• 농민층의 몰락, 저항 → 의식 개조를 통한 농촌 사회 부흥 유도 → 1940년대까지 이어지나, 실패
남면북양 정책	• 남쪽엔 면화를, 북쪽엔 양을 키우게 한 정책 → 일본 자본가들에게 값싼 원료 제공 목적
병참 기지화 정책	• 군수 공장(북한 지역) 건설 등 한반도를 전쟁 수행에 필요한 자원을 지원하는 근거지로 만듦

국가 총동원법	• 1938년 인적·물적 자원에 대한 동원권을 국가에 부여한 법 → 인적·물적 수탈로 이어짐
	  - 인적 수탈: 징용, 징병, 정신대, 일본군 '위안부'
	  - 물적 수탈: 공출 시행 → 이를 다시 배급 형태로 나누어줌

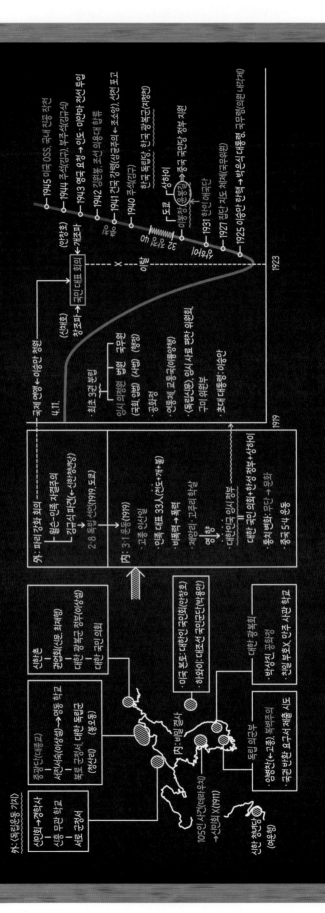

1910년대 국내외 항일 운동

(1) 국외 항일 운동: 독립운동 기지 건설

서간도	신민회: 경학사 조직(우당 이회영 집안), 신흥 강습소 설립(→ 신흥 무관 학교), 서로 군정서 조직
북간도	중광단(대종교 후원), 서전서숙(이상설), 명동 학교 설립, 북로 군정서와 대한 독립군 조직
연해주	블라디보스토크 신한촌에 권업회(최재형) 조직, 대한 광복군 정부(이상설) → 대한 국민 의회
상하이	신한 청년당(여운형) 조직 → 파리 강화 회의에 김규식 파견
미주 지역	미국 본토: 대한인 국민회(안창호) 조직, 하와이: 대조선 국민군단(박용만) 창설

(2) 국내 항일 운동: 비밀 결사

독립 의군부	임병찬이 고종의 밀지를 받아 비밀리에 조직, 복벽주의 지향 → 조선 총독부에 국권 반환 요구서 제출
대한 광복회	박상진 등이 대구를 중심으로 조직, 공화정 지향 → 친일 부호 처단, 만주 지역에 사관 학교 수립 계획

2 3·1 운동

(1) 3·1 운동의 배경과 전개

배경	1차 세계대전 후 파리 강화 회의 개최, 미국 대통령 윌슨의 민족 자결주의 선언 → 신한 청년당이 파리 강화 회의에 김규식 파견 → 1919년 2월 8일 한국인 유학생들의 2·8 독립 선언(도쿄)
주도	민족 대표 33인(천도교, 개신교, 불교 등 대개 종교인)이 독립 선언서 작성 → 고종의 인산일에 맞춤
전개	비폭력 시위로 시작해 독립 시위로 전환, 전국 확산 → 일제의 탄압으로 제암리·고주리 학살 사건 등 발생

(2) 3·1 운동의 의의와 영향

의의	남녀노소를 막론하고 2백만 이상이 참여한 거족적 민족 운동
영향	• 독립운동을 이끌 지도부의 필요성 제기 → 상하이에 대한민국 임시 정부 수립(1919.4.11) - 연해주의 대한 국민 의회, 서울의 한성 정부, 상하이 정부, 상하이 대한민국 임시 정부 등에서 진행되던 국내 임시정부 통합 • 일제의 통치 방식 변화: 무단 통치 → 이른바 '문화 통치' • 중국의 5·4 운동에 영향을 줌

3 대한민국 임시 정부의 활동

(1) 대한민국 임시 정부의 수립과 활동

수립	삼권 분립에 기초한 우리나라 최초의 공화정 정부(임시 의정원: 입법, 법원: 사법, 국무원: 행정)
활동	• 연통제, 교통국 등 비밀 행정 조직망을 만들어 국내와 연결 - 연통제: 독립운동을 지원하기 위한 연락망 역할을 한 행정 조직 - 교통국: 정보 수집, 재정 자금 모집, 비밀 교신 등의 역할 담당(이륭양행 - 조지 루이스 쇼) • 〈독립신문〉 발간, 임시 사료 편찬 위원회 설치 • 외교 활동: 미국 워싱턴에 구미 위원부 설치

(2) 국민 대표 회의 개최(1923)

배경	• 연통제와 교통국이 일본에 의해 거의 와해됨 • 이승만이 국제 연맹에 위임 통치 청원 → 이승만에 대한 거센 비판
진행	대한민국 임시 정부의 새로운 진로 모색을 위해 1923년 개최 → 창조파와 개조파가 결렬히 대립 - 창조파(신채호 중심): 임시 정부의 무능함을 비판하며 새로운 정부 창조 주장 - 개조파(안창호 중심): 임시 정부는 그대로 두고 바꿔나가자 주장
결과	회의 결렬 → 많은 독립운동가 이탈 → 임시 정부의 활동 위축

(3) 임시 정부의 변화

1920년대 중반	• 1925년 초대 대통령 이승만 탄핵 → 2대 대통령 박은식 취임, 국무령 중심의 내각 책임제(이원 내각제)로 개편, 1927년 국무 위원 체제(집단 지도 체제)로 변화
1930년대	• 1931년 김구가 한인 애국단 조직 - 이봉창: 도쿄에서 의거 특사 - 윤봉길: 상하이에서 폭탄 투척 → 중국 국민당 정부의 전폭적인 지원을 끌어냄 - 윤봉길의 상하이 의거를 계기로 일본의 감시가 거세짐 → 임시 정부가 상하이를 떠나 이동 → 1932년부터 1940년까지 6천 킬로미터의 대장정
1940년대	• 1940년 충칭에 정착. 주석(김구) 체제 전환 → 한국 독립당, 한국 광복군(총사령관 지청천) 창설 • 1941년 삼균주의(조소앙)를 기초로 한 건국 강령 발표 • 1942년 김원봉이 조선 의용대를 이끌고 임시 정부 합류 • 1943년 영국 요청으로 인도 미얀마 전선에 한국 광복군 투입 • 1944년 주석·부주석(김구·김규식) 체제 도입 • 1945년 미국 OSS 부대와 한국 광복군이 국내 진공 작전 계획

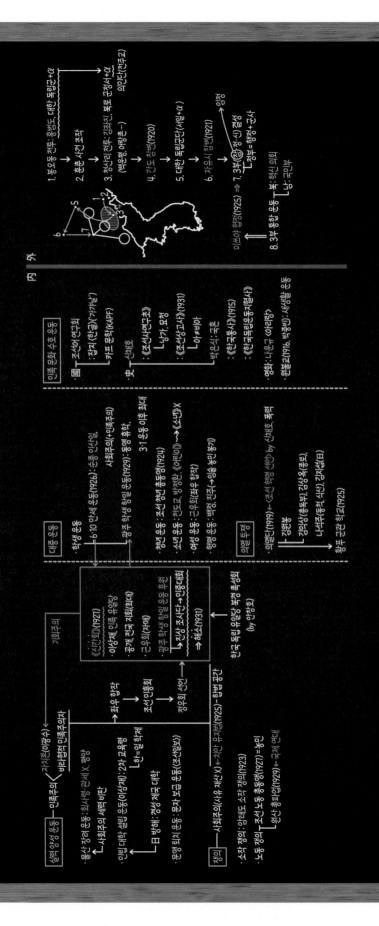

1 민족주의 진영과 사회주의 진영의 운동

(1) 실력 양성 운동

물산 장려 운동	• 배경: 회사령과 관세 철폐 → 민족 자본의 위기 • 전개: 애국심에 호소한 국산품 애용 운동으로 평양에서 출발해 전국으로 확산 → 상품 가격 상승 → 사회주의 세력이 자본가의 이익만을 대변한다며 결렬하게 비판
민립 대학 설립 운동	• 배경: 2차 교육령 발표로 한·일 간 학제 동일시 • 전개: 이상재 등이 고등 교육 실현을 위해 대학을 설립하자는 운동 전개 → 일제의 방해로 실패 → 일제가 회유책으로 경성 제국 대학 설립
문맹 퇴치 운동	• 〈조선일보〉가 주도한 문자 보급 운동이 대표적

(2) 소작 쟁의 · 노동 쟁의

개요	• 사회주의 진영의 영향, 즉 파업을 주도 → 1927년 조선 노동 총동맹, 조선 농민 총동맹 등이 조직됨
소작 쟁의	• 농민들이 주도한 쟁의로, 1923년 암태도 소작 쟁의가 대표적
노동 쟁의	• 노동자들이 힘을 합쳐 벌였으며, 1929년 원산 노동자 총파업이 대표적

(3) 신간회의 결성 배경과 활동

배경	국내	• 이광수 등 자치론 주장 → 자치론자 vs 비타협적 민족주의자 • 치안 유지법 제정으로 사회주의 진영의 활동 위축 → 민족주의 진영의 비타협적 민족주의자들과 연합(민족 유일당 운동) → 조선 민흥회 조직, 정우회 선언 발표
	국외	• 중국 베이징에서 안창호 주도로 한국 독립 유일당 북경 촉성회 조직
활동		• 창립: 1927년 비타협적 민족주의자들과 사회주의 세력이 연합해 결성, 공개 단체로 전국적으로 지회 결성 → 일제 강점기 최대 규모의 민족 운동 단체 • 광주 학생 항일 운동 후원: 진상 조사단 파견, 민중 대회 계획 → 사전 발각되면서 1931년 해소

2 대중 운동, 의열 투쟁

(1) 대중 운동

학생 운동	• 6·10 만세 운동(1926): 순종 인산일에 개최, 사회주의 세력과 민족주의 세력의 연대 모색 • 광주 학생 항일 운동(1929): 광주의 한·일 학생 간 충돌이 발단 → 전국적인 항일 운동으로 확대(3·1 운동 이후 최대 규모의 민족 운동)
청년 운동	• 1926년 결성된 조선 청년 총동맹이 대표적
소년 운동	• 방정환 등이 중심이 되어 천도교가 주도 → 잡지 〈어린이〉 발간, '어린이날' 제정
여성 운동	• 1927년 신간회의 자매단체인 근우회 결성
형평 운동	• 1923년 진주에서 백정들의 차별 폐지 운동

(2) 의열 투쟁(의열단)

개요	• 3·1 운동의 영향으로 김원봉 결성 → 1920년대 폭탄 투척, 암살 등의 무력 투쟁 방식으로 전개
주요 활동	• 신채호의 〈조선 혁명 선언〉을 활동 지침으로 삼음 → 김익상(조선 총독부 폭탄 투척), 김상옥(종로 경찰서 폭탄 투척), 나석주(동양 척식 주식회사, 식산 은행 폭탄 투척), 김지섭(일본 왕궁 폭탄 투척)
변화	• 1920년대 후반, 조직화된 투쟁 시작 → 김원봉을 포함한 의열단원이 황푸 군관 학교 입교

3 민족 문화 수호 운동

국어·문학	• 조선어 연구회(가갸날 제정, 잡지 〈한글〉 발행), 카프(KARF) 문학 등 사회주의 문학의 활성화
역사	• 신채호: 《조선사연구초》, 《조선상고사》 저술 → 낭가 사상 강조 • 박은식: 《한국통사》, 《한국독립운동지혈사》 저술, 국혼 강조
영화·종교	• 나운규의 〈아리랑〉 제작, 원불교가 새생활 운동 전개

4 국외 항일 투쟁

봉오동 전투	• 대한 독립군(홍범도) 등 연합군 부대가 봉오동에서 일본군 격파
청산리 전투	• 일제가 훈춘 사건 조작 후 만주로 대군 투입 대처 모면 → 북로 군정서(김좌진)를 중심으로 대한 독립군, 의민단(천도교) 연합 → 백운평, 어랑촌 등에서 계릴라전을 펼치며 일본군 대파
독립군의 시련과 재정비	• 간도 참변: 봉오동 전투와 청산리 전투에서 패한 일제가 간도 지역의 한인들을 무차별 학살하고 마을을 불태움 → 독립군이 밀산으로 이동, 대한 독립군단 조직 → 러시아 자유시로 이동 • 자유시 참변: 러시아 적색군의 무장 해제 요구를 독립군이 거부 → 많은 독립군의 희생 → 자유시 참변: 러시아 적색군에 의해 자유시로 이동 • 3부 결성: 독립군이 민주 구현 → 참의부, 정의부, 신민부 결성(행정+군사 담당) → 미쓰야 협정(1925)으로 독립군 활동 위축 → 3부 통합 운동 전개 → 국민부(남만주), 혁신 의회(북만주)로 재편

일제 강점기(1930년대 이후 저항)

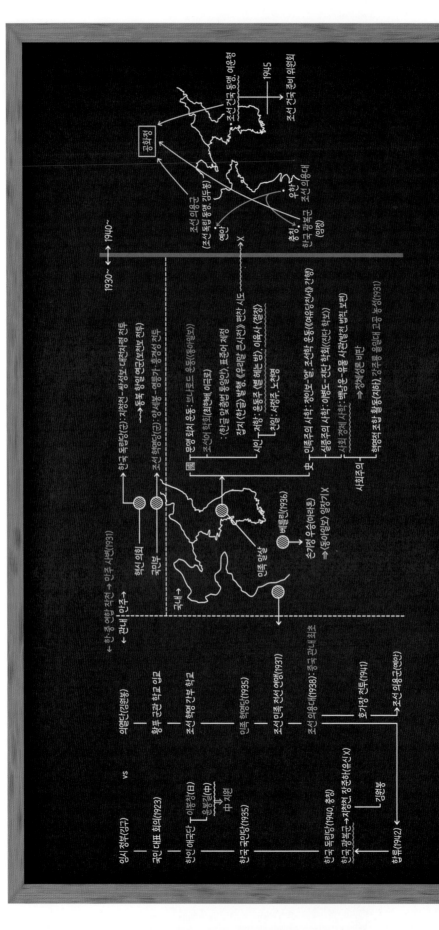

1 한·중 연합 작전

배경 · 1931년 만주 사변 → 중국 내 항일 감정 고조 → 한·중 연합 작전 전개

전개

한국 독립군	· 북만주 지역의 혁신 의회가 한국 독립당으로 재편 후 결성 · 지청천 지휘 → 쌍성보 전투, 대전자령 전투에서 승리
조선 혁명군	· 남만주 지역의 국민부 산하에 조선 혁명당 조직 후 결성 · 양세봉 지휘 → 영릉가 전투, 흥경성 전투에서 승리
독립 항일 연군	· 일제가 만주 사변 후 만주국 건설 → 독립군 일부는 중국 관내로 이동 · 조국 광복회: 동북 항일 연군 소속 한국인들을 중심으로 보천보 전투 전개

2 중국 관내 항일 운동

(1) 1920년대 이후 대한민국 임시 정부의 흐름

임시 정부의 이동 · 국민 대표 회의 개최(1923) → 김구가 한인 애국단 조직(1931), 이봉창·윤봉길 의거 → 상하이를 떠나 대장정 시작

한국 독립당 결성 · 1940년 결성, 대한민국 임시 정부를 이끎

한국 광복군 창설 · 대한민국 임시 정부의 산하 부대로 조직(1940), 총사령관 지청천 → 인도·미얀마 전선 투입(1943)
· 미국 전략정보국 OSS와 국내 진공 작전 계획

(2) 1930년대 민족 혁명당과 조선 의용대

민족 혁명당 · 김원봉이 조선 혁명 간부 학교 설립 → 민족 혁명당 결성(1935)

조선 민족 전선 연맹 · 민족 혁명당을 중심으로 사회주의 계열들이 연합해 결성(1937)

조선 의용대	창설	· 조선 민족 전선 연맹의 산하 부대로 조직(1938), 중국 관내에서 결성된 최초의 한인 부대
	분화	· 김원봉 등이 이끈 일부가 한국 광복군에 합류(1942) → 지청천, 김원봉이 한국 광복 군의 총사령관, 부사령관으로 활약 · 나머지는 옌안 지역으로 이동, 조선 독립 동맹의 조선 의용군으로 재편(1942)

3 민족 문화 수호 운동

국어	브나로드 운동	· 러시아어로 '민중 속으로'의미, 〈동아일보〉 등이 주도
	조선어 학회	· 1920년대 조선어 연구회를 계승 → 〈한글 맞춤법 통일안〉 마련, 표준어 제정 잡지 〈한글〉도 계속 발행 · 《우리말 큰사전》 편찬 추진 → 조선어 학회 사건(1942)으로 중단됨
	시인	· 저항 시인: 윤동주 〈별 헤는 밤〉, 이육사 〈절정〉, 〈꽃〉 등 · 친일 시인: 서정주, 노천명
역사	민족주의 사학	· 신채호, 박은식의 계보를 잇는 학문 → 정인보가 '얼'을 강조하며 민족정신 고취 · 조선학 운동 전개: 《여유당전서》 간행
	실증주의 사학	· 역사가의 주관적 해석을 배제하고, 객관적 사실에 근거한 연구 활동 전개 → 이 병도 등이 진단 학회 조직, 〈진단 학보〉 발행
	사회 경제 사학	· 유물 사관을 바탕으로 세계사의 보편적 발전 법칙에 따라 한국사 연구 → 일제 식민 사관의 정체성론 비판
기타 활동		· 국내: 사회주의 세력의 지원에서 혁명적 조합 활동, 강주룡이 을밀대 고공 농성 사건(1931) · 국외: 베를린 올림픽 마라톤에서 손기정이 우승(1936) → 신문사들이 손기정 사진에서 일장기를 지움(일장기 말소 사건)

4 건국 준비 활동

조선 독립 동맹	· 김두봉 등이 옌안에서 조직 → 이후 조선 의용대 일부가 합류하며, 군사 조직의 로 조선 의용군 편성
조선 건국 동맹	· 국내에서 여운형이 결성(1944) → 광복 후 조선 건국 준비 위원회로 개편
공화정 지향	· 조선 건국 동맹, 대한민국 임시 정부 모두 광복 후 공화정 지향

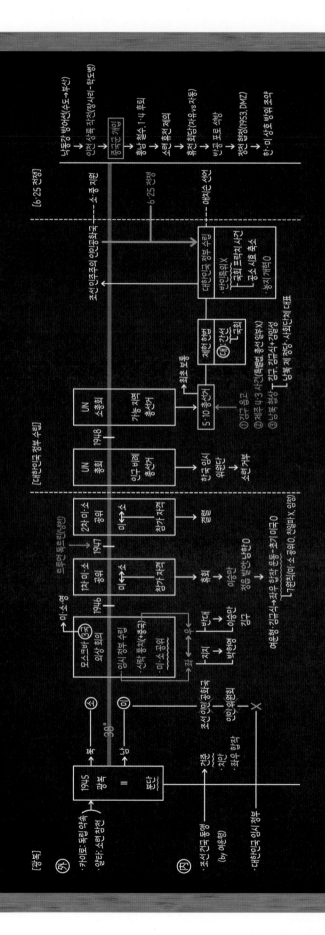

1 광복

(1) 광복 전후 국내외 상황

국외		• 카이로 회담(1943)에서 한국의 독립을 최초로 약속 • 얄타 회담(1945)에서 소련 참전 결정
국내	미군과 소련군 주둔	• 미군과 소련군이 38도선을 경계로 각각 남과 북에 주둔(점령군 형태로 들어옴)
	조선 건국 준비 위원회	• 여운형, 안재홍이 결성 → 전국에 지부 설치, 치안대를 조직해 치안과 질서 유지 → 조선 인민 공화국 선포(중앙), 인민 위원회 구성(지방)
	대한민국 임시 정부	• 미군정이 대한민국 임시 정부도 부정 → 김구 등이 개인 자격으로 귀국

(2) 모스크바 3국 외상 회의와 좌우 합작 운동

모스크바 3국 외상 회의 (1945)	결정 사항	• 1945년 12월 미국·소련·영국이 모여 임시 정부 수립, 최대 5년간의 신탁 통치, 미·소 공동 위원회 설치 등 결정
	국내 반응	• 좌익: 신탁 통치 반대 주장; 모스크바 3국 외상 회의 결정 사항에 총체적 지지로 선회 • 우익: 김구, 이승만 등이 신탁 통치에 결사반대
	결과	• 좌우의 대립 심화
좌우 합작 운동 (1946~1947)	배경	• 임시 정부 구성에 참여할 단체의 자격을 두고 미·소가 대립하며 1차 미·소 공동 위원회 휴회 • 이승만의 정읍 발언: 남한만의 단독 정부 수립 주장 → 남북 분단에 대한 위기감 고조
	주도	• 여운형, 김규식 등 중도 세력이 주도 → 미군정이 지원
	전개	• 좌우 합작 7원칙 발표: 미·소 공동 위원회 속개, 친일파 처단, 임시 정부 수립 등 • 결과: 좌우의 세력의 외면, 미군정의 지지 철회, 여운형의 암살 등으로 실패
	이후 과정	• 트루먼 독트린(1947) → 소련을 중심으로 한 공산주의 진영과 미국을 중심으로 한 자본주의 진영 간의 냉전 시대 시작 → 2차 미·소 공동 위원회도 결렬 → 임시 정부 수립 문제가 유엔으로 넘어감

2 대한민국 정부 수립과 활동

(1) 대한민국 정부 수립 과정

유엔의 결정	• 유엔 총회에서 인구 비례에 의한 남북한 총선거 실시 권고, 한국 임시 위원단 파견 → 소련이 유엔 한국 임시 위원단 입북 거부 → 유엔 소총회에서 선거가 가능 지역에서만 총선거 실시 결정(→ 남한에서 5·10 총선거 시행)
남북 단독 정부 수립 반대	• 남북 협상: 김구의 '삼천만 동포에게 읍고함'이라는 연설 → 김규식과 함께 방북, 김일성과 만나 남북 협상을 통한 통일 정부 수립 노력 → 성과를 거두지 못하고 좌절 • 제주 4·3 사건: 1948년 4월 3일, 5·10 총선거에 반대, 좌익 세력과 일부 주민의 무장봉기 → 미군정이 무차별 진압, 이 과정에서 무고한 민간인들 희생, 제주도 일부 총선거 실시 X → 제주 4·3 사건 진상 규명 및 희생자 명예 회복에 관한 특별법 제정(2000)
5·10 총선거	• 1948년 5월 10일, 38도선 이남 지역에서만 실시, 우리나라 최초의 보통 선거 → 제헌 국회 구성
대한민국 정부 수립	• 제헌 헌법을 토대로 국회의 간접 선거를 통해 초대 대통령 이승만 선출 → 1948년 8월 15일, 대한민국 정부 수립 선포 → 같은 해 9월, 북한에서도 조선 민주주의 인민 공화국 수립

(2) 제헌 국회의 활동

반민족 행위 처벌법	• 정부 수립 직후 반민족 행위 처벌법 제정 → 반민족 행위 특별 조사 위원회(반민특위) 설치 • 이승만 정부의 비협조, 국회 프락치 사건 등으로 반민특위의 활동 제약 → 반민족 행위 처벌법 해제(1949) • 별도의 공소 시효를 단축하는 개정안 통과
농지 개혁법	• 토지 분배를 통해 자영농 육성 목표

3 6·25 전쟁

배경	• 남북에서 미군이 철수, 소련과 중국의 대북 지원, 미국의 애치슨 선언
전쟁의 과정과 결과	• 북한군의 무력 남침(1950.6.25) → 북한군이 3일 만에 서울 점령 → 유엔군의 참전, 낙동강 방어선 구축 → 북한군이 한 달에 낙동강 방어선까지 전격(수도권 부산으로 옮김) → 맥아더 장군의 인천 상륙 작전(1950.9.15) → 서울 탈환, 38도선 돌파, 압록강 일대까지 진격 → 중국군 개입 → 국군과 유엔군 후퇴, 흥남 철수 작전(1950.12) → 서울 함락(1951, 1·4 후퇴) → 70여 일 만에 서울 재탈환 → 38도선 부근에서 전선 고착화, 소련의 휴전 제의 → 휴전 협상(포로의 자유 송환으로 대립) → 이승만 정부가 반공 포로 석방 → 정전 협정 체결(1953.7.27) → 군사 분계선 설정, DMZ 설치 → 한·미 상호 방위 조약 체결(1953.10)

현대(민주주의의 발전)

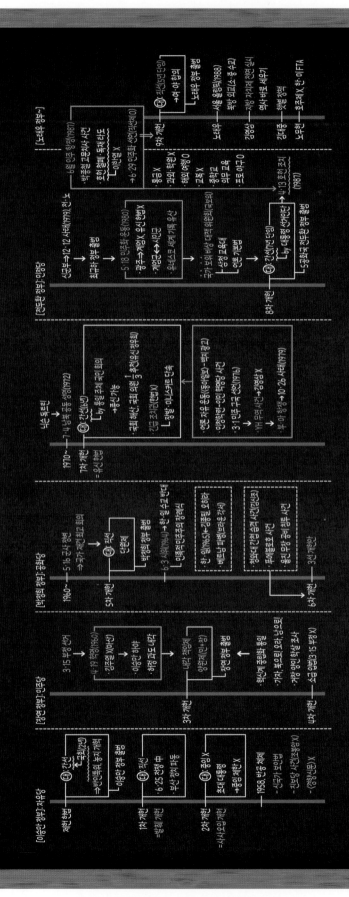

1 이승만 정부

발췌 개헌 (1차 개헌)	• 6·25 전쟁 중, 대통령 간선제를 직선제로 바꾸는 개헌 추진 → 개헌안에 반대하는 국회 의원들을 체포 · 구금(부산 정치 파동)
사사오입 개헌 (2차 개헌)	• 초대 대통령에 한해 중임 제한 철폐하는 내용의 개헌 추진 → 사사오입 논리로 개헌안 통과시킴
1958년 반공 체제	• 신국가 보안법 제정 → 보안법 파동, 진보당 사건 : 진보당을 창당한 조봉암을 간첩 혐의로 구속 → 조봉암 사형 → 〈경향신문〉 폐간
유신 정권에 대한 저항과 정권 붕괴	• 언론 자유 수호 운동 → 〈동아일보〉의 백지 광고 사태 • 민청학련 사건: 관련자들이 사형 선고 후 24시간 내 집행하여 '국제 사법상성 암흑의 날'로 불림 • 김대중 등이 명동 성당에서 3·1 민주 구국 선언(1976) • YH 무역 사태(1979), 김영삼 국회 의원직 제명 → 부·마 민주 항쟁 → 대통령 박정희 피살(10·26 사태)

2 장면 정부

4·19 혁명	• 원인: 자유당 정부의 3·15 부정 선거 • 전개: 부정 선거 규탄시위 → 마산 앞바다에서 시위 과정 중 실종된 김주열 학생 시신 발견 → 시위 전국 확산, 대학교수들 시국 선언문 발표 → 이승만 하야(4·26), 이승만 자유당 정부 붕괴
허정 과도 내각	• 3차 개헌 → 내각 책임제 개헌, 양원제 구성 → 장면 정부 출범(대통령: 윤보선, 국무총리: 장면)
장면 정부	• 혁명 세력들의 요구가 쓰여짐: 혁신계의 중립화 통일 방안 주장, 학생들의 통일 운동 앙양, 민주당 등이 진상조사 요구 → 요구에 제대로 대응하지 못함 • 4차 개헌(소급 입법 개헌) 추진 → 3·15 부정 선거범들을 소급하여 처벌하기 위한 목적

3 박정희 정부

5·16 군사정변	• 박정희를 중심으로 한 군인들이 정권 장악 → 국가 재건 최고 회의 조치
1960년대 박정희 정부	• 성립: 5차 개헌(대통령 직선제, 단원제) → 박정희 정부 출범 • 한·일 수교 추진 → 학생들의 반발(1964, 6·3 시위) → 한·일 협정 체결(1965) • 베트남 파병: 미국이 베트남 전쟁에 파병 요청, 브라운 각서 체결(군사적 · 경제적 지원 약속)
3선 개헌 (1969)	• 1968년 청와대 간첩 사건, 푸에블로호 납치 사건, 경북 울진 무장 공비 침투 등 북한의 도발 → 대통령 3회 연임을 허용하는 개헌 추진 → 1971년 박정희 당선
유신 체제	• 성립: 1972년 7·4 남북 공동 성명 발표(1968년 닉슨 독트린의 영향) → 유신 헌법 제정 → 대통령 선거를 간선제로 바꾸고 임기 6년으로 변경 → 박정희의 영구 집권 가능 → 대통령의 권한 강화: 국회 해산권, 국회 의원 3분의 1 임명(유신 정우회), 긴급 조치권

4 전두환 정부

5·18 민주화 운동	• 배경: 12·12 사태로 신군부 세력이 정권 장악 → 전국적으로 계엄령 선포 → 개엄 철폐, 유신 헌법 철폐 요구 • 과정: 광주에서 계엄령 철폐를 요구하는 시위 개최 → 신군부가 공수 부대까지 동원해 무차별한 진압 → 시민군 조직 → 광주 시민을 무력 독도로 몰고, 광주를 고립시킴 • 의의: 1980년대 이후 민주화 운동의 토대가 됨, 관련 기록물이 유네스코 세계 기록 유산에 등재
전두환 정부의 성립 과정	• 성립: 신군부가 5·18 민주화 운동 진압 후 국보위 설치(삼청 교육대 창설, 언론 기본법 시행) → 개헌 단행(대통령 선거인단이 7년 단임의 대통령 선출) → 전두환이 대통령으로 당선되며 제5공화국 출범 • 정책: 통금 해제, 해외여행 자유화, 교복 자율화, 중학교 의무 교육 실시, 프로 야구 출범, 과외와 학원은 허용하지 않음
6·10 민주 항쟁	• 박종철 고문치사 사건 → 전두환 정부의 4·13 호헌 조치 발표 → 6월 민주 항쟁 → 이한열 최루탄 피격 → 노태우의 6·29 민주화 선언(대통령 직선제 수용) → 9차 개헌(5년 단임 대통령 직선제)

5 노태우 정부 이후

노태우 정부	• 서울 올림픽 개최(1988), 북방 외교 추진(사회주의 국가와 교류)
김영삼 정부	• 지방 자치제 전면 실시, 역사 바로 세우기 작업(전직 대통령 노태우, 전두환을 구속), 금융 실명제 실시, OECD 가입, 외환 위기로 IMF에 지원 요청
김대중 정부	• 햇볕 정책, 금 모으기 운동 등으로 외환 위기 극복
노무현 정부	• 호주제 폐지, 한·미 FTA 정식 서명

현대(경제 발전과 통일 정책)

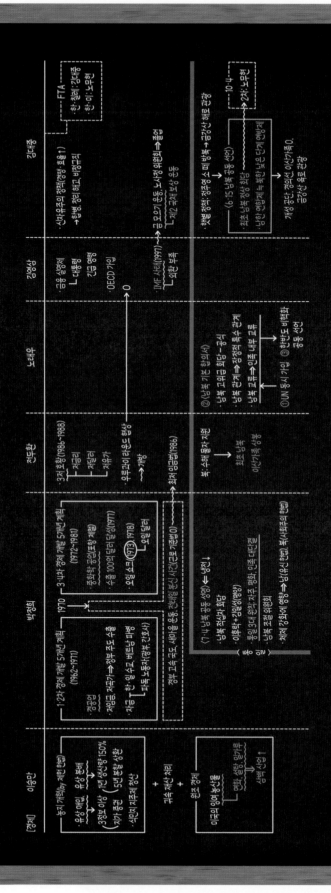

1 이승만 정부의 경제 정책

농지 개혁	• 유상 매입·유상 분배 방식으로 농지 개혁 시행 → 식민지 지주제 청산 - 유상매입: 한 가구당 3정보 이내로 토지 소유 제한, 나머지 토지는 국가가 매입하되 현금 대신에 지가 증권 발행 - 유상 분배: 토지 1년 생산량의 150퍼센트를 5년 동안 분할 상환
귀속 재산 처리	• 일본이 남기고 간 공장 등의 귀속 재산을 처분 → 이 과정에서 지금의 대기업들 형성
원조 경제	• 면화, 설탕, 밀가루 등 미국의 남은 농산물을 원조 → 면방직업, 제당업, 제분업 등의 삼백 산업 발달

2 박정희 정부의 경제 정책

1·2차 경제 개발 5개년 계획	• 1962~1971년 경공업 중심의 경제 발전 추진 • 저임금·저금리 정책을 토대로 정부 주도의 수출형 정책 전개 - 저임금으로 가격 경쟁력 확보, 저임금 유지를 위해 쌀값을 낮게 유지하는 저곡가 정책 전개 • 경제 개발을 위한 자금은 한·일 수교, 베트남 파병(브라운 각서), 파독 노동자(광부, 간호사)의 임금을 담보로 한 마을 등으로 마련
1970년 경제 관련 이슈	• 경부 고속 국도 개통, 새마을 운동 전개 → 근무 환경 개선과 근로 기준법 준수를 요구하며, 전태일 분신
3·4차 경제 개발 5개년 계획	• 1972~1981년 중화학 공업 중심의 경제 발전 추진 → 포항 제철 건설 등 • 1977년 수출 100억 달러 달성 • 1973년, 1978년 석유 파동

3 전두환 정부 이후의 경제 정책

전두환 정부	• 1986~1988년 저금리·저달러·저유가의 '3저 호황' → 수출이 크게 늘어나 최대 호황 기누림 • 1986년 우루과이 라운드 협상 시작(1993년 타결), 노동자 보호를 위한 최저 임금법 시행
김영삼 정부	• 금융 실명제 실시: 1993년 대통령 긴급 명령 형식으로 실시 • 경제 협력 개발 기구(OECD) 가입, 우루과이 라운드 협상 타결 • 1997년 외환 위기 발생
김대중 정부	• 신자유주의 정책 추진 → 합병, 정리 해고, 비정규직 등장, 노사정 위원회 설치 • 금 모으기 운동 전개: 제2의 국채 보상 운동 → 외환 위기 조기 극복의 동력 • 한·칠레 자유 무역 협정(FTA) 정식 서명(→ 노무현 정부 때 발효)
노무현 정부	• 한·칠레 FTA 발효, 한·미 FTA 정식 서명 (→ 이명박 정부 때 발효)

4 통일 정책

박정희 정부	• 남북 적십자 회담(1971): 이산가족 문제 해결을 위해 회담 진행 • 7·4 남북 공동 성명 발표(1972) - 통일의 3대 원칙(자주, 평화, 민족 대단결) 합의, 남북 조절 위원회 설치 - 남한에 유신 헌법, 북한에 사회주의 헌법이 만들어지면서 남북 독재 체제 강화에 이용 → 남한에 유신 체제, 북한에 김일성 유일 체제 확립
전두환 정부	• 남한 홍수 피해 → 북한이 수해 물자 지원 → 최초의 남북 이산가족 상봉(1985)
노태우 정부	• 중국, 소련과 수교하며 북방 외교 추진 → 남북 관계 개선 → 남북한 유엔 동시 가입(1991) • 남북 고위급 회담(공식 회담) 개최, 남북 기본 합의서 채택(1991) → 화해와 불가침, 교류 협력 등에 공동 합의 • 한반도 비핵화 공동 선언 발표
김대중 정부	• 대북 화해 협력 정책(햇볕 정책) 추진 → 정주영의 소 떼 방북, 금강산 해로 관광 시작 (1998) • 최초의 남북 정상 회담 개최, 6·15 남북 공동 선언 발표(2000) - 북한이 지향하는 낮은 단계의 연방제와 남한의 연합제 간의 유사성 인정 - 6·15 남북 공동 선언 이후 개성 공단 조성 시작, 경의선이 다시 개통, 이산가족 상봉, 금강산 육로 관광 추진
노무현 정부	• 2차 남북 정상 회담 개최, 10·4 남북 공동 선언 발표

책으로 만나는
큰★별쌤의 한등급 특별 강의 시리즈!

생생하게 읽는 한국사 수업

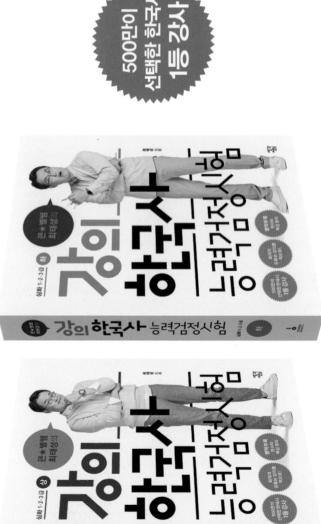

500만이 선택한 1등 강사!

큰★별쌤의 특별 과외! 생생하게 읽는 한국사 수업

큰★별쌤
최태성의

큰★별쌤 최태성의

강의 한국사능력검정시험

심화 1·2·3급 · 하

"개념과 흐름을 동시에!
역사는 이해하는 공부입니다."

500만이 선택한
한국사 1등 강사!
큰★별쌤 강의를
책으로 만나보세요!

큰★별쌤의
특별 과외!

생생하게 펼쳐지는
한국사 수업!

큰★별쌤의
판서와 핵심 정리를
모아 만든
별책부록까지!

역사는
사람을 만나는
인문학 공부다!

흐름을 꿰는
스토리텔링

550여 컷의
풍성한 화보로
역사의 현장을
내 눈앞에!

큰★별쌤 강의 리얼 후기!!

🧑 2주 만에 1급 땄습니다!

👨 최고의 수업! 큰★별쌤의 팬이 됐어요!

👧 이렇게 눈물 나는 강의는 처음. 시험 준비하다 감동 먹기, 있기 없기. ㅠㅠ

👦 진짜 역사는 최태성! 인정, 또 인정합니다.

🧓 한능검 공부, 뭐부터 시작해야 할지 모르겠다면 꼭 보세요!

👩 쌤, 저 합격해서 찾아가면 정말 안아주실 거죠?

《큰★별쌤 최태성의 강의 한국사능력검정시험 심화 1·2·3급》과
함께 권하는 **생각정원의 대표 역사 교양서**

"그때, 그들에게 한글은 '목숨'이었다"
독립운동으로서의 한글운동, 그리고 한글의 탄생과 진화 과정을 추적하다

나라말이 사라진 날 우리말글을 지키기 위한 조선어 학회의 말모이 투쟁사
정재환 지음 | 270쪽 | 15,000원

빼앗으려는 일제와 사수하려는 조선어 학회의 치열한 두뇌싸움,
그리고 끝내 법정에 선 한글의 운명을 다룬 역사 버라이어티

"역사는 과거가 아니라 오늘을 알기 위해 존재한다"
실록과 미술사를 함께 톺아보며, 역사를 바라보는 통찰력을 키우는 책

조선회화실록 〈태조 어진〉부터 〈백악춘효도〉까지 조선 오백 년을 움직인 사람들의 생각을 읽다
이종수 지음 | 436쪽 | 18,000원

사관과 화가의 붓이 포착한 오백 년 조선사의 명장면!
조선의 건국과 수성, 혼란과 경장, 그리고 파국을 읽다

"오늘의 우리에게 '촛불'이 있다면, 100년 전 우리에겐 '만세'가 있었다"
'100년 전 그날'과 생생히 조우하는 역사 버라이어티

만세열전 3·1 운동의 기획자들·전달자들·실행자들
조한성 지음 | 336쪽 | 16,000원

열아홉 살 소년부터 농민과 노동자, 순사보까지,
역사의 스포트라이트 뒤에 있던 3·1 운동의 숨은 주역들을 만나다

"왜 그날, 독립운동가들은 중국 상해로 향했을까"
1919년부터 1945년까지 '대한민국'의 탄생을 추적하는 인문학적 탐사기

제국에서 민국으로 가는 길 대한민국 임시정부 27년을 걷다
박광일 지음, 신춘호 사진 | 388쪽 | 18,000원

지금 우리가 생생하게 기록하고 기억해야 할 궁극의 역사!
뜨거운 가슴으로 대한제국에서 '대한민국'을 꿈꾸던 청년 투사들의 현장을 가다